Tijero-Sanchez
2016

Lernsituationen planen und gestalten

Handlungsorientierter Unterricht im Lernfeldkontext

Susanne Schewior-Popp

39 Abbildungen
5 Tabellen

Georg Thieme Verlag
Stuttgart · New York

Prof. Dr. Susanne Schewior-Popp
Katholische Fachhochschule Mainz
Fachbereich Pflege und Gesundheit
Saarstr. 3
55122 Mainz

Die Deutsche Bibliothek –
CIP-Einheitsaufnahme

Die Deutsche Bibliothek verzeichnet diese Publikation in der Deutschen Nationalbibliografie; detaillierte bibliografische Daten sind im Internet über http://dnb.ddb.de abrufbar

Wichtiger Hinweis: Wie jede Wissenschaft ist die Medizin ständigen Entwicklungen unterworfen. Forschung und klinische Erfahrung erweitern unsere Erkenntnisse, insbesondere was Behandlung und medikamentöse Therapie anbelangt. Soweit in diesem Werk eine Dosierung oder eine Applikation erwähnt wird, darf der Leser zwar darauf vertrauen, dass Autoren, Herausgeber und Verlag große Sorgfalt darauf verwandt haben, dass diese Angabe **dem Wissensstand bei Fertigstellung des Werkes** entspricht.
Für Angaben über Dosierungsanweisungen und Applikationsformen kann vom Verlag jedoch keine Gewähr übernommen werden. **Jeder Benutzer ist angehalten,** durch sorgfältige Prüfung der Beipackzettel der verwendeten Präparate und gegebenenfalls nach Konsultation eines Spezialisten festzustellen, ob die dort gegebene Empfehlung für Dosierungen oder die Beachtung von Kontraindikationen gegenüber der Angabe in diesem Buch abweicht. Eine solche Prüfung ist besonders wichtig bei selten verwendeten Präparaten oder solchen, die neu auf den Markt gebracht worden sind. **Jede Dosierung oder Applikation erfolgt auf eigene Gefahr des Benutzers.** Autoren und Verlag appellieren an jeden Benutzer, ihm etwa auffallende Ungenauigkeiten dem Verlag mitzuteilen.

© 2005 Georg Thieme Verlag KG
Rüdigerstraße 14
D-70469 Stuttgart
Unsere Homepage: www.thieme.de

Printed in Germany

Zeichnungen: Christine Lackner, 74930 Ittlingen
Umschlaggestaltung: Thieme Verlagsgruppe
Satz: medionet AG, 10787 Berlin
Druck: Grafisches Centrum Cuno GmbH, 39240 Calbe

ISBN 3-13-140751-4   1 2 3 4 5 6

Geschützte Warennamen (Warenzeichen) werden **nicht** besonders kenntlich gemacht. Aus dem Fehlen eines solchen Hinweises kann also nicht geschlossen werden, dass es sich um einen freien Warennamen handelt.
Das Werk, einschließlich aller seiner Teile, ist urheberrechtlich geschützt. Jede Verwertung außerhalb der engen Grenzen des Urheberrechtsgesetzes ist ohne Zustimmung des Verlages unzulässig und strafbar. Das gilt insbesondere für Vervielfältigungen, Übersetzungen, Mikroverfilmungen und die Einspeicherung und Verarbeitung in elektronischen Systemen.

Vorwort

Liebe Leserin, lieber Leser!

Sie halten ein didaktisches Lehr- und Lernbuch in Händen, das den Versuch einer Synthese macht. Einer Synthese, die das Ziel verfolgt, Bewährtes und Neues miteinander zu verknüpfen. Lassen Sie mich dieses Anliegen etwas genauer erläutern:

Die Umstellung der Pflegeausbildungen auf das Lernfeldkonzept lässt bisweilen den Eindruck aufkommen, dass nun *alles* ganz anders sei. Statt Fächern gibt es Lernfelder und Module, statt Unterrichtseinheiten so genannte Lernsituationen, Lehr-Lernziele werden durch Kompetenzen abgelöst und methodisch soll alles „problemorientiert" arrangiert werden. Diese Sichtweise führt nicht nur an den Ausbildungseinrichtungen zu Unsicherheit und sogar Ängsten, sie erhält bisweilen auch Nahrung durch (fach-)didaktische Veröffentlichungen, die eine ganz „neue pädagogische Zeit" ausrufen.

Natürlich gibt es viel Neues, aber das heißt nicht automatisch, dass alles Bisherige nichts mehr wert ist und aus dem Schulalltag verschwinden müsse. Lehrer haben auch bisher oftmals schon fächerübergreifend gedacht und unterrichtet, sie haben sich um das Entwickeln beruflicher Handlungskompetenzen durch das Anstreben entsprechender Lehr-Lernziele bemüht und sie haben immer auch den konkreten Fallbezug des jeweiligen Themas im Auge gehabt.

Insofern nimmt dieses Buch vieles Wichtige und Richtige auf, was auch schon in der „Handlungsorientierten Didaktik" aus dem Jahr 1998 zu lesen war. Es gewichtet dieses aber nun neu im Lernfeldkontext, stellt das Lernfeldkonzept selbst im berufspädagogischen und speziell pflegerischen Rahmen dar und geht auch auf „neue" Aspekte wie etwa die fallbezogene Leistungsmessung und explizit handlungsorientierte Konzepte und Methoden ein.

Während der Arbeit an diesem Buch war ich zeitgleich mit der konkreten Lehrplanarbeit im Rahmen des Lernfeldkonzepts befasst und habe die vom Ministerium für Arbeit, Soziales, Familie und Gesundheit des Landes Rheinland-Pfalz eingesetzte Lehr-

plankommission zur Neugestaltung der Ausbildung in der Gesundheits- und Krankenpflege bzw. Gesundheits- und Kinderkrankenpflege geleitet sowie in der entsprechenden Kommission für die Altenpflege mitgewirkt. Aus dieser konkreten Arbeit sind viele Impulse auch für dieses Buch wirksam geworden, und ich möchte mich dafür bei allen Kommissionsmitgliedern bedanken. Mein Dank geht aber natürlich auch an die Studierenden im Fachbereich Pflege und Gesundheit der Katholischen Fachhochschule Mainz. Die zahlreichen Gespräche in und am Rande von Seminaren zeigen immer wieder, wo genau der Planungs- und Gestaltungs*schuh* drückt, und ich habe versucht, diese Aspekte ganz besonders zu gewichten.

Schließlich möchte ich es nicht versäumen, Frau Christine Grützner vom Thieme Verlag ganz herzlichen Dank zu sagen für unsere nun schon über ein Jahrzehnt währende gute Zusammenarbeit, und ich hoffe, dass noch zahlreiche Projekte folgen werden.

Mainz, im Mai 2005

Prof. Dr. phil. Susanne Schewior-Popp

Inhaltsverzeichnis

1 Zur Zielsetzung dieses Buches ... 1

2 Berufspädagogische Leitbegriffe: Kompetenzorientierung, Handlungsorientierung, Lernfeldorientierung ... 3
- 2.1 Kompetenzorientierung ... 4
- 2.1.1 Der Kompetenzbegriff ... 4
- 2.2 Handlungsorientierung ... 6
- 2.3 Lernfeldorientierung ... 7

3 Curriculare und didaktische Konsequenzen ... 11
- 3.1 Stellenwert und Konstruktion von Curricula – Was ist überhaupt ein Curriculum? ... 12
- 3.2 Gestufte, systematische Kompetenzentwicklung ... 16
- 3.2.1 Berufspädagogische Forschung ... 16
- 3.3 Didaktische Konsequenzen ... 18

4 Umsetzung des Lernfeldkonzeptes in den Ausbildungen der Pflegeberufe ... 21
- 4.1 Gesetzliche Grundlagen und (verbindliche) Umsetzungsrichtlinien (Lehrpläne) ... 21
- 4.2 Empfehlungen von (Berufs-)Verbänden ... 35
- 4.3 Pflegepädagogisch-fachdidaktische Konzeptentwicklungen ... 37
- 4.4 Umsetzungsvorschläge auf der Ebene der Lernsituationen ... 38

5 Pädagogisches und pflegerisches Grundverständnis: Lehren und Lernen in und aus Verantwortung für Patienten ... 39
- 5.1 Verantwortlichkeit in Pflege und Ausbildung ... 39
- 5.2 Pflege-Pädagogik und Ethik ... 41
- 5.3 Konsequenzen für Lehrerhandeln und Ausbildungsgestaltung ... 44

6 Lernsituationen planen – Lehr- und Lernhilfen für die Planung von theoretischem und praktischem Unterricht ... 47
- 6.1 Basisdimensionen der Unterrichtsplanung ... 48
- 6.1.1 Situationsdimension der Unterrichtsplanung ... 48
- 6.1.2 Zieldimension der Unterrichtsplanung ... 52
- 6.1.3 Inhaltsdimension der Unterrichtsplanung ... 63

6.1.4	Methoden- und Organisationsdimension der Unterrichtsplanung	70	6.2.1	Elemente eines Unterrichtsentwurfs	74	
6.2	Gestaltung von Unterrichtsentwürfen	73	6.3	Beispiel eines schriftlichen Unterrichtsentwurfes zu Ausbildungszwecken	76	

Unterrichtsentwurf (Sylvia Leopold) 78

1	Allgemeine Angaben und Einführung	78	3.3	Rehabilitative Pflege von Schlaganfallpatienten	85
2	Situationsanalyse	79	4	Didaktische Analyse	92
2.1	Rahmenbedingungen	79	5	Planungsentscheidung	101
2.2	Lernvoraussetzungen	80	5.1	Lehr-Lernziele	101
3	Sachanalyse	81	5.2	Methoden- und Organisationsentscheidungen	102
3.1	Pathophysiologische Grundlagen des Schlaganfalls	81	5.3	Verlaufsübersicht	105
3.2	Bedeutung des Schlaganfalls für Patienten und Angehörige	85		Literaturverzeichnis, Anlagen	106

7 Lernsituationen methodisch und organisatorisch gestalten 113

7.1	Sozialformen	115	7.4	Gesprächsarten im Unterricht	141
7.1.1	Einzelarbeit	116	7.4.1	Konvergierendes Gespräch	141
7.1.2	Partner- und Kleingruppenarbeit	117	7.4.2	Divergierendes Gespräch (Brainstorming)	142
7.1.1	Großgruppenarbeit	120	7.4.3	Diskussionsformen im Unterricht	143
7.2	Visualisieren – Präsentieren – Moderieren – Medieneinsatz im Unterricht	121	7.4.4	Beurteilung von Sachverhalten im Gespräch	145
7.2.1	Visualisierung – Grundsätzliches zur Gestaltung	122	7.4.5	Metakommunikation	146
7.2.2	Arten und Funktionen von Medien	124	7.5	Demonstration und Simulation („Skill-Training", Lernen an Stationen)	147
7.2.3	Medienunterstützte Methoden – Zwei Beispiele: Moderations-Methode und Mind-mapping	132	7.6	Rollenspiel, Szenisches Spiel und andere „Spielformen" im Unterricht	151
7.3	Lehrervortrag	138	7.7	Fallbezogener Unterricht – Problemorientiertes Lernen als Konzept und Methode	156
			7.8	Projekt-Methode/Projekt-Unterricht	161

8 Lernort Praxis: Klinischer Unterricht und praktische Anleitung ... 165

8.1	Kooperation der Lernorte Schule und Praxis	165	8.3.2	Das Konzept des „Cognitive-Apprenticeship"	170
8.2	Klinischer Unterricht und Praxisanleitung	166	8.4	Die „Kunst" des Verknüpfens	171
8.3	Konzepte „praktischen" Lernens	167	8.5	Strukturierungsleitfaden für eine differenzierte Anleitungssituation	172
8.3.1	Das sozial-kognitive Lernen oder „Lernen am Modell"	167	8.6	Lehrstationen und interdisziplinäres Lernen am Lernort Praxis	173

9 Leistungen erfassen und bewerten 175

9.1	Schriftliche Leistungsmessungen	178	9.2	Mündliche Leistungsmessung	187
9.1.1	Vorbereitung und Durchführung	178	9.3	Beurteilung im klinischen Unterricht und in der praktischen Anleitung	189
9.1.2	Aufgabenarten und -gestaltung	180			
9.1.3	Fallbezogene Erfolgskontrollen und Leistungsmessungen	182	9.3.1	Beobachtungs- und Beurteilungsinstrumente	189
9.1.4	Korrektur und Bewertung	184			
9.1.5	Rückgabe schriftlicher Leistungsmessungen	187	9.3.2	Die Gestaltung des „Feedbacks"	193

10 Statt eines Schlusswortes: Schulentwicklung tut Not! 195

10.1	Begriffsannäherung................... 195
10.2	Handlungsfelder der Schul- und Lernortentwicklung................... 196
10.2.1	Zielrichtungen des schul- und lernortbezogenen Qualitätsmanagements..... 196
10.3	Zum Selbstverständnis einer „lernenden Organisation" 198

- 10.3.1 Zielorientierung, Dynamik und Partizipation als Bestimmungsfaktoren einer lernenden Organisation.......... 198
- 10.4 Prozessgestaltung..................... 199
- 10.4.1 Der Anlass 199
- 10.4.2 Zielsetzung.......................... 200
- 10.4.3 Ist-Analyse......................... 201
- 10.4.4 Programm und Prozessgestaltung...... 201
- 10.4.5 Evaluationskonzept................... 201

Literaturverzeichnis 203

Sachverzeichnis 209

1 Zur Zielsetzung dieses Buches

Die Pflegeausbildungen sind im Umbruch, deutlichstes Zeichen sind die neuen Berufsgesetze und Ausbildungs- und Prüfungsverordnungen in der Kranken- und Kinderkrankenpflege sowie in der Altenpflege. Dabei sind die Veränderungen vielfältig:

Sie betreffen sowohl das Berufsprofil (*Gesundheits-* und *Krankenpflege* bzw. *Gesundheits-* und *Kinderkrankenpflege*), daraus abzuleitende und darüber hinausgehende inhaltliche Aspekte, die eine Weiterentwicklung, Ausweitung oder Neuakzentuierung der Handlungs- und Aufgabenfelder betreffen (Betonung von Prävention, Rehabilitation, Beratung; erweitertes Krankheitsspektrum, z. B. dementielle Erkrankungen; stärkere Gewichtung palliativer Pflege; Multimorbidität in der Altenpflege; Verzahnung stationärer, teilstationärer und ambulanter Versorgungskonzepte – um nur einiges zu nennen). Erhebliche Veränderungen haben sich aber auch in der Ausbildungsorganisation und den Basisdaten der Lehrpläne entwickelt:

Für den stundenmäßig ganz überwiegenden Teil der schulischen Ausbildungen in der Gesundheits- und Krankenpflege sowie in der Gesundheits- und Kinderkrankenpflege sehen die neuen Regelungen gemeinsame Ausbildungsinhalte vor, Ähnliches gilt für den betrieblichen Teil, die Zahl der schulischen Ausbildungsstunden insgesamt wurde auf 2100 erhöht, und – das stellt für die Schulen wohl die größte Herausforderung dar – die Ausbildungs- und Prüfungsverordnungen (das gilt auch für die Altenpflege) sind hinsichtlich ihrer inhaltlichen Vorgaben nicht mehr nach Fächern strukturiert, sondern nach Themenbereichen, die in ihren Formulierungen eine große Nähe zum so genannten Lernfeldkonzept aufweisen, welches für den berufsbildenden Bereich insgesamt seit einigen Jahren als curriculares Leitkonzept gilt.

Dieses Buch will eine Hilfe und Leitfaden sein bei der Umsetzung und Gestaltung aktueller Anforderungen in den Ausbildungen der Pflegeberufe. Das gilt zunächst einmal für die schulischen Anteile der Ausbildung, also den theoretischen und praktischen Unterricht, das gilt aber auch für die betrieblichen Teile, insoweit Fragen der Anleitung und deren Gestaltung und Bewertung angesprochen werden.

Zielgruppe sind also in erster Linie die Leitungen und Lehrer/innen an den Pflegeschulen sowie Praxisanleiter und alle anderen an der Ausbildung der Schülerinnen und Schüler Mitwirkenden bzw. Interessierten. Zielgruppe sind insofern natürlich auch all diejenigen, die gerade das Lehren lernen, also die Studierenden an den entsprechenden pädagogischen Studiengängen der Hochschulen und auch diejenigen, die sich gerade unter einer bestimmten pädagogisch-didaktischen Fragestellung fortbilden.

Zielgruppe sind aber natürlich auch die entsprechenden Berufsangehörigen der zahlreichen anderen Gesundheitsberufe, insbesondere diejenigen in den Rehabilitationsberufen (Physiotherapie, Ergotherapie, Logopädie). Hier gibt es, was die Thematik dieses Buches angeht, mehr Gemeinsames als Trennendes, das wird auch in manchen Praxisbezügen bzw. Beispielen explizit deutlich werden. Insofern fühlt sich dieses Buch einer gelebten Interdisziplinarität im Sinne der optimalen Patientenversorgung ausdrücklich verpflichtet!

In den nachfolgenden Kapiteln soll zunächst einmal ein aktuelles berufspädagogisches Basiswissen hinsichtlich der Leitbegriffe Kompetenzorientierung, Handlungsorientierung, Lernfeldorientierung vermittelt werden. Diese drei Begriffe markieren die wesentlichen Eckpunkte curricularen Denkens in der Berufsbildung und sind somit unverzichtbar für alle unmittelbar ausbildungsbezogenen Planungs- und Gestaltungsprozesse.

Es folgt eine Auseinandersetzung mit den curricularen und grundlegend didaktischen Konsequenzen dieses Umdenkens in der Berufspädagogik, und zwar sowohl generell als auch spezifisch bezogen auf die Ausbildungen in den Pflegeberufen.

Es schließt sich eine umfassende und praxisbezogene Darlegung sämtlicher grundlegender Prozesse und Elemente der Unterrichtsplanung an. Dies beinhaltet – mit Blick auf die Lehrerausbildung – auch alle Fragen der Erstellung schriftlicher Unterrichtsentwürfe. In einem weiteren Teil wird es um Methoden, Sozialformen und spezielle Unterrichtskonzepte gehen, also alles, was man braucht, um den Unterricht im Sinne strukturierter Lernarrangements zu gestalten. Nach einem Blick auf praktische Anleitungssituationen wird das Buch durch eine ausführliche Beschäftigung mit den Anforderungen und Problemen schriftlicher, mündlicher und praktischer Erfolgskontrollen und Leistungsmessungen abgerundet.

Nach dem intensiven Studium dieses Buches mit entsprechenden Anwendungs- und Übungsphasen können Sie also:
- sich fundiert auseinander setzen mit den aktuellen berufspädagogischen Leitbegriffen:
  – Kompetenzorientierung,
  – Handlungsorientierung,
  – Lernfeldorientierung,
- deren Bedeutung für curriculare und unterrichtsgestaltende Prozesse in den Pflege- (und anderen) Berufen einschätzen,
- Unterricht auf der Basis der bereits gewonnenen Erkenntnisse sowie einer handlungsorientierten Planungsstrategie konzipieren,
- Lernarrangements mittels ziel-, inhalts- und sozialadäquater Methoden und Konzepte gestalten,
- Grundprinzipien der praktischen Anleitung umsetzen,
- Erfolgskontrollen und Leistungsmessungen konzipieren, durchführen und bewerten.

Ich wünsche Ihnen viel Erfolg!

2 Berufspädagogische Leitbegriffe: Kompetenzorientierung, Handlungsorientierung, Lernfeldorientierung

Überblick

2.1 Kompetenzorientierung · 4
2.1.1 Der Kompetenzbegriff · 4

2.2 Handlungsorientierung · 6

2.3 Lernfeldorientierung · 7

Drei Konzeptkomplexe können in der deutschsprachigen Berufspädagogik derzeit als wesentlich identifiziert werden (vgl. Arnold/Lipsmeier, 1995; Bader, 2002 und 2003; Sloane/Twardy/Buschfeld, 1998; Sloane, 1999 und 2003):
- Kompetenzorientierung,
- Handlungsorientierung,
- Lernfeldorientierung.

Die grundlegenden Intentionen, die mit diesen Konzepten verfolgt werden sollen, sind zum einen die Förderung der Persönlichkeitsentwicklung des Auszubildenden, und zwar im Kontext der gesellschaftlichen Verantwortung des Einzelnen und zum anderen die Qualifizierung zur Ausübung eines Berufes.

Alle drei Leitbegriffe zusammengenommen zeichnen einen neuen Weg in der Anbahnung beruflicher Fähigkeiten, der in seiner curricular wohl wesentlichsten Ausprägung gekennzeichnet ist durch das Verschwinden der klassischen Schulfächer. An deren Stelle tritt das Lernfeld als zentrales Strukturelement der Ausbildung. Für die nach dem Berufsbildungsgesetz geregelten Ausbildungsberufe (die Pflegeberufe gehören rechtlich *nicht* dazu) findet diese Entwicklung ihre prägnanteste und folgenreichste Ausprägung in den verbindlichen „Handreichungen für die Erarbeitung von Rahmenlehrplänen der Kultusministerkonferenz (KMK) für den berufsbezogenen Unterricht in der Berufsschule und ihre Abstimmung mit Ausbildungsordnungen des Bundes für anerkannte Ausbildungsberufe" aus dem Jahr 1996, aktuelle Fassung 2000.

Diese, quantitativ gar nicht so umfassenden, Handreichungen markieren, die historische Entwicklung der deutschen Berufsbildung in den Blick nehmend, einen zentralen und in gewisser Weise beinahe „revolutionären" Meilenstein der curricularen Organisation von Ausbildungsgängen, indem die Fächersystematik zugunsten einer Lernfeldstruktur verlassen wird. In den didaktischen Begründungen der Handreichung finden sich die benannten zentralen Leitbegriffe, die nun zu Referenzen des „neuen" Ansatzes werden.

Im Rahmen der gesetzlichen Neuordnung der Pflegeberufe fanden die „Handreichungen" der KMK insofern deutliche Resonanz, als auch hier der klassische Fächerbezug aufgehoben wird. Die Ausbildungsinhalte sind nach Themenbereichen geordnet, die sehr klare Bezüge zum Lernfeldkonzept aufweisen. Damit wird eine klare Verbindlichkeit für die Schulen formuliert, die es nun heißt, je nach den Vorgaben der einzelnen Bundesländer (Rahmenlehrpläne etc.), umzusetzen.

Wenngleich Kompetenz-, Handlungs- und Lernfeldorientierung also eigentlich nicht zu trennende Komponenten ein und desselben Konzepts sind, so setzen sie doch jeweils perspektivische Schwerpunkte, die im folgenden genauer beleuchtet werden, um so den Blick für „das Ganze" zu schärfen. Dabei lässt es sich nicht vermeiden, in gewisser Weise linear vorzugehen (Buchseiten haben immer eine numerische Reihenfolge), wenngleich es sich eigentlich um zirkulär ineinander greifende Themenkomplexe handelt. Auch die Reihenfolge der Abhandlung der Leitbegriffe ist insofern austauschbar, allerdings spricht doch auch einiges dafür, den Ausgangspunkt bei den Intentionen zu nehmen, um dann über Prinzipien des Erreichens und die curricularen Konsequenzen nachzudenken.

2.1 Kompetenzorientierung

Nach den o. g. „Handreichungen" der KMK (2000) hat die berufliche Ausbildung zum Ziel:
- „*eine Berufsfähigkeit zu vermitteln, die Fachkompetenz mit allgemeinen Fähigkeiten humaner und sozialer Art verbindet,*
- *berufliche Flexibilität zur Bewältigung der sich wandelnden Anforderungen in Arbeitswelt und Gesellschaft auch im Hinblick auf das Zusammenwachsen Europas zu entwickeln,*
- *die Bereitschaft zur beruflichen Fort- und Weiterbildung zu wecken,*
- *die Fähigkeit und Bereitschaft zu fördern, bei der individuellen Lebensgestaltung und im öffentlichen Leben verantwortungsbewusst zu handeln"* (S. 8).

Zur Zielerreichung muss die Ausbildung (Schule):
- „*den Unterricht an einer für ihre Aufgaben spezifischen Pädagogik ausrichten, die Handlungsorientierung betont,*
- *unter Berücksichtigung notwendiger beruflicher Spezialisierung berufs- und berufsfeldübergreifende Qualifikationen vermitteln,*
- *ein differenziertes und flexibles Bildungsangebot gewährleisten, um unterschiedliche Fähigkeiten und Begabungen sowie den jeweiligen Erfordernissen der Arbeitswelt und Gesellschaft gerecht zu werden,*
- *im Rahmen ihrer Möglichkeiten Behinderte und Benachteiligte umfassend stützen und fördern,*
- *auf die mit der Berufsausübung und privater Lebensführung verbundenen Umweltbedrohungen und Unfallgefahren hinweisen und Möglichkeiten zu ihrer Vermeidung bzw. Verminderung aufzeigen"* (S. 8).

Dieses ausführliche Zitat aus den „Handreichungen" verdeutlicht die große intentionale Spannbreite beruflicher Bildung. Zusammenfassend wird die „*Entwicklung von Handlungskompetenz*" angestrebt, die verstanden wird „*als die Bereitschaft und Fähigkeit des einzelnen, sich in beruflichen, gesellschaftlichen und privaten Situationen sachgerecht durchdacht sowie individuell und sozial verantwortlich zu verhalten*" (S. 9). Eine solche Handlungskompetenz wird differenziert in die Dimensionen:
- Fachkompetenz,
- Personalkompetenz,
- Sozialkompetenz.

Erst durch das Ineinandergreifen dieser drei Kompetenzbereiche wird eine umfassende Handlungskompetenz, wie oben beschrieben, erreicht. Diese und deren Komponenten ist, so die „Handreichungen", zugleich Voraussetzung für einen weiteren Kompetenzbereich, nämlich die:
- Methoden- und Lernkompetenz.

Richten wir den Blick auf die Ausbildungsziele der Pflegeberufe, so können wir beachtliche Analogien feststellen. Im § 3 des Gesetzes über die Berufe in der Krankenpflege vom 16. Juli 2003 heißt es u. a.: „*Die Ausbildung…soll entsprechend dem allgemein anerkannten Stand pflegewissenschaftlicher, medizinischer und weiterer bezugswissenschaftlicher Erkenntnisse fachliche, personale, soziale und methodische Kompetenzen zur verantwortlichen Mitwirkung insbesondere bei der Heilung, Erkennung und Verhütung von Krankheiten vermitteln.*"

Der Begriff der Kompetenz in seinen verschiedenen Dimensionen dominiert, wie das Ausbildungsziel zeigt, die formal-intentionale Ausrichtung der Ausbildung. Was aber ist nun Kompetenz genau, und wie lässt sich der Begriff abgrenzen bspw. gegenüber dem Qualifikations- oder dem (Lern-)Zielbegriff? In der, auch pflegepädagogischen, Literatur werden diese Abgrenzungen so oft nicht deutlich, und auch z. B. in Leitbildern erscheinen sie vielfach in zuweilen beliebig anmutender Wahl bzw. Kombination.

2.1.1 Der Kompetenzbegriff

Nehmen wir die benannten „Handreichungen" als Referenz, so wird dort „Kompetenz" definiert als der „*Lernerfolg in Bezug auf den einzelnen Lernenden und seine Befähigung zu eigenverantwortlichem Handeln in beruflichen, gesellschaftlichen und privaten Situationen*" (S. 9). „Qualifikation" ist demgegenüber „*der Lernerfolg in Bezug auf die Verwertbarkeit, d.h. aus der Sicht der Nachfrage in beruflichen, gesellschaftlichen und privaten Situationen*" (ebd.). Mit Blick auf die Zielrichtung beruflicher Bildung erscheint erst die Kombination beider Aspekte hinreichend. Zugespitzt könnte man auch sagen, dass Kompetenz eine Voraussetzung für Qualifikation ist und dass die Qualifikationsanforderungen die Entscheidung für anzustrebende Einzelkompetenzen grundlegend mit beeinflussen, sofern die Erfordernisse der Berufspraxis Ernst genommen werden.

Die Definition von „Kompetenz" als Lernerfolg des Lernenden hinsichtlich seiner Befähigung zur Bewältigung von Handlungssituationen nimmt zunächst einmal das Ergebnis von Lernen in den Blick, berücksichtigt allerdings nicht die möglichen Einflussfaktoren hinsichtlich der Entwicklung von Kompetenzen und lässt zudem die Frage der Umsetzung, also die der Performanz, gänzlich außer acht.

Hier hilft ein Rekurs auf die Forschungsbeiträge der Lernpsychologie weiter. Insbesondere im Zuge der aktuellen Diskussion um die Entwicklung so genannter Bildungsstandards in der Folge des „Pisa-Schocks" spielen die lernpsychologischen Erkenntnisse über Kompetenzentwicklung als Voraussetzung zum Erreichen bestimmter Bildungsziele eine hervorgehobene Rolle. So wird bspw. in der vom Bundesministerium für Bildung und Forschung in Auftrag gegebenen Expertise „Zur Entwicklung nationaler Bildungsstandards" (2003) explizit auf die Kompetenzdefinition von Franz Weinert (2001) Bezug genommen, die gegenwärtig selbst als „Definitionsstandard" des Kompetenzbegriffs gilt.

D *Weinert definiert* **Kompetenzen** *als „die bei Individuen verfügbaren oder durch sie erlernbaren kognitiven Fähigkeiten und Fertigkeiten, um bestimmte Probleme zu lösen, sowie die damit verbundenen motivationalen, volitionalen und sozialen Bereitschaften und Fähigkeiten, um die Problemlösungen in variablen Situationen erfolgreich und verantwortungsvoll nutzen zu können" (2001, S. 27 f.).*

Dabei beziehen sich Kompetenzen stets auf so genannte „Domänen", das sind Lernbereiche oder auch Fächer. Durch die kontinuierliche Entwicklung und Vernetzung von Einzelkompetenzen können sich zunehmend auch so genannte Schlüsselkompetenzen herausbilden, ihr Erwerb – das ist inzwischen vielfach belegt – muss aber immer zunächst Domänen-bezogen beginnen. (vgl. Weinert, 2001; BMBF, 2003).

Franz Weinert sieht seine Kompetenzdefinition klar in der Tradition der Expertiseforschung, also der Frage, wie man zum leistungsfähigen Experten in einem bestimmten Bereich, einer Domäne wird. Für die Pflege hat Patricia Benner in ihrer weit verbreiteten Arbeit „From Novice to Expert" (in deutscher Übersetzung erstmals 1994) sich dieser Frage gewidmet. Kompetenz, in dieser Lesart, ist also zunächst einmal eine Disposition, um bestimmte Anforderungen und Probleme erfolgreich zu bewältigen. Damit ist sie auch vom Grundsatz her kognitiv bestimmt, kommt aber, so beschreibt es die Definition, nicht ohne personale und soziale Fähigkeiten aus. Kompetenz, als Disposition, hat verschiedene Facetten, die von Weinert beschrieben werden mit:

- Fähigkeit,
- Wissen,
- Verstehen,
- Können,
- Handeln,
- Erfahrung,
- Motivation.

All diese Facetten sind Bestandteil einer konkreten Kompetenz.

Zusammengefasst kann zum Kompetenzbegriff also festgestellt werden, dass eine, wie in den „Handreichungen" beschriebene umfassende Handlungskompetenz sich zwar quasi abstrakt in die Dimensionen von Fach-, Sozial- und Personalkompetenz sowie Methoden- und Lernkompetenz unterteilen lässt, dass der konkrete Bezug einer solchen Handlungskompetenz aber immer zunächst domänen-, also lernbereichs- oder fachorientiert (hiermit ist die Disziplin, nicht unbedingt das Schulfach gemeint!) sein muss, sonst kann eine gezielte und systematische Kompetenzentwicklung, wie sie in der Allgemein- und Berufsbildung angestrebt wird, nicht gelingen. Das hat zwangsläufig curriculare Konsequenzen mit Blick auf den Weg der Kompetenzentwicklung im Sinne der Beschreibung von Kompetenzstufen. Dies wird später in diesem Buch (Kap. 3.2, S. 16) noch ein wichtiges Thema sein.

Die bereits zitierte, vom BMBF in Auftrag gegebene Expertise fasst als Ergebnis folgendermaßen zusammen: *„Diese starke Ausrichtung des hier vertretenen Kompetenzbegriffs auf Lernbereiche, Fächer bzw. ‚Domänen' mag Leser, die mit pädagogischen Debatten über Kompetenzförderung vertraut sind, überraschen, weil dort der Begriff der Kompetenz häufig für allgemeinere, fächerübergreifende Fähigkeiten verwendet wird. Die pädagogisch-psychologische Forschung zeigt jedoch, dass es nicht ausreicht, fächerübergreifende ‚Schlüsselqualifikationen' als Allheilmittel bzw. als eigenständige Zieldimensionen schulischer Bildung auszuweisen. Auch wenn Komponenten wie Methoden-, Personal- und Sozialkompetenz bedeutsam sind, ersetzen sie doch nicht die starke fachliche Bindung von Kompetenz. Die Forschung legt sogar nahe, dass die Entwicklung fächerübergreifender Kompetenzen das Vorhandensein gut ausgeprägter fachbezogener Kompetenzen voraussetzt"* (2003, S. 75).

Ziel kann also nicht sein, einen Gegensatz aufzubauen etwa in dem Sinne: entweder fach- oder handlungsbezogene Kompetenz. Qualifizierte! Handlungen bedürfen immer eines Kompetenzspektrums, in dem die Sach- und damit die Fachlogik eine wesentliche Rolle spielt. Erst dann wird aus Handlungskompetenzen qualifiziertes Handeln. An dieser Stelle wird dann auch fast „automatisch" deutlich, dass die weitreichende Verbreitung des Kompetenzbegriffs nicht gleich zu setzen ist mit einer Ablösung des Lehr-Lernzielbegriffs. Lehr-Lernziele vermögen den konkreten Weg der Kompetenzanbahnung auf verschiedenen

Kompetenzstufen aufzuzeigen. Dabei sind deren Taxonomien insofern hilfreich, als sie konkrete Operationalisierungen auch mit Blick auf die Überprüfbarkeit ermöglichen.

Lehr-Lern-Ziele markieren also die einzelnen Lernschritte der Schülerinnen und Schüler in Bezug auf verschiedene Zielbereiche (kognitiv, affektiv, psychomotorisch). Diese Lernschritte müssen gut be- und durchdacht sein, damit sie in ihrer Ausgestaltung, Abfolge und Zusammenschau größtmögliche Garanten für den Erwerb einer bestimmten (Teil) Handlungskompetenz werden. Dies gilt, wie in diesem Kapitel beschrieben, für alle Dimensionen und Facetten von Handlungskompetenz. Aber auch hierzu später mehr! (Kap. 6.1.2, S. 52)

In einem nächsten Schritt der genaueren Analyse der drei berufspädagogischen Leitbegriffe Kompetenz-, Handlungs- und Lernfeldorientierung soll nun die Handlungsorientierung einer näheren Betrachtung unterzogen werden.

2.2 Handlungsorientierung

In den bereits mehrfach zitierten „Handreichungen" der KMK findet sich folgende Festlegung: *„Lernen … vollzieht sich grundsätzlich in Beziehung auf konkretes, berufliches Handeln sowie in vielfältigen gedanklichen Operationen, auch gedanklichem Nachvollziehen von Handlungen anderer. Dieses Lernen ist vor allem an die Reflexion der Vollzüge des Handelns (des Handlungsplans, des Ablaufs, der Ergebnisse) gebunden"* (2000, S.10). Entsprechende Handlungskompetenzen sollen entwickelt werden.

„Handlungsorientierung" hat insofern zwei Bezugspunkte bzw. Dimensionen: zum einen das berufliche Handeln selbst als Zielpunkt und Inhalt, zum anderen die Art der Vermittlung, die ebenfalls das Handeln der Schülerinnen und Schüler in den Mittelpunkt stellt.

„Handlungsorientierung" nimmt seinen semantischen Ausgangspunkt vom Begriff des Handelns. „Handeln" ist mehr als unreflektiertes „Tun", es schließt den Aspekt der Bewusstheit, der Planbarkeit, der Begründbarkeit und damit der Verantwortlichkeit ein. Professionelles berufliches Handeln ist damit immer auch theoriegeleitet, aber es ist auch erfahrungsgeleitet.

Handlungsorientierung ist ein didaktisches Konzept, das Fach- und Handlungssystematik miteinander verbindet. Im Sinne dieses Konzeptes gilt es:
- Planungs-, Durchführungs- und Evaluationsprozesse zu integrieren,
- sich an typischen Handlungsfeldern und Arbeitsaufgaben zu orientieren,
- sich an den leistungs-, sach-, sozial- und persönlichkeitsbezogenen Lernvoraussetzungen der Lernenden zu orientieren und zur berufs- und persönlichkeitsrelevanten Weiterentwicklung derselben beizutragen,
- berufliches Handeln als theorie- und erfahrungsgeleitet und damit als (verantwortungs-)bewusst und begründbar zu verstehen,
- einem aktuellen (fach-)wissenschaftlichen Gütemaßstab verpflichtet zu sein,
- es den Lernenden zu ermöglichen, Handeln reflektiert handelnd zu erlernen. (vgl. Schewior-Popp, 1998; Schewior-Popp/Lauber, 2003).

Ein so verstandenes handlungsorientiertes Konzept der beruflichen Bildung knüpft unmittelbar an den Forschungen und Erkenntnissen zum so genannten Arbeitsprozesswissen an. Arbeitsprozesswissen ist mehr als die schlichte Kenntnis von Arbeitsvollzügen. In Anlehnung an Felix Rauner (1999) und Martin Fischer (2000) lässt sich Arbeitsprozesswissen charakterisieren durch:
1. eine systematische Verknüpfung theoretischen Wissens und praktischer Erfahrung,
2. den Bezug der aktuellen Lern- und Erfahrungsinhalte zum Gesamtkontext von Ausbildung und Betrieb,
3. die Anbahnung und Festigung situationsangemessener Entscheidungen bzgl. Zielsetzung, Planung, Durchführung und Bewertung der eigenen Arbeit,
4. eine sich verstetigende Wirksamkeit in kritischen Situationen und bei Innovationsbedarf.

Arbeitsprozesswissen setzt also letztendlich auf die Entwicklung der verschiedenen Dimensionen von Kompetenz, wie sie bereits beschrieben wurden. Arbeitsprozesswissen zielt auf strukturiert-systemisches Handeln, das mit verschiedenen Handlungsfeldern im Rahmen eines Berufsbildes beschrieben werden kann. Diese Handlungsfelder werden dann zum Ausgangspunkt des Lernens. Ihre erfolgreiche „Bewältigung" lässt sich mit übergeordneten Kompetenzen beschreiben, aus denen schließlich konkrete Ziele und Inhalte für die Gestaltung entsprechender Lernarrangements abgeleitet werden können

Die „Handreichungen" der KMK schlagen die Beachtung folgender Grundsätze bei der Konzeption handlungsorientierten Unterrichts vor:

- „Didaktische Bezugspunkte sind Situationen, die für die Berufsausübung bedeutsam sind (Lernen für Handeln).
- Den Ausgangspunkt des Lernens bilden Handlungen, möglichst selbst ausgeführt oder aber gedanklich nachvollzogen (Lernen durch Handeln).
- Handlungen müssen von den Lernenden möglichst selbständig geplant, durchgeführt, überprüft, ggf. korrigiert und schließlich bewertet werden.
- Handlungen sollten ein ganzheitliches Erfassen der beruflichen Wirklichkeit fördern, z. B. technische, sicherheitstechnische, ökonomische, rechtliche, ökologische, soziale Aspekte einbeziehen.
- Handlungen müssen in die Erfahrungen der Lernenden integriert und in Bezug auf ihre gesellschaftlichen Auswirkungen reflektiert werden.
- Handlungen sollen auch soziale Prozesse, z. B. der Interessenerklärung oder der Konfliktbewältigung, einbeziehen" (2000, S. 10).

Diese Leitlinien der Konzeption eines handlungsorientierten Unterrichts berücksichtigen in sehr eingängiger Weise die zweiseitige Bezogenheit des handlungsorientierten Konzepts (Lernen für Handeln und Lernen durch Handeln). Sie bilden damit sowohl die Grundlage für die Umsetzung des Lernfeldkonzepts, das seinen Ausgangspunkt in der Identifikation von Handlungsfeldern nimmt, als auch für konkrete Überlegungen zur methodischen Gestaltung des Unterricht (Kap. 7, S. 113).

Alle bisherigen Überlegungen hinsichtlich der Leitbegriffe Kompetenz- und Handlungsorientierung münden im Folgenden nun unmittelbar ein in das Konzept der Lernfeldorientierung.

2.3 Lernfeldorientierung

Kernstück der beschriebenen berufspädagogischen „Wende" ist das Lernfeldkonzept: Aus zuvor identifizierten Handlungsfeldern eines zu erlernenden Berufes werden relevante Lernfelder extrahiert, diese werden mit Zielen im Sinne von Handlungskompetenzen sowie Inhalten beschrieben, um dann als schulische und betriebliche Lernarrangements in Form von Lernsituationen konkret „aufbereitet" zu werden (vgl. Bader, 2003; Kremer/Sloane, 1999; Sloane, 2003).

Die folgende Übersicht definiert Handlungsfelder, Lernfelder und Lernsituationen und zeigt deren gegenseitige Bezüge auf:

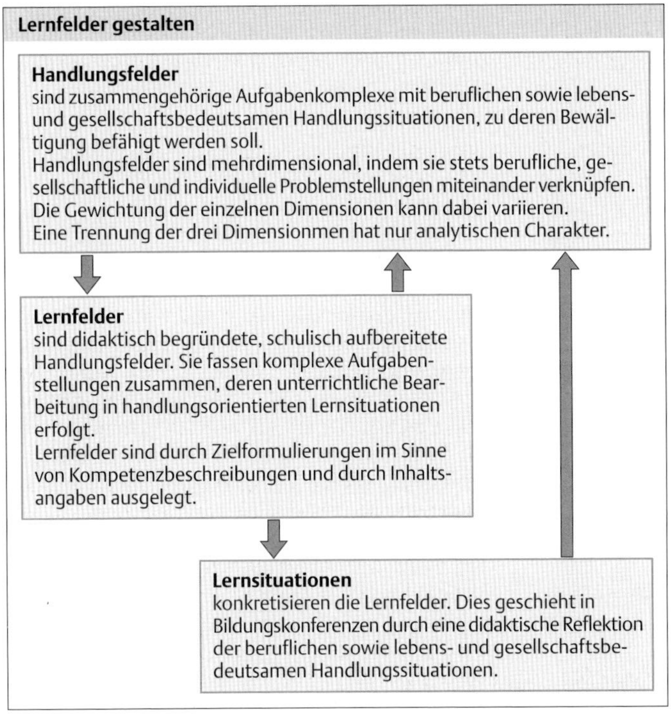

Abb. 2.1 • Elemente des Lernfeldkonzepts in Anlehnung an KMK (2000) und Bader (2003).

Lernfelder gestalten

Handlungsfelder
sind zusammengehörige Aufgabenkomplexe mit beruflichen sowie lebens- und gesellschaftsbedeutsamen Handlungssituationen, zu deren Bewältigung befähigt werden soll.
Handlungsfelder sind mehrdimensional, indem sie stets berufliche, gesellschaftliche und individuelle Problemstellungen miteinander verknüpfen. Die Gewichtung der einzelnen Dimensionen kann dabei variieren. Eine Trennung der drei Dimensionmen hat nur analytischen Charakter.

Lernfelder
sind didaktisch begründete, schulisch aufbereitete Handlungsfelder. Sie fassen komplexe Aufgabenstellungen zusammen, deren unterrichtliche Bearbeitung in handlungsorientierten Lernsituationen erfolgt.
Lernfelder sind durch Zielformulierungen im Sinne von Kompetenzbeschreibungen und durch Inhaltsangaben ausgelegt.

Lernsituationen
konkretisieren die Lernfelder. Dies geschieht in Bildungskonferenzen durch eine didaktische Reflexion der beruflichen sowie lebens- und gesellschaftsbedeutsamen Handlungssituationen.

In seinem sehr instruktiven Beitrag „Lernfelder konstruieren – Lernsituationen entwickeln" zeigt Reinhard Bader auf, wie deutlich sich der grundsätzliche Auftrag der Berufsbildung im Lernfeldkonzept widerspiegelt, indem das Fördern der Persönlichkeitsentwicklung des Lernenden mit der Qualifizierung zur Ausübung eines Berufes verbunden wird (Bader, 2003). Er akzentuiert dies im Wesentlichen anhand zweier Kriterien (das Wort „Berufsschule" im folgenden Zitat kann im Hinblick auf die Zielgruppe dieses Buches getrost durch „berufsbildende Schule" oder auch konkret „Schule für Pflegeberufe" ersetzt werden!):

- *„Der Bildungsauftrag der Berufsschule ist bindend. Er ist das leitende Kriterium für die Beantwortung der Frage, ob, in welchem Umfang und in welcher Form ein Handlungsfeld als Grundlage für ein Lernfeld in Betracht kommt. Anders und sehr vereinfacht ausgedrückt: Zwischen Handlungsfeld und Lernfeld steht der Bildungsauftrag der Berufsschule..."*
- *Lernfelder dürfen sich nicht grundsätzlich auf berufliche Handlungsfelder in engeren Sinne begrenzen, sondern sie müssen individuelle und gesellschaftliche Lebensumwelt mit einbeziehen..."* (Bader, 2003, S. 211).

Das heißt auch, dass Lernfelder nicht ausschließlich auf „am Markt gefragten" Qualifikationserwerb (aber *auch!* auf ihn) abzielen, sondern immer auch die Persönlichkeitsentwicklung mit im Blick haben in dem Sinne, Berufsgegenwart auch zukunftsfähig verändern zu können. Dies spiegelt sich auch im bereits aufgezeigten Verständnis von „Arbeitsprozesswissen" und „Handlungsorientierung" wider.

Ziel ist es, die Lernenden auf den Weg zu bringen, Expertise zu entwickeln. Dies wird kaum in der Ausbildung selbst gelingen, muss anders gesehen aber unbedingt dort angelegt werden durch die stufenweise Ausbildung von Kompetenz in ihren verschiedenen Dimensionen und Facetten entsprechend der schon benannten Definition von Weinert (2001).

Bader (2003) hat unter Einbezug der Erkenntnisse von Peter F. E. Sloane (2000) eine „Ablaufstruktur zum Konstruieren von Lernfeldern und zum Entwickeln von Lernsituationen" formuliert, die er in acht Schritte unterteilt. Die folgende Beschreibung des Weges vom Handlungsfeld zur Lernsituation bezieht diese Schritte wesentlich mit ein, ordnet sie drei Leitfragen zu und erläutert ggf. durch pflegebezogene Aspekte.

Die folgende „Checkliste" ist eine Zusammenstellung wesentlicher, aber durchaus ergänzungsfähiger und auch ggf. variabler Fragestellungen. Vieles, was hier noch als Stichwort erscheint, findet seine Ausfüllung in den weiteren Kapiteln dieses Buches. Dies gilt v. a. für die Problematik des stufenweisen Kompetenzerwerbs, für Ziel- und Inhaltsbestimmungen, für Rahmenbedingungen und Lernvoraussetzungen sowie natürlich für den gesamten Bereich der Lernarrangements/Methoden.

Die beiden nächsten Kapitel werden gleich die erstbenannte wichtige Fragestellung aufgreifen, nämlich die nach den curricularen bzw. didaktischen Konsequenzen des Lernfeldansatzes generell und spezifisch auf die Situation der Pflegeberufe bezogen.

Vom Handlungsfeld zur Lernsituation (in Anlehnung an Bader, 2003)

1. Wie werden Handlungsfelder identifiziert und formuliert?

Um Handlungsfelder genau identifizieren, erfassen und formulieren zu können, sind folgende Aspekte wichtig:
- *Beruf im Kontext eines Gesamtprozesses sehen:* z. B. beim Pflegeberuf die Patientenversorgung insgesamt als gesellschaftlichen Auftrag wahrnehmen.
- *Formale Aspekte von Berufsausübung/-zulassung/-ausbildung:* z. B. Eingangsqualifikation; Berufsstatistik allgemein und ausbildungsspezifisch, z. B. Abbrecherquote, Übernahme vom eigenen Ausbildungsträger, späterer Tätigkeitsbereich (z. B. stationär, teilstationär, ambulant), Verbleib im eigenen Beruf oder Wechsel in Nachbarberuf (z. B. von Kinderkrankenpflege zu Altenpflege), geschlechtsspezifische Besonderheiten, Anzahl von Migranten...
- *Identifizieren und Erfassen von Handlungsfeldern:* Was ist das „Kerngeschäft", was sind eher Randbereiche? Welche Handlungsfelder gehören unbedingt in die Ausbildung, sollte es möglicherweise Wahl(-pflicht)bereiche geben?
- *Formulieren der Handlungsfelder:* Funktion des einzelnen Handlungsfeldes im Gesamt des Berufs-/Arbeitsprozesses? Welche Qualifikationen, welche Kompetenzen sind erforderlich? Was gilt repräsentativ, was exemplarisch?

2. Vom Handlungsfeld zum Lernfeld

Auf dem Weg vom Handlungsfeld zum Lernfeld sind folgende Punkte zu beachten:
- *Beurteilung der „Eignung" der Handlungsfelder:* Welche Handlungsfelder eignen sich als Lernfelder und bilden die Arbeitsprozessstruktur ab? Welche Handlungsfelder erfüllen nicht nur gegenwartsbezogen, sondern auch zukunftsbezogen eine wesentliche Funktion? Welche zeichnen sich durch eine exemplarische Bedeutung aus, welche sind – auch wenn keine exemplarische Bedeutung – dennoch unverzichtbar?
- *Umsetzung der ausgewählten Handlungsfelder zu einem Lernfeldarrangement:* Welche Erweiterungen sind nötig, um die Entwicklung von Fach- und Personal- und Sozialkompetenz anzubahnen? Realistische Einschätzung von Lernvoraussetzungen? Besondere Gewichtung einzelner Lernfelder? Zukunftsfähigkeit berücksichtigt? Ist eine bestimmte Anordnung sinnvoll? Verteilung auf Ausbildungsjahre?
- *Formulieren der einzelnen Lernfelder:* Entsprechend KMK-Vorgaben mit Zielen im Sinne von Kompetenzbeschreibungen, Inhalten, Zeitrichtwerten sowie Zuordnung zu Ausbildungsjahren (hierbei die Notwendigkeit des stufenweisen Kompetenzerwerbs berücksichtigen). Arbeitsprozessorientierung (Handlungs- und Fachsystematik) beachten, also ggf. Teillernfelder formulieren und einander entsprechend zuordnen.

3. Vom Lernfeld zur Lernsituation

Der Weg vom Lernfeld zur Lernsituation ist gekennzeichnet durch:
- *Konkretisieren der Lernfelder zu einzelnen Lernsituationen*: z. B. durch folgende Fragen:
  - Welche Kompetenzen/Inhalte „passen" in eine Lernsituation?
  - Welche Methoden/Abläufe/Techniken (v. a. auch mit Blick auf Lernortkooperation Schule/Betrieb)?
  - Welches „Anspruchsniveau", Grad an theoretischer Fundierung?
  - Exemplarität?
  - Spezifische Lernarrangements/Methoden für spezifische Kompetenzen?
  - Lernvoraussetzungen/Rahmenbedingungen?
  - Lernortkooperation?
  - Ergebnissicherung?
  - u. v. a.!

3 Curriculare und didaktische Konsequenzen

Überblick

3.1 Stellenwert und Konstruktion von Curricula – Was ist überhaupt ein Curriculum? • 12

3.2 Gestufte, systematische Kompetenzentwicklung • 16
3.2.1 Berufspädagogische Forschung • 16

3.3 Didaktische Konsequenzen • 18

Kompetenz-, Handlungs- und Lernfeldorientierung als berufspädagogische Leitkategorien beeinflussen unmittelbar sowohl die curriculare Arbeit als auch konkrete didaktische Überlegungen der Gestaltung von Lernsituationen.

Die folgende Übersicht fasst die wichtigsten Einflussfaktoren zusammen, ohne dabei eine Gewichtung vorweg zu nehmen:

Kompetenzorientierung
- Berücksichtigung von Fach-, Personal-, Sozial- und Methoden- und Lernkompetenz in Bezug auf den Lernenden,
- Berücksichtigung des Qualifikationsaspektes hinsichtlich der beruflichen Verwertbarkeit,
- „Domänen" – Bezug von Kompetenzen (=Voraussetzung für die Entwicklung übergreifender (Schlüssel-)Kompetenzen),
- Verknüpfung von Sach- und Handlungslogik.

Handlungsorientierung
- Berücksichtigung der Objekt- und Subjektseite von Handeln (Lernen für Handeln und Lernen durch Handeln), das bedeutet:
- Identifikation der Handlungslogiken durch Beschreibung von Arbeitsprozesswissen (Objektseite),
- Identifikation von Handlungsfeldern im Beruf, die umfassende und vollständige Handlungen abbilden (Objektseite),
- Entwicklung von Lernkonzepten, die (möglichst) selbständiges, erfahrungs- und sozialbezogenes Erschließen der Handlungslogiken einschließlich der sachlogischen Komponenten ermöglichen (Subjektseite),
- Berücksichtigung persönlichkeitsfördernder und gesellschaftlich relevanter Handlungsaspekte (Subjektseite).

Lernfeldorientierung
- Konstruieren von Lernfeldern, die auf „Kernhandlungsfelder" des Berufes zurückgeführt werden können,
- beschreiben der Lernfelder durch Kompetenzen im Sinne der beschriebenen Kompetenzorientierung,
- aufzeigen von Wegen der Kompetenzanbahnung im Sinne der beschriebenen Handlungsorientierung durch Ziel- und Inhaltsbeschreibungen,
- ordnen bzw. differenzieren und untergliedern der Lernfelder auf der Zeitschiene entsprechend einer sach- und handlungslogischen Struktur der Kompetenzentwicklung,
- entwickeln konkreter Lernsituationen unter Berücksichtigung der Angemessenheit von Zielen, Inhalten und methodischen Arrangements.

Während der überwiegende Teil der genannten Aspekte bereits in Kap. 2 beschrieben wurde bzw. unmittelbarer Gegenstand v. a. der Kap. 6 (S. 47) und 7 (S. 113) sein wird, muss das „ordnen bzw. differenzieren und untergliedern der Lernfelder auf der Zeitschiene..." insbesondere mit Blick auf die konkrete curriculare Arbeit, also das Erstellen von Curricula bzw. Lehrplänen erläutert werden. Um hier zu einem handlungsleitenden Verständnis zu gelangen, folgt zunächst eine Zusammenstellung von Grundkenntnissen über den Stellenwert und den Aufbau von Curricula.

3.1 Stellenwert und Konstruktion von Curricula – Was ist überhaupt ein Curriculum?

Der Begriff „Curriculum" steht in seiner Bedeutung neben einer Reihe anderer Begriffe, die zum Teil synonym oder oft zumindest nicht deutlich von einander abgegrenzt verwendet werden.
Zunächst zu den zum Curriculum korrespondierend verwendeten Begriffen:
- (Rahmen-)Lehrplan,
- Richtlinie und
- Stoffplan.

(Rahmen-)Lehrplan: Ein (Rahmen-)Lehrplan ist die nach Umfang, Reihenfolge und Zusammenhang geordnete Zusammenfassung verbindlicher Kompetenzen und mehr oder weniger zur Wahl stehender Lernziele, Lehrinhalte und -themen eines, mehrerer oder aller Sachbereiche (z. B. Fächer) oder Lernfelder für eine bestimmte Schulart, Schulstufe, Altersstufe, Klasse, einen Kurs, ein Semester innerhalb eines angegebenen Zeitraumes.

Richtlinie: Richtlinien unterscheiden sich von Lehrplänen durch ihren Empfehlungscharakter. Sie werden von den Kultusministerien insbesondere für die allgemein bildenden Schulen erlassen und sollen den Lehrern einen hohen Freiheitsgrad für pädagogische Entscheidungen geben. Ihre Aussagen sind deshalb von einem geringeren Spezifikationsgrad als in den Lehrplänen und lassen einen relativ großen Interpretationsspielraum zu. Dadurch erfordern sie mindestens auf der Entscheidungsebene des Lehrers eine weitere Spezifikation. Oft werden die Aussagen der Richtlinien auch in den einzelnen Schulen konkretisiert, wodurch Lehrpläne entstehen, die dann auch „Bildungspläne", „Arbeitspläne" oder ähnlich genannt werden.

Stoffplan: Die so genannten Stoffpläne sind eine sehr häufige, da pädagogisch am wenigsten anspruchsvolle „Variation" von Lehrplänen bzw. Richtlinien. Sie enthalten lediglich eine Aneinanderreihung einzelner Unterrichtsinhalte, ohne Kompetenzen, konkrete Lernziele, Organisation von Lernprozessen oder Strukturbezüge von Inhalten zu berücksichtigen.

Was aber meint nun der Begriff *Curriculum* in Abgrenzung zu den bereits ausgeführten Varianten? Wörtlich übersetzt heißt Curriculum (aus dem Lateinischen) etwa Zeitabschnitt, Ablauf in der Zeit oder auch Wettlauf oder Laufbahn. Der Begriff setzte sich seit dem 16. Jahrhundert im deutschen Sprachraum immer mehr durch, weil er das Alljährliche, das sich Wiederholende des Unterrichts bezeichnete. Im Laufe des 18. Jahrhunderts ging der Begriff Curriculum verloren und wurde durch den Begriff Lehrplan ersetzt. Im angelsächsischen Raum hat sich der Begriff Curriculum jedoch gehalten und ist von 1967 an durch die Schrift „Bildungsreform als Revision des Curriculums" des Berliner Erziehungswissenschaftlers und Schulpädagogen Saul B. Robinsohn nach Deutschland zurückgekehrt.

Um was ging es Robinsohn, und warum brachte er den Curriculum-Begriff zurück in die deutsche Pädagogik? Robinsohn (1967) schreibt in der Einleitung seiner Schrift: *„Der Rückgriff auf diesen indessen aus der deutschen Pädagogik entschwundenen Begriff hat gute Gründe, kannte doch die Pädagogik des Barock noch die enge Verbindung der Bemühungen von Auswahl und Planung der Lehrinhalte, um Ausprägung der durch sie intendierten Bildungsziele und um die Erarbeitung der ihnen entsprechenden Lehrmethoden"* (o. S.).

Curriculum: Das Curriculum beinhaltet über die Verbindlichkeiten eines Lehrplans hinaus (s. Definition Lehrplan) auch konkrete Hinweise zur didaktisch-methodischen Gestaltung und ggf. auch zur Erfolgskontrolle/Leistungsmessung. Wenn Lehrpläne also solche Angaben enthalten, die Hilfe für die unmittelbare Konzeption und Durchführung einzelner Lernsituationen darstellen, haben diese Lehrpläne curricularen Charakter.

Schon Robinsohn wollte mit seinem benannten, sehr umfassenden Ansatz die gesamte schulische Bildung, auch die berufliche, auf eine neue Grundlage stellen. Er beschrieb Bildung als „Ausstattung zum Verhalten in der Welt". Aufgabe der mit Bildung befassten Schule sei es, eine solche Ausstattung vorzunehmen. Und hier stellt sich vor allem die Frage nach den zu vermittelnden Inhalten. *Was soll im Unterricht gelehrt und gelernt werden? Woher und wie gewinnt man Lehr-Lern-Inhalte?* Die Antwort Robinsohns und sein Konzept lassen sich vereinfachend etwa folgendermaßen zusammenfassen (**Abb. 3.1**):

Qualifikatorischer Curriculumansatz nach Saul B. Robinson

1. Identifizierung und Analyse von Situationen, in denen der Heranwachsende vermutlich wird leben müssen – auf die berufliche Bildung bezogen hieße das: Identifizierung und Analyse von für die Berufsausübung typischen Aufgabenkomplexen und Anforderungen.
2. Definition von Qualifikationen, die zur „Bewältigung" der Situation notwendig sind – dies ist unmittelbar auf die berufliche Bildung zu übertragen.
3. Gewinnung von Elementen der definierten Qualifikationen – dies bedeutet die Identifizierung von einzelnen Indikatoren, die in ihrer Gesamtheit die jeweilige Qualifikation ausmachen.
4. Verknüpfung von Elementen, Qualifikationen und weiteren methodischen und lernerfolgsbezogenen Komponenten zum Curriculum.

Diese typische Verlaufsstruktur hat dem Konzept auch die Bezeichnung „qualifikatorischer" Curriculumansatz eingetragen.

Bei der Lektüre der Entwicklungsschritte nach Robinsohn fällt auf, dass Ähnlichkeiten mit dem aktuellen kompetenz-, handlungs- und lernfeldorientierten Vorgehen durchaus gegeben sind. Allerdings verblieb Robinsohn im Wesentlichen im Objektbezug. Das heißt, dass für ihn das Produkt des Lernens, die unmittelbare (berufliche) Verwertbarkeit vorrangig war, was leicht aus der Historie zu erklären ist, denn zur damaligen Zeit ging es gerade darum, den Aspekt der Verwertbarkeit mehr in den Vordergrund zu rücken, um möglichst wirklichkeitsnah zu unterrichten. Mit der aktuellen Diskussion schließt sich der Kreis in gewisser Weise: Objekt (Produkt, Verwertbarkeit) *und* Subjekt (personale und soziale Kompetenzen/ Entwicklung) kommen zusammen und markieren die Bildungsziele (berufs-)schulischen Unterrichts.

Der Weg vom Handlungsfeld zum Lernfeld und auch – vorbehaltlich der spezifischen Lernvoraussetzungen und Rahmenbedingungen (Kap. 6 und 7) hin zur Lernsituation, wie er in Kap. 2 beschrieben wurde, markiert also den Prozess der Curriculum-Konstruktion. Daraus abgeleitet ergeben sich ganz bestimmte Merkmale bzw. Kriterien für die Curriculum-Erstellung, die von genereller Bedeutung sind, unabhängig von ihrer in der konkreten Arbeit zu leistenden Spezifizierung für eine Schulart, -stufe, einen Ausbildungsgang etc. sowie für die Akzentuierung entsprechend eines didaktischen Konzepts.

Merkmale und Kriterien der Curriculum-Konstruktion. Folgende **Merkmale eines Curriculums bzw. des Curriculum-Erstellungsprozesses** lassen sich festhalten:
- Das Curriculum stellt einen *Begründungszusammenhang* zwischen den Entscheidungen über das „Was", „Warum", „Wie", „Womit" und „Wann" des Unterrichts her und gibt in aller Regel auch an, wie die Lernleistungen zu überprüfen sind.
- Im Curriculum wird die *Interdependenz* aller Unterrichtsfaktoren berücksichtigt, den Kompetenzen und deren Anbahnung jedoch die primäre Bedeutung eingeräumt.
- Das heißt auch, dass ein Curriculum, abhängig von seinem Grad an Offenheit bzw. Geschlossenheit, Möglichkeiten vorsieht, die *Binnenstruktur des Unterrichts,* also Lehr-Lernziele, Lerninhalte, Lernorganisation, und die *Außenbeziehungen des Unterrichts,* also sozio-kulturelle und individuelle Voraussetzungen der Lehr- und Lernprozesse, die Rahmenbedingungen und deren Wirkungen und Folgen, wechselseitig aufeinander zu beziehen.
- Curricula sind immer *dynamisch,* nicht statisch angelegt. Das heißt, dass eine permanente Revision unter Einbeziehung empirischer Evaluationsverfahren von vornherein beabsichtigt ist. Dies kann sich natürlich nicht nur auf die Effektivität von Lehr-Lern-Verfahren beziehen, sondern schließt die Ziel- und damit Inhaltsentscheidungen mit ein. Letzteres ist insbesondere in der Berufsbildung wichtig, wenn es darum geht, ob die identifizierten Handlungsfelder bzw. die abgeleiteten Lernfelder/Kompetenzen der Aktualität im Beruf und dessen Zukunftsfähigkeit entsprechen. Dabei haben Curricula immer nicht nur eine sach- und handlungsspezifische, sondern auch eine personale und gesellschaftliche Komponente.

Die Curriculum-Erstellung bedarf der Beteiligung von entsprechenden *Experten* aus dem erziehungswissenschaftlichen *und* dem fachlichen/beruflichen Bereich. Dabei hat sich die strukturierte Einbeziehung von Lehrenden in den entsprechenden Bereichen zunehmend als sinnvoll erwiesen.

Offenes bzw. geschlossenes Prinzip. Eines der genannten Merkmale bezieht sich auf den Grad der Offenheit bzw. Geschlossenheit eines Curriculums. Von der Ausgestaltung dieses Merkmals hängt entscheidend die „Brauchbarkeit" eines Curriculums im Sinne eines handlungsorientierten Unterrichtskonzepts ab: *„Das Konzept des ‚geschlossenen Curriculums' interpretiert den Bedingungs- und Implikationszusammenhang curricularer Entscheidungen in der Weise, daß im Curriculum die anzustrebenden Lernprozesse bis in… (lernsituationsbezogene, d. V.) Unterrichtsentwürfe zu konkretisieren sind, das Konzept des ‚offenen Curriculums' dagegen bezieht auch die Situationsbedingungen der am Unterricht Beteiligten mit in den curricularen Entscheidungsprozeß ein, so daß curriculare Vorgaben die eigenständige und selbstverantwortliche Realisierung durch die Betroffenen selbst ermöglichen müssen. Beide Konzepte sind Ausdruck divergierender pädagogisch-didaktischer Aufgabenbestimmungen und Strategien. So erfolgt die Entwicklung von geschlossenen Curricula in der Regel in einem Prozeß zweckrationaler Planung, erfolgsorientierter Optimierung und intentionssichernder Anwendung, während das Konzept des offenen Curriculum auf allen Planungs-/Realisierungsebenen den argumentativen Diskurs vorsieht, der die jeweiligen Entscheidungen legitimieren soll"* (Riedel, 1989, S. 300 f.).

Je „offener" also ein Curriculum ist, desto mehr schulindividueller bzw. – auf der Ebene des Schulcurriculums – lehrerindividueller Gestaltungsspielraum kann genutzt werden, desto prozessorientierter kann

3 ■ Curriculare und didaktische Konsequenzen

im konkreten Unterricht im Hinblick auf Zeiteinteilung, Inhaltsauswahl oder Methodenwahl verfahren werden. Dennoch erscheint gerade in der beruflichen Bildung mit festgelegten Ausbildungszielen und dem Auftrag, für einen bestimmten Beruf mit spezifischem Anforderungsprofil qualitätsbewusst auszubilden, ein gewisser Grad an „Geschlossenheit" unumgänglich, jedenfalls was die Ausbildungsinhalte angeht, gerade auch, um mit Blick auf die gesetzliche „Regelungslage" zumindest einen gewissen Grad an Vergleichbarkeit zu gewährleisten.

Wie ein „überinstitutionelles" Gesamtcurriculum aufgebaut, sequenziert und organisiert ist, welche übergeordneten Kompetenzen, Lehr-Lern-Ziele, welche Inhalte, welche methodischen Vorgaben es enthält, ist nicht allein Folge der gesetzlichen Vorgaben und Regelungen. Vielmehr sind für diese Entscheidungen sowohl pädagogisch-didaktische als auch fachwissenschaftlich-berufstheoretische Faktoren von Belang.

Die pädagogisch-didaktischen Faktoren wiederum sind geprägt durch grundlegende didaktische Konzepte, also beispielsweise eine kompetenz-, handlungs- und lernfeldorientierte Konzeption, und damit korrespondierend durch das spezielle curriculare Anliegen. Letzteres kann durch die Skalierung eines Curriculums zwischen den Polen *geschlossen vs. offen, linear vs. spiralig* oder *vertikal vs. horizontal* beschrieben werden.

Lineares bzw. spiraliges Prinzip. *Linear vs. spiralig* meint auf der linearen Seite, dass einzelne Lehr-Lerninhalte, nachdem sie gelehrt worden sind, als „abgeschlossen" gelten. Das könnte bspw. für den Lernbereich/das Lernfeld „Lebenserhaltende Sofortmaßnahmen bis zum Eintreffen der Ärztin oder des Arztes einleiten" aus der Ausbildungs- und Prüfungsverordnung in der Gesundheits- und Kranken-/Kinderkrankenpflege gelten.

„Spiralig" meint hingegen das systematische und curricular geplante Wiederaufgreifen und Weiterführen von Inhalten bzw. Themenbereichen über einen längeren Zeitraum hinweg, einen bestimmten Themenbereich inhaltlich aufzubauen und durch jeweils neue Aspekte in seinen Perspektiven auszufüllen.

Vertikales bzw. horizontales Prinzip. Die Pole *vertikal vs. horizontal* beschreiben entweder das Unterrichten eines bestimmten Lernbereichs/Lernfelds über mehrere Semester oder Jahre hinweg, also beispielsweise pro Semester 1 oder 2 Stunden pro Woche/Unterrichtsblock in einem bestimmten Lernbereich/Lernfeld über z. B. 2 Ausbildungsjahre (vertikal) oder die zeitliche Aneinanderreihung einzelner Lernbereiche/Lernfelder, die jeweils kontinuierlich als einziger Unterrichtsinhalt unterrichtet werden, bis sie inhaltlich vollständig abgeschlossen sind (horizontal).

Mischkonzepte. „Funktionierende" Curricula im beruflichen Bereich werden (fast) immer „Mischkonzepte" der verschiedenen Prinzipien repräsentieren (müssen), denn ein wirklich „offenes" Curriculum kann es im Hinblick auf einen zu gewährleistenden Ausbildungs- und Abschluss-Standard nicht geben, ebenso wie nicht ausschließlich „spiralig" oder „horizontal" verfahren werden kann, wenngleich das spiralige Prinzip gerade unter handlungsorientierten Gesichtspunkten ebenso wie ein gewisser Grad an Offenheit sicher zu bevorzugen sind.

In fachwissenschaftlich-berufstheoretischer Sicht, dem zweiten übergeordneten Einflussfaktor für ein Gesamtcurriculum, ist es entscheidend, welche z. B. pflegetheoretischen Modelle dem Curriculum zugrunde gelegt werden sollen, welche fachdidaktische Konzeption also verfolgt wird. Diese Entscheidungen sind primär abhängig vom aktuellen Stand der entsprechenden fachwissenschaftlichen Entwicklung, der (auch gesellschaftlichen) Sichtweise des Berufs und damit verbundenen Standards und Gütemaßstäben. Ein wesentlicher Aspekt in diesem Zusammenhang sind auch die ethischen Implikationen der Berufsausübung, die ggf. je nach Ausbildungsträgerschaft und dem damit verbundenen Menschenbild variieren können.

Bezogen auf die curricularen Entscheidungen an einer konkreten Ausbildungsstätte – vom Schulcurriculum bis hin zur einzelnen Unterrichtsstunde – sind die jeweiligen schulindividuellen Gegebenheiten und Erfordernisse, die Situation des zu unterrichtenden Kurses, die aktuellen Rahmenbedingungen und nicht zuletzt natürlich auch die jeweilige fachspezifische Theorieentwicklung zu berücksichtigen.

Gerade der letzte Aspekt soll an dieser Stelle betont werden, denn Curricula können niemals als statisch betrachtet werden, sie müssen von denjenigen, die mit ihnen arbeiten, eigentlich ständig hinterfragt und damit evaluiert werden, und zwar gerade im Hinblick auf die fachtheoretische Aktualität dessen, was unterrichtet wird.

Das bedeutet allerdings, dass jeder in der Ausbildung verantwortlich Tätige seine individuellen curricularen Entscheidungen auch fachlich *und* pädagogisch begründen können muss. Der bloße Hinweis: „Das steht doch im Curriculum!" reicht hier nicht; Ziel-, Inhalts- und methodische Entscheidungen müssen auf den jeweiligen Unterrichtsprozess bezogen legitimiert werden können. Hilfreich ist dabei sicherlich die schulspezifische Festlegung auf ein Rahmencurriculum, das natürlich aus einem schulübergreifenden Curriculum abgeleitet werden kann, aber schulspezifisch „durchforstet", umstrukturiert, verändert, präzisiert werden sollte, um für die Lehrkräfte als wirklicher Leitfaden ihrer individuellen Unterrichtsentscheidungen gelten zu können.

Diese Notwendigkeit gilt insbesondere bezogen auf die praktischen Ausbildungsanteile. Wichtig ist hier etwa die begründete Entscheidung über die Praktikumssequenzierung mit Studientagen, Blockunterricht, täglichem praktischen Einsatz etc.; wichtig ist natürlich auch der zeitlich-thematische Bezug von Theorie und Praxis sowie die Gewährleistung der inhaltsangemessenen Einteilung der Schülerinnen und Schüler auf die einzelnen Praxisbereiche.

Die folgende Abbildung beschreibt zusammenfassend die verschiedenen Ebenen und Bedingungen der Curriculum-Konstruktion im beruflichen Bereich (**Abb. 3.2**).

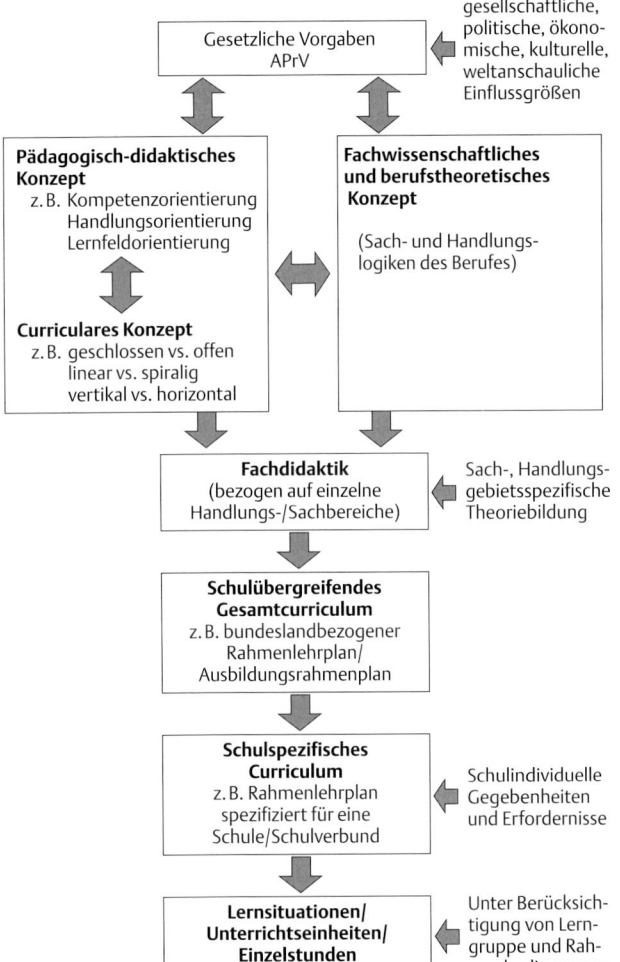

Abb. 3.2 · Zusammenfassende Darstellung der Ebenen und Bedingungen des Curriculumprozesses.

3.2 Gestufte, systematische Kompetenzentwicklung

Wie bereits erläutert, bedarf es zur nachhaltigen Kompetenzentwicklung in den verschiedensten Lernbereichen/Lernfeldern eines gestuften, also spiraligen Vorgehens, das u. a. grundlegende lernpsychologische Erkenntnisse hinsichtlich einer unter handlungsorientierten Gesichtspunkten (Objekt- und Subjektbezug!) möglichst effektiven Kompetenzanbahnung berücksichtigt. In diesem Zusammenhang sei noch einmal an die in Kap. 2 vorgestellte Definition von Kompetenz nach F. Weinert erinnert (S. 5). Kompetenz, wenngleich primär kognitiv ausgelegt, schließt dabei immer auch motivationale, volitionale und soziale Dimensionen mit ein und umfasst vielfältige Facetten, wie etwa Fähigkeiten, Wissen, Verstehen, Können, Handeln, Erfahrung und Motivation.

3.2.1 Berufspädagogische Forschung

In der berufspädagogischen Forschung kommt hinsichtlich der Entwicklung von Kompetenzen der so genannten „Expertise-Forschung" eine besondere Bedeutung zu. Pflegebezogen wurde die Expertise-Forschung bekannt durch die Arbeiten Patricia Benners (1994) zur Entwicklung der Pflegekompetenz, wobei Benners Ausführungen allerdings im Hinblick auf die Curriculum-Konstruktion nicht hinreichend dezidiert auf die Phase der Ausbildung im Rahmen der gesamtberuflichen Kompetenzentwicklung eingehen. Der in der berufspädagogischen Forschung und Entwicklung verbreitetste und hinsichtlich seiner Nachhaltigkeit eindeutig favorisierte Ansatz zur Kompetenzentwicklung basiert auf den Forschungen von Felix Rauner (1999 und 2001). Er wurde in verschiedenen innovativen Ausbildungsprojekten erfolgreich erprobt (vgl. Hägele/Knutzen, 2001 und Twardy/Bader, 2001).

Rauner formuliert folgende übergeordnete These hinsichtlich seines „entwicklungslogischen" Ansatzes, nämlich „...*daß im Rahmen des entwicklungslogischen Paradigmas gezeigt werden kann, daß berufliche Kompetenz inhaltlich und in der Form der Aneignung nur in Korrespondenz der stufenweisen Herausbildung kompetenter Facharbeit vom Anfänger zur reflektierten Meisterschaft angemessen gelingen kann...*" (1999, S. 434). Neben der Expertise-Forschung orientiert sich Rauner explizit an den Erkenntnissen zur Ausprägung und Aneignung des Arbeitsprozesswissens, das bereits in Kap. 2 im Zusammenhang mit der Handlungsorientierung erläutert wurde. Möglich wird so eine stufenweise Systematisierung der Aneignungsprozesse sowohl nach der Sachlogik (Sach-/Lernbereiche) als auch nach der Handlungslogik (Aufgabenbereiche).

Stufen der Systematisierung
Rauner beschreibt vier Stufen der „Systematisierung beruflicher Arbeitsaufgaben und Lernbereiche nach Stufen zunehmender Arbeitserfahrung" (ebd., S. 438), im Einzelnen sind diese in **Abb. 3.3** dargestellt:

Von der Begrifflichkeit her, das muss allerdings kritisch angemerkt werden, erscheint die Wortkomponente „...wissen" ggf. irreführend, handelt es sich dabei doch nicht um rein reproduktives Wissen, sondern vielmehr um die stufenbezogene, abstrakte Bezeichnung von Kompetenzkomponenten im Sinne der Definition nach Weinert.

Diese Systematisierung des Kompetenzerwerbs nach Rauner impliziert sowohl die „theoretischen" als auch die „praktischen" Anteile der Ausbildung.

Stufen	Lernbereiche	Aufgabenbereiche
Erfahrungsbasiertes, fachsystematisches Vertiefungswissen	fachsystematische und erfahrungsbezogene Problemanalyse und -erklärung; situative Problemlösung	komplexe und nicht vorhersehbare Arbeitsaufgaben
Detail- und Funktionswissen	theoriegeleitete Analyse und planmäßige Problemlösung	komplexe, problembehaftete und spezielle Arbeitsaufgaben
Zusammenhangswissen	Erkennen und Verstehen von Zusammenhängen, systemisches Denken	systematische, regelbezogene Arbeitsaufgaben
Orientierungs- und Überblickswissen	inhaltlicher und formaler Referenzrahmen des Berufes	berufsorientierende Arbeitsaufgaben

Abb. 3.3 • Stufen eines entwicklungslogisch strukturierten Curriculums, modifiziert nach Rauner, 1999 (Schewior-Popp/Lauber, 2003).

Die bereits beschriebene Verknüpfung von Sach- und Handlungslogiken ist dadurch nachhaltig gewährleistet. Zur vertieften Erläuterung der einzelnen Stufen sollen folgende Ausführungen Rauners zu den jeweiligen Stufen dienen:

Orientierungs- und Überblickswissen. *„Die erste Stufe beruflicher Bildung und beruflicher Aufgabenwahrnehmung zeichnet sich ... einerseits durch die Aneignung beruflichen Orientierungs- und Überblickswissens aus, das es bereits dem Anfänger erlaubt, die Konturen des noch zu erlernenden Berufes aus einer professionellen Perspektive zu erkennen. Zugleich ist das eigene praktische berufliche Handeln zunächst noch fest eingebunden in die Formen der angeleiteten regelbasierten Aufgabenbearbeitung"* (ebd., S. 437).

Berufliches Zusammenhangswissen. *„Die planmäßige Aufgabenbearbeitung geht über die regelbasierte des Anfängers hinaus, da eine gegebene Aufgabe systematisch in Teilaufgaben und Arbeitsschritte zu einem Arbeitsprogramm zusammengesetzt werden muß ... Der Lernende lernt nicht einfach nur, zunehmend komplexere Arbeitsaufträge zu bearbeiten, sondern diese auch als durch unterschiedliche und zum Teil widersprüchliche Anforderungen ... konstituierte zu begreifen"* (ebd., S. 439).

Detail- und Funktionswissen. *„Zu ihrer (dieser Aufgaben, d. V.) Lösung kann nicht einfach auf definierte Regeln und Lösungsschemata zurückgegriffen werden ... Systematisches und kontextbezogenes Wissen befähigt auf dieser Stufe ... zu einer gleichermaßen theorie- und erfahrungsgeleiteten planmäßigen Problemlösung"* (ebd., S. 439 f.).

Erfahrungsgeleitetes und fachsystematisches Vertiefungswissen. *„Nicht vorhersehbare komplexe Arbeitsaufgaben zeichnen sich vor allem dadurch aus, daß sie sich in der konkreten Arbeitssituation einer vollständigen Analyse entziehen und daher nicht einfach nur systematisch zu lösen sind ... Reflektierte Meisterschaft befähigt zum situativen, verantwortlichen Handeln, ohne dieses Handeln in all seinen Voraussetzungen und Folgen im einzelnen durchzukalkulieren"* (ebd., S. 441). Die näheren Beschreibungen bzw. Definitionen der einzelnen Kompetenzstufen nach Rauner machen sehr nachdrücklich deutlich, wie eine handlungsorientierte Entwicklung von Kompetenzen erfolgen kann, bei der Sach- und Handlungslogik unmittelbar ineinander greifen. Dies geschieht im Curriculum u. a. durch den konkreten Bezug von „theoretischem" und „praktischem" Lernen jeweils bezogen auf die einzel-

Tab. 3.1 Beispiele für die stufenweise Kompetenzentwicklung in Schule und Praxis

	Kompetenzanbahnung Schule	Kompetenzanbahnung Praxis
Stufe I (Orientierung und Überblick)	Funktionsbereiche/Organigramm eines Krankenhauses kennen lernen und verstehen	Hospitation der einzelnen Bereiche/Abteilungen; Gespräche mit Experten
Stufe II (berufliche Zusammenhänge)	Kennen lernen und Verstehen diverser Pflegestandards und deren fachlich-wissenschaftlicher Grundlagen. Einüben entsprechender Fähigkeiten mittels differenzierter Handlungspläne als Vorbereitung auf die Praxis (Verbindung von „Theorie" und „Praxis" als Transfervoraussetzung)	(Begleitetes) pflegerisches Planen und Handeln entsprechend der jeweiligen Standards, dabei zunehmende Aufmerksamkeit für individuelle Modifikationen
Stufe III (Details- und Funktionen)	Erkennen und Begründen der Notwendigkeit individuell-personenbezogener Modellierung bzw. Zusammenschau von Standards im Sinne individuell-komplexer Pflegeplanung und -durchführung. Üben und Reflektieren solcher Planungen mittels Fallbezug (macht entsprechende didaktisch-methodische Lernarrangements erforderlich)	(Begleitetes) individuell modelliertes pflegerisches Planen und Handeln. Reflexion des Handelns
Stufe IV (Vertiefung)	Exemplarisches Aufarbeiten unvorhergesehener pflegerischer Problemfelder. Suche nach und Reflexion von Lösungsmöglichkeiten	Bewusstes und verantwortungsvolles Umgehen mit unvorhergesehenen Problemsituationen, unter Umständen auch verbunden mit ethischen Dilemmata

nen Kompetenzstufen. Was damit gemeint ist, können die Beispiele in **Tab. 3.1** verdeutlichen.

Die aufgeführten Beispiele/Erläuterungen machen dreierlei deutlich, was auch als Fazit hinsichtlich der Brauchbarkeit bzw. den Erfordernissen dieses Ansatzes für die Curriculumarbeit festgehalten werden kann:
1. Der Ansatz der stufenweisen Kompetenzentwicklung nach Rauner eignet sich hervorragend als Folie einer kompetenz-, handlungs- und lernfeldorientierten Curriculum-Konstruktion.
2. Die vier Stufen des Ansatzes beschreiben nicht nur qualitativ, sondern auch quantitativ sehr unterschiedliche Komponenten der Ausbildung. Das bedeutet auf der Zeitschiene, dass der zeitliche Kern der Ausbildung sicher auf Stufe II, gefolgt von Stufe III liegt. Stufe I markiert eine solide Einführung/Orientierung in/über die Ausbildung/den Beruf (bei einer dreijährigen Ausbildung in etwa das erste halbe Ausbildungsjahr). Stufe IV wird sicher die geringste Quantität einnehmen und kann in der Ausbildung am ehesten exemplarisch-projekthaft erreicht werden. Diese Stufe geht nahtlos über in den persönlichen Professionalisierungsprozess des Einzelnen nach Ende der Ausbildung.
3. Die konsequente Verbindung von Sach- und Handlungslogik sowie der Anspruch von Qualifikation auf der einen und Persönlichkeitsentwicklung auf der anderen Seite bedürfen sowohl einer dezidierten Kooperation der Lernorte Schule und Praxis als auch entsprechender didaktisch-methodischer Lernarrangements in den zu planenden Lernsituationen. Punkt 3 des Fazits soll im Folgenden noch genauer betrachtet werden.

3.3 Didaktische Konsequenzen

Günter Pätzold unterscheidet in seinem Artikel „Lernortkooperation im Lernfeldkontext" drei didaktisch relevante Ebenen der Handlungsorientierung:
- *„Auf der Zielebene ist mit Handlungsorientierung die Befähigung zum selbständigen, reflektierten Handeln gemeint (umfassende Handlungsfähigkeit).*
- *Auf der Aktionsebene sind Methoden und Techniken gemeint, die selbst organisiertes Lernen initiieren, steuern, kontrollieren und reflektieren.*
- *Auf der Kontextebene ist ein lernanregendes, zu selbst organisierten Lernprozessen anstiftendes Arrangement bzw. Milieu gemeint"* (2004, S. 6).

Erst wenn alle Ebenen im didaktischen Planungs- und Durchführungsprozess gemeinsam berücksichtigt werden, kann nach Pätzold von wirklicher Handlungsorientierung gesprochen werden. Dieser Aussage schließt sich das Selbstverständnis dieses Buches uneingeschränkt an. Um diesen Anspruch allerdings auch einlösen zu können, bedarf es sicherlich einigen Umdenkens an vielen (Pflege-)Schulen.

Kooperation der Lernorte Schule und Praxis. Zu den Grundvoraussetzungen dieses Umdenkens gehört auf jeden Fall eine transparente und effektive Kooperation der Lernorte Schule und Praxis. Eine solche Kooperation erfordert zunächst einmal eine solide Leitlinie in Form eines integrierten Curriculums für Schule und Praxis. Dies geschieht mit Blick auf die Pflegeberufe in Deutschland am ehesten durch entsprechende curriculare Vorgaben auf der Ebene der Bundesländer. Für das Bundesland Rheinland-Pfalz bspw. existiert für die Gesundheits- und Kranken-/Kinderkrankenpflege ein solches integriertes Curriculum in Form eines „Rahmenlehrplans und Ausbildungsrahmenplans" (Ministerium für Arbeit, Soziales, Familie und Gesundheit Rheinland-Pfalz, 2005). Dieser wurde unter Leitung und Verantwortlichkeit der Verfasserin dieses Buches von einer Lehrplankommission erarbeitet, die vom zuständigen Ministerium gemäß den bereits in Kap. 3 benannten Kriterien der personellen Zusammensetzung einer solchen Kommission beauftragt wurde (S. 13).

Aber natürlich kann der Curriculumprozess auch durch eine andere Institution gesteuert sein, wie etwa in der Schweiz durch das Schweizerische Rote Kreuz (SRK) im Auftrag der Schweizerischen Sanitätsdirektorenkonferenz (vgl. SRK, 2003). Unabhängig von den jeweiligen nationalen Zuständigkeiten gilt als wesentliches Kriterium einer solchen Leitlinie der Grad der Verbindlichkeit der Vorgaben. Dabei ist es für die Wirksamkeit entscheidend, dass diejenigen Dinge klar vorgegeben sind, die quasi konstitutiv für das Konzept sind, also z. B. die lernfeldorientierte Arbeit, die ein Unterrichten nach klassischen Fächern ausschließt oder eben auch die Berücksichtigung verschiedener Kompetenzstufen und bestimmter didaktisch-methodischer Konsequenzen, wie bspw. der Fallbezug des Unterrichts zum Erreichen der Kompetenzstufe III nach Rauner (vgl. Kap. 3.2 und bspw. Ministerium für Arbeit, Soziales, Familie und Gesundheit Rheinland-Pfalz, 2005)

Eine gewisse Offenheit ist wiederum notwendig hinsichtlich der konkreten schulbezogenen Umsetzung. Hier können und müssen individuelle Standortfaktoren zu spezifischen Modellierungen führen (bspw. hinsichtlich der Reihenfolge von Praxiseinsätzen). Entsprechend sind dann auch die Rahmendaten der Lernortkooperation von Schule und Praxis zu präzisieren und zu formalisieren. Dazu gehören nicht nur gemeinsame „Bildungskonferenzen" von Vertretern beider Lernorte, sondern auch entsprechende schriftliche Vereinbarungen auf der operativen Ebene (Beispiel: Wie ist eine Anleitungssituation zu gestalten? Wer ist beteiligt? Wie wird ausgewertet? Welche Konsequenzen ergeben sich aus dem jeweiligen Ergebnis? Wie wird weiter verfahren? u. s. w.).

Die drei Ebenen der Handlungsorientierung nach Pätzold (2004, s. o.) weisen aber im Hinblick auf die konkrete Ausgestaltung der einzelnen Lernsituation auch noch in eine andere Richtung, nämlich die der Methoden und Lernarrangements. Bezogen auf den Theorie-Praxis-Theorie Transfer sind hier z. B. eigene Transferangebote zu nennen, in denen theoretische Erkenntnis und Begründung mit praktischer Erfahrung verknüpft und unmittelbar wieder auf die Theorie rückgekoppelt wird. Dies gilt für alle Kompetenzstufen, insbesondere aber für die Stufen 3 und 4 nach Rauner.

Ein solcher Transfer muss curricular verankert sein und schulbezogen auf der Zeitschiene der Ausbildung sinnvoll thematisch und entsprechend der Praxiserfahrung zugeordnet werden; er kann sich auf ein Lernfeld beziehen, wird aber in der Regel lernfeldübergreifend konzipiert sein, da die Zielrichtung die Gestaltung der komplexen Pflegesituation mit den entsprechenden Anforderungen (bspw. einschließlich der Beratung des Patienten/ der Angehörigen) ist. Ein wesentlicher Aspekt im Rahmen solcher Transferangebote ist die Professionalisierung der unmittelbaren pflegerischen Handlungsfähigkeit, am ehesten wohl mit dem Begriff des „Trainings" zu bezeichnen. Die Orientierung an so genannten *Handlungsplänen*, die leitend im schulischen „Ersttraining", Präzision und Geläufigkeit in der Praxis sowie wiederum für die schulische und praktische Reflexion sind, haben sich hierbei ausgesprochen bewährt (vgl. ausführlich Kap. 7, S. 147). Der schon erwähnte schweizerische Rahmenlehrplan des SRK schlägt zur Optimierung des Transfereffekts sogar die Einrichtung eines eigenen Lernbereichs „Training und Transfer (LTT)" vor und begründet dies folgendermaßen:

„*Pädagogische Ziele: Im LTT werden Reflexions- und Transferkompetenz in Übungsanlagen gezielt gefördert. Inhalte und Methoden des LTT bieten das Erlernen und Einüben von Transferleistung vom Allgemeingültigen zum Konkreten. Der LTT bietet als integrativen Teil des Bildungsgangs eine Verbindung zwischen Lern- und Anwendungssituationen und Möglichkeiten, theoretisches und praktisches Lernen zu verbinden. Die im LTT im Vordergrund stehende Methodik des erkenntnisorientierten bzw. des problemorientierten Lernens fördert und unterstützt die Transferfähigkeit …*

Gestaltung des Lernens: Der LTT erfordert spezifische methodische Lehr-Lernarrangements, die systematisches, geführtes Training bieten und geleiteten, reflektierten Transfer ermöglichen. Das Angebot ermöglicht, in Übungsanlagen – so genannten ‚Laborsituationen' –, bestimmte Fähigkeiten gezielt zu trainieren und Fertigkeiten zu erweitern" (2003, S.43).

„Skill-Lab"-Konzept. Das Schaffen solcher „Laborsituationen" orientiert sich am so genannten „Skill-Lab"-Konzept, das ursprünglich in den angelsächsischen Ländern entstanden ist, aber in der Pflegeausbildung seinen „Siegeszug" mittlerweile auch in den Benelux-Staaten, Skandinavien und eben der Schweiz angetreten hat. In Deutschland steckt der Einsatz dieses Konzepts noch in den Kinderschuhen, was nicht zuletzt auch etwas mit der (mangelnden) Ausstattung der Schulen hinsichtlich der Simulation praktischen Handelns zu tun hat, aber vielfach auch mit einem Selbstverständnis der räumlichen Trennung von „Theorie" und „Praxis".

Was nun genau sind „Skill-Labs"? Skills-Labs sind zum einen in der Tat „Laboratorien", die in hervorragender Weise mit Medien aller Art (einschließlich elektronischer), Lern- und Demonstrationsmaterial, Modellen, Simulationsangeboten etc. ausgestattet sind. Hinzu kommt ein Mentor, der den Lernenden kontinuierlich als Ansprechpartner und Berater zur Verfügung steht. Skills-Labs sind aber auch ein Lernkonzept, nämlich in der Weise, dass Fertigkeiten, in unserem Fall pflegerische Fertigkeiten, in systematischer Analyse, Gliederung und Abfolge vermittelt und trainiert werden, und zwar in einer bewusst gewählten Laborsituation als Vorbereitung auf die pflegerische Praxis. Patrick Muijsers schreibt dazu: „*Berufliches Handeln kann man nicht nur erlernen, indem man darüber spricht, sondern indem man es tut. Die Schule kann die Lernenden auf die Wirklichkeit der Pflegepraxis vorbereiten, indem sie sie in pflegerischen Fertigkeiten trainiert. Dieses Training ermöglicht es den Lernenden, ihr Können, ihr Wissen und ihre Haltung zu optimieren und auch in anderen Pflegesituationen anzuwenden*" (1997, S. 2).

Fertigkeitentraining in diesem Sinne ersetzt die Praxis nicht, es bereitet sie vor, indem zunächst regelgeleitet und relativ kontextfrei gelernt wird und damit, durchaus auch im Sinne psychomotorischer Ta-

xonomien (vgl. Kap. 6, S. 61) Variation und Flexibilität stufenweise erreicht bzw. verbessert wird. Allerdings bleibt das Konzept nicht ausschließlich auf den psychomotorischen Bereich beschränkt, es bindet kognitive Ziele ebenso ein wie sozial-affektive, indem insbesondere im psychosozialen Bereich der Aspekt der pflegerischen Artikulation betont wird. (vgl. Muijsers, 1997; Lauber, 2002; Schewior-Popp/Lauber, 2003; Ministerium für Arbeit, Soziales, Familie und Gesundheit Rheinland-Pfalz, 2005). Der bereits mehrfach erwähnte Einsatz von Handlungsplänen in Schule und Praxis korrespondiert unmittelbar mit dem Skill-Lab-Konzept. In Kap. 7 (S. 147) dieses Buches wird diese Thematik im Hinblick auf die konkrete Planung und Gestaltung von Lernsituationen nochmals aufgegriffen.

Konzept des Problemorientierten Lernens (POL). Gleiches gilt für das Konzept des Problemorientierten Lernens, das im Rahmen der Arbeit mit Lernfeldern als konstitutiv bezeichnet werden kann. Problemorientiertes Lernen hat als „Problem-based-Learning" die gleiche Tradition wie das Skill-Lab-Konzept, insofern als das Training von Fertigkeiten Bestandteil des Problemorientierten Lernens ist. Beiden gemeinsam ist die Intention, die Kluft zwischen Theorie und Praxis, zwischen Denken und Handeln zu minimalisieren. Während dies beim Skill-Lab-Konzept unmittelbar auf die Artikulation pflegerischen Handelns bezogen ist, setzt das POL eher systemisch an und fördert die Eigen- und Selbständigkeit in der Lösung realitätsnaher, d. h. auch komplexer pflegerischer Aufgabenstellungen. Diese Aufgabenstellungen sind entsprechend den Anforderungen der Praxis multiperspektivisch angelegt und als ebensolche Fälle konstruiert. Sie sind – je nach Komplexität – auf verschiedenen Stufen der Kompetenzentwicklung möglich, am folgerichtigsten aber auf der Kompetenzstufe 3 nach Rauner, wenn es um die individuell gerichtete Modellierung von Pflegeplanung und Pflegehandeln geht. Wie die konkrete Arbeit mit dem POL-Konzept aussehen kann, ist, wie erwähnt, in Kap. 7 dieses Buches nachzulesen.

Neben die hier hervorgehobenen didaktisch-methodischen Elemente treten natürlich eine Vielzahl weiterer Möglichkeiten und Konzepte zur Gestaltung von Lernarrangements, dabei auch zahlreiche „klassische" Instrumentarien, wie bspw. der Lehrervortrag oder die verschiedenen Gesprächsarten im Unterricht (ausführliche Darstellung in Kap. 7, S. 138ff.). Aber auch diese „klassischen" Methoden erscheinen durch die konsequente Kompetenz-, Handlungs- und Lernfeldorientierung in einem neuen Licht, gilt es doch nun, immer die drei schon benannten Aspekte der Unterrichtsplanung und -gestaltung nach Pätzold (selbständiges, reflektiertes Handeln; selbst organisiertes Lernen; zur Selbständigkeit anregendes Lernmilieu) gemeinsam im Blick zu haben. Damit muss dann bspw. der Lehrervortrag nicht nur an sich optimal gestaltet sein (fachlich und in der Darbietung), es stellt sich zudem verstärkt die Frage seiner Passung unter dem Gesichtspunkt selbst gesteuerten Lernens und seiner Einbindung z. B. in Prozesse möglichst aktiven und reflexiven Theorie-Praxis-Theorie Transfers.

Zusammengefasst kann an dieser Stelle festgehalten werden, dass der Fokus didaktisch-methodischer Entscheidungen sich insgesamt also entscheidend hin auf die Grundsätze der Kompetenz-, Handlungs- und Lernfeldorientierung verlagert, was einerseits das Einbeziehen „neuer" Konzepte erfordert, andererseits aber auch Auswirkungen auf die Passung und Gestaltung „klassischer" Elemente hat.

4 Umsetzung des Lernfeldkonzeptes in den Ausbildungen der Pflegeberufe

Überblick

4.1 Gesetzliche Grundlagen und (verbindliche) Umsetzungsrichtlinien (Lehrpläne) · 21

4.2. Empfehlungen von (Berufs-)Verbänden · 35

4.3 Pflegepädagogisch-fachdidaktische Konzeptentwicklungen · 37

4.4 Umsetzungsvorschläge auf der Ebene der Lernsituationen · 38

Wie in den Kapiteln 1 bis 3 bereits verschiedentlich angesprochen, ist die Umsetzung des Lernfeldkonzeptes auf der Basis der aktuellen Ausbildungsregelungen in der Pflege ein derzeit dominierendes Thema auf verschiedenen Entscheidungsebenen. Diese sind neben der politischen bzw. der Schulaufsichtsebene vornehmlich die Ausbildungseinrichtungen (Schulen und Betriebe) selbst sowie die einschlägigen (Pflege-)Fachverbände. Wichtig ist in diesem Zusammenhang natürlich auch die pflegepädagogische bzw. fachdidaktische Ebene, und zwar sowohl hinsichtlich von Fragestellungen in der Forschung als auch in der hochschulischen Ausbildung der zukünftig Lehrenden an den Pflegeschulen.

So schwierig es ist, quasi „mitten" in einem thematischen Entwicklungsprozess eine Bestandsaufnahme zu wagen, so wichtig erscheint es mir doch, zumindest wesentliche „Trends" aufzuzeigen – dies allerdings mit einem explizit exemplarischen, nicht umfassenden Anspruch, da es in diesem Buch um unmittelbar anwendungsbezogene Aspekte der Lernfelddiskussion geht und nicht um eine metatheoretisch-fachwissenschaftliche Abhandlung.

Die Sichtung der einschlägigen Veröffentlichungen legt zunächst eine gewisse „Sortierung" nahe:
1. Die unmittelbaren gesetzlichen Grundlagen im Sinne von Ausbildungs- und Prüfungs(ver-)ordnungen.
2. Umsetzungsrichtlinien bzw. -vorgaben im Sinne von Rahmenlehrplänen etc. Diese haben entweder einen hohen Verbindlichkeitsgrad (Vorgaben der einzelnen Bundesländer) oder mehr empfehlenden Charakter, wie etwa die Materialien des Kuratoriums Deutsche Altershilfe (KDA) zur Umsetzung der Ausbildungsregelungen in der Altenpflege (2002).
3. Empfehlungen von (Berufs-)Verbänden etc. hinsichtlich der Ausbildung insgesamt oder partiell bezogen auf bestimmte Ausbildungsbereiche.
4. Pflegepädagogische/fachdidaktische Literatur mit wiederum entweder umfassenden oder thematisch partiellen Konzeptentwicklungen.
5. Konkrete, zumeist exemplarische, Umsetzungsvorschläge bezogen z. B. auf ein bestimmtes Lernfeld auf der Ebene der unmittelbaren Lernsituationen.

4.1 Gesetzliche Grundlagen und (verbindliche) Umsetzungsrichtlinien (Lehrpläne)

Gesetzliche Grundlagen und (verbindliche) Umsetzungsrichtlinien (Lehrpläne) sind in den bisherigen Kapiteln bereits in ihrem Grundsatz vorgestellt worden. Die Ausbildungs- und Prüfungs(ver-)ordnungen an sich sind als Texte aussagekräftig und bedürfen an dieser Stelle keiner Memorierung. Was die Umsetzungsrichtlinien bzw. Vorgaben der Bundesländer angeht, so kann hier keine irgendwie abgeschlossene Auflistung oder Würdigung erfolgen, da dieser Prozess einschließlich notwendiger Implementation und

Evaluation sicher noch einige Jahre in Anspruch nehmen wird. Was allerdings in diesem Zusammenhang tendenziell festgehalten werden kann, ist eine in der grundsätzlichen Herangehensweise insofern unterschiedliche Strukturierung der Lehrpläne hinsichtlich der – auch begrifflichen – Nähe der ausgewiesenen Lernfelder zu den Vorgaben der Ausbildungs- und Prüfungs(ver-)ordnungen. Diese ist entweder unmittelbar gegeben, wie bspw. in den schon benannten KDA-Empfehlungen für die Altenpflege (2002), wo die Struktur von gesetzlicher Vorgabe und Empfehlung praktisch deckungsgleich ist, oder sie ist überwiegend gegeben mit partiellen Umstrukturierungen/Umbenennungen wie bspw. im rheinland-pfälzischen Rahmenlehrplan (Ministerium für Arbeit, Soziales, Familie und Gesundheit Rheinland-Pfalz, 2005), oder aber die Struktur weicht bereits im Grundsatz von der der Ausbildungs- und Prüfungs(ver-)ordnung ab, wie bspw. die nordrhein-westfälischen Ausbildungsrichtlinien (Ministerium für Gesundheit, Soziales, Frauen und Familie, 2003) mit ihrer Aufteilung in Lernbereiche bzw. -einheiten entsprechend des als Basis dienenden „Ursprungscurriculums" aus dem Jahr 1998, das modellhaft an ca. 30 Kranken- und Kinderkrankenpflegeschulen erprobt wurde.

Die Frage der Sinnhaftigkeit der begrifflichen Nähe bzw. Ferne eines Lehrplans/Curriculums zu den gesetzlichen Ausbildungs- und Prüfungsregelungen kann sehr grundsätzlich diskutiert werden: Muss ein Lernfeld auch in den gesetzlichen Regelungen als Lernfeld benannt sein (wie in der Altenpflege), oder können auch Themenbereiche (wie in der (Kinder-)Krankenpflege)zu Lernfeldern werden? Was genau bedeutet die Definition des Lernfeldbegriffs (vgl. Kap.2)? Wird diese Definition vollständig oder teilweise oder etwa gar nicht von den so genannten „Themenbereichen" in den Regelungen für die (Kinder-)Krankenpflege erfüllt? Und schließlich stellt sich auch die Frage, warum z. T. sehr ähnliche oder sogar fast identische Formulierungen einmal ein Lernfeld und einmal ein Themenbereich sein sollen?

Die Antworten auf diese und andere Fragen sollten m. E. nicht die ohnehin schon teilweise verwirrende Begriffsverwendung noch verkomplizieren, sondern auch den Aspekt der Umsetzbarkeit und Praktikabilität berücksichtigen. Insgesamt scheint eine absolute Eindeutigkeit in den Begrifflichkeiten nicht gegeben. Daher spricht m. E. sehr viele *für* eine begriffliche Nähe von Themenbereichen und Lernfeldern, da hierdurch Zuordnung und Systematisierung entscheidend erleichtert werden. Dies nicht zuletzt auch deswegen, weil Empfehlungen hinsichtlich der zeitlichen Anordnung der Ausbildungsinhalte nur möglich sind, wenn eine weitere Systematisierungsebene „eingebaut" wird, nämlich die der Module, denn nur so kann der beschriebene Prozess der Kompetenzentwicklung entsprechend verschiedener Kompetenzstufen verwirklicht und diese auch in der Abfolge berücksichtigt werden.

Module. Module fassen einzelne Lernsituationen/Unterrichtseinheiten thematisch sinnvoll zusammen. Sie können:
- ausschließlich innerhalb eines Lernfeldes angesiedelt sein, ggf. sogar ein Lernfeld in Gänze abbilden,
- Lernfeld übergreifend sein, indem sie „Teile" aus verschiedenen Lernfeldern abbilden.

Module können zudem:
- einen bestimmten Inhaltsbereich „komplett" repräsentieren (ohne Differenzierung in Kompetenzstufen; dies bietet sich z. B. für den Bereich der lebenserhaltenden Sofortmaßnahmen an),
- bezogen auf einzelne Kompetenzstufen eines Inhaltsbereichs angelegt sein (z. B. Modul Xa: der entsprechende regelgeleitete Pflegestandard, Modul Xb: die fallbezogene Modellierung der Pflegesituation).

Insgesamt bietet sich also die Modularisierung eines lernfeldorientierten Curriculums im Sinne einer sach- und handlungslogischen und zugleich kompetenzbezogenen Systematisierung an. Dabei wird eine größtmögliche Orientierung der einzelnen Lernfelder an den Begrifflichkeiten der gesetzlichen Vorgaben präferiert, sofern diese – und das ist bei den Regelungen für Alten-, Kranken- und Kinderkrankenpflege zweifelsohne der Fall – eindeutig Kernhandlungsfelder des jeweiligen Berufs repräsentieren.

Die folgende Übersicht macht beispielhaft anhand des rheinland-pfälzischen Rahmenlehrplans für die Kranken- und Kinderkrankenpflege deutlich, wie eine solche Systematisierung nach Lernfeldern, Teillernfeldern und Modulen insgesamt aussehen kann. Der eigentliche Lehrplan erläutert dann ausführlich auf der Ebene der Module sowohl für die schulischen als auch für die betrieblichen Ausbildungsanteile einschließlich didaktisch-methodischer Empfehlungen zur Gestaltung der Lernsituationen.

Die folgenden **Tabellen 4.1, 4.2** und **4.3** basieren auf den entsprechenden Übersichten des Rahmenlehrplans und Ausbildungsrahmenplans für die Berufe in der Krankenpflege des Landes Rheinland-Pfalz (Ministerium für Arbeit, Soziales, Familie und Gesundheit, Rheinland-Pfalz, 2005).

Tab. 4.1 Lernfelder des Rahmenlehrplans und Ausbildungsrahmenplans mit Bezug zur Ausbildungs- und Prüfungsverordnung für die Berufe in der Krankenpflege (KrPflAPrV)

Lernfeld		Teillernfeld		Themenbereich der KrPflAPrV	
1	Pflegesituationen bei Menschen aller Altersgruppen erkennen, erfassen und bewerten sowie Pflegemaßnahmen auswählen, durchführen und evaluieren	1.1	Pflegesituationen bei Menschen aller Altersgruppen erkennen, erfassen und bewerten	1	Pflegesituationen bei Menschen aller Altersgruppen erkennen, erfassen und bewerten
		1.2	Pflegemaßnahmen auswählen, durchführen und auswerten	2	Pflegemaßnahmen auswählen, durchführen und auswerten
2	Unterstützung, Beratung und Anleitung in gesundheits- und pflegerelevanten Fragen fachkundig gewährleisten	2.1	Pflegebedürftige Menschen aller Altersgruppen, Angehörige und Bezugspersonen mit spezifischem Pflegebedarf unterstützen, begleiten und beraten	3	Unterstützung, Beratung und Anleitung in gesundheits- und pflegerelevanten Fragen fachkundig gewährleisten
		2.2	Patient/innen mit ausgewähltem krankheitsbildspezifischem und/oder multifaktoriellem Pflegebedarf unterstützen, begleiten und beraten		
3	Bei der Entwicklung und Umsetzung von Rehabilitationskonzepten mitwirken und diese in das Pflegehandeln integrieren			4	Bei der Entwicklung und Umsetzung von Rehabilitationskonzepten mitwirken und diese in das Pflegehandeln integrieren
4	Pflegehandeln personenbezogen ausrichten			5	Pflegehandeln personenbezogen ausrichten
5	Pflegehandeln an pflegewissenschaftlichen Erkenntnissen ausrichten			6	Pflegehandeln an pflegewissenschaftlichen Erkenntnissen ausrichten
6	Pflegehandeln an Qualitätskriterien, rechtlichen Rahmenbestimmungen sowie wirtschaftlichen und ökologischen Prinzipien ausrichten			7	Pflegehandeln an Qualitätskriterien, rechtlichen Rahmenbestimmungen sowie wirtschaftlichen und ökologischen Prinzipien ausrichten
7	Bei der medizinischen Diagnostik und Therapie mitwirken			8	Bei der medizinischen Diagnostik und Therapie mitwirken
8	Lebenserhaltende Sofortmaßnahmen bis zum Eintreffen der Ärztin oder des Arztes einleiten			9	Lebenserhaltende Sofortmaßnahmen bis zum Eintreffen der Ärztin oder des Arztes einleiten
9	Berufliches Selbstverständnis entwickeln und zur Weiterentwicklung des Pflegeberufs im gesellschaftlichen Kontext beitragen			10	Berufliches Selbstverständnis entwickeln und lernen, berufliche Anforderungen zu bewältigen
				11	Auf die Entwicklung des Pflegeberufs im gesellschaftlichen Kontext Einfluss nehmen
10	In Gruppen und Teams zusammenarbeiten			12	In Gruppen und Teams zusammenarbeiten

Tab. 4.2 Modularisierte Stundentafel mit Lernfeldbezug, Zeitrichtwerten und Zuordnung zu Ausbildungsjahren*

	Lernmodul	Lernfeldbezug		Stundenzahl und Ausbildungsjahr			
		Lernfeld-spezifisch (Lernfeld/ Teillernfeld)	Lernfeldüber-greifend (Lernfelder/ Teillernfelder)	1.1	1.2	2	3
1	• Mit der Pflegeausbildung beginnen		1, 2, 4, 5, 6, 9, 10	168			
2	• Lebenserhaltende Sofortmaßnahmen bis zum Eintreffen der Ärztin oder des Arztes einleiten	8		40			
3 a	• Pflegebedürftige Menschen aller Altersgruppen im Zusammenhang mit der Haut- und Körperpflege unterstützen (I)	1 (1.1, 1.2)		134			
3 b (E/K)	• Pflegebedürftige Menschen aller Altersgruppen im Zusammenhang mit der Haut- und Körperpflege unterstützen (II) (Fallbezug)	1 (1.1, 1.2)		12			
4 a	• Pflegebedürftige Menschen aller Altersgruppen im Zusammenhang mit der Atmung und der Kreislaufregulation unterstützen (I)	1 (1.1, 1.2)		126			
4 b (E/K)	• Pflegebedürftige Menschen aller Altersgruppen im Zusammenhang mit der Atmung und der Kreislaufregulation unterstützen (II) (Fallbezug)	1 (1.1, 1.2)		12			
4 c	• Pflegebedürftige Menschen aller Altersgruppen, Angehörige und Bezugspersonen im Zusammenhang mit der Gesundheitsvorsorge in Bezug auf die Atmung und die Kreislaufregulation schulen, anleiten und beraten		1, 2.1, 4	40			
5	• Pflegebedürftige Menschen aller Altersgruppen im Zusammenhang mit der Verabreichung von Arzneimitteln unterstützen	7		70			
6 a	• Pflegebedürftige Menschen aller Altersgruppen im Zusammenhang mit der Nahrungs- und Flüssigkeitsaufnahme unterstützen (I)	1 (1.1, 1.2)		122			
6 b (E/K)	• Pflegebedürftige Menschen aller Altersgruppen im Zusammenhang mit der Nahrungs- und Flüssigkeitsaufnahme unterstützen (II) (Fallbezug)	1 (1.1, 1.2)		12			
6 c (E/K)	• Pflegebedürftige Menschen aller Altersgruppen, Angehörige und Bezugspersonen im Zusammenhang mit der Nahrungs- und Flüssigkeitsaufnahme schulen, anleiten und beraten		1, 2.1	8			
7 a	• Pflegehandeln an lebenslauf- und entwicklungsbezogenen Aspekten ausrichten (I)	4		46			
7 b (E/K)	• Pflegehandeln an lebenslauf- und entwicklungsbezogenen Aspekten ausrichten (II) (Fallbezug)	4		8			

Tab. 4.2 Fortsetzung

Lernmodul		Lernfeldbezug		Stundenzahl und Ausbildungsjahr			
		Lernfeldspezifisch (Lernfeld/ Teillernfeld)	Lernfeldübergreifend (Lernfelder/ Teillernfelder)	1.1	1.2	2	3
8 a	• Pflegebedürftige Menschen aller Altersgruppen im Zusammenhang mit der Ausscheidung unterstützen (I)	1 (1.1, 1.2)		92			
8 b (E/K)	• Pflegebedürftige Menschen aller Altersgruppen im Zusammenhang mit der Ausscheidung unterstützen (II) (Fallbezug)	1 (1.1, 1.2)			12		
8 c (E/K)	• Pflegebedürftige Menschen aller Altersgruppen, Angehörige und Bezugspersonen im Zusammenhang mit der Ausscheidung schulen, anleiten und beraten		1, 2.1			8	
9 a	• Pflegehandeln an hygienischen Aspekten ausrichten (I)	6		52			
9 b (E/K)	• Pflegehandeln an hygienischen Aspekten ausrichten (II) (Fallbezug)	6			16		
10 a	• Pflegebedürftige Menschen aller Altersgruppen im Zusammenhang mit der Bewegung unterstützen (I)	1 (1.1, 1.2)		118			
10 b (E/K)	• Pflegebedürftige Menschen aller Altersgruppen im Zusammenhang mit der Bewegung unterstützen (II) (Fallbezug)	1 (1.1, 1.2)			12		
10 c (E/K)	• Pflegebedürftige Menschen aller Altersgruppen, Angehörige und Bezugspersonen im Zusammenhang mit der Bewegung schulen, anleiten und beraten		1, 2.1			8	
11 a	• Pflegebedürftige Menschen aller Altersgruppen im Zusammenhang mit dem Wundmanagement unterstützen (I)	7		34			
11 b	• Pflegebedürftige Menschen aller Altersgruppen im Zusammenhang mit dem Wundmanagement unterstützen (II) (Fallbezug)	7			8		
12	• Pflegehandeln unter Bezug auf Theorien, Modelle und Konzepte der Pflegewissenschaft erklären und begründen	5		36			
13 a	• Pflegebedürftige Menschen aller Altersgruppen im Zusammenhang mit der Verständigung unterstützen (I)	1 (1.1, 1.2)		74			
13 b (E/K)	• Pflegebedürftige Menschen aller Altersgruppen im Zusammenhang mit der Verständigung unterstützen (II) (Fallbezug)	1 (1.1, 1.2)			12		

Tab. 4.2 Fortsetzung

Lernmodul		Lernfeldbezug		Stundenzahl und Ausbildungsjahr			
		Lernfeldspezifisch (Lernfeld/ Teillernfeld)	Lernfeldübergreifend (Lernfelder/ Teillernfelder)	1.1	1.2	2	3
13 c (E/K)	Pflegebedürftige Menschen aller Altersgruppen, Angehörige und Bezugspersonen im Zusammenhang mit der Verständigung schulen, anleiten und beraten		1, 2.1			8	
14 a	Pflegehandeln an ethischen Prinzipien ausrichten und verantworten (I)	4				36	
14 b (K)	Pflegehandeln an ethischen Prinzipien ausrichten und verantworten (II) (Fallbezug)	4				8	
14 b (E)	Pflegehandeln an ethischen Prinzipien ausrichten und verantworten (II) (Fallbezug)	4				8	
15 a	Pflegebedürftige Menschen aller Altersgruppen, Angehörige und Bezugspersonen von der Aufnahme bis zur Entlassung begleiten und die Überleitung in andere Versorgungsstrukturen gestalten (I)		1, 2.2			34	
15 b (E/K)	Pflegebedürftige Menschen aller Altersgruppen, Angehörige und Bezugspersonen von der Aufnahme bis zur Entlassung begleiten und die Überleitung in andere Versorgungsstrukturen gestalten (II) (Fallbezug)		1, 2.2			8	
16	Menschen aus verschiedenen Kulturkreisen pflegen	4				24	
17 a	Pflegebedürftige Menschen aller Altersgruppen im Zusammenhang mit Bewusstsein und Schmerz unterstützen (I)	1 (1.1, 1.2)				72	
17 b (E/K)	Pflegebedürftige Menschen aller Altersgruppen im Zusammenhang mit Bewusstseinsbeeinträchtigungen unterstützen (II) (Fallbezug)	1 (1.1, 1.2)				12	
17 c (E/K)	Pflegebedürftige Menschen aller Altersgruppen, Angehörige und Bezugspersonen im Zusammenhang mit dem Schmerzmanagement schulen, anleiten und beraten		1, 2.1, 3			8	
18 a	Bei der Entwicklung und Umsetzung von Rehabilitationskonzepten mitwirken und diese in das Pflegehandeln integrieren (I)	3				44	
18 b (E/K)	Bei der Entwicklung und Umsetzung von Rehabilitationskonzepten mitwirken und diese in das Pflegehandeln integrieren (II) (Fallbezug)	3				8	
18 c (E/K)	Pflegebedürftige Menschen aller Altersgruppen, Angehörige und Bezugspersonen im Zusammenhang mit rehabilitativen Maßnahmen schulen, anleiten und beraten		1, 2.2, 3			8	

Tab. 4.2 Fortsetzung

Lernmodul		Lernfeldbezug		Stundenzahl und Ausbildungsjahr			
		Lernfeldspezifisch (Lernfeld/ Teillernfeld)	Lernfeldübergreifend (Lernfelder/ Teillernfelder)	1.1	1.2	2	3
19	Die Qualität der Gesundheitsversorgung sichern	6					34
20 (K)	Schwangere und Wöchnerinnen, gesunde Neugeborene sowie Angehörige und Bezugspersonen unterstützen, begleiten und beraten		1, 2.2, 4				44
20 (E)	Schwangere und Wöchnerinnen, gesunde Neugeborene sowie Angehörige und Bezugspersonen unterstützen, begleiten und beraten		1, 2.2, 4				24
21 a	Pflegebedürftige Menschen aller Altersgruppen im Zusammenhang mit der Durchführung von Maßnahmen der medizinischen Diagnostik und operativen Therapie unterstützen und begleiten (I)	7					46
21 b (E/K)	Pflegebedürftige Menschen aller Altersgruppen im Zusammenhang mit der Durchführung von Maßnahmen der medizinischen Diagnostik und operativen Therapie unterstützen und begleiten (II) (Fallbezug)	7					8
22	Berufliches Selbstverständnis entwickeln und zur Weiterentwicklung des Pflegeberufs im gesellschaftlichen Kontext beitragen	9					44
23 a	In Gruppen und Teams zusammenarbeiten (I)	10					33
23 b	In Gruppen und Teams zusammenarbeiten (II) (Fallbezug)	10					8
24 (K)	Frühgeborene und ihre Eltern unterstützen, begleiten und beraten		1, 2.2, 4				50
24 (E)	Frühgeborene und ihre Eltern unterstützen, begleiten und beraten		1, 2.2, 4				30
25 (K)	Pflegebedürftige ältere Menschen, Angehörige und Bezugspersonen unterstützen, begleiten und beraten		1, 2.2, 4				30
25 (E)	Pflegebedürftige ältere Menschen, Angehörige und Bezugspersonen unterstützen, begleiten und beraten		1, 2.2, 4				50
26	Pflegebedürftige Menschen aller Altersgruppen, Angehörige und Bezugspersonen in der Endphase des Lebens und beim Sterben begleiten		1, 2.2, 4				24
27 (E/K)	Menschen aller Altersgruppen, Angehörige und Bezugspersonen im Zusammenhang mit chronischen Erkrankungen unterstützen, begleiten und beraten		1, 2.2, 4				30

Tab. 4.2 Fortsetzung

Lernmodul		Lernfeldbezug		Stundenzahl und Ausbildungsjahr			
		Lernfeld-spezifisch (Lernfeld/ Teillernfeld)	Lernfeldüber-greifend (Lernfelder/ Teillernfelder)	1.1	1.2	2	3
28 (E/K)	• Psychisch kranke Menschen aller Altersgruppen, Angehörige und Bezugspersonen unterstützen, begleiten und beraten		1, 2.2, 4				30
29 (K)	• Demenziell erkrankte Menschen, Angehörige und Bezugspersonen unterstützen, begleiten und beraten		1, 2.2, 4				30
29 (E)	• Demenziell erkrankte Menschen, Angehörige und Bezugspersonen unterstützen, begleiten und beraten		1, 2.2, 4				50
30	• Onkologisch erkrankte Menschen aller Altersgruppen, Angehörige und Bezugspersonen unterstützen, begleiten und beraten		1, 2.2, 4				38

* E = Erwachsenenkrankenpflege, K = Kinderkrankenpflege, E/K in der Modulbezeichnung bedeutet: Modul mit gleicher Stundenzahl, aber inhaltlicher Differenzierung für Erwachsenen- und Kinderkrankenpflege.
Die Differenzierung von Lernmodulen in (a), (b) und (c) -Teile beruht auf einer sach- und handlungslogischen sowie kompetenzstufenbezogenen Strukturierung.

Gesetzliche Grundlagen und Umsetzungsrichtlinien (Lehrpläne) ■ 4.1

Tab. 4.3 Zuordnung der Stunden der einzelnen Lernmodule zu den in der Ausbildungs- und Prüfungsverordnung (KrPflAPrV) ausgewiesenen Wissensgrundlagen (mit Modul-bezogenen Anteilen der Differenzierungsphase)

	Lernmodul	Wissensgrundlagen (KrPflAPrV)				Summe	Differenzierungsphase
		Kenntnisse der Gesundheits- und Krankenpflege, der Gesundheits- und Kinderkrankenpflege sowie der Pflege- und Gesundheitswissenschaften	*Pflegerelevante Kenntnisse der Naturwissenschaften und der Medizin*	*Pflegerelevante Kenntnisse der Geistes- und Sozialwissenschaften*	*Pflegerelevante Kenntnisse aus Recht, Politik und Wirtschaft*		
1	Mit der Pflegeausbildung beginnen	99		37	32	168	
2	Lebenserhaltende Sofortmaßnahmen bis zum Eintreffen der Ärztin oder des Arztes einleiten	18	20		2	40	
3 a	Pflegebedürftige Menschen aller Altersgruppen im Zusammenhang mit der Haut- und Körperpflege unterstützen (I)	78	36	20		134	6
3 b (E/K)	Pflegebedürftige Menschen aller Altersgruppen im Zusammenhang mit der Haut- und Körperpflege unterstützen (II) (Fallbezug)	8	2	2		12	12
4 a	Pflegebedürftige Menschen aller Altersgruppen im Zusammenhang mit der Atmung und der Kreislaufregulation unterstützen (I)	70	56			126	12
4 b (E/K)	Pflegebedürftige Menschen aller Altersgruppen im Zusammenhang mit der Atmung und der Kreislaufregulation unterstützen (II) (Fallbezug)	8	2	2		12	12
4 c	Pflegebedürftige Menschen aller Altersgruppen, Angehörige und Bezugspersonen im Zusammenhang mit der Gesundheitsvorsorge in Bezug auf die Atmung und die Kreislaufregulation schulen, anleiten und beraten	16	2	20	2	40	
5	Pflegebedürftige Menschen aller Altersgruppen im Zusammenhang mit der Verabreichung von Arzneimitteln unterstützen	30	30		10	70	6
6 a	Pflegebedürftige Menschen aller Altersgruppen im Zusammenhang mit der Nahrungs- und Flüssigkeitsaufnahme unterstützen (I)	58	60		4	122	12

Tab. 4.3 Fortsetzung

Lernmodul		Wissensgrundlagen (KrPflAPrV)				Summe	Differenzierungsphase
		Kenntnisse der Gesundheits- und Krankenpflege, der Gesundheits- und Kinderkrankenpflege sowie der Pflege- und Gesundheitswissenschaften	Pflegerelevante Kenntnisse der Naturwissenschaften und der Medizin	Pflegerelevante Kenntnisse der Geistes- und Sozialwissenschaften	Pflegerelevante Kenntnisse aus Recht, Politik und Wirtschaft		
6 b (E/K)	Pflegebedürftige Menschen aller Altersgruppen im Zusammenhang mit der Nahrungs- und Flüssigkeitsaufnahme unterstützen (II) (Fallbezug)	8	2	2		12	12
6 c (E/K)	Pflegebedürftige Menschen aller Altersgruppen, Angehörige und Bezugspersonen im Zusammenhang mit der Nahrungs- und Flüssigkeitsaufnahme schulen, anleiten und beraten	2	2	4		8	8
7 a	Pflegehandeln an lebenslauf- und entwicklungsbezogenen Aspekten ausrichten (I)	12		34		46	
7 b (E/K)	Pflegehandeln an lebenslauf- und entwicklungsbezogenen Aspekten ausrichten (II) (Fallbezug)	2		4	2	8	8
8 a	Pflegebedürftige Menschen aller Altersgruppen im Zusammenhang mit der Ausscheidung unterstützen (I)	54	38			92	12
8 b (E/K)	Pflegebedürftige Menschen aller Altersgruppen im Zusammenhang mit der Ausscheidung unterstützen (II) (Fallbezug)	8	2	2		12	12
8 c (E/K)	Pflegebedürftige Menschen aller Altersgruppen, Angehörige und Bezugspersonen im Zusammenhang mit der Ausscheidung schulen, anleiten und beraten	2	2	4		8	8
9 a	Pflegehandeln an hygienischen Aspekten ausrichten (I)		46		6	52	
9 b (E/K)	Pflegehandeln an hygienischen Aspekten ausrichten (II) (Fallbezug)	4	6	4	2	16	16

Tab. 4.3 Fortsetzung

Lernmodul		Wissensgrundlagen (KrPflAPrV)				Summe	Differenzierungsphase
		Kenntnisse der Gesundheits- und Krankenpflege, der Gesundheits- und Kinderkrankenpflege sowie der Pflege- und Gesundheitswissenschaften	Pflegerelevante Kenntnisse der Naturwissenschaften und der Medizin	Pflegerelevante Kenntnisse der Geistes- und Sozialwissenschaften	Pflegerelevante Kenntnisse aus Recht, Politik und Wirtschaft		
10 a	Pflegebedürftige Menschen aller Altersgruppen im Zusammenhang mit der Bewegung unterstützen (I)	72	46			118	12
10 b (E/K)	Pflegebedürftige Menschen aller Altersgruppen im Zusammenhang mit der Bewegung unterstützen (II) (Fallbezug)	8	2	2		12	12
10 c (E/K)	Pflegebedürftige Menschen aller Altersgruppen, Angehörige und Bezugspersonen im Zusammenhang mit der Bewegung schulen, anleiten und beraten	2	2	4		8	8
11 a	Pflegebedürftige Menschen aller Altersgruppen im Zusammenhang mit dem Wundmanagement unterstützen (I)	17	17			34	4
11 b	Pflegebedürftige Menschen aller Altersgruppen im Zusammenhang mit dem Wundmanagement unterstützen (II) (Fallbezug)	2	2	2	2	8	
12	Pflegehandeln unter Bezug auf Theorien, Modelle und Konzepte der Pflegewissenschaft erklären und begründen	36				36	
13 a	Pflegebedürftige Menschen aller Altersgruppen im Zusammenhang mit der Verständigung unterstützen (I)	38	36			74	10
13 b (E/K)	Pflegebedürftige Menschen aller Altersgruppen im Zusammenhang mit der Verständigung unterstützen (II) (Fallbezug)	8	2	2		12	12
13 c (E/K)	Pflegebedürftige Menschen aller Altersgruppen, Angehörige und Bezugspersonen im Zusammenhang mit der Verständigung schulen, anleiten und beraten	2	2	4		8	8

Tab. 4.3 Fortsetzung

Lernmodul		Wissensgrundlagen (KrPflAPrV)				Summe	Differenzierungsphase
		Kenntnisse der Gesundheits- und Krankenpflege, der Gesundheits- und Kinderkrankenpflege sowie der Pflege- und Gesundheitswissenschaften	Pflegerelevante Kenntnisse der Naturwissenschaften und der Medizin	Pflegerelevante Kenntnisse der Geistes- und Sozialwissenschaften	Pflegerelevante Kenntnisse aus Recht, Politik und Wirtschaft		
14 a	Pflegehandeln an ethischen Prinzipien ausrichten und verantworten (I)		22	14		36	
14 b (K)	Pflegehandeln an ethischen Prinzipien ausrichten und verantworten (II) (Fallbezug)	2	4	2		8	8
14 b (E)	Pflegehandeln an ethischen Prinzipien ausrichten und verantworten (II) (Fallbezug)	2	4	2		8	8
15 a	Pflegebedürftige Menschen aller Altersgruppen, Angehörige und Bezugspersonen von der Aufnahme bis zur Entlassung begleiten und die Überleitung in andere Versorgungsstrukturen gestalten (I)	34				34	
15 b (E/K)	Pflegebedürftige Menschen aller Altersgruppen, Angehörige und Bezugspersonen von der Aufnahme bis zur Entlassung begleiten und die Überleitung in andere Versorgungsstrukturen gestalten (II) (Fallbezug)	4	2	2		8	8
16	Menschen aus verschiedenen Kulturkreisen pflegen	12		12		24	
17 a	Pflegebedürftige Menschen aller Altersgruppen im Zusammenhang mit Bewusstsein und Schmerz unterstützen (I)	40	32			72	12
17 b (E/K)	Pflegebedürftige Menschen aller Altersgruppen im Zusammenhang mit Bewusstseinsbeeinträchtigungen unterstützen (II) (Fallbezug)	8	2	2		12	12
17 c (E/K)	Pflegebedürftige Menschen aller Altersgruppen, Angehörige und Bezugspersonen im Zusammenhang mit dem Schmerzmanagement schulen, anleiten und beraten	2	2	2	2	8	8

Tab. 4.3 Fortsetzung

Lernmodul		Wissensgrundlagen (KrPflAPrV)				Summe	Differenzierungsphase
		Kenntnisse der Gesundheits- und Krankenpflege, der Gesundheits- und Kinderkrankenpflege sowie der Pflege- und Gesundheitswissenschaften	Pflegerelevante Kenntnisse der Naturwissenschaften und der Medizin	Pflegerelevante Kenntnisse der Geistes- und Sozialwissenschaften	Pflegerelevante Kenntnisse aus Recht, Politik und Wirtschaft		
18 a	Bei der Entwicklung und Umsetzung von Rehabilitationskonzepten mitwirken und diese in das Pflegehandeln integrieren (I)	28		10	6	44	6
18 b (E/K)	Bei der Entwicklung und Umsetzung von Rehabilitationskonzepten mitwirken und diese in das Pflegehandeln integrieren (II) (Fallbezug)	2	2	2	2	8	8
18 c (E/K)	Pflegebedürftige Menschen aller Altersgruppen, Angehörige und Bezugspersonen im Zusammenhang mit rehabilitativen Maßnahmen schulen, anleiten und beraten	2	2	2	2	8	8
19	Die Qualität der Gesundheitsversorgung sichern			34		34	
20 (K)	Schwangere und Wöchnerinnen, gesunde Neugeborene sowie Angehörige und Bezugspersonen unterstützen, begleiten und beraten	22	16	6		44	44
20 (E)	Schwangere und Wöchnerinnen, gesunde Neugeborene sowie Angehörige und Bezugspersonen unterstützen, begleiten und beraten	6	16	2		24	24
21 a	Pflegebedürftige Menschen aller Altersgruppen im Zusammenhang mit der Durchführung von Maßnahmen der medizinischen Diagnostik und operativen Therapie unterstützen und begleiten (I)	24	20		2	46	6
21 b (E/K)	Pflegebedürftige Menschen aller Altersgruppen im Zusammenhang mit der Durchführung von Maßnahmen der medizinischen Diagnostik und operativen Therapie unterstützen und begleiten (II) (Fallbezug)	2	2	2	2	8	8

Tab. 4.3 Fortsetzung

	Lernmodul	Wissensgrundlagen (KrPflAPrV)				Summe	Differenzierungsphase
		Kenntnisse der Gesundheits- und Krankenpflege, der Gesundheits- und Kinderkrankenpflege sowie der Pflege- und Gesundheitswissenschaften	Pflegerelevante Kenntnisse der Naturwissenschaften und der Medizin	Pflegerelevante Kenntnisse der Geistes- und Sozialwissenschaften	Pflegerelevante Kenntnisse aus Recht, Politik und Wirtschaft		
22	Berufliches Selbstverständnis entwickeln und zur Weiterentwicklung des Pflegeberufs im gesellschaftlichen Kontext beitragen	24	6	6	8	44	
23 a	In Gruppen und Teams zusammenarbeiten (I)	4		29		33	
23 b	In Gruppen und Teams zusammenarbeiten (II) (Fallbezug)	2		6		8	
24 (K)	Frühgeborene und ihre Eltern unterstützen, begleiten und beraten	34	10	6		50	50
24 (E)	Frühgeborene und ihre Eltern unterstützen, begleiten und beraten	18	10	2		30	30
25 (K)	Pflegebedürftige ältere Menschen, Angehörige und Bezugspersonen unterstützen, begleiten und beraten	6	8	10	6	30	30
25 (E)	Pflegebedürftige ältere Menschen, Angehörige und Bezugspersonen unterstützen, begleiten und beraten	10	8	22	10	50	50
26	Pflegebedürftige Menschen aller Altersgruppen, Angehörige und Bezugspersonen in der Endphase des Lebens und beim Sterben begleiten	4	2	12	6	24	
27 (E/K)	Menschen aller Altersgruppen, Angehörige und Bezugspersonen im Zusammenhang mit chronischen Erkrankungen unterstützen, begleiten und beraten	12	8	8	2	30	30
28 (E/K)	Psychisch kranke Menschen aller Altersgruppen, Angehörige und Bezugspersonen unterstützen, begleiten und beraten	10	10	6	4	30	30

Tab. 4.3 Fortsetzung

Lernmodul	Wissensgrundlagen (KrPflAPrV)				Summe	Differenzierungsphase
	Kenntnisse der Gesundheits- und Krankenpflege, der Gesundheits- und Kinderkrankenpflege sowie der Pflege- und Gesundheitswissenschaften	Pflegerelevante Kenntnisse der Naturwissenschaften und der Medizin	Pflegerelevante Kenntnisse der Geistes- und Sozialwissenschaften	Pflegerelevante Kenntnisse aus Recht, Politik und Wirtschaft		
29 (K) • Demenziell erkrankte Menschen, Angehörige und Bezugspersonen unterstützen, begleiten und beraten	14	10	3	3	30	30
29 (E) • Demenziell erkrankte Menschen, Angehörige und Bezugspersonen unterstützen, begleiten und beraten	28	10	6	6	50	50
30 • Onkologisch erkrankte Menschen aller Altersgruppen, Angehörige und Bezugspersonen unterstützen, begleiten und beraten	16	16	6		38	
Gesundheits- und Krankenpflege zur Verteilung Stundenzahl insgesamt	956	565	314	164	1999 101 2100	500
Gesundheits- und Kinderkrankenpflege zur Verteilung Stundenzahl insgesamt	970	565	307	157	1999 101 2100	500

4.2 Empfehlungen von (Berufs-)Verbänden

Auch hier sollen zur Orientierung wiederum exemplarisch einige wenige Empfehlungen benannt werden, die zugleich auch verschiedene Verbände/Verbandsebenen repräsentieren.

Von berufsverbandlich übergeordneter Bedeutung ist das Positionspapier des Deutschen Bildungsrates für Pflegeberufe zur Vernetzung von theoretischer und praktischer Pflegeausbildung (2004). Der Deutsche Bildungsrat setzt sich zusammen aus Bildungsexpertinnen und -experten der ADS (Arbeitsgemeinschaft Deutscher Schwesternverbände und Pflegeorganisationen), des DBfK (Deutscher Berufsverband für Pflegeberufe) und des BA (Bundesausschuss der Lehrerinnen und Lehrer für Pflegeberufe). Gegenstand des Positionspapiers sind insbesondere Fragen der Praxisbegleitung und -anleitung; dies bezieht sich sowohl auf Zielsetzungen und Inhalte als auch auf quantitative Aspekte. So empfiehlt der Deutsche Bildungsrat bspw. insgesamt 60 praktische Anleitungssituationen *„mit spezifischer Zielsetzung und dem entsprechenden Zeitumfang in drei Jahren"* (ebd., S. 12) und regt an, die gesetzlich festgeschriebene Mindestqualifikation von 200 Stunden entsprechender Fortbildung für die Praxisanleiter *„ausschließlich für Inhalte mit berufspädagogischer Relevanz zu nutzen und auszurichten auf problem-, erfahrungs- und handlungsorientiertes Lernen"* (ebd., S. 13).

Die bewusste Differenzierung in Praxisbegleitung und Praxisanleitung schlägt sich auch in den jeweiligen Aufgaben und Zielen nieder. Zudem werden hier jeweils unterschiedliche Personengruppen tätig:

Praxisbegleitung. Als Aufgaben der Praxisbegleitung, die entsprechend den gesetzlichen Vorgaben von Lehrerinnen und Lehrern „vor Ort" wahrzunehmen sind, werden genannt:
- *„Planung der Inhalte und Anforderungen der praktischen Einsätze,*
- *Festlegung der Standards für die Begleitung der Lernenden im Praxiseinsatz (z. B. Erst-, Zwischen-, Auswertungsgespräche),*
- *Reflexion von Praxiserfahrung und Aufarbeiten von Praxisproblemen im Umgang mit zu pflegenden Menschen,*
- *Aufarbeiten durch Reflexion von Prozesserfahrungen im Sinne der Praxisziele,*
- *Beratung und Begleitung der Lernenden in exemplarischen Pflegesituationen, Klärung des Rollenverständnisses und des Berufsbildes,*
- *Förderung zur Persönlichkeitsentwicklung der Lernenden,*
- *Auswertungen von Einzelbetreuungen und Gruppenbegleitung, Integration von Praxisthemen in die theoretische Ausbildung."* (ebd., S. 8 f.).

Praxisanleitung. Hinsichtlich der Praxisanleitung durch entsprechend weitergebildete Praxisanleiter werden die folgenden Aufgaben benannt:
- *„Einführung in das jeweilige Berufsfeld konkreter Pflegepraxis,*
- *Integration von theoretischen Ausbildungsinhalten in praktische Tätigkeit,*
- *Hilfe zur Entwicklung personen- und prozessorientiert gestalteter Pflege,*
- *Begleitung individueller Lernerfahrungen der Lernenden,*
- *Teilnahme an ausbildungsrelevanter Regelkommunikation,*
- *Mitwirkung bei Bewertung und Benotung fachpraktischer Leistungen"* (ebd., S. 10).

Das Positionspapier des Deutschen Bildungsrates für Pflegeberufe ist zusammengefasst ein Beispiel für Empfehlungen mit partiellem Bezug, die neben qualitativem (Ziele/Aufgaben der Praxisbegleitung und Praxisanleitung) auch quantitativen (Zahl der Anleitungen etc.) Charakter haben und sich bewusst – eben im Sinne eines Positionspapiers – auf das Benennen wesentlicher Eckdaten beschränken.

Als weiteres Beispiel (berufs-)verbandlicher Empfehlungen seien die „Denkanstöße für die praktische Pflegeausbildung" genannt, für die als Herausgeber die Katholischen Pflegeverbände (Caritas-Gemeinschaft für Pflege- und Sozialberufe und Katholischer Berufsverband für Pflegeberufe) gemeinsam mit dem Katholischen Krankenhausverband Deutschlands zeichnen (2003). Hier haben sich auf konfessioneller Ebene Verbände bzw. Organisationen mit eindeutig pflegebezogenem Bezug zusammengeschlossen, um sich in differenzierter Form mit Fragen der praktischen Ausbildung auseinanderzusetzen und daraus abgeleitet die so genannten „Denkanstöße" zu formulieren.

In der theoretischen Ableitung greifen diese Empfehlungen deutlich über den engen Tellerrand des praktischen Teils der Ausbildung hinaus, indem grundsätzliche berufspädagogische, didaktisch-methodische und inhaltliche Bezüge hergestellt werden. Dabei wird in berufspädagogischer und didaktisch-methodischer Hinsicht im Wesentlichen auf dieselben theoretischen Referenzen verwiesen, wie dies auch in den Kapiteln 1–3 dieses Buches nachzulesen ist. Darüber hinaus wird der Aspekt eines Ausbildungsleitbildes (vgl. Kap. 5) berücksichtigt. Im Hinblick auf einen stufenweise Kompetenzerwerb wird auf die Forschungen Patricia Benners (1994) rekurriert, allerdings bleibt dieser Bezug eher kursorisch, indem wichtige Möglichkeiten erfahrungsbezogenen Lernens benannt werden (vgl. ebd., S. 45 ff), ein Einbeziehen von Erkenntnissen der Kompetenzentwicklungsforschung aber leider nicht dezidiert erfolgt.

Dennoch scheinen mir die „Denkanstöße" ihren Namen wirklich verdient zu haben, denn sie führen den Leser in sehr verständlicher Weise an eine Vielzahl relevanter Gedankengänge heran und können so eine echte Hilfe für Planung und Durchführung der praktischen Ausbildung sein (Näheres hierzu auch im Kap. 8).

Als letztes Beispiel verbandlicher Empfehlungen sollen die Handreichungen „Lernort Schule" und „Lernort Praxis" der Mitglieder der Arbeitsgruppe „Rahmenlehrplan" beim baden-württembergischen Sozialministerium (jeweils 2003) genannt sein. Diese Handreichungen sind u. a. auf der Internetseite der LAG Baden-Württemberg zu finden und versuchen in sehr pragmatischer, aber theoretisch durchaus fundierter Art und Weise erste Antworten auf zentrale Fragen im Zusammenhang mit der Ausbildung zu geben, wie im Vorwort jeweils ausgeführt wird. Dabei finden inhaltliche Aspekte ebenso Berücksichtigung wie didaktisch-methodische und organisatorische. Der Blickwinkel ist eine Zusammenschau bisheriger Praxis, aktueller Erfordernisse und möglicher Wege zwischen Vergangenheit, Gegenwart und Zukunft. Damit erfüllen diese Empfehlungen eine wichtige erste Einstiegsfunktion für Schule und Praxis, bedürfen allerdings – das ist den Verfassern durchaus bewusst – einer zukünftig intensiveren Ausarbeitung.

Soweit einige Beispiele (berufs-)verbandlicher Empfehlungen.

4.3　Pflegepädagogisch-fachdidaktische Konzeptentwicklungen

Es gibt bezogen auf die Pflegeberufe mittlerweile diverse „Kurz"-Darlegungen des Lernfeldansatzes in einschlägigen Fachzeitschriften oder auch entsprechende Seminarunterlagen auf dem „grauen" Markt (eine Aufzählung erscheint an dieser Stelle wenig hilfreich), diese zielen aber ganz überwiegend auf die berufspädagogische Ableitung des Ansatzes. Zum anderen sind aber gerade im Zusammenhang mit der Kompetenzforschung inzwischen zahlreiche Arbeiten entstanden, die zwar keinen unmittelbaren Bezug zum Lernfeldansatz aufweisen, aber hinsichtlich der Kompetenzorientierung der Ausbildung durchaus wichtige inhaltliche Impulse geben können.

Wiederum exemplarisch werden im Folgenden einige Ansätze vorgestellt, die in inhaltlicher und/oder didaktisch-methodischer Hinsicht entsprechenden Impulscharakter haben können. Bei der folgenden Auswahl handelt es sich um *mögliche* relevante Aspekte im Zusammenhang mit lernfeldorientiertem Arbeiten, die keinerlei Anspruch auf Vollständigkeit stellen.

Zu nennen sind zunächst Arbeiten zur Kompetenzentwicklung, entweder generell oder mit spezieller Akzentuierung. Zur Frage der kommunikativen Kompetenz in der Pflege hat Ingrid Darmann geforscht (2000). Auf der Basis einer ausführlichen Literaturanalyse und einer eigenen qualitativ-heuristischen Forschung expliziert Darmann ein „situationsorientiertes und erfahrungsbezogenes pflegedidaktisches Konzept" zur kommunikativen Kompetenz. Karin Wittneben spricht in ihrem Vorwort zu dieser Forschungsarbeit zu Recht von einem „hohen Anregungspotential(s)" (ebd., S. 9) dieser Arbeit. Dem kann ich mich nur anschließen, zumal Darmann in ihren Überlegungen explizit den Handlungsaspekt in den Vordergrund stellt und diesen sowohl sachlogisch als auch wissenstheoretisch zuordnet bzw. einordnet. Als „Handlungsklammer" dienen die Bestimmungselemente „Pflegewirklichkeit", „pflegetheoretische Normen" und „persönlichkeitstheoretische Grundlagen". Dabei expliziert Darmann ihre grundsätzlichen Konzeptgedanken an einer Unterrichtseinheit zum Thema „Umgang mit nach Ansicht der Pflegekräfte ‚unkooperativen' Patienten". Das „hohe Anregungspotential" dieses Konzeptes sollte für die Gestaltung entsprechender Lernsituationen unbedingt genutzt werden.

Speziell mit der Entwicklung ethischer Kompetenz als Indikator für Professionalisierung im Pflegeberuf befasst sich eine Arbeit von Ruth Schwerdt (2002). Vorgestellt wird in dieser Abhandlung im Wesentlichen ein Modellprojekt zur „Implementierung ethischen Denkens in den beruflichen Alltag Pflegender". Kern dieses Projektes ist eine modularisierte Schulungskonzeption, die in ihrer Intention von folgender Prämisse ausgeht: „*Um aber überhaupt ein Bewusstsein der beruflichen Verantwortung und ihrer Grenzen in der Pflege und ihren Funktionen im Management und in der Bildung zu gewinnen und Kenntnisse und Fähigkeiten geplant einsetzen zu können, ist eine erklärte Wertorientierung nötig. Dieses Kennzeichen von Professionalität ist grundlegend für alle weiteren, da es die Zielorientierung des Handelns angibt*" (Schwerdt, 2002, S. 12). Die Inhalte und Zielsetzungen der Fortbildungsmodule bilden das Handlungsfeld unterschiedlicher Dimensionen pflegerisch wirksam werdender ethischer Kompetenzentwicklung ab. Damit können die Module in ihrer Intention und thematischen Strukturierung durchaus auch als wichtige Referenz für lernfeldbezogene Ausbildungsplanungen gelten, bedürfen aber im Hinblick auf die Ausgestaltung der konkreten Lernsituationen natürlich entsprechender Modellierung in inhaltlicher wie methodischer Hinsicht.

Als Basisimpuls für die Konzeption des o. g. Modellprojektes diente u. a. auch die Arbeit von Christa Olbrich zur Identifikation verschiedener Kompetenzdimensionen pflegerischen Handelns (1999). In dieser Arbeit wird die besondere Bedeutung so genannten „Aktiv-ethischen Handelns" im Pflegealltag und die sich daraus abzuleitende Bedeutung für die Kompetenzentwicklung in der Pflege dargelegt. Olbrich benennt insgesamt vier Dimensionen pflegerischen Handelns, die sie zugleich als Stufen im Sinne möglicher Lernprozesse begreift. Diese sind: „regelgeleitetes Handeln", „situativ-beurteilendes Handeln", „reflektives Handeln" und „aktiv-ethisches Handeln". Dabei skizziert die Autorin Aspekte des Lernens in diesen einzelnen Dimensionen, die in den ersten drei Dimensionen durchaus Verbindungen zu in den Kapiteln 2 und 3 dieses Buches benannten Kompetenzentwicklungskonzepten, insbesondere zu dem F. Rauners (1999) aufweisen. Die vierte Dimension, das „aktiv-ethische Handeln", wird ergänzend als insbesondere „identitätsfördernde" Lernform (vgl. Olbrich, 1999, S.145 ff.) verstanden. Interessant bleibt in diesem Zusammenhang die Frage, inwieweit nicht auch die anderen Dimensionen pflegerischen Handelns ethisch bedeutsame Handlungselemente beinhalten bzw. beinhalten sollten, wie es bspw. Wittneben in ihrem Ansatz zur „multidimensionalen Patientenorientierung" (1993 und 1998) betont, indem sie verdeutlicht, dass die von ihr identifizierten Stufen der Verrichtungs-, Symptom- und Krankheitsorientierung im pflegerischen Handeln nicht im automatischen Widerspruch zur Patientenorientierung stehen, die zweifelsohne auch eine ethische Komponente aufweist, dass allerdings die „Gefahr" der „Patientenignorierung", wie Wittneben es ausdrückt, bei reiner Funktions- und Verrichtungsorientierung natürlich sehr groß ist.

Abschließend seien im Hinblick auf pflegepädagogisch-fachdidaktische Arbeiten zur Kompetenzentwicklung noch zwei Veröffentlichungen genannt, die zum einen den Wissenstransfer (Görres et al., 2002) und zum anderen das Konzept des „Situierten Lernens" (Holoch, 2002) in den Mittelpunkt ihrer Überlegungen stellen. Im von Görres et al. (2002) herausgegebenen Sammelband werden zunächst verschiedene theoretische Ansätze zu Fragen des Wissenstransfers dargelegt sowie ein spezifisches diesbezügliches Projekt in Planung, Durchführung und Evaluation vorgestellt. Dabei kommt dem Theorie-Praxis Transfer ebenso Bedeutung zu wie unmittelbar methodischen und organisatorischen Fragen.

Elisabeth Holoch (2002) leitet ihr Konzept des „Situierten Lernens" aus der Theorie des Lernens ab, versucht den Begriff der Pflegekompetenz auch qualitativ zu erfassen und bezieht ihre gewonnenen Erkenntnisse schließlich auf verschiedene Umsetzungsmodelle für die Ausbildungspraxis.

Beide Veröffentlichungen zeichnen sich durch eine hohe Informationsdichte aus, die für interessierte Leserinnen und Leser durchaus eine „Fundgrube" für die weitere Auseinandersetzung mit Fragen des Kompetenzerwerbs in den Pflegeberufen sein kann. Darüber hinaus gibt es natürlich eine große Vielzahl weiterer Veröffentlichungen, die jeweils ebenfalls ihren konkreten Stellenwert haben können. Eine entsprechende Recherche wird durch die Nutzung der einschlägigen pflegebezogenen Literaturdatenbanken erleichtert, und auch in den weiteren Kapiteln dieses Buches wird noch auf verschiedene Veröffentlichungen, insbesondere aus dem methodisch-organisatorischen Bereich Bezug genommen.

4.4 Umsetzungsvorschläge auf der Ebene der Lernsituationen

Mit Blick auf die eingangs dieses Kapitels vorgenommene „Sortierung" lernfeldbezogener Ausarbeitungen in und für die Pflegeausbildungen verbleibt nun noch die letzte Nennung, nämlich die konkreten, exemplarischen Umsetzungsvorschläge auf der Ebene der Lernsituationen. Diese Umsetzung stellt im Wesentlichen das Aktionsfeld der einzelnen Schule bzw. ggf. eines Verbundes von Schulen dar. Hierbei handelt es sich, wie Bader (2003) es darlegt, um die „Mesoebene didaktischer Planung", die in so genannten „Bildungsgangkonferenzen" (ebd., S. 213) erfolgt, also die Basis für die unmittelbare Umsetzung im Unterrichtsprozess (Mikroebene) darstellt. Ergebnisse solcher Entscheidungen auf der Mesoebene, jeweils ergänzt um die konkreten Rahmenbedingungen, Lernvoraussetzungen und Erfordernisse einer spezifischen Lerngruppe, wären dann etwa Planungsentwürfe für einzelne Lernsituationen, die bis hin auf die Ebene der jeweiligen Unterrichtsstunde(n) differenziert werden können. Wie eine solche Vorgehensweise konkret aussieht, und was es in der Vorbereitung zu beachten gilt, ist Gegenstand insbesondere von Kapitel 6 dieses Buches. In diesem Zusammenhang soll schon an dieser Stelle darauf hingewiesen werden, dass es äußerst problematisch ist, quasi „allgemeingültige", lerngruppen- und sogar schulübergreifende Planungen von Lernsituationen vollständig „geschlossen" vorzugeben, da diese kaum den jeweiligen sächlichen und personellen Rahmenbedingungen ausreichend Rechnung tragen können. Allerdings können natürlich auch hier, ähnlich wie bei der Pflegeplanung, grundlegende „Standards" formuliert werden.

Soweit der Blick auf verschiedene Umsetzungsdimensionen des Lernfeldkonzepts in den Pflegeausbildungen. Ein Aspekt, der bislang nur marginal in Erscheinung getreten ist, wird Gegenstand des nächsten Kapitels sein, nämlich derjenige, der nach dem pädagogischen und pflegerischen Selbstverständnis von Lehrenden und Anleitenden in den Pflegeausbildungen fragt.

5 Pädagogisches und pflegerisches Grundverständnis: Lehren und Lernen in und aus Verantwortung für Patienten

Überblick

5.1 Verantwortlichkeit in Pflege und Ausbildung · 39

5.2 Pflege-Pädagogik und Ethik · 41

5.3 Konsequenzen für Lehrerhandeln und Ausbildungsgestaltung · 44

In seinem Buch „Pflege gestalten. Eine Grundlegung zum verantwortlichen Pflegehandeln" schreibt Wolfgang M. Heffels: *„Beruflich Pflegende sind ... gefordert, trotz vielfältiger empirischer Widrigkeiten im Handlungsfeld Pflege, eine Pflege zu leisten, die aus Achtung vor bzw. Liebe zu dem Menschen fachlich* **und** *mitmenschlich ist, weil Pflege ursprünglich und sinnhaft* **nur in dieser Kombination** *als konkrete Hilfe eines Menschen einem anderen Menschen gegenüber seine Bestimmung findet und die Pflegenden daraufhin verpflichtet. Das Nicht-Wahrnehmen dieser Verpflichtung ist mithin Verachtung der Idee von Pflege und somit Miss-Achtung der Würdehaftigkeit des zu Pflegenden..."* (2003, S. 204).

Treffender kann man den Kern verantwortlichen pflegerischen Handelns wohl kaum beschreiben. Pflege, so wird hier sehr deutlich, bedeutet nicht nur fachliche, sondern auch mitmenschliche Verpflichtung – allerdings bedeutet sie auch in der Tat beides: Fachlichkeit kann nicht einen Mangel an Mitmenschlichkeit kompensieren, aber umgekehrt auch nicht Mitmenschlichkeit einen Mangel an Fachlichkeit. Diese besondere Verantwortlichkeit muss ihre Entsprechung auch in der Ausbildung für einen Pflegeberuf finden. Insofern sind Lehrende in besonderer Weise gefordert, die Bedeutsamkeit beider Komponenten professionellen Pflegehandelns nicht nur von der Sache her, sondern auch durch ihre menschliche Haltung und unmittelbar durch ihr pädagogisches Handeln zu vermitteln.

5.1 Verantwortlichkeit in Pflege und Ausbildung

Wenn ein Patient gewaschen wird, er eine Infusion erhält oder ein Katheter gelegt wird, wenn eine Patientin gelagert oder vom Bett in den Rollstuhl transferiert wird, dann sind in allen diesen Fällen und eigentlich bei jeder pflegerischen Maßnahme alle Kompetenzbereiche des Pflegenden verlangt. Die Qualität der pflegerischen Handlung misst sich folglich am Gesamt der Handlungskompetenzen, also auch an der Art der Kommunikation mit dem Patienten, an der Einstellung gegenüber dem Patienten, an der Zusammenarbeit im therapeutischen Team im Interesse des Patienten, an der Bereitschaft, sich auf die Bedürfnisse des Patienten einzulassen ebenso wie an der notwendigen Konsequenz in der Durchführung der Maßnahme oder an der Fähigkeit, mit dem Faktor körperliche Nähe und Scham in angemessener Weise umzugehen – die Reihe ließe sich noch fortsetzen.

Wenngleich dieser Qualitätsmaßstab unter dem vielfach bemühten Stichwort der „Ganzheitlichkeit" umfänglichen Eingang in die pflegerische Fachliteratur gefunden hat und man als aufmerksamer Betrachter dieser Entwicklung bisweilen den Eindruck einer fast inflationären Verwendung dieses Terminus erhält, scheint der Transfer der „Ganzheitlichkeit" von der Ebene des Wortes auf die der Tat doch offensichtlich einige Probleme zu bereiten – diesen Gedanken legt zumindest der Blick in die alltägliche Praxis oftmals nahe.

Die Ursachenforschung hinsichtlich dieses Mangels beschreibt verschiedene Faktoren, zuvorderst sicher die Rahmenbedingungen in der entsprechenden Klinik, im Altenheim oder in der Sozialstation, „ganzheitlichkeitsfeindliche" Pflegesysteme wie die Funktionspflege, Zeit- und Personalmangel z. T. aufgrund ineffektiver Organisationsabläufe etc. Gemeinsam ist all diesen Faktoren, dass sie im wesentlichen organisationsbezogene Verursacher beschreiben, deren Veränderung nur bedingt durch die „an der Basis" tätigen Berufsangehörigen bewirkt werden kann – zumindest nicht kurzfristig. Und genau an dieser Stelle bricht die Diskussion dann oft ab, mit dem Hinweis darauf, man könne „ja sowieso nichts ändern".

Die Verursachungsdimension der Einstellungen und Haltungen der Berufsangehörigen wird bei dieser Betrachtungsweise häufig übersehen. Hier kommt der Ausbildung eine Schlüsselfunktion zu, und zwar sowohl in curricularer wie auch in didaktisch-methodischer Hinsicht. Die Bereitschaft zu verantwortlichem pflegerischen Handeln in dem Sinne wie im Zitat von Wolfgang M. Heffels eingangs dieses Kapitels beschrieben ist nicht nur eine zentrale Frage von Berufsethik, sondern auch von pädagogischer Ethik in Bezug auf die Ausbildung.

Dass Verantwortlichkeit sich nicht an spektakulären Situationen festmachen muss, dass sie vielmehr im alltäglichen Pflege- und Ausbildungshandeln gelebt werden muss, zählt in diesem Zusammenhang zu den bestimmenden Faktoren.

Jede Pflegeperson und jede/r Lehrende/r hat einen jeweils definierten Aufgabenbereich, in dem er oder sie im Hinblick auf ihre berufliche Fachlichkeit selbständig arbeitet. Die Größe und Differenziertheit dieser Aufgabenfelder mag sehr unterschiedlich sein, bezogen auf den jeweiligen Aufgabenbereich ist eine Person aber verantwortlich für das, was sie auf der Basis ihrer jeweiligen Kompetenzen und Zuständigkeiten tut.

Und auch die Krankenpflegeschülerin, die einem Patienten das Essen reicht, hat ihren definierten Verantwortungsbereich, obgleich sie sicher am wenigsten Entscheidungsspielräume auf einer Station hat. Wie sie dem Patienten das Essen reicht, ob sie ihn „abfüttert", um rasch fertig zu sein, ob sie sich bemüht, ihn soviel wie möglich selbst „machen" zu lassen, ob sie wortlos ihre Arbeit „verrichtet" oder mit dem Patienten spricht, ihm vielleicht Mut zuspricht – das ist der Verantwortungsbereich dieser Schülerin. Verantwortlichkeit zeigt sich gerade eben in den „Kleinigkeiten" des Alltags, die im Patientenalltag gar keine Kleinigkeiten sind. Gleiches könnte analog für die „Kleinigkeiten" des pädagogischen Handelns ausgeführt werden.

Dies zu vermitteln bzw. zu leben, gehört mit zu den anspruchsvollsten Tätigkeiten in der Ausbildung der Pflegeberufe. Voraussetzung ist, dass die Ausbildungsstätten selbst dieses Anliegen ernst nehmen und es auch personell vertreten. Schülerinnen und Schüler lernen am Modell ihrer Lehrerinnen und Lehrer, Anleiterinnen und Anleiter.

Insofern ist natürlich auch der Bereich der Persönlichkeitskompetenz als Gestaltungsraum individueller Werthaltungen in gewisser Weise „lernbar", indem in beobachtbarem verantwortlichem Handeln die dem zugrunde liegenden Einstellungen und Haltungen zum Ausdruck kommen. Sicher können Einstellungen und Haltungen nicht unmittelbar „vermittelt" werden, sie können aber verhaltensbezogen vorgelebt, begründet und somit auch mit Bezug auf die Schüler eingefordert werden.

Hinzu kommt, dass in diesem Sinne verantwortliches Handeln – Handeln verstanden als bewusst, theorie- und vernunftgeleitet, wenngleich nicht ohne Emotionalität – unabdingbarer Voraussetzungen bedarf, die durchaus auch im kognitiv-rationalen Bereich zu verorten sind und damit als entsprechende Lernziele formuliert werden können (vgl. Kap. 6). Hierzu gehören in Anlehnung an D.-J. Löwisch (1995) unter anderem:
- die Fähigkeit zu Analyse, Reflexion und Synthese,
- die Fähigkeit, sich ein Urteil zu bilden und Beurteilungen vornehmen zu können,
- die Fähigkeit, Urteile und Gegenurteile kritisch abwägen zu können, also auch argumentieren zu können,
- die Fähigkeit, sich mit sich selbst und anderen auseinanderzusetzen, also Diskurse führen zu können (ebd. S. 20).

Verantwortlichem Handeln liegen also auch immer kognitiv-abwägende Aktivitäten zugrunde, die bereits in der Ausbildung hinreichend angebahnt und im Berufsalltag kontinuierlich weiterentwickelt werden müssen. Das heißt auch, dass verantwortliches Handeln Nachdenken, Durchdenken, Bedenken, Zweifel bis hin zur Entscheidung beinhaltet.

Verantwortlichkeit im Handeln ist demzufolge auch ein Balance-Akt zwischen Entscheidung und Zweifel. Verantwortlichkeit in diesem Sinne ist oftmals eher unbequem und bedarf daher einer stabilen und sicheren argumentativen und sozio-emotionalen Basis. Notwendig sind also entsprechende Kompetenzen, die:
- fachlich sicher machen,
- methodisch-strategisch Handlungswege aufzeigen,

- Zufriedenheit und Sicherheit im mitmenschlich-sozialen Umgang gewährleisten,
- persönliche Ausgeglichenheit, Stabilität und zugleich individuelle Entwicklungen ermöglichen.

Diese jeweiligen Fähigkeitsbündel bilden zusammengenommen den notwendigen reflexiven Pfad, um eigenverantwortliches Handeln zu ermöglichen und zu gewährleisten. Zu formulieren sind sie sowohl für die Berufsangehörigen und Schüler als auch für die an den entsprechenden Ausbildungsstätten Lehrenden, für die Praxisanleiter und für diejenigen, die für diese Tätigkeiten ausgebildet werden oder selbst dafür ausbilden.

Die Frage nach der beruflichen Verantwortlichkeit ist immer auch eine Frage nach der Ethik bzw. nach dem Ethikverständnis in einem Handlungsfeld, und mit dieser Frage wollen wir uns im Folgenden für den Bereich der Ausbildung der Pflegeberufe befassen.

5.2 Pflege-Pädagogik und Ethik

Der Umgang mit kranken Menschen, zumal mit schwerkranken und sterbenden Patienten konfrontiert die Angehörigen der Pflegeberufe immer wieder mit originär ethischen Fragestellungen. Diese Fragestellungen sind in der Regel geprägt durch moralische Dilemmata, in denen es aufgrund konkurrierender Interessens- und Normsysteme keine eindeutige „richtige" Entscheidung gibt bzw. diese durch (inneres) Abwägen und Argumentieren erst gefunden werden muss. Hierzu gehören insbesondere Entscheidungen im Umfeld von „Leben und Tod" (Abtreibung, Sterbehilfe, Hirntod, Organtransplantation, was ist „lebenswertes" Leben? etc.), also so genannte bioethische Fragestellungen, aber auch die weniger spektakulären Entscheidungen des Arbeitsalltages, wie wir sie im Hinblick auf das verantwortliche Handeln schon angesprochen haben.

Ethik, abgeleitet vom griechischen „éthos" (= Sitte), beschreibt die vernunftbestimmte und methodische Reflexion moralischer (von lateinisch „mores" = Sitten) Einstellungen, Verhaltensweisen und Entscheidungen. Ethik, im philosophischen Sinne, stellt im Anschluss an Aristoteles die Frage nach dem sinnvollen Leben, nach der Begründbarkeit guten und gerechten Handelns, wobei hier systematisch die allgemeine oder fundamentale Ethik von speziellen Ethiken, wie etwa der Bioethik oder der so genannten praktischen Ethik einzelner Berufsfelder, unterschieden werden muss.

Es ist und kann nicht Aufgabe einer Didaktik für Pflegeberufe sein, eine grundlegende Einführung in den Bereich der Ethik zu geben; hier sei auf einschlägige Einführungen verwiesen. Wenn sich allerdings eine solche Didaktik, oder generell Pädagogik, als ein theoretisches Konzept versteht, das einerseits aus den Notwendigkeiten der Ausbildungspraxis initiiert ist und das andererseits dazu beitragen will, diese Praxis mit Hilfe von theoriegeleiteter Reflexion zu verbessern, dann gehört auch das dem beruflichen Handeln von Berufsangehörigen, Lehrenden und Schülern zugrunde liegende ethische Denken zu diesen Notwendigkeiten. Hinzu kommt, dass „Ethik" explizit oder implizit auch Gegenstand der Inhaltskataloge der einzelnen Ausbildungs- und Prüfungs(ver-)ordnungen ist.

Auszubildende, die in ihrem Beruf in so prägender Hinsicht mit ethischen Problemen konfrontiert sein werden wie die Angehörigen der Pflegeberufe, müssen schon in der Ausbildung Reflexions- und Entscheidungshilfen für ihre spätere Berufsausübung erhalten, wobei der praktische Teil der Ausbildung hier bereits unmittelbare Erfahrungen beinhaltet, die wiederum lernleitend genutzt werden können.

Die Aufgabe und Zielsetzung einer Auseinandersetzung mit Ethik im o. g. Sinne kann mit Annemarie Pieper (2000) folgendermaßen beschrieben werden: *„Was das Ziel der Ethik anbelangt, so artikuliert sich ihr Interesse in einer Reihe von Teilzielen:*
- *Aufklärung menschlicher Praxis hinsichtlich ihrer moralischen Qualität,*
- *Einübung in ethische Argumentationsweisen und Begründungsgänge, durch die ein kritisches, von der Moral bestimmtes Selbstbewusstsein entwickelt werden kann,*
- *Hinführung zu der Einsicht, dass moralisches Handeln nicht etwas Beliebiges, Willkürliches ist, das man nach Gutdünken tun oder lassen kann, sondern Ausdruck einer für das Sein als Mensch unverzichtbaren Qualität: der Humanität.*

Diese Ziele enthalten sowohl ein kognitives Moment als auch ein nicht mehr allein durch kognitive Prozesse zu vermittelndes Moment: etwas, das man als Verantwortungsbewusstsein oder moralisches Engagement bezeichnen kann" (ebd. S. 13).

Wenn wir uns dem Aspekt der Zielerreichung zuwenden, ist hiermit zugleich die Lehrbarkeit von Ethik angesprochen. So stellt etwa Wolfgang Fischer (1996) in seinem Aufsatz „Ist Ethik lehrbar?" die Frage:

„Ist Ethik, die ein praktisches Ziel vorrangig oder ausschließlich verfolgt, als eine solche, also in genau dieser Hinsicht lehrbar? Das ist bekanntlich kein Problem, das erst jüngst aufgetaucht oder aufgebracht worden ist und das lediglich die Schwierigkeit eines sittlich kompetent machenden Lehrens des Ethischen in einer – wie man sagt – pluralistischen Gesellschaft widerspiegelt. Seine schlichte Formulierung in der Antike lautete: ist ‚arete', das heißt: ist menschliche Tüchtigkeit oder Tugendhaftigkeit lehrbar? Oder aristotelisch differenzierter: ist eine sittlich qualifizierte Praxis und der sie konstituierende Habitus sozusagen der Effekt ethischer Belehrung, oder ist etwas ganz anders als ‚Rede und Belehrung' (‚logos kai didache') dasjenige, aus welchem das Ethische erwächst (Aristoteles, Nik. Eth. X 10, 1179b 24)?" (ebd. S. 18 f.).

Sowohl die Zieldefinition von A. Pieper als auch Fischers Frage nach der Lehrbarkeit von ethischem Handeln weisen hin auf das Spektrum von kognitiver Kompetenz auf der einen und einer affektiven Dimension auf der anderen Seite, die zusammengenommen die ethische Persönlichkeitskompetenz ausmachen. Das damit umrissene Spannungsfeld beschreibt zugleich das Spezifische ethischer Entscheidungen.

So betonen beispielsweise die Arbeiten Lawrence Kohlbergs (1974) die kognitive Dimension, indem sie Stufen kognitiver Reflexionsfähigkeit formulieren, mit denen eine Art moralische „Entwicklungsleiter" beschrieben wird, deren einzelne Stufen durch den Grad der moralischen Reflexionsfähigkeit definiert werden. Kohlberg unterscheidet im Einzelnen **(Abb. 5.1)**:

Kohlberg hat dieses Stufenmodell entwickelt, indem er Kinder und Erwachsene mit typischen moralischen Dilemmata konfrontiert und dann die verbalen Antworten der Versuchspersonen ausgewertet hat. Ein solches typisches moralisches Dilemma war z. B. die Frage: „*Sollte ein Angehöriger der zivilen Verteidigung seinen Posten verlassen, um seiner Familie zu helfen, die vielleicht bei einer Katastrophe zu Schaden gekommen ist, oder sollte er dort ausharren, wo er ist, und anderen helfen?*" (Gage u. Berliner, 1996, S. 142).

Auf den verschiedenen Ebenen bzw. Stufen der moralischen Entwicklung könnten die Antworten etwa folgendermaßen aussehen, wobei Kohlbergs Ergebnisse bezüglich der Häufigkeit der Antworten in verschiedenen Kulturkreisen (US-Amerikaner, Ureinwohner Malaysias, Stadt in Mexiko und Maya-Indianer in einem Dorf etc.) in ihrer Häufigkeit sehr ähnlich ausfielen (Gage u. Berliner, 1996): „*Zwischen 7 und 16 Jahren gehen die Prozentwerte im 1. Stadium herunter, im 2. Stadium gehen sie steil hinauf, und im 3. Stadium verzeichnen sie noch einen geringen Zuwachs*" (ebd. S. 142):

Das Stufenmodell nach Kohlberg	
Ebenen moralischer Entwicklung	**Stufen moralischer Entwicklung**
Vorkonventionelle Ebene	1. Gehorsam, um Strafe zu vermeiden.
	2. Das eigene Wohlbefinden/Lust bestimmt die Entscheidung.
Konventionelle Ebene	3. Die Auffassung/Zustimmung anderer bestimmt das Verhalten.
	4. Vorgegebene Normen/Vorschriften sind für das Verhalten entscheidend.
Nachkonventionelle oder autonome Ebene	5. Moralische Entscheidungen werden auf der Grundlage allgemeinverständlicher Grundsätze und Gesetze getroffen, die allerdings nicht als statisch, sondern ggf. als veränderbar gelten.
	6. Die Entscheidung des Einzelnen orientiert sich an abstrakten ethischen Prinzipien.

Abb. 5.1 · Das Stufenmodell nach Lawrence Kohlberg.

Vorkonventionelle Ebene
- Stufe 1: *„Der Mann soll bleiben, wo er ist, sonst wird er bestraft."*
- Stufe 2: *„Er sollte zu seiner Familie gehen, wenn er nicht weiß, was ihr zugestoßen ist, hat er keine Ruhe mehr."*

Konventionelle Ebene
- Stufe 3: *„Er sollte gehen, denn gute Ehemänner kümmern sich um ihre Familie."*
- Stufe 4: *„Er sollte bleiben, weil die Vorschrift lautet, dass er seinen Posten nicht verlassen darf."*

Nachkonventionelle oder autonome Ebene
- Stufe 5: *„Er sollte wohl bleiben, da er sich dazu bereiterklärt hat, in einem Notfall einen solchen Posten anzunehmen; unter besonderen Umständen könnte er jedoch das Verlassen seines Postens rechtfertigen."*
- Stufe 6: *„Er sollte bleiben, da er, wenn er seinen Posten verlassen würde, die Sicherheit weniger über die vieler stellen würde, und das ist prinzipiell nicht richtig; die Menschen in seiner Nähe, die in Not sind, haben genauso eine Familie, und er ist ethisch verpflichtet, sich um sie zu kümmern. Wenn er das nicht täte, würde er sich wahrscheinlich für den Rest seines Lebens bittere Vorwürfe machen."*

In Übereinstimmung mit Löwisch (1995, S. 68 f.) und Arndt (1996, S. 35 f.) ist sowohl die starre Phasierung des Kohlberg-Modells als auch die alleinige Betonung der kognitiven Dimension ein dem menschlichen Entwicklungsprozess entgegenstehendes Moment. Gleiches gilt für die Aussage, dass der Mensch in seiner moralischen Entwicklung immer fortschreitet bzw. auf einer Stufe endgültig stehen bleibt, wobei wir hingegen diesbezüglich wissen, dass Menschen, beeinflusst durch innere und äußere Faktoren, in ihrem moralischen Handeln variieren, dass sie einmal mehr und einmal weniger reflektiert verfahren, dass sie also zeitnah auch auf verschiedenen moralischen „Stufen" handeln.

Natürlich kann auch der alleinige Bezug auf die verbalen Antworten der Befragten mit einem Fragezeichen versehen werden, denn Sagen ist bekanntlich noch nicht Handeln, und schließlich basiert Kohlbergs Phasierung auf der kognitiven Reflexion eines bestimmten moralischen Prinzips, nämlich dem des Gemeinwohls, und lässt somit andere mögliche normative Bezüge außer acht.

Aber gerade deswegen macht Kohlbergs Modell, besonders in Bezug auf Ethik im pädagogischen Handlungsfeld auf zwei wesentliche Erkenntnisse aufmerksam, die wir mit Löwisch (1995) folgendermaßen beschreiben:

„1. Das moralische Urteilen entwickelt sich von einem gefühlsgetragenen vorreflexiven und ichbezogenen Zustand hin zu einem rationalen gewissensbezogenen Urteilen. Wie es sich tatsächlich bei dem einzelnen entwickelt, wie intensiv es sich entwickelt, wie umfangreich es sich entwickelt, das ist jeweils abhängig von seinem Naturell, von seiner Reflexionsfähigkeit, von seinen Erfahrungen, von seiner Biographie, von seiner kulturellen und sozialen Umwelt und von seinen ihm zuteilgewordenen Erziehungs- und Bildungsmöglichkeiten. Für die Pädagogik birgt das die Aufgabe, moralische Urteilskompetenz zu vermitteln und besonnen vom moralischen Gefühl zum moralischen Bewußtsein zu führen. Letzteres hat zu geschehen unter Anerkennung des moralischen Gefühls als einer in sich wertigen Handlungsmotivation, die es aufzuklären gilt.

2. Das moralische Urteilen kann funktionsbezogen, gemeinwohlbezogen oder gewissensbezogen sein. Der Gedanke Kohlbergs, daß man von einer einmal erreichten Stufe nicht mehr zurückgehen könne auf eine schon durchlaufene Stufe, sondern nur noch vorwärts schreiten könne und sich gegebenenfalls auf einer Stufe auf Dauer festsetzen könne, ist sicher nicht zu halten. Gerade die Freiheit menschlichen Entscheidens setzt den Menschen in den Stand, sich mit Gründen zwischen den Moralstufen zu entscheiden, d. h., aus entsprechenden guten Gründen heraus vorkonventionell oder konventionell oder prinzipienbezogen zu handeln.

Nichtsdestotrotz: Für den pädagogisch Handelnden bestätigt sich aus Kohlbergs Modell, daß moralische Urteilskompetenz mit und bei zunehmender Reflexivität ausgebildet werden kann und soll. Seinen Grund findet das darin, daß der Mensch als rationales Wesen ein bildsames Wesen ist und lernen kann, sowohl seine Rationalität zu gebrauchen als auch den Umgang mit ihr entwicklungsgerecht, situationsgerecht, handlungsfeldgerecht, sachgerecht und mitmenschengerecht verantwortlich zu steuern" (S. 68 f.).

Dieses ausführliche Zitat beschreibt sehr treffend die pädagogische Aufgabe im Hinblick auf die Entwicklung ethischen Bewusstseins. Was heißt das aber für das konkrete pädagogische Handlungsfeld in den Pflegeberufen; was bedeutet es curricular; wie sollen sich die Lehrer verhalten, um moralische Reflexionsfähigkeit zu entwickeln; was müssen die Lehrer dazu selber gelernt haben?

5.3 Konsequenzen für Lehrerhandeln und Ausbildungsgestaltung

Ethisch verantwortliches Lehrerhandeln bedeutet zunächst dreierlei:
- Eine pädagogische Haltung leben, die in ihren Einzelaspekten am ehesten Ausdruck in einem Ausbildungsleitbild finden kann.
- Konsequent handeln, ohne dogmatisch zu sein.
- Die Rolle des Vorbilds bewusst anzunehmen und auszufüllen, ohne zu indoktrinieren.

Der Ansatz des Lernfeldkonzeptes, mit seinem Anspruch, den Schülerinnen und Schülern Kompetenzen im Sinne einer beruflichen Qualifizierung und der Entwicklung der eigenen Persönlichkeit zu vermitteln, unterstützt dieses Bemühen nachhaltig. Zentral dabei sind sowohl das „Schulleben" insgesamt, also der berühmte „Geist", der in einer Ausbildungsstätte herrscht und generell, aber auch in vielen alltäglichen „Kleinigkeiten" spürbar wird, als auch die konkrete Gestaltung der einzelnen Lernsituationen bzw. Unterrichtsstunden. Gleiches gilt natürlich sinngemäß für die Lernorte der praktischen Ausbildung und die entsprechend involvierten Personen.

Die Kombination von sachbezogener und persönlichkeitsbezogener Förderung und Forderung des einzelnen Schülers in einer Balance von Individual- und Sozialinteressen gehört somit zu den zentralen Planungs- und Gestaltungskompetenzen einer professionellen Lehrerin und eines professionellen Lehrers. Der in die Jahre gekommene und vielfach auch dogmatisch-autoritär missbrauchte Begriff des „erziehenden Unterrichts" gewinnt im Kontext des Lernfeldansatzes eine ganz neue Kontur, wenn es um Fach-, Personal-, Sozial- sowie Methoden und Lernkompetenz als Facetten umfassender Handlungskompetenz geht, denn professionelles berufliches -und in unserem Fall speziell pflegerisches Handeln ist ohne ethische Verantwortlichkeit nicht denkbar. Und es liegt wiederum in der Verantwortlichkeit der Ausbildungsstätte, für die entsprechenden Lernumwelten, aber auch sächlichen und persönlichen Verbindlichkeiten Sorge zu tragen.

Hilfreich im Sinne einer orientierenden, aber auch verbindlichen Kodifizierung entsprechender Grundsätze kann die Formulierung eines Ausbildungsleitbildes sein. Das folgende Ausbildungsleitbild, das im Rahmen eines Modellprojekts in kirchlicher Trägerschaft zur integrierten Pflegeausbildung entstand (vgl. Schewior-Popp/Lauber, 2003), soll hier beispielhaft vorgestellt werden. Das Leitbild bezieht sich sowohl auf das pflegerische Berufsverständnis als auch auf Gestaltungselemente der Ausbildung.

Wenn es in den folgenden Kapiteln dieses Lehrbuches nun ganz konkret um Planungs-, Gestaltungs- und auch Bewertungsaspekte in der Ausbildung geht, geschieht das immer auf der Folie eines Selbstverständnisses, das sich dem Sach- bzw. Handlungs- und dem Persönlichkeitsbezug von Ausbildung verpflichtet fühlt.

Beispiel eines Ausbildungsleitbildes

- Pflege ist unserem Verständnis nach eine professionelle Dienstleistung mit und am pflegebedürftigen Menschen. Für uns als Pflegeausbildungsstätten in christlicher Trägerschaft sind Professionalität und Christlichkeit untrennbar miteinander verbunden.
- Auf der Basis des christlichen Menschenbildes betrachten wir jeden Menschen als einzigartig, dem unabhängig von Alter, Geschlecht, Religion, Rasse, gesellschaftlichem Ansehen und Einkommen eine qualitativ hochwertige Pflege zusteht.
- Die Pflegeberufe haben einen gesellschaftlichen Auftrag und sind eine eigenständige Berufsgruppe des Gesundheits- und Sozialwesens. Im Interesse der Pflegeempfänger arbeiten sie aus einem professionellen Verständnis heraus kooperativ mit anderen Berufsgruppen des Gesundheits- und Sozialwesens zusammen.
- Beruflich ausgeübte Pflege setzt immer dann ein, wenn Menschen Hilfe und Unterstützung bei der Gestaltung und Bewältigung ihres täglichen Lebens benötigen. Die Ursachen hierfür sind mannigfaltig und können im physischen und psychisch-geistigen Bereich oder in den sozialen Bezügen eines Menschen verankert sein.
- Pflegepersonen sind verantwortlich für das Ermitteln des individuellen Pflegebedarfs, führen die erforderliche Pflege durch und bewerten deren Ergebnis. Pflegerisches Handeln erfolgt theoriegeleitet, systematisch, zielgerichtet und am individuellen Bedarf des pflegebedürftigen Menschen orientiert. Es umfasst präventives, kuratives und rehabilitatives Handeln und schließt den Bereich der Beratung und Gesundheitserziehung ein.
- Pflegepersonen unterstützen und begleiten Menschen in verschiedenen Lebensaltern und Lebenssituationen, bei der Auseinandersetzung mit und Bewältigung von Krankheit, Behinderung, Beeinträchtigungen, Sterben und Tod. Sie entwickeln, erhalten und fördern dabei Fähigkeiten des pflegebedürftigen Menschen und beziehen Angehörige, nahe stehende Personen und Eltern in die Pflege ein. Die Bereitschaft zum Aufbau einer vertrauensvollen Beziehung zum pflegebedürftigen Menschen und seinen Bezugspersonen sowie deren verantwortliche Gestaltung und Beendigung sind Fundament jeden pflegerischen Handelns.
- So verstandenes professionelles Pflegen erfordert von Pflegepersonen ein hohes Maß an Fach-, Methoden-, Sozial- und personaler Kompetenz.
- Die Unterstützung der Lernenden beim Erwerb beruflicher Handlungskompetenz und ihrer verantwortlichen Umsetzung in unmittelbares pflegerisches Handeln im Sinne des beschriebenen Kompetenzspektrums, betrachten wir als wesentliche Aufgabe und Ziel der Pflegeausbildung.
- Dabei ist die Unterstützung und Begleitung der Lernenden bei ihrer beruflichen und persönlichen Entwicklung unter Einbezug ihrer Interessen, Erfahrungen und ihrer Biografie ein zentrales Anliegen der Lehrenden.
- Lehrende und Lernende arbeiten gemeinsam an dieser Aufgaben- und Zielsetzung, deren Kern das Erbringen qualitativ hochwertiger Pflege im Interesse der pflegebedürftigen Menschen ist.

6 Lernsituationen planen – Lehr- und Lernhilfen für die Planung von theoretischem und praktischem Unterricht

Überblick

- 6.1 **Basisdimensionen der Unterrichtsplanung** · 48
- 6.1.1 Situationsdimension der Unterrichtsplanung · 49
- 6.1.2 Zieldimension der Unterrichtsplanung · 52
- 6.1.3 Inhaltsdimension der Unterrichtsplanung · 63
- 6.1.4 Methoden- und Organisationsdimension der Unterrichtsplanung · 70
- 6.2 **Gestaltung von Unterrichtsentwürfen** · 73
- 6.2.1 Elemente eines Unterrichtsentwurfs · 74
- 6.3 **Beispiel eines schriftlichen Unterrichtsentwurfes zu Ausbildungszwecken** · 76

Unterrrichtsentwurf · 78
- 1 Allgemeine Angaben und Einführung · 78
- 2 **Situationsanalyse** · 79
- 2.1 Rahmenbedingungen · 79
- 2.2 Lernvoraussetzungen · 80
- 3 **Sachanalyse** · 81
- 3.1 Pathophysiologische Grundlagen des Schlaganfalls · 81
- 3.2 Bedeutung des Schlaganfalls für Patienten und Angehörige · 85
- 3.3 Rehabilitative Pflege von Schlaganfallpatienten · 85
- 4 **Didaktische Analyse** · 92
- 5 **Planungsentscheidung** · 101
- 5.1 Lehr-Lernziele · 101
- 5.2 Methoden- und Organisationsentscheidungen · 102
- 5.3 Verlaufsübersicht · 105

Im Mittelpunkt dieses Kapitels steht die konkrete Vorgehensweise bei der Planung von Lernsituationen. Lernsituationen, zur Erinnerung, lassen sich im Rahmen des lernfeldorientierten Ansatzes aus Lernfeldern ableiten, die wiederum aus den verschiedenen Handlungsfeldern hervorgegangen sind, anhand derer sich berufliches Handeln – jeweils bezogen auf einen bestimmten Beruf – beschreiben und differenzieren lässt.

Lernfeldbezogene staatliche Vorgaben wie die (Rahmen-)Lehrpläne der einzelnen deutschen Bundesländer treffen in der Regel Festlegungen auf der Ebene der Lernfelder bzw. Teillernfelder, ordnen diese unter Berücksichtigung von Handlungs- und Sachlogiken durch Modularisierung, versehen die einzelnen Module mit Stunden- und Ausbildungsjahrzuordnungen und geben im optimalen Fall didaktisch-methodische Hinweise für die konkrete Umsetzung. In Kapitel 4 ist eine solche Struktur beispielhaft anhand des integrierten Rahmenlehrplans und Ausbildungsrahmenplans für das Land Rheinland-Pfalz vorgestellt worden. Bei dem genannten Beispiel werden die Lernorte Schule und Praxis modulbezogen unmittelbar miteinander verknüpft, das ist nicht in allen Rahmenlehrplänen der Fall, erscheint aber äußerst sinnvoll, zumal der Schule die Gesamtverantwortung für die Ausbildung obliegt, was nicht zuletzt auch dadurch zum Ausdruck kommt, dass die Lehrkräfte der Schule nach den nun gültigen gesetzlichen Vorgaben verbindlich in die Ausbildung in der Praxis involviert sind (§ 2 (3) KrPflAPrV vom 10. 11. 2003; § 2 (3) AltPflPrV vom 26. 11. 2002).

Auf der Basis der jeweiligen Vorgaben und Verbindlichkeiten in den (Rahmen-)Lehrplänen erstellen die Schulen bzw. Schulverbünde ihre Schulcurricula (vgl. Abb. 3.2, S. 15), in denen die Vorgaben präzisiert werden. Der Grad der Präzisierung, also der Grad der Offenheit bzw. Geschlossenheit, den die einzelne Schule ihren Lehrkräften für die Planung des konkreten Unterrichts vorgibt, wird sehr unterschiedlich sein. Die Erfahrung der Praxis zeigt, dass die Schulen den Lehrkräften eher einen größeren Spielraum in der Planung zubilligen als sie all zu sehr durch schulseitige Vorgaben zu binden. Gemeinsam ist aber sicherlich (fast) allen Schulcurricula, dass die konkrete Planung der einzelnen Unterrichtseinheiten bzw. -stunden, die dann in der Summe das System der Lernsituationen ausmachen, aus dem sich ein Modul zusammensetzt, im Wesentlichen Aufgabe der einzelnen Lehrerin und des einzelnen Lehrers ist. Gerade deshalb ist auf der einen Seite natürlich ein hohes Maß an Kooperation und Absprache im Kollegium notwendig, auf der anderen Seite aber auch eine mindestens ebenso hohe Planungs- und Gestaltungskompetenz der Lehrenden. Und genau an dieser Stelle setzt dieses Kapitel und auch das folgende an. Ziel ist das Beschreiben und damit Entwickeln der verschiedenen Komponenten unterrichtlicher Planungs- und Gestaltungskompetenz. Für die Planungsaufgaben bedeutet dies, dass die folgenden „Essentials" der Unterrichtsplanung relevant sind für die Umsetzung von Vorgaben auf der Ebene von Lernfeldern, von Modulen, von Lernsituationen, von Unterrichtseinheiten und schließlich von einzelnen Unterrichtsstunden, natürlich mit jeweils unterschiedlichem Abstraktionsniveau, abhängig vom Differenzierungsgrad der curricularen „Ausgangssituation".

Aus diesem Grunde wird im Folgenden der Begriff der „Basisdimensionen der Unterrichtsplanung" eingeführt. Mit Hilfe derer wird es auf den verschieden notwendigen Abstraktionsebenen möglich, allgemeingültige Planungsstandards zu formulieren, die natürlich – und das soll hier ausdrücklich betont werden (Vergleiche mit Pflegestandards sind durchaus erwünscht!) – jeweils „ebenen"- und situationsgerecht generiert und variiert werden müssen.

6.1 Basisdimensionen der Unterrichtsplanung

Sowohl die verschiedenen didaktischen Theorien und Modelle (in der Übersicht vgl. Gudjons/Winkel, 1999; Peterßen, 2001 und Jank/Meyer, 2003), auf die näher einzugehen nicht Zielsetzung dieses Buches ist als auch spezielle didaktische Literatur zum Thema „Unterrichtsplanung", wie etwa Meyer (1992, 1993), Becker (1997, 2004) oder Peterßen (2000) beschreiben mit z. T. unterschiedlicher Terminologie den Prozess der Unterrichtsplanung als Auseinandersetzung mit verschiedenen Einzelfaktoren der Planung und deren Zusammenhängen untereinander. Dabei kommt es bisweilen zur unmittelbaren Verquickung zwischen dem Planungsprozess als kognitivem Reflexionsvorgang und der schriftlichen Fixierung entscheidender Reflexionsergebnisse im Unterrichtsentwurf.

Wir wollen in dieser Hinsicht bewusst zweigleisig verfahren, um erstens den Qualifikationsaspekt der Unterrichtsplanung anhand von Basisdimensionen zu betonen und um zweitens den Anliegen der Lehrerausbildung mit der Notwendigkeit schriftlicher Unterrichtsentwürfe zu Ausbildungszwecken zu entsprechen, wobei sich letzteres natürlich auf die Basisdimensionen gründet, aber einen erweiterten Qualifikationsbereich mit spezieller Strukturierung umfasst.

Es lassen sich im Wesentlichen vier Basisdimensionen der Unterrichtsplanung identifizieren und benennen:
1. die Situationsdimension,
2. die Zieldimension,
3. die Inhaltsdimension,
4. die Methoden- und Organisationsdimension.

Diese Dimensionen gelten grundsätzlich für theoretischen und praktischen Unterricht und auch für die praktische Anleitung. Im Hinblick auf das unterrichtliche Handeln sind sie die reflexive Grundlage für konkrete Lehrhandlungen einschließlich der praktischen Anleitungssituation sowie der Leistungsmessung und -bewertung (vgl. hierzu Kap. 7, 8 und 9).

Jegliche Planungsüberlegungen und -entscheidungen auf den verschiedenen Stufen der jeweiligen Planungsbereiche werden durch die genannten Basisdimensionen der Unterrichtsplanung geprägt und gestaltet, wie **Abb. 6.1** verdeutlichen soll. Diese schließt bewusst die praktische Anleitung mit ein, da die Basisdimensionen auch hier grundlegend sind. Wenn im Folgenden der Schwerpunkt zunächst vornehmlich auf dem theoretischen und praktischen Unterricht liegt, so geschieht dies, um der Spezifität der Praxisanleitung in Kapitel 8 noch einmal gezielt Rechnung zu tragen. Ähnliches gilt für die Methoden- und Organisationsdimension, die als zentrale Dimension der konkreten Lehrhandlungen in Kapitel 7 handlungsbezogen aufgegriffen werden wird.

6.1.1 Situationsdimension der Unterrichtsplanung

Die Situationsdimension der Planung umfasst generell alle Parameter, die das Spezifische einer bestimmten Unterrichtssituation an einer bestimmten Institution, in einem bestimmten Kurs, zu einem bestimmten Zeitpunkt ausmachen. Hierzu zählen auch die Lernvoraussetzungen der zu unterrichtenden Schüler.

M *Ziel der Auseinandersetzung mit der Situationsdimension ist es, bezogen auf die je konkret anstehende Planungsentschei-*

Basisdimensionen der Unterrichtsplanung ■ 6.1 ■

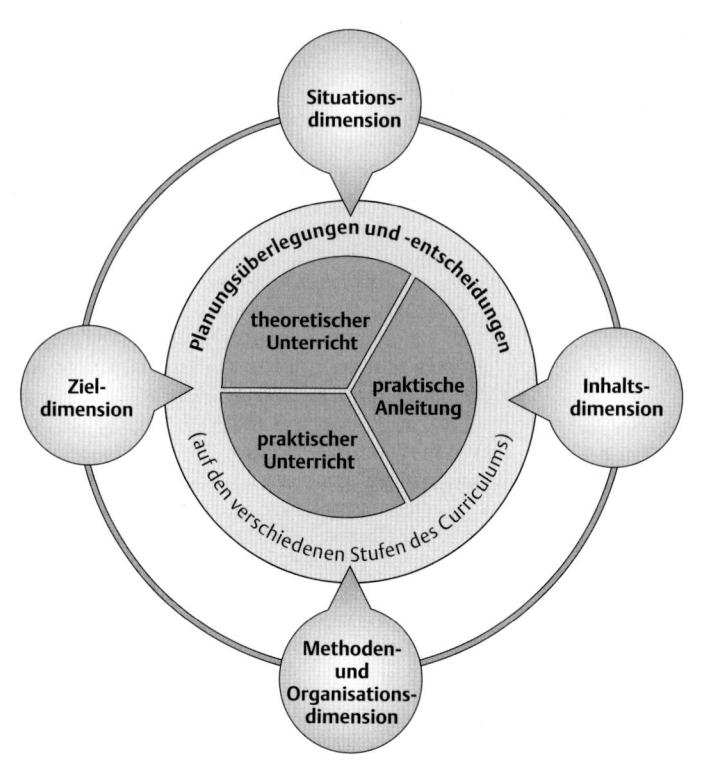

Abb. 6.1 · Basisdimensionen der Unterrichtsplanung und Praxisanleitung.

Diagramm: Zentrale Kreise mit "theoretischer Unterricht", "praktische Anleitung", "praktischer Unterricht", umgeben von "Planungsüberlegungen und -entscheidungen (auf den verschiedenen Stufen des Curriculums)". Außen: Situationsdimension, Zieldimension, Inhaltsdimension, Methoden- und Organisationsdimension.

dung, Rahmenbedingungen und Lernvoraussetzungen der Schüler als wesentliche Bedingungsfaktoren der Planung zu erkennen und zu analysieren sowie die Ergebnisse der Analyse entscheidungsrelevant in die Planungsüberlegungen miteinzubeziehen.

Wird diese Zielsetzung von (zukünftigen) Lehrenden in den Pflegeberufen als sinnvoll anerkannt und angestrebt, bedeutet dies das Bemühen um eine situationsdimensions-bezogene Basiskompetenz im Hinblick auf qualifizierte Unterrichtsplanung.

Situationsdimension. Abweichend von allgemeindidaktischen Ansätzen, die beispielsweise von „institutionellen Bedingungen" (Schulz, 1981 und 1999), dem „institutionellen Rahmen" (Meyer, 1992) oder der umfassenden *„Analyse der konkreten, soziokulturell vermittelten Ausgangsbedingungen einer Lerngruppe … des/der Lehrenden sowie der unterrichtsrelevanten (kurzfristig änderbaren oder nicht änderbaren) institutionellen Bedingungen, einschließlich möglicher oder wahrscheinlicher Schwierigkeiten bzw. Störungen"* (Klafki, 1996, S. 215) sprechen, wird in diesem Lehrbuch der Terminus „Situationsdimension" eingeführt, weil er zum einen das Spezifische (Institution, Kurs) betont und zudem das Singuläre (konkreter Zeitpunkt, notwendige vorhandene oder nicht vorhandene Hilfsmittel für ein Unterrichtsvorhaben, etwaig „zur Verfügung stehende" Patienten etc.) formuliert. Letzteres ist insbesondere für praktische Unterrichts- und Anleitungssituationen relevant, die – im Gegensatz etwa zum allgemeinbildenden Schulwesen – ein um ein Vielfaches größeres Maß an Unwägbarkeiten und Modifikations-„Zwängen" beinhalten.

Und schließlich erscheint der Begriff der Situationsdimension aus sich heraus verständlich und praktisch handhabbar, indem er den Blick unmittelbar auf das konkrete Planungsgeschehen richtet und nicht durch Verweise auf vorgelagerte Kategorien, wie bspw. „sozio-kulturell" oder „anthropologisch-psychologisch" jenen verstellt durch Faktoren, die der eigentlichen Unterrichtsplanung grundlegend vorausgehen sollten, wie in Kapitel 5 verdeutlicht wurde, bzw. die aufgrund ihrer normativ-weltanschaulichen Aspekte eher für inhaltliche Entscheidungen relevant sein können.

Nachvollziehbar und sinnvoll ist hingegen in dieser Hinsicht der Ansatz G. E. Beckers, der im Rahmen der Unterrichtsplanung seiner „Handlungsorientierten Didaktik" (1997, 2004) von Lernvoraussetzungen und Rahmenbedingungen spricht. Becker benennt insgesamt zwölf Arten von Lernvoraussetzungen, dazu gehören: familiale, individuelle, kulturelle, motivationale, soziale, gruppale, sprachliche, kognitive, emotionale, psychomotorische, arbeitstechnische und sachstrukturelle Lernvoraussetzungen; bei den Rahmenbedingungen unterscheidet er generell personale, temporale und lokale Faktoren und speziell Lernort, Schulart, Größe der Institution, Lage der Schule, Lerngruppe und Lernzeit.

Diese, insbesondere auf die Lernvoraussetzungen bezogene, sehr differenzierte Betrachtungsweise öffnet einerseits den Blick für die Vielfalt derjenigen Faktoren, die bei der konkreten Planungsentscheidung berücksichtigt werden sollten, um der Spezifität und Singularität der Situation Rechnung zu tragen. Andererseits allerdings überlagern sich die einzelnen Aspekte zum Teil, so etwa die individuellen Lernvoraussetzungen mit beinahe allen übrigen, die sozialen mit gruppalen und kulturellen, die sachstrukturellen mit kognitiven, arbeitstechnischen und motivationalen – wobei die genannten Überlagerungen nur beispielhaft und damit unvollständig sind. Ähnliches gilt für Lernvoraussetzungen und Rahmenbedingungen generell: die Lerngruppe (Rahmenbedingungen) beeinflusst natürlich die gruppalen Lernvoraussetzungen und ebenso wahrscheinlich die motivationalen und sozialen; Lernort und Lernzeit werden sich ebenfalls auf emotionale und motivationale Lernvoraussetzungen auswirken.

Die genannten Korrelationen sind nur als Beispiel für ein „Beziehungsgeflecht" verschiedenster Faktoren in der Situationsdimension zu verstehen; sie machen aber deutlich, dass Lernvoraussetzungen und Rahmenbedingungen letztlich verschiedene Perspektiven und Schwerpunkte ein und derselben Unterrichtssituation darstellen, dass sie daher nicht trennscharf voneinander zu unterscheiden sind und dies im Sinne einer handlungsorientierten Unterrichtsplanung auch nicht immer sinnvoll erscheint.

Um aber dennoch nicht auf eine hinreichend differenzierte Betrachtungsweise zu verzichten, ist die Einführung des Terminus der Situationsdimension als übergeordneter Begriff hilfreich, der dann entsprechende lernvoraussetzungs- und rahmenbedingungsbezogene Schwerpunktsetzungen ermöglicht. Bei dieser Überlegung spielt auch ein gewisser „Planungspragmatismus" eine Rolle, denn nicht alle Lernvoraussetzungsbereiche können immer und für alle Unterrichtsvorhaben bis ins Detail erhoben werden (dies gilt insbesondere für die nicht unmittelbar schulischen Unterrichtssituationen, also beispielsweise in der Fort- und Weiterbildung), und bei den Rahmenbedingungen ist ein Großteil oftmals – leider – von überdauernder Natur und ein kleinerer situationsspezifisch variabel. Dennoch: wenn hier von „Pragmatismus" gesprochen wird, heißt das nicht ein

Entlassen aus dem ernsthaften Bemühen um die genannten Bedingungsfaktoren, sondern es heißt vielmehr, die Machbarkeit theoretischer Anliegen in der Praxis miteinzubeziehen.

Notwendig und praktikabel erscheint also ein Strukturmodell der Situationsdimension, das entscheidende Parameter benennt, aber zugleich offen genug ist, die benannten Bereiche auszugestalten, zu verändern und ggf. zu erweitern, zu verknüpfen oder zu verringern, und das damit auch als Grundlage eines Handlungsmodells für die planungsbezogene Berücksichtigung der Situationsdimension gelten kann.

Abb. 6.2 beschreibt ein solches Strukturmodell mit zentralen Aspekten von Rahmenbedingungen und Lernvoraussetzungen, die aber nicht als statisch betrachtet werden sollen, sondern durchaus modifizier- oder erweiterbare Basisgrößen darstellen, deren Analyse die Grundlage für situationsadäquate Entscheidungen innerhalb der jeweiligen Unterrichtsplanung ist.

Dabei kann insbesondere das Erkennen von Zusammenhängen und Verknüpfungen sehr aufschlussreich für konkrete Planungsentscheidungen sein; so werden etwa berufliche Vorerfahrungen und der jeweilige Schulabschluss Auswirkungen auf die leistungs- und sachbezogenen Lernvoraussetzungen haben, die Nationalität kann die sprachlichen Lernvoraussetzungen beeinflussen und die Tageszeit, beispielsweise nachmittags um 14.00 Uhr, nachdem bereits sechs Stunden Unterricht erteilt wurden, die motivationalen Lernvoraussetzungen. Im letzteren Falle müsste sich der den 14.00-Uhr-Unterricht planende Lehrer wohl hauptsächlich im methodisch-organisationsbezogenen Planungsbereich „etwas einfallen" lassen und ebenso inhaltlich möglichst kein völlig „trockenes" Thema auswählen, wobei die Entscheidung im einen Bereich das notwendige „Ausmaß" im anderen mit beeinflusst.

Insgesamt macht die Auseinandersetzung mit der Situationsdimension der Unterrichtsplanung deutlich, dass es:
1. keinen „Standard-Unterrichtsplan" geben kann, der für jede Unterrichtssituation „passt", und dass es
2. notwendig ist, curriculare Vorgaben, und seien sie noch so durchdacht, kritisch im Hinblick auf die eigene Unterrichtsplanung für eine spezifische Lerngruppe zu hinterfragen und die Planung dann situationsgerecht zu gestalten.

Wenn ein Lehrer dies nicht tut, handelt er ebenso fahrlässig und letztlich übrigens auch ineffektiv wie eine Krankenpflegeperson, die keinen individuellen, patientenbezogenen Pflegeplan erstellt Zu bedenken

Basisdimensionen der Unterrichtsplanung ■ 6.1 ■

Schwerpunkt Rahmenbedingungen

analysieren
reflektieren

Die Situationsdimension im pädagogischen Handlungsfeld Unterrichtsplanung

Schwerpunkt Lernvoraussetzungen

Unterrichtsort:
- Lage und Größe der Schule
- Schüler-/Lehrerzahl
- Ausstattung der Schule/Unterrichtsräume (Medien, Hilfsmittel, Möblierung etc.)
- „Schulphilosophie"
- Schulcurriculum

Unterrichtszeit:
- Tageszeit
- Blockunterricht/Studientage etc.
- vorausgegangener/folgender Unterricht

Unterrichtsgruppe:
- Größe der Lerngruppe
- Zusammensetzung (Alter, Geschlecht, Nationalitäten, Schulabschlüsse, berufliche Vorerfahrungen)
- Lernklima
- etwaige Konflikte

… andere?

Vornehmlich leistungs- bzw. sachbezogene Lernvoraussetzungen:
- kognitiv
- psychomotorisch-pragmatisch
- lerntechnisch
- sprachlich

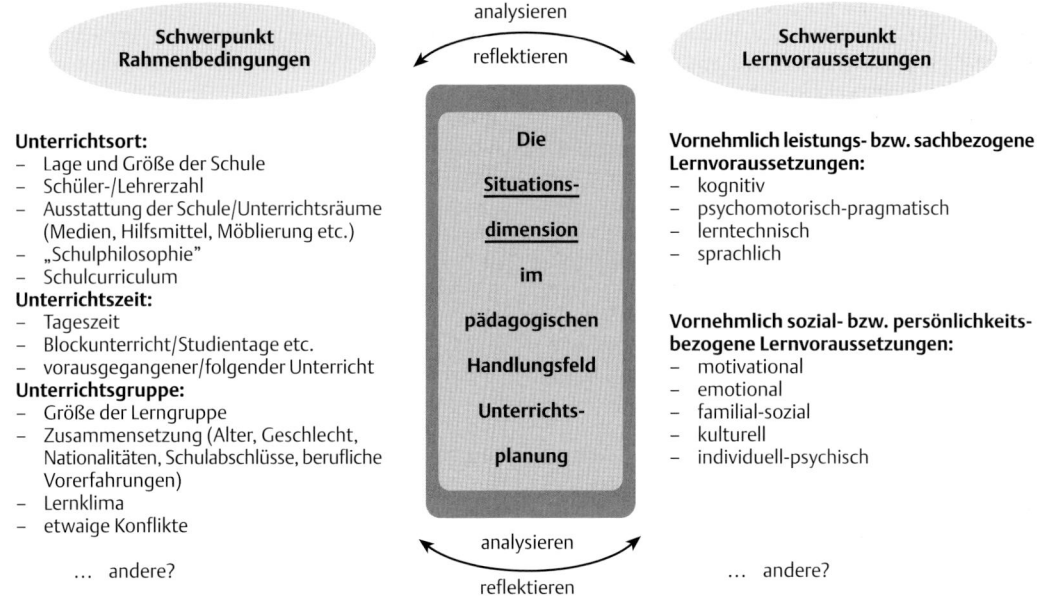

Vornehmlich sozial- bzw. persönlichkeitsbezogene Lernvoraussetzungen:
- motivational
- emotional
- familial-sozial
- kulturell
- individuell-psychisch

… andere?

analysieren
reflektieren

Abb. 6.2 • Die Situationsdimension im pädagogischen Handlungsfeld Unterrichtsplanung.

---

ist dabei auch, dass Unterrichtszeit, ebenso wie Pflegezeit kostbare Zeit ist, denn wie oft ist der Satz zu hören: „Dafür haben wir keine Zeit!" Ein Ignorieren von Rahmenbedingungen und Lernvoraussetzungen gerade im Hinblick auf methodische Entscheidungen mag vordergründig zeitsparend sein, in der Konsequenz aber, nämlich bezogen auf den Lernerfolg der Schüler, ist ein solches Vorgehen höchst ineffektiv, denn wenn an den Schülern „vorbei unterrichtet" wird, wenn etwa die kognitiven oder lerntechnischen Fähigkeiten bei der Wahl des inhaltlichen Niveaus nicht oder falsch eingeschätzt werden, wenn sprachliche Defizite nicht berücksichtigt werden, ist der Lernerfolg ebenso erheblich gefährdet wie der Pflegeerfolg bei einer „Standard"-Pflege, die nicht individuell ausgerichtet ist.

Gleiches gilt für die sozial- bzw. persönlichkeitsbezogenen Lernvoraussetzungen: Gerade in helfenden Berufen, zu denen die Pflegeberufe zählen, ist, wie in den Kapiteln 2–5 beschrieben wurde, die Vermittlung von Sozialkompetenz besonders wichtig. Dies kann nicht gelingen, wenn die Lehrperson selbst nicht insoweit sozialkompetent ist bzw. handelt, dass sie die emotionale Befindlichkeit oder etwaige familiäre Belastungssituationen bei ihren Schülerinnen und Schülern bei ihren Unterrichtsvorhaben berücksichtigt, denn Schüler lernen in diesem Bereich besonders ausgeprägt am Vorbild.

Mit Blick auf die Rahmenbedingungen sollte etwa mitbedacht werden, wie die Schüler ihren bisherigen Lerntag „verbracht" haben, um „Methodenmonotonie" zu vermeiden. Ebenso kann es nur ein motivationales „Eigentor" sein, in einer Gruppe von 20 Schülern 90 Minuten im Frontalunterricht zu lehren oder eine praktische Demonstration zu planen, wenn nicht die geeigneten Hilfsmittel vorhanden sind.

Die Reihe der Beispiele ließe sich beliebig erweitern. Abschließend kann festgehalten werden: Eine Unterrichtsplanung ohne ausreichende Berücksichtigung der Situationsdimension kann zwar zu einem „Planungs-Standard" führen, niemals aber zu einer lerngruppenbezogenen, individuellen Unterrichtsplanung.

Zu erwähnen ist in diesem Zusammenhang die Relevanz aussagekräftiger Unterrichtsdokumentationssysteme (im einfachsten Fall das „Klassenbuch") und eines intensiven kollegialen Austausches. Aufschlussreich sind auch die Bewerbungsunterlagen der Lernenden, insbesondere Lebenslauf und Zeugnisse, wobei die Wahrung von Datenschutz und der sorgsam-verantwortliche Umgang mit den Informationen natürlich eine Selbstverständlichkeit sein sollten. Ebenso hilfreich und eigentlich unverzichtbar sind systematisierte Aufzeichnungen über die Leistungen des jeweiligen Lernenden in der Praxis, und zwar sowohl hinsichtlich der pflege-praktischen als auch der sozialbezogenen Handlungskomponenten. In der Zusammenschau all dieser Informationsquellen wird es möglich, sich wesentliche Aspekte der Lernvoraussetzungen einzelner Schülerinnen und Schüler, aber natürlich auch darauf basierend der gesamten Lerngruppe zu erschließen. Dass dies bei einer gründlichen „Basisrecherche" nicht ständig neu geschehen muss, allerdings der Blick sich auch gezielt auf aktuelle Veränderungen richten sollte, macht auch den zeitlichen Aspekt der Auseinandersetzung mit der Situationsdimension kalkulierbarer.

Zeitlich lohnenswert im Hinblick auf Prozess- und Produktqualität des Unterrichts ist diese Auseinandersetzung allemal!

6.1.2 Zieldimension der Unterrichtsplanung

Ein geplanter Unterricht kann nicht ohne Zielsetzungen auskommen, und selbst eine eher spontane Unterrichtskonstellation, die sich vielleicht in einer Vertretungsstunde ergibt, verfolgt letztlich immer auch ein oder mehrere Ziele, und sei es das Ziel, die Schüler mit etwas „Sinnvollem" zu beschäftigen, statt sie sich selber zu überlassen.

Ziele begleiten uns überall im beruflichen und privaten Alltag, denn stets, wenn wir eine Aufgabe, ein Problem geplant angehen, verfolgen wir Ziele, wir gehen gezielt vor.

Mit dem Unterricht verhält es sich ebenso, denn würden wir auf Zielsetzungen verzichten, bedeutete dies zugleich eigentlich einen Verzicht auf Planung überhaupt, und das kann kaum die Intention eines auch noch so offenen Curriculums sein.

Zielsetzungen im Unterricht sind nicht gleichzusetzen mit der Beschreibung von Handlungskompetenzen für die Berufsausübung. Allerdings ist das Entwickeln dieser Handlungskompetenzen nicht ohne die Formulierung konkreter Unterrichtsziele möglich. Mit Hilfe solcher Ziele lässt sich der Weg der Kompetenzanbahnung beschreiben. Unterrichtsziele definieren damit quasi die einzelnen Schritte hin zur Erreichung einer umfassenden Kompetenz: Erst wenn der Schüler die neurophysiologischen Grundlagen des Bobath-Konzepts in ihren wesentlichen Grundzügen kennt, wenn er weiß, welches Lagerungsmaterial geeignet ist, wenn er bestimmte Lagerungen vom Handling her beherrscht, wenn er begründen kann, warum er sich für eine bestimmte Lagerung entscheidet, wenn er bereit ist, das aufgrund der Rahmenbedingungen eventuell zusätzlich erforderliche Engagement zur Umsetzung des Konzepts aufzubringen , wenn er die fachlichen und personellen Schnittstellen zwischen Pflege und Physiotherapie kennt – erst dann ist der Schüler auf einem guten Weg zur Entwicklung einer praxistauglichen umfassenden Handlungskompetenz hinsichtlich der Anwendung des Bobath-Konzepts, das sowohl fach-, als auch sozial-, personal- und methodenbezogene Kompetenzaspekte zusammenführt.

Kompetenzen, wie es in den Kapiteln 2–4 ausführlich dargelegt wurde und wie sie in den (Rahmen-) Lehrplänen in der Regel formuliert werden, beschreiben handlungsbezogen und umfassend das „Produkt" der Ausbildungsbemühungen auf der Lernfeld- bzw. Modulebene. Unterrichtsziele beschreiben in systematisierter und schrittweiser Form den Prozess der Anbahnung der jeweiligen umfassenden Kompetenzen. Dabei können auch die verschiedenen Kompetenzstufen, wie sie etwa von Rauner (1999) beschrieben wurden (vgl. Kap. 3, S. 16) Berücksichtigung finden. Kompetenz- und Zielorientierung sind daher kein Gegensatzpaar, sie bedingen einander vielmehr. Nur mit Hilfe möglichst präzise Zielformulierungen bezogen auf den jeweiligen Lernprozess der Schülerinnen und Schüler in einer konkreten Unterrichtseinheit (setzt sich in der Regel aus mehreren Unterrichtsstunden zusammen) ist eine absichtsvolle und damit eben „gezielte" Unterrichtsplanung möglich. Absolut kurzsichtig und didaktisch auch nicht vertretbar wäre es aus diesem Grunde, auf den Zielbegriff in der Unterrichtsplanung zu verzichten oder gar die Zielformulierung in der Unterrichtsplanung als „Auslaufmodell" anzusehen. Kompetenzorientierung bedeutet daher immer auch Zielorientierung, ansonsten ist keine systematische und professionell geplante und durchdachte Kompetenzentwicklung möglich.

M *Das Anliegen der Auseinandersetzung mit der Zieldimension der Unterrichtsplanung ist es also, Hilfen zu geben für eine strukturierte, gezielte Unterrichtskonzeption, die in der Lage ist, sowohl übergeordnete Ziele für eine Unterrichtseinheit bzw. eine Unterrichtsstunde abzuleiten, zu formulieren und zu begründen als auch den geplanten Weg des Erreichens dieser übergeordneten Ziele durch Zieldifferenzierung zu beschreiben. Hierbei gilt es grundsätzlich zu berücksichtigen, dass Lehrer und Schüler ggf. unterschiedliche Ziele verfolgen; wir sprechen daher auch von Lehr-Lernzielen.*

Auch in der allgemeindidaktischen Diskussion ist die Frage nach der Sinnhaftigkeit von Zielformulierungen in den vergangenen Jahrzehnten immer wieder, und zum Teil auch kontrovers diskutiert worden (vgl. etwa Lemke, 1989; Gudjons/Winkel, 1999; Becker, 2004; Jank u. Meyer, 2003; Peterßen, 2000; Meyer, 2003), obwohl zugleich alle zentralen allgemeindidaktischen Modelle (Schulz, 1981 und 1999; Klafki, 1996 und 1999) die Zielfrage als eine entscheidende Planungskomponente benennen. Dabei ging es allerdings nie um eine Konkurrenz von Kompetenzbegriff auf der einen und Lernzielbegriff auf der anderen Seite, sondern vielmehr generell um Fragen der Planbarkeit von Unterrichtsprozessen vor dem Hintergrund der Bedeutung von Zielformulierungen für die Lehrer-Schüler Interaktion bzw. überhaupt um die Grenzen von Planbarkeit.

Hier nur soviel zu dieser Diskussion: Sicherlich hat die deutsche Rezeption der amerikanischen Lernzielforschung mit den Arbeiten Christine Möllers (1974, 1976, 1999) oftmals beinahe technizistische Züge angenommen. Als besonders problematisch anzusehen sind hier das starre „Ebenen-Schema" der Formulierung von Richt-, Grob- und Feinzielen sowie die Forderung nach Operationalisierung (also der Beschreibung eines erwünschten Endverhaltens beim Schüler) für *alle* Lernziele. Und natürlich kann eine völlig lineare Planungsstrategie, die keinerlei Zielmodifikation vorsieht und damit auch keinerlei prozessbezogene Komponente enthält, sondern sich an einem starren Regelkreismodell orientiert (vgl. v. Cube, 1982 und 1999), kein Modell darstellen für ein handlungsorientiertes Konzept des Lehrens und Lernens. Dass Ziele nicht die alleinige Bezugsgröße von Unterricht sind, ergibt sich darüber hinaus aus unseren bisherigen Ausführungen zur Unterrichtsplanung.

Aber dennoch – und soweit ist dem amerikanischen Lernzielforscher Robert Mager (1994) zuzustimmen, der sinngemäß ausführt, dass, wenn man nicht genau weiß, wohin man will, man leicht dort landet, wo man gar nicht hin wollte. Damit ist ein grundlegendes Prinzip von Planung und speziell Unterrichtsplanung überhaupt beschrieben: das Prinzip des absichtsvollen Handelns. Unterrichtliches Handeln ist nicht Selbstzweck, es verfolgt eine Absicht, eben ein Ziel.

Die Zieldimension der Planung ist dabei gleichsam Strukturierungshilfe, die den Weg beschreibt, um die Absicht nicht aus dem Auge zu verlieren. Sie ist damit das „Geländer" dieses Weges der Unterrichtswanderung. Allerdings können während der Wanderung immer wieder Gegebenheiten auftreten (seitens der Lerngruppe, der Lernsituation generell), die ein Abweichen vom Weg erfordern. Dann muss, zumindest zeitweise, dieser Weg verlassen werden, oder aber es wird ein neuer Weg gefunden, der potentiell ebenfalls zum Ursprungsziel führt oder nun ganz bewusst ein neues Ziel verfolgt.

Wenn letzteres nicht außer acht gelassen wird, wenn die Zielplanung nicht als absolut gesetzt wird, sondern ein professioneller Lehrer sich vielmehr dadurch auszeichnet, dass er fähig und auch willens ist, im Unterrichtsprozess von seiner ursprünglichen Zielsetzung abzuweichen oder diese zu modifizieren, wenn er in der Lage ist, sich auch auf Ziele der Schüler einzulassen und in seiner Planung bereits über mögliche Ziele der Schüler nachdenkt – dann ist die Auseinandersetzung mit der Zieldimension des Unterrichts eine sehr sinnvolle Sache im Sinne eines absichtsvollen pädagogischen Handelns, welches wiederum die Anbahnung spezifischer und umfassender beruflicher Handlungskompetenzen anstrebt.

Definition des Lernzielbegriffs

Bevor die wesentlichen Aspekte der Zieldimension beschrieben werden zunächst einige Überlegungen zur Definition des Lernzielbegriffs.

> *Generell können eine eher enge und eine eher weite Definition des Lernzielbegriffs unterschieden werden (vgl. Meyer, 2003, S. 137 f.) Die „enge" Variante der Definition beschreibt ein Lernziel als sprachliche Formulierung einer durch den Unterricht zu bewirkenden beobachtbaren Verhaltensänderung beim Lernenden. Die „weite" Definition bezieht sich demgegenüber auf angestrebte Verhaltensdispositionen, die an sich nicht unmittelbar beobachtbar sind, aber natürlich Auswirkungen auf konkretes Handeln haben (sollen).*

Mit Blick auf die Spezifität des Ausbildungsspektrums in den Pflegeberufen sind beide Definitionsvarianten durchaus sinnvoll und hilfreich, denn sie beschreiben – ähnlich den verschiedenen Definitionen des Begriffs „Lernen" in der Lernpsychologie – unterschiedliche Inhaltsaspekte in der Zielsetzung.

„Enge" Definition. Die „enge" Definition betont das unmittelbar zu beobachtende Verhalten beispielsweise im praktischen Handeln:
Der Schüler/die Schülerin:
- führt eine Ganzwaschung korrekt durch,
- stellt das erforderliche Material für einen Verbandswechsel zusammen,
- legt die Manschette des Blutdruckmessgerätes am linken Arm eines Mitschülers korrekt an.

Unmittelbar beobachtbar kann aber auch eine Lernleistung im Wissensbereich sein, z. B.:
Der Schüler/die Schülerin:
- zählt alle Handwurzelknochen auf,
- nennt die bei der Medikamentengabe grundlegend zu beachtenden Prinzipien,
- zählt die einzelnen Phasen des Pflegeprozesses auf,
- zeigt an einem Modell das Iliosakralgelenk.

„Weite" Definition. Die „weite" Definition trägt demgegenüber der Tatsache Rechnung, dass nicht alle erwünschten Ziele unmittelbar beobachtbar sind, dass vielmehr „Dispositionen" angezielt werden sollen.

Dies trifft sicherlich auf alle jene Bereiche zu, in denen die Etablierung von Einstellungen und Haltungen angestrebt bzw. mitangestrebt wird. Solche Ziele könnten etwa folgenden Inhalts sein:
Der Schüler/die Schülerin:
- geht sensibel mit dem Schamgefühl von Patienten um,
- erfasst die individuelle Dimension der Pflegeplanung,
- lernt am Beispiel des Wandels in der Dekubitusprophylaxe und -versorgung, wie wichtig die Auseinandersetzung mit der aktuellen pflegefachlichen Entwicklung ist,
- bringt gegenüber einem Patienten mit Aphasie Geduld auf,
- kann nachvollziehen, dass nur auf der Basis interdisziplinärer Kooperation eine ganzheitliche medizinisch-pflegerisch-therapeutische Versorgung des Patienten gewährleistet ist.

Beide Definitionen, die „enge" und die „weite", ergeben erst zusammengenommen das mögliche Spektrum des Lernzielbegriffs in der Ausbildung der Pflegeberufe, denn es geht in diesen Ausbildungsgängen sowohl um das korrekte Einüben ganz praktischer, unmittelbar beobachtbarer Lernleistungen sowie ebensolcher Wissensleistungen, aber auch um die Etablierung von Einstellungen und Haltungen. Eine ausschließliche Beschränkung auf den „weiten" Begriff würde auf Kosten einer möglichen, notwendigen und erreichbaren Präzision im Hinblick auf vor allem praktische Lernleistungen gehen.

Aspekte der Zieldimension

Zu den wesentlichen Aspekten der Zieldimension zählen:
- Lernzielebenen,
- Lernzielbereiche und -taxonomien,
- Lernzielbegründbarkeit.

Die genannten Aspekte sind zugleich die Bestimmungsfaktoren einer planungsbezogenen Auseinandersetzung mit der Zieldimension des Unterrichts. Sie wirken somit unmittelbar auf die Gesamtkonzeption des geplanten Unterrichtsvorhabens im Sinne der benannten Interdependenz der vier Basisdimensionen der Planung.
Die folgende Auseinandersetzung mit den einzelnen Bestimmungsfaktoren der Zieldimension geschieht nicht in Anlehnung an bzw. in Abgrenzung zu einem bestimmten didaktischen Modell, sondern vielmehr vor dem Hintergrund, das Planungshandeln des (zukünftigen) Lehrenden für Pflegeberufe bezogen auf die Zieldimension des Unterrichts zu professionalisieren und damit nicht zuletzt zu einer Erhöhung der Handlungssicherheit beizutragen. Die bereits eingangs beschriebenen Grundüberlegungen zur Zieldimension können die angestrebte Handlungssicherheit zudem theoriegeleitet unterstützen.

Lernzielebenen

Lernziele können generell auf verschiedenen Ebenen formuliert, d. h. sie können sehr allgemein, aber auch sehr konkret beschrieben werden.
So kann etwa ein sehr allgemeines und abstraktes Lernziel die übergeordnete Zielsetzung einer Lernsituation bzw. entsprechender Unterrichtseinheiten beinhalten; mit Bezug auf ein *Teilgebiet* aus den Themenbereichen 10 und 11 der APrV in der Gesundheits- und Krankenpflege („Berufliches Selbstverständnis entwickeln und lernen, berufliche Anforderungen zu bewältigen" und „ Auf die Entwicklung des Pflegeberufs im gesellschaftlichen Kontext Einfluss nehmen") könnte eine solche Zielsetzung z. B. lauten: „Die Schüler/innen erlangen grundlegende berufskundliche Kenntnisse und Erkenntnisse und setzen diese in Bezug zu einer reflektierten Berufsausübung in Verantwortung gegenüber Patienten, dem pflegerisch-therapeutischen Team und allen Mitarbeitern einer Gesundheitsinstitution sowie dem gesellschaftlichen Umfeld." Auf dieser, sehr allgemeinen und abstrakten Ebene liegen Unterrichtsziel und angestrebte berufliche Handlungskompetenz äußerst eng beieinander, sind aber nicht identisch, denn das „erlangen" und „in Bezug setzen" ist zunächst ein sowohl reproduktiver als auch theoretisch-reflexiver Vorgang, es beinhaltet noch nicht die konkrete Umsetzung im beruflichen Handeln, es ist dem Handeln quasi vorgelagert, ist Voraussetzung für dieses.
Um nun dieses Ziel und damit letztlich auch die entsprechend angestrebte diesbezügliche berufliche Handlungskompetenz zu erreichen, muss der Weg des Erreichens näher beschrieben werden, also Zieldifferenzierung betrieben werden. Das könnte, um bei unserem Beispiel zu bleiben, etwa durch folgende Teillernziele geschehen:
Die Schüler/innen:
- kennen die geschichtliche Entwicklung des Berufs und können deren Auswirkungen auf die aktuelle Berufssituation nachvollziehen,
- kennen und verstehen die rechtlichen Grundlagen des entsprechenden Pflegeberufes einschließlich der Ausbildungsverordnungen,

- kennen die Aufgabenbereiche und Handlungsfelder des jeweilgen Berufes sowie deren institutionelle Verortung,
- erkennen die Eingebundenheit des eigenen Berufes in institutionelle Strukturen und die Notwendigkeit interdisziplinärer Kooperation,
- erlangen Einsicht in die Sinnhaftigkeit berufspolitischen Engagements.

Die genannten Teilziele, die für das konkrete Beispiel natürlich noch ergänzungsfähig (-bedürftig) sind, könnten wiederum jeweils die übergeordneten Lernziele einzelner Unterrichtseinheiten sein, die dann mit einer bestimmten Zahl von Unterrichtsstunden bearbeitet werden, wobei die einzelnen Unterrichtsstunden ebenfalls durch übergeordnete Stundenziele mit dazugehörigen Teillernzielen geleitet werden. Dies ist anhand des „Beispielunterrichtsentwurfes" am Ende dieses Kapitels exemplarisch nachzuvollziehen.

Deutlich wird hieran, dass es keine „absoluten" Lernzielebenen gibt, dass eine Lernzielebene einmal ein übergeordnetes Lernziel repräsentieren kann, bei anderer Perspektive sich aber als Teillernziel zeigt. Diese Relativität der Lernzielebene ist vergleichbar mit den verschiedenen Perspektiven eines Bergwanderers: am Fuß eines Berges ist das Zwischenplateau schon „oben", ist es erreicht, wird es zum unmittelbaren Umfeld, steht der Wanderer schließlich auf dem Gipfel, ist das Zwischenplateau „unten".

Dieses Beispiel soll noch einmal nachdrücklich die hervorgehobene Bedeutung der Perspektive für die Einschätzung der jeweiligen Lernzielebene veranschaulichen, was etwa auch Peterßen (2000, S. 373 ff.) in seiner Kritik an einem starren Ebenen-Schema betont.

Sinnvoll erscheint es also, abgeleitet von den auf Lernfeld- bzw. Modul-Ebene formulierten Handlungskompetenzen bezogen auf die jeweilige Planungsebene (Lernsituation, Unterrichtseinheit, Unterrichtsstunde), von übergeordneten Lernzielen und von Teillernzielen zu sprechen. Der mit dieser Begrifflichkeit bewusst in Kauf genommene Formulierungsspielraum ist nicht nur praxisnäher als eine formalistische Einteilung in Richt-, Grob-, Fein- und „Feinst"-Ziele, er ist auch methodisch im Hinblick auf die verschiedenen Ebenen der Unterrichtsplanung (vgl. Schulz, 1981 und 1999) unmissverständlicher und eindeutiger:

Lernzielebenen sind nur vor dem Hintergrund und mit Bezug auf die jeweilige Planungsebene zu beschreiben. Dieses vorausgesetzt erscheint eine Differenzierung in übergeordnete Lernziele und Teillernziele sinnvoll, die dann sowohl auf der Inhalts- als auch auf der Zeitschiene jeweils Abstufungen eines unterrichtlichen Gesamtprozesses markieren.

Natürlich bedeutet dies auch, dass Lernziele, gleich auf welcher Ebene, revisionsfähig sein müssen, wobei am ehesten noch die übergeordneten Ziele einer Lernsituation oder einer Unterrichtseinheit, gerade aufgrund ihres hohen Grades an Allgemeinheit, vorausschauend „sicher" planbar sind. Stundenziele und viel mehr noch Teilziele einer Unterrichtsstunde müssen immer wieder prozessbezogen überprüft und ggf. revidiert werden.

So kann man etwa, um auf obiges Beispiel aus den Themenbereichen 10 und 11 der APrV zurück zu kommen, im Rahmen des Schwerpunkts „Erlangen Einsicht in die Sinnhaftigkeit berufspolitischen Engagements "ein entsprechendes Stundenkonzept mit der Zielsetzung: „Die Schüler/innen setzen sich mit den Grundsätzen und Leitlinien verschiedener Pflegeorganisationen auseinander" entwerfen und durch mehrere Teillernziele sequenzieren. Dabei können die einzelnen Teillernziele nicht wirklich „treffsicher" aus übergeordneten Zielen abgeleitet werden, verschiedene Zielvarianten und -kombinationen sind möglich, die alle, in unterschiedlicher inhaltlicher und letztlich auch methodischer Ausprägung, das vorgesehene übergeordnete Ziel anzusteuern in der Lage sind. Die Entscheidung über die Wahl der Zielvariante(n) hängt – das haben wir zu Beginn dieses Kapitels bereits deutlich gemacht – wesentlich von der prozessbezogenen Berücksichtigung der Situationsdimension des Unterrichts ab. Und selbst wenn die Situationsdimension sehr gründlich bedacht wird, werden die Lehrziele der Lehrenden nicht automatisch zu den Lernzielen der Lernenden. Persönliche Erfahrungen, Vorlieben, aber auch Vorurteile, aktuelle Ereignisse und emotionale Befindlichkeiten weisen die Kalkulierbarkeit von Zielplanungen in ihre Grenzen. Dies müssen Lehrende wissen und in der konkreten Unterrichtssituation flexibel berücksichtigen, wollen sie nicht an ihren Schülerinnen und Schülern „vorbeiunterrichten". Das oftmals beinahe als inhaltsleeres Schlagwort benutzte Prinzip der Schülerorientierung findet hier seine ganz praktische Herausforderung!

Lernzielbereiche und -taxonomien

Lernziele können für verschiedene Lernleistungsbereiche und innerhalb dieser auf unterschiedlichen Niveaus formuliert werden. In Deutschland stellten Heimann et al. (1975) in den sechziger Jahren im Rahmen ihres „Berliner Modells" zur Unterrichtsplanung drei verschiedene Klassen von Zielsetzungen vor (vgl. S. 416):

- kognitiv-aktive: hierbei sollte es um die „Erhellung" des eigenen „Daseins" gehen;
- affektiv-pathische: sie sollen der „Erfüllung" des eigenen „Daseins" dienen;
- pragmatisch-dynamische: sie weisen in Richtung der „Bewältigung" des eigenen „Daseins".

Dabei wurde in allen „Klassen" eine Stufung der Ziele im Sinne der Intensität der Zielerreichung vorgenommen.

Schulz (1981, 1999) führte im „Hamburger Modell" diese Klassifikation von Zielen insofern fort, als er nun Sach-, Gefühls- und Sozialerfahrungen als Bereiche benannte, durch die seine übergeordneten Zielsetzungen der Kompetenz, Autonomie und Solidarität befördert und verbessert werden sollten. Insgesamt spricht Schulz in diesem Zusammenhang von einer „heuristischen Matrix" („heuristisch", aus dem griech. = das Auffinden bezweckend, also einen Gegenstandsbereich erschließend) für die Perspektivplanung. Damit weist er auf einen generell wesentlichen Aspekt im Zusammenhang mit der Differenzierung von Lernzielen hin, nämlich darauf, dass durch die Auseinandersetzung mit verschiedenen Lernzielbereichen und Stufungen in diesen Bereichen ein Instrument entsteht, mit dem sich Lernziele inhaltlich erschließen lassen.

Das wohl bekannteste und gebräuchlichste Klassifikationsschema kommt aus dem angelsächsischen Bereich und basiert ursprünglich auf den Arbeiten von Benjamin Bloom et al. (1956). Es werden, quasi als Abbild verschiedener Lernleistungsschwerpunkte, drei Lernzielbereiche unterschieden, die jeweils in sich hierarchisch gestuft sind, so dass Taxonomien entstehen. Dabei wird zunächst in folgende Bereiche klassifiziert:
- *der kognitive Bereich*: Diesem Bereich zuzuordnen sind alle Lernziele, die Denk-, Gedächtnis- und Wahrnehmungsleistungen beschreiben, also Wissen und generell intellektuelle Fähigkeiten;
- *der affektive Bereich*: Hierbei geht es um Einstellungen und Haltungen, Interessen und Wertungen;
- *der psychomotorische Bereich*: Dieser Bereich umfasst alle Lernziele, die manuelle bzw. körperlich-praktische Fähigkeiten beschreiben.

Bloom et al. gingen davon aus, dass mit diesen drei Bereichen das Gesamtspektrum der möglichen Lernleistungen hinreichend erfasst werden kann, wobei es sich natürlich, auf die konkrete Lernsituation bezogen, um eine analytische Unterscheidung von Lernleistungen handelt. So ist auch H. Meyer (2003) zuzustimmen, wenn er schreibt: *„Für die Schüler gibt es immer nur einen Lernprozess, in dem Lernziele aus den drei Dimensionen unauflöslich miteinander verschränkt sind"* (S. 145), und er nennt zur Veranschaulichung folgendes Beispiel: *„Es wäre unsinnig anzunehmen, dass der Schüler in der ersten halben Stunde das kognitive Lernziel erreicht, zwei und zwei zu vier zusammenzuzählen, und dann in den verbleibenden 15 Minuten eine positive affektive Einstellung gegenüber dem Kopfrechnen erwirbt"* (ebd.).

Eine Kritik an der Beschränkung auf die drei genannten Lernzielbereiche formuliert G.E. Becker (2004), indem er ausführt: *„Doch lassen sich Lernziele auch in ganz anderen Bereichen klassifizieren und taxonomieren, so z. B. im sozio-emotionalen oder im kommunikativen Bereich"* (S. 77) – und im Weiteren auf fachlich orientierte Klassifikationssysteme, etwa für den kooperativ-kommunikativen oder den historisch-politischen Bereich hinweist. Möglichkeiten dieser und ähnlicher Art sind zweifelsohne vielfältig gegeben, dennoch sind auch die genannten und andere Zielrichtungen von Unterricht (fast) immer den genannten „klassischen" Lernzielbereichen zu zuordnen. So weist bspw. der affektive Bereich (Einstellungen, Haltungen, Interessen, Wertungen) immer auch eine sozio-emotionale Dimension auf, denn wie sollten sich Einstellungen und Haltungen zeigen, wenn nicht im Verhalten gegenüber anderen Menschen, was sind Interessen und Wertungen anderes als Ausdruck auch der emotionalen Dimension.

Wenn hier also die Auffassung vertreten wird, dass ein Klassifikationsmodell von Lernzielen mit den Bereichen kognitiv, affektiv und psychomotorisch geeignet ist, das Spektrum von Lernleistungen sehr umfassend zu beschreiben, so soll zunächst die Taxonomierung der drei Bereiche näher beschrieben und auch anhand von Beispielen veranschaulicht werden.

Taxonomie kognitiver Lernziele
Benjamin Bloom et al. (1986) entwickelten in den fünfziger Jahren eine Taxonomie für den kognitiven Bereich (Orig. 1956). Wie schon erwähnt, bezieht sich diese Taxonomie auf Lernziele, die Denk-, Gedächtnis- und Wahrnehmungsleistungen beschreiben, also Wissen und generell intellektuelle Fähigkeiten.

Bloom et al. benennen in ihrer Taxonomie sechs Stufen kognitiver Leistungen, die nach dem Grad ihrer Komplexität geordnet sind (vgl. hierzu auch Peterßen, 2000, S. 363 ff. und Meyer, 2003, S. 143 ff.).

Im Einzelnen unterscheidet die Taxonomie folgende Stufen (**Abb. 6.3**):

Die einzelnen Stufen der Taxonomie beschreiben eine systematische Abfolge von Lernzielen entsprechend ihrer Komplexität, nicht eine reale (also nicht

z. B. chronologisch bezogen auf eine Unterrichtsstunde), obwohl sich dies in bestimmten Fällen durchaus auch ergeben könnte.

Die Taxonomie insgesamt enthält zwei Teile, wie auch **Abb. 6.3** verdeutlicht: einmal die in der ersten Stufe (Wissen) erfassten Verhaltensweisen, die rein reproduktiver Natur sind und sich auf „Einzelinformationen" beziehen (Der Schüler nennt die Einzelfaktoren der Virchowschen Trias.), und zum anderen diejenigen Denkleistungen (Stufen 2–6), die über den rein reproduktiven Bereich hinausgehen und – je nach Komplexität – geeignet sind, neue, d. h. auch sich konkret ergebende oder zu schaffende Situationen und Probleme „denkend" anzugehen, also um so genannte intellektuelle Fähigkeiten und Fertigkeiten.

Im Folgenden werden die einzelnen Stufen noch genauer betrachtet und mit Beispielen verdeutlicht.

Stufe 1: Wissen. Diese Stufe beinhaltet rein reproduktive Kenntnisse; diese können sich auf Einzelfakten, Methoden oder auch Theorien und Strukturen beziehen. Es handelt sich dabei aber ausschließlich um Kenntnisse, also nicht z. B. um ein Verstehen, warum etwas so ist, wie es ist.
- Typische Verben für die Beschreibung des erwünschten Verhaltens auf dieser Lernzielstufe sind z. B.: nennen, aufsagen (-schreiben, -zählen), angeben, bezeichnen;
- Beispiel: Der Schüler/die Schülerin nennt Risikofaktoren der Koronaren Herzkrankheit.

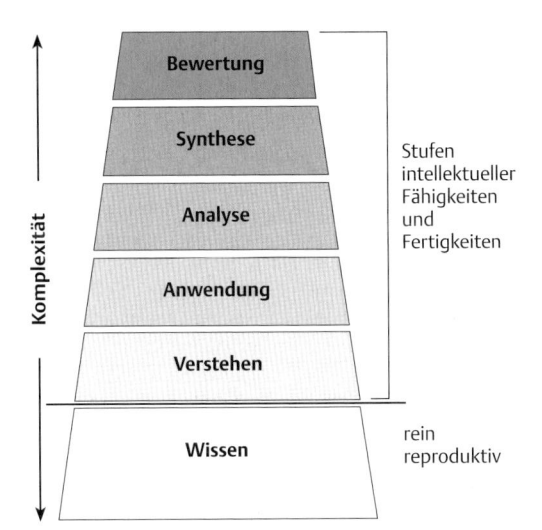

Abb. 6.3 • Taxonomie der Lernziele im kognitiven Bereich (nach B. Bloom et al., 1986).

Stufe 2: Verstehen. Auf dieser Stufe geht es um das Erfassen und Verwerten von Informationen. Dabei kann es sich sowohl um das Nachvollziehen von Erklärungen handeln als auch um Definitionen, Begründungen oder das Wiedergeben von Bekanntem in anderer Form.
- Typische Verben: erklären, erläutern, definieren, begründen, ableiten, übertragen.
- Beispiel: Der Schüler/die Schülerin erklärt, warum Rauchen zu den Risikofaktoren der Arteriosklerose zählt.

Stufe 3: Anwendung. Diese Stufe bezieht sich auf die Anwendung von Informationen, Kenntnissen, theoretischen Zusammenhängen und Einsichten in bzw. auf konkrete Situationen und Aufgaben.
- Typische Verben: anwenden, ermitteln, berechnen, verwenden, erarbeiten, herausfinden.
- Beispiel: Der Schüler/die Schülerin ermittelt in Bezug auf einen bestimmten Patienten generell geeignete Maßnahmen zur Verminderung von koronaren Risikofaktoren.

Stufe 4: Analyse. Auf dieser Stufe geht es um die Fähigkeit, Strukturen im Hinblick auf die in ihnen enthaltenen Einzelelemente, die Beziehungen der Elemente zueinander sowie die Ordnungsgesichtspunkte innerhalb der Strukturen zu durchschauen, eben zu analysieren.
- Typische Verben: herausstellen, vergleichen, analysieren, gegenüberstellen, unterscheiden, einordnen, entnehmen.
- Beispiel: Der Schüler/die Schülerin vergleicht aufgrund seiner/ihrer gewonnenen Kenntnisse über die Lebensgewohnheiten eines bestimmten Patienten die wahrscheinliche Wirksamkeit möglicher Maßnahmen zur Verminderung der koronaren Risikofaktoren.

Stufe 5: Synthese. Die fünfte Stufe bezieht sich auf die umfassende Zusammenschau verschiedenster Elemente, Kenntnisse und Einsichten im Hinblick auf etwas „Neues", also etwa das Erstellen eines Planes, einer Strategie, eines Konzepts oder gar eines theoretischen Modells.
- Typische Verben: entwerfen, entwickeln, konzipieren, zuordnen, koordinieren, erstellen.
- Beispiel: Der Schüler/die Schülerin entwickelt für einen bestimmten Patienten einen maßnahmenbezogen und zeitlich individuellen Plan zur Verminderung der koronaren Risikofaktoren.

Stufe 6: Bewertung. Die höchste Stufe der Taxonomie beschreibt Verhaltensweisen, die auf sehr differen-

zierte intellektuelle Fähigkeiten schließen lassen. Es geht hier um das begründete, kriterienorientierte Beurteilen bestimmter Situationen oder Sachverhalte.
- Typische Verben: beurteilen, urteilen, bestimmen, (über-)prüfen, entscheiden, Stellung nehmen.
- Beispiel: Der Schüler/die Schülerin beurteilt, ob die in Bezug auf einen bestimmten Patienten geplanten und eingeleiteten Maßnahmen zur Verminderung koronarer Risikofaktoren innerhalb eines vom Schüler/von der Schülerin festzulegenden angemessenen Zeitraumes der Wirksamkeitsüberprüfung Erfolge im Hinblick auf eine überdauernde Verhaltensänderung beim Patienten aufweisen.

Beispiel
Zur Verdeutlichung hier noch ein weiteres Beispiel:
Teilziele aus dem Handlungs- und Sachbereich „Dekubitusprophylaxe"(enthalten in: Themenbereich 2 KrPflAPrV und Lernfeld 1.3 AltPflAPrV):
Der Schüler/die Schülerin:
- *Stufe 1*: …nennt Indikationen und pflegerische Maßnahmen der Dekubitusprophylaxe;
- *Stufe 2*: …erklärt die Notwendigkeit der Dekubitusprophylaxe in Bezug auf das pflegerische Handeln;
- *Stufe 3*: …ermittelt für eine bestimmte Patientin im Rahmen des Pflegeprozesses Pflegeziele und geeignete Maßnahmen im Hinblick auf die Dekubitusprophylaxe;
- *Stufe 4*: …sucht aus einer ihm/ihr vorgelegten Pflegeplanung fehlerhafte Ziele und Maßnahmen im Hinblick auf die Dekubitusprophylaxe heraus;
- *Stufe 5*: …koordiniert im Rahmen eines vollständigen individuellen Pflegeplanes das Konzept zur Dekubitusprophylaxe für eine bestimmte Patientin sowie die weiteren pflegerischen Ziele und Maßnahmen gemäß einer systematischen und geplanten Pflege;
- *Stufe 6*: …beurteilt begründet und kriterienorientiert eine individuelle Pflegeplanung im Hinblick auf korrekte und angemessene Berücksichtigung der Ziele und Maßnahmen bezüglich der Dekubitusprophylaxe.

Die Erläuterung der einzelnen Taxonomie-Stufen sowie die Beispiele haben deutlich gemacht, wie vielfältig kognitive Lernleistungen sein können und vor allem, auf welch unterschiedlichen Niveaus sie sich bewegen.

Dabei ist es wichtig, noch einmal darauf hinzuweisen, dass auf allen Lernzielebenen (von sehr abstrakt bis sehr konkret) diese Niveauunterschiede möglich sind. Ein sehr abstraktes Lernziel kann taxonomiebezogen durchaus auf einer niedrigen Komplexitätsstufe angesiedelt sein („die einzelnen Elemente des Muskelsystems kennen"), andererseits kann ein äußerst konkretes Lernziel sich auf einem hohen Komplexitätsniveau bewegen („die Angemessenheit bestimmter Pflegeziele und -maßnahmen bei einem Patienten mit Hemiparese und sensorischer Aphasie nach ischämischem Insult beurteilen"), also ein Lernziel auf Stufe 6 repräsentieren.

Die Betrachtung der Taxonomie in Bezug zum praktischen Schulalltag zeigt aber auch, wie stark der rein reproduktive Bereich kognitiver Leistungen letztlich in Vermittlungsprozessen dominiert, und wie notwendig es eigentlich wäre, verstärkt Lernziele der höheren Stufen anzustreben. Letzteres gerade auch vor dem Hintergrund der Anforderungen bzw. des Anspruchsniveaus einer professionellen Berufsausübung. Denn wie soll eine examinierte Person begründet komplexe Entscheidungen treffen, Zusammenhänge analysieren, Konzepte erstellen können, wenn sie in der Ausbildung darauf nicht vorbereitet wurde? Die Entwicklung einer umfassenden beruflichen Handlungskompetenz setzt also Unterrichtskonzeptionen – sowohl im theoretischen wie im praktischen Bereich – voraus, die notwendige Kompetenzkomponenten wie Analyse-, Synthese- und Beurteilungsleistungen zielorientiert anbahnen und damit erst ermöglichen. An dieser Stelle sei wiederum auf die Interdependenz von unterrichtlicher Zielsetzung und angestrebter beruflicher Handlungskompetenz hingewiesen!

Das heißt natürlich nicht, auf ein breites Grundlagenwissen verzichten zu können, dieses sollte vielmehr als Basis gesehen werden für das Erlangen höherer Komplexitätsstufen. Insofern ist die Taxonomie von Lernzielen im kognitiven Bereich ein echtes Planungselement: Sie kann nämlich durchaus dazu genutzt werden, bestimmte Fragestellungen und Aufgaben zu eruieren und zu formulieren. Dabei soll nochmals betont werden, dass die Taxonomie nicht chronologisch im Sinne eines Stundenaufbaus verstanden werden soll: Nicht in jeder Stunde können alle Stufen erreicht werden. Es wird immer wieder Stunden geben, in denen es ganz wesentlich um Kenntnisse geht und um den Zusammenhang isolierter Inhaltselemente. Das bedeutet dann nicht einen Verzicht auf Handlungsorientierung, sondern vielmehr das Berücksichtigen notwendiger und unverzichtbarer sachlogischer Handlungsfundamente.

Lehrer können sich aber auf jeden Fall verstärkt bemühen, Anwendungsbezüge herzustellen, z. B. durch das Einbringen konkreter „Fälle", und sie können die Schüler auch punktuell immer wieder gezielt in Richtung Analyse, Synthese und Bewertung anleiten. Je selbstverständlicher dies wird, um so eher sind die angehenden Berufsangehörigen in der Lage, selbständig Transfers zu vollziehen und komplexe Zusammenhänge zu analysieren und zu beurteilen.

Wer in den Pflegeberufen theoriegeleitet und kriterienorientiert begründbar handeln will, kann nicht auf die Fähigkeit zu komplexen Denkleistungen verzichten. Insofern gehört die Kenntnis und intensive Auseinandersetzung mit der Taxonomie kognitiver Lernziele zu den Basisqualifikationen (angehender) Lehrer/innen für Pflegeberufe (und natürlich auch aller anderer Gesundheitsberufe); sie ist aber zudem auch „Handwerkszeug" für die Planung jedweder Vermittlungsprozesse in Aus-, Fort- und Weiterbildung.

Taxonomie von Lernzielen im affektiven Bereich
Für den Bereich der affektiven Lernziele (Einstellungen, Haltungen, Interessen, Wertungen) haben Krathwohl et al. (1978) eine Taxonomie entwickelt, die ähnlich derjenigen für den kognitiven Bereich aufgebaut ist (es handelt sich um dasselbe Forscherteam).

Ordnungsgesichtspunkt dieser Taxonomie ist nicht der Grad der Komplexität, sondern der Internalisierung, also Verinnerlichung von Einstellungen, Haltungen, Interessen oder Werten, von deren bloßem Gewahrwerden bis hin zum Bestimmtsein des eigenen Verhaltens durch diese (vgl. auch Peterßen, 2000, S. 366).

Abb. 6.4 zeigt die entsprechenden Stufungen.

Wenngleich die Autoren der Taxonomie ursprünglich die aufgezeigten Stufungen ähnlich exakt definierten wie diejenigen des kognitiven Bereiches, so geht es hier doch um Lernleistungen, die weder so eindeutig zu fassen sind wie die kognitiven und die infolgedessen auch nicht so präzise in konkreten Verhaltensweisen beschrieben werden können.

An dieser Stelle sei deshalb erinnert an die bereits aufgeführte „enge" und „weite" Lernzieldefinition von Meyer (vgl. 2003, S. 137 ff.): Bei den affektiven Lernzielen kann es in der Tat nur um erwünschte Verhaltensdispositionen der Lernenden gehen; eine exakte Verhaltensbeschreibung ist kaum möglich, wenn ein Schüler beispielsweise darauf aufmerksam wird (Stufe 1), dass Kooperationsfähigkeit ein wichtiger und unverzichtbarer Bestandteil einer verantwortungsbewussten Berufsausübung ist.

Das „Aufmerksamwerden" spielt sich im Kopf des Schülers und wahrscheinlich in einer konkreten Situation auch „in seinem Bauch" ab, wir können es aber nicht unmittelbar sehen oder gar beobachten, es „zeigt" sich auf den weiteren Stufen der Taxonomie z. T. an konkreten Verhaltensweisen, z. T. aber auch nur in innerlichen Prozessen, die ein konkretes Verhalten vorbereiten.

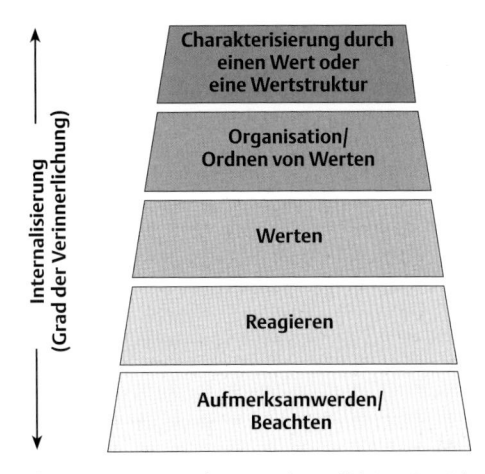

Abb. 6.4 • Taxonomie der Lernziele im affektiven Bereich (nach Krathwohl et al., 1978).

Beispiel
Zur Verdeutlichung zunächst die Vervollständigung des Beispiels:
Teilziele aus dem Handlungs- und Sachbereich „Kooperation" (Themenbereich 12 der KrPflAPrV und Lernfeld 1.5 AltPflAPrV):
Der Schüler/die Schülerin:
- *Stufe 1 (Aufmerksamwerden/Beachten)*: … wird darauf aufmerksam, dass Kooperation der einzelnen Berufsgruppen im Krankenhaus/im Altenheim für eine verantwortliche und effektive Versorgung der Patienten/Pflegebedürftigen notwendig ist.
- *Stufe 2 (Reagieren)*: …ist bereit, sich im Praxiseinsatz auf Station A 99 kooperativ zu verhalten.
- *Stufe 3 (Werten)*: …verhält sich in allen möglichen Situationen in seinen praktischen Einsätzen kooperativ.
- *Stufe 4 (Organisation)*: …ist dazu in der Lage, im pflegerisch-therapeutischen Team die patientenbezogene Profilierung der Leistungen des eigenen Berufs der Notwendigkeit eines kooperativen Umgangs der verschiedenen Berufsgruppen miteinander zum Zweck der wirklich „ganzheitlichen" Versorgung des Patienten/Pflegebedürftigen unterzuordnen.
- *Stufe 5 (Charakterisierung durch einen Wert oder eine Wertstruktur)*: …verhält sich aus innerer Überzeugung grundsätzlich in allen Bereichen seiner/ihrer Berufstätigkeit (und vielleicht auch des Privatlebens) kooperativ.

Das vorstehende Beispiel zeigt nachdrücklich, dass es sich bei der Verwirklichung affektiver Lernziele immer um ein längerfristiges „Programm" handeln wird, oftmals sicherlich um ein Programm, dessen „Erfolg" erst in der konkreten Berufsausübung nach Ende der Ausbildung abzulesen ist, sich also erst in der verantwortlichen alltäglichen pflegerischen Handlungskompetenz zeigt. Das Beispiel macht aber auch deutlich, dass das „Fortkommen" im „Programm" nicht unmittelbar beobachtbar ist, es sich vielmehr entweder ableiten lassen muss aus beispielsweise Äußerungen einer Schülerin oder aus der Beobachtung über einen längeren Zeitraum hinweg, in unserem Beispiel bezogen auf den Stationseinsatz während der Ausbildung und die spätere Berufsausübung.

Auf jeden Fall handelt es sich dabei um Lernleistungen, die nicht „eindimensional" sind, sondern sich erst durch die Kombination verschiedener gedanklicher und emotionaler Überlegungen, Beweggründe, Regungen und Entscheidungen konstituieren. Insofern enthalten die Lernleistungen im affektiven Bereich natürlich auch immer kognitive Aspekte und in ihrem tatsächlichen „Zutagetreten" oftmals auch sehr praktische, also psychomotorische Anteile.

Problematisch ist bei den affektiven Lernzielen aus den genannten Gründen fast grundsätzlich eine eindeutige Operationalisierung hinsichtlich der konkreten Verhaltensbeschreibung bzw. -überprüfung. Dies entspricht auch der bereits angesprochenen Kritik an der Operationalisierbarkeit aller Lernziele (vgl. oben in diesem Kapitel). Mit dieser Problematik geht die Schwierigkeit einer, eindeutiges Verhalten durch ganz bestimmte Verben in den Lernzielformulierungen zu verankern. Ein solcher Versuch soll hier auch gar nicht unternommen werden, obwohl es Krathwohl et al. (1978) so angedacht hatten. Denn es gibt berechtigte Gründe, anzunehmen, dass eine Fixierung auf festgelegte Formulierungen im Bereich der affektiven Lernziele die angestrebte Entwicklung eines Schülers eher formal reduzieren würde zum Zweck einer vermeintlichen Eindeutigkeit, die letztlich inhaltlich verkürzend wirken muss.

Dennoch kann die Taxonomie affektiver Lernziele nach Krathwohl einen Weg aufweisen, und auch in (ähnlichen oder veränderbaren) Schritten beschreiben, der Elemente einer verantwortungsbewussten Berufsausübung (vgl. Kap. 5) beinhaltet. Mit Hilfe dieser Taxonomie lassen sich „Entwicklungswege" von Schülerinnen und Schülern auf- bzw. nachzeichnen, die wesentlich zur Qualität einer professionellen Berufsausübung gehören. Die Frage, die sich dabei immer wieder stellt und auf die noch eingegangen werden muss (Kap. 9), ist die nach der Überprüfbarkeit.

Denn wesentlich ist, dass es sich hierbei um Qualitäten der Berufsausbildung handelt, die ganz entscheidend erst die „Ganzheit" eines Berufsprofils ausmachen. Dies gilt in den Pflege- und anderen Gesundheitsberufen sicher noch um ein Vielfaches mehr als in Berufen, in denen der unmittelbare Kontakt zu und die Sorge um (hilfsbedürftige) Personen eher marginal ist.

Beispiel
Um auch inhaltlich noch einmal zu verdeutlichen, worum es bei der Taxonomie affektiver Lernziele geht und wie wichtig sie für Pflegeberufe ist, hier noch ein weiteres Beispiel:
Teilziele aus dem Handlungs- und Sachbereich „Verständigung" (Themenbereich 2 der KrPflA-PrV und Lernfeld 1.3 der AltPflAPrV)
Der Schüler/die Schülerin:

- *Stufe 1:* …erkennt, dass die Pflege von Patienten/Pflegebedürftigen mit eingeschränkten Artikulationsmöglichkeiten, wie etwa bei Aphasikern, in besonderem Maße eine geduldige und einfühlsame Vorgehensweise erfordert.
- *Stufe 2:* …ist bereit, sich gegenüber denjenigen Patienten/Pflegebedürftigen mit eingeschränkter Artikulationsmöglichkeit, die er zurzeit betreut, geduldig und einfühlsam zu verhalten.
- *Stufe 3:* …verhält sich in seiner Arbeit mit artikulationseingeschränkten Patienten/Pflegebedürftigen in allen Pflegesituationen geduldig und einfühlsam.
- *Stufe 4:* …kann im Stationsalltag in Bezug auf Patienten/Pflegebedürftige mit eingeschränkter Artikulationsmöglichkeit das rasche „Erledigen" pflegerischer Maßnahmen dem geduldigen und einfühlsamen Arbeiten mit dem Patienten/Pflegebedürftigen unterordnen.
- *Stufe 5:* …ist in seiner beruflichen Tätigkeit durch ein grundsätzlich geduldiges und einfühlsames Verhalten gegenüber Patienten/Pflegebedürftigen mit eingeschränkter Artikulationsmöglichkeit geprägt.

Die dargestellten Beispiele vermitteln anschaulich, wie wichtig die affektive Qualität der Berufsausübung in den Pflegeberufen ist. Die hierbei angesprochenen Einstellungen und Haltungen prägen entscheidend ein wirklich professionelles Handeln, denn wenn mögliche affektive Lernziele wie Toleranz, Kommunikations- und Kooperationsfähigkeit, Geduld, Empathie, Verantwortungsbewusstsein oder emotionale Wärme – um nur einige zu nennen – nicht zu ausgewiesenen Unterrichtszielen werden, versäumt die Ausbildung Entscheidendes. Es kann für ein professionelles Verständnis von Ausbildungsqualität niemals genügen, sich darauf zu verlassen oder darauf zu verweisen, dass diese Einstellungen und Haltungen sich „schon irgendwie" oder gar „von selbst" in der Praxis entwickeln.

Taxonomie psychomotorischer Lernziele
Psychomotorische Lernziele, also Lernziele, die sich auf das willentliche Ausführen von Bewegungen beziehen, stellen einen zentralen Anteil insbesondere im Bereich der praktischen Ausbildung und Anleitung in den Pflegeberufen dar, dies gilt sowohl für die praktisch-schulischen Ausbildungsanteile als auch für den praktischen Einsatz der Schülerinnen und Schüler zu Ausbildungszwecken.

Alle Ausbildungsinhalte, die sich auf das – praktische – Beherrschen bestimmter Techniken beziehen, auf das „handling" von Patienten sowie auf Bewegungsausführungen gleich welcher Art, lassen sich durch psychomotorische Lernziele beschreiben. Dabei gilt natürlich, ebenso wie bei den kognitiven und affektiven Lernzielen, dass psychomotorische Fähigkeiten und Fertigkeiten von ebensolchen aus den anderen Lernzielbereichen zeitlich begleitet bzw. überlagert werden. Denn, wenn beispielsweise eine bestimmte Pflegetechnik korrekt ausgeführt werden soll, geht das nicht ohne entsprechende kognitive Kenntnisse und – so wäre es jedenfalls ausgesprochen wünschenswert – in der Anwendung am Patienten auch nicht ohne eine angemessene affektive Haltung und Einstellung gegenüber dem kranken Menschen.

Auch für den Bereich der psychomotorischen Lernziele liegen verschiedene Taxonomien vor, so die von Guilford (1958), geordnet nach dem Grad der Komplexität (Kraft, Stoß, Geschwindigkeit, statische Präzision, dynamische Präzision, Koordination, Flexibilität) und die Taxonomie nach Dave (1973), die nach dem Grad der Koordination aufgebaut ist (vgl. auch Peterßen, 2000, S. 366ff.).

Dave unterscheidet fünf Stufen von der Imitation bis hin zur Naturalisierung, wie **Abb. 6.5** zeigt:

Die Taxonomie nach Dave beschreibt gleichsam ein „Programm" des Erwerbs praktischer Fähigkeiten und Fertigkeiten. Sie kann daher gerade für die Planung praktischer Anleitungssituationen in den Pflegeberufen eine wichtige Hilfe sein (ausführlich zur Gestaltung dieser Situationen s. Kap. 8), wobei diese Taxonomie sogar noch eine weitere Dimension erschließt: die des Lernens, Aneignens und Beherrschens bestimmter selbstpflegerischer, therapeutischer bzw. physiologischer Handlungsabläufe durch den Patienten oder dessen Angehörige, wie es bspw. das Lernfeld 1.4 der AltPflAPrV oder der Themenbereich 3 der KrPflAPrV vorsehen.

Aufgrund der benannten Transfermöglichkeiten eignet sich die Taxonomie nach Dave in besonderem Maße für eine handlungsorientierte Anleitungsplanung: Sie vermag den Lernweg der Schülerin und des Schülers zu strukturieren und diesem Adressatenkreis zugleich aufzuzeigen, wie der entsprechende Lernweg eines Patienten oder Pflegebedürftigen gestaltet werden könnte. Dabei durchläuft der Lernende verschiedene Stufen der Handlungskoordination:

Stufe 1 (Imitation). Er ahmt ein zuvor demonstriertes Handeln nach. Dieses ist zunächst rein reproduktiv, wird ggf. durch kognitive Kenntnisse unterstützt. Voraussetzung ist eine strukturierte Demonstration; Demonstration und Imitation erfolgen möglicherweise in Einzelschritten. Die Imitation ist rein situativ und an die vorangegangene Demonstration gebunden, sie wird in vielen Fällen (je nach Schwierigkeitsgrad) nicht fehlerfrei sein.

Stufe 2 (Manipulation). Der Lernende gewinnt ein gewisses Maß an Handlungssicherheit durch Übung beispielsweise einer bestimmten Technik. Unterstützt wird der Lernerfolg auf dieser Stufe durch verbale (Anweisungen), visuelle („Vormachen" oder Zeichnungen etc.) oder taktile (direkte Bewegungsführung durch den Anleiter beim Lernenden) Hinweise oder „Manipulationen" seitens des Anleiters. Die praktische Handlung des Lernenden wird dadurch geformt.

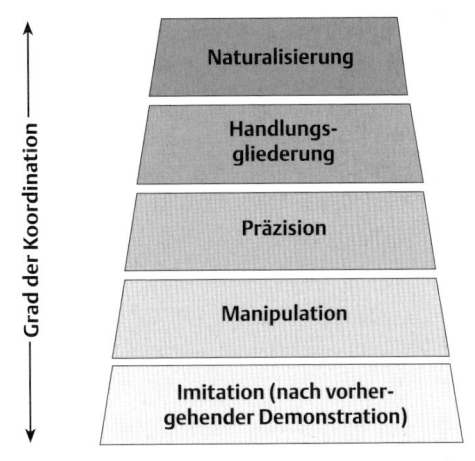

Abb. 6.5 • Taxonomie der Lernziele im psychomotorischen Bereich (nach Dave, 1973).

Stufe 3 (Präzision). Auf dieser Stufe geht es um Selbständigkeit und Genauigkeit der zuvor initiierten und anschließend geformten Fertigkeit. Der Lernende braucht keine Hilfe von außen mehr, um etwa eine bestimmte Technik, so wie sie ihm anfangs demonstriert wurde, korrekt auszuführen. Er ist allerdings noch nicht zu Variationen oder Transfers fähig.

Stufe 4 (Handlungsgliederung). Erst wenn die eigentliche „Technik" einer praktischen Fertigkeit korrekt beherrscht wird, ist der Lernende in der Lage, sie situations- und in unserem Fall patientenbezogen zu variieren. Er moduliert jetzt selbständig und sicher – ohne Verlust an „technischer Korrektheit".

Stufe 5 (Naturalisierung). Auf dieser Stufe „spielt" der Lernende souverän auf der „Klaviatur" beispielsweise einer bestimmten Pflegetechnik. Er kann sie in den verschiedensten Situationen anwenden. Dabei handelt er flexibel, sicher und relativ mühelos. Zudem trifft er die entsprechenden Handlungsentscheidungen rasch und problemlos.

> **Beispiel**
> Das folgende Beispiel soll wiederum die inhaltliche Ausgestaltung der Taxonomie verdeutlichen: Teilziele aus dem Handlungs- und Sachbereich „Anziehen von Antithrombosestrümpfen" (Themenbereich 2 der KrPflAPrV und Lernfeld 1.3 der AltPflAPrV):
> Der Schüler/die Schülerin:
> - *Stufe 1:* ahmt das Anziehen eines Antithrombosestrumpfes (ATS) nach zuvor demonstrierter Technik am rechten Bein eines auf dem Rücken liegenden Mitschülers nach;
> - *Stufe 2:* führt das Anziehen eines ATS unter schrittweiser Handlungsanweisung und Korrektur der Lehrperson am rechten Bein des auf dem Rücken liegenden Mitschülers aus;
> - *Stufe 3:* zieht selbständig, mehrmals und sicher seinem auf dem Rücken liegenden Mitschüler an dessen rechtem Bein einen ATS an;
> - *Stufe 4:* führt das Anziehen eines ATS an verschiedenen Mitschülern unter Berücksichtigung der Verhältnismäßigkeit der unterschiedlichen Beinlängen und -umfänge sowie der Strumpfgrößen an beiden Beinen und in verschiedenen Lagepositionen wiederholt durch;
> - *Stufe 5:* zieht im jeweiligen Tätigkeitsfeld (stationärer oder ambulanter Bereich) im praktischen Einsatz verschiedenen Patienten ATS' patienten- und situationsgerecht an.

Die Taxonomie der psychomotorischen Lernziele nach Dave vermag Lernwege zu beschreiben. Sie markiert dabei klare „Etappenziele", die jeweils erreicht werden müssen, um das nächst höhere anzusteuern. Sie zeigt damit auch, dass bestimmte Anleitungsstufen nicht einfach übersprungen werden können. Das Bedenken und Formulieren von Lernzielen nach dieser Taxonomie kann also eine echte Hilfe im Hinblick auf die Unterrichts- bzw. Anleitungsstrukturierung sein (Näheres hierzu in Kap. 8).

Unsere Beispiele zeigen darüber hinaus, dass die Taxonomie hilft, die einzelnen Lernstufen möglichst präzise zu beschreiben, also zu operationalisieren. Solche Operationalisierungen sind gerade bezogen auf den psychomotorischen Bereich äußerst sinnvoll und hilfreich, denn sie beschreiben zum einen sehr detailliert, was gelernt werden soll, und verhindern damit eine inhaltliche Diffusität, die immer auf Kosten der Anleitungspräzision gehen würde.

Insgesamt gilt für die drei Lernzielbereiche kognitiv, affektiv und psychomotorisch, dass die dargestellten und erläuterten Taxonomien geeignet sind, mögliche Lerninhalte zu erschließen und den Weg des Erreichens zu beschreiben. Wesentlich ist dabei, dass mit den drei Bereichen entscheidende Lernleistungen benannt werden können, die durch das Zusammenführen ihrer Spezifität und Differenziertheit erst das Gesamt beruflichen Handelns ausmachen. Dabei darf ein letzter Aspekt im Hinblick auf die Zieldimension nicht übersehen werden:

Lernzielbegründbarkeit

Die Zieldimension als eine der vier Basisdimensionen der Unterrichtsplanung ist nicht ausschließlich ein technisches Instrumentarium von Lernzielbereichen, -taxonomien und -operationalisierungen. Sie ist vielmehr zunächst einmal eine intentional geprägte Dimension. Dabei markieren fachliche Aspekte auf der einen (Handlungs- und Sachlogik) und pädagogisch-didaktische auf der anderen Seite (Förderung der Persönlichkeitsentwicklung der Lernenden) die beiden Pole des Anliegenspektrums. Innerhalb dieses Spektrums gilt es, Entscheidungen zu treffen, die auf jeden Fall begründbar sein müssen. Die Aussage: „Das haben wir schon immer so unterrichtet", reicht hier keinesfalls aus. Und es reicht auch nicht aus, sich hinter einem Curriculum zu „verstecken"; die Lehrperson sollte schon begründen können, warum sie sich in bestimmten Bereichen an einem Curriculum orientiert, in anderen hingegen davon abweicht. Letzteres wird oftmals durch die Situationsdimension bedingt sein.

M *Grundsätzlich gilt daher: Jeder Lehrende sollte fachlich und pädagogisch-didaktisch begründen können, warum er ein bestimmtes Anliegen verfolgt und warum er sich hierzu bestimmter Inhalte bedient. Dabei sind (fast) immer auch ethische Aspekte berührt, indem bestimmte Normen und Werte den gewählten Zielsetzungen zugrunde liegen.*

Mit dieser „Regel" ist ganz deutlich bereits auf die Inhaltsdimension der Unterrichtsplanung hingewiesen, der wir uns im Folgenden zuwenden wollen.

6.1.3 Inhaltsdimension der Unterrichtsplanung

Die Inhaltsdimension der Unterrichtsplanung ist eng mit der Zieldimension verknüpft: Lernziele können ebenso wie Handlungskompetenzen nicht „an sich" erreicht werden. Kompetenzerwerb, dies wurde in Kap.2 erläutert, ist immer „Domänen"-, also sachgebietsbezogen, eine „allgemeine" Handlungskompetenz gibt es nicht. Gleiches gilt folglich für die Unterrichtsziele, mit denen der Kompetenzerwerb gelingen soll: Ihr Erreichen ist auf Inhalte angewiesen, die das spezifische Anliegen erst mit „Leben", also mit Inhalt ausfüllen und es kommunizierbar machen.

Je präziser Lernziele gefasst und je weniger abstrakt sie sind (Grad der Operationalisierung), desto eher ist die Inhaltsdimension bereits im Lernziel enthalten, d. h. es sind bereits inhaltsbezogene Auswahlentscheidungen mit (an-)gedacht. Wenn aber beispielsweise das Lernziel „Die Schüler/innen entwickeln berufspolitisches Engagement" verfolgt wird, so müssen – um dieses Ziel zu erreichen – diverse inhaltliche Möglichkeiten berücksichtigt, abgewogen und schließlich eine bestimmte Entscheidung getroffen werden: Es kann etwa die Berufsgeschichte thematisiert werden, um aus der „Vergangenheit" für die Gegenwart zu lernen, es können ein Vertreter des Berufsverbandes oder auch entsprechende Repräsentanten einzelner Parteien oder der Gewerkschaft eingeladen werden, es kann aber auch die gesundheitspolitische Bedeutung des Berufs ins Zentrum gestellt oder ein Film über die Aufgaben und Möglichkeiten des Berufs in der Entwicklungshilfe gezeigt werden.

Die Reihe ließe sich fortführen. Deutlich wird: Es müssen inhaltliche Entscheidungen getroffen werden, und um dieses tun zu können, muss der Handlungs- und Sachbereich „berufspolitisches Engagement" zunächst differenziert durchdacht werden. Erst dann können die erwartete berufliche Handlungskompetenz sowie der dort hinführende Lernweg näher beschrieben und somit auch präzise und „inhaltsvolle" Lernziele formuliert werden.

Was sind nun die Voraussetzungen bzw. wesentlichen Orientierungen fachkompetenter Entscheidungen hinsichtlich der Inhaltsdimension?

Fachwissenschaftlich-sachlogische Orientierung

Die fachwissenschaftlich-sachlogische Orientierung beinhaltet folgende Aspekte:
- Lehrerinnen und Lehrer sollten fachwissenschaftlich aktuell informiert sein.
- Sie sollten darüber hinaus die (wissenschaftliche) Sachstruktur sowie Forschungsmethoden und aktuelle Forschungsschwerpunkte ihres Faches kennen.
- Die vorstehend genannten Kompetenzaspekte setzen ein regelmäßiges fachbezogenes Literaturstudium sowie die Fähigkeit voraus, die neu gewonnenen Kenntnisse kritisch auf bereits existierende Ansätze zu beziehen.

Unterrichtsinhalte, zumal im Rahmen einer Berufsausbildung, bedürfen immer eines fachwissenschaftlich-sachlogischen Bezuges, das sieht auch der lernfeldbezogene Unterrichtsansatz explizit vor. Dieses heißt vor allem, dass sie fachwissenschaftlich abgesichert und begründbar sein müssen. Notwendig hierzu ist die Kenntnis der Struktur der jeweiligen Fachdisziplin, so in unserem Fall etwa der Pflegewissenschaft, der einzelnen medizinischen Fachgebiete, der Psychologie, Pädagogik, Wirtschaftswissenschaften etc. Die Ausbildungs- und Prüfungsverordnung in der Gesundheits- und Krankenpflege benennt diese so genannten „Wissensgrundlagen" explizit und ordnet ihnen auch jeweils Summen von Unterrichtsstunden zu. Dabei ist es selbstverständlich, dass die sachstrukturellen Kenntnisse und Erkenntnisse der Lehrenden so fundiert sein müssen, dass eine angemessene Sachauswahl „für" die Lernenden im Sinne einer didaktischen Reduktion bzw. Exemplarik möglich wird. Dieses kann natürlich nicht „allumfassend" für eine bestimmte Berufsausbildung geschehen, sondern erfordert sicherlich Spezialisierungen (auch innerhalb des „originären" Bereiches der Pflegewissenschaft). Gerade an diesem Punkt sollte die viel beanspruchte „Ganzheitlichkeit" nicht als Hemmschuh wirken, denn eine vermeintliche fachlich allumfassende Vorgehensweise kann nur auf Kosten notwendiger, auch differenzierter Spezialisierung gehen.

Wenn zukünftige Berufsangehörige in den Pflegeberufen also über handlungsleitendes Strukturwissen verfügen sollen, muss dieses systematisch aufgebaut werden. Dass Lehrende diesen Prozess bereits für sich erfolgreich vollzogen haben müssen, ist selbstverständlich: Das Bemühen um Prozesshaftigkeit im Unterricht darf nicht verwechselt werden mit einem „Wissensgleichstand" von Lehrenden und Lernenden.

Lernfeldorientierte Curriculumplanung berücksichtigt neben der Handlungsstruktur des Berufes auch immer die Struktur der jeweiligen Bezugswissenschaft. In der Zusammenführung beider Aspekte entsteht eine so genannte heuristische Struktur, durch die sich Handlungs- und Sachsystematik letztlich selbst erschließt.

Diese heuristische Funktion von Strukturerkenntnissen basiert lernpsychologisch auf den Grundlagen des kognitiven Lernens: Das Lernen von Wissen, von Wissenselementen und deren Zusammenhängen, also von Strukturen, basiert zunächst einmal auf Begriffsbildung und Kategorisierung. Kategorisierung ordnet Begriffe in Begriffshierarchien, und mit Gagné (1969) können wir bei der Kombination von Begriffen von Regeln sprechen. Regeln sind Begriffsketten, und unser Wissen besteht aus der Kombination von Begriffen (vgl. Edelmann, 2000). Einfaches Beispiel: Wir haben a) den Begriff „langes Liegen" und b) den Begriff „Dekubitus". Beide Begriffe können durch bestimmte Merkmale definiert werden (die Lernpsychologie spricht bei diesen Merkmalen von „kritischen Attributen"). Wenn wir beide Begriffe miteinander verknüpfen, also den Zusammenhang erkannt haben, entsteht die Regel „Langes Liegen fördert Dekubitus".

Auch Regeln als Begriffsketten können kombiniert, kategorisiert und hierarchisiert werden. Es entsteht so in der Zusammenführung eine Wissensstruktur, die auch als kognitive „Karte", vergleichbar mit einer Landkarte des Wissens verglichen werden kann.

Wir können diese lernpsychologischen Zusammenhänge hier nur andeuten. Jeder angehende Lehrende sollte sich aber u. E. intensiv mit diesen lerntheoretischen Erkenntnissen vertraut machen. Sie können erheblich dazu beitragen, fachwissenschaftliche Strukturen systematisch zu erfassen und zu vermitteln. Einen guten Überblick bietet hier Edelmann (2000).

Die Schlussfolgerung im Hinblick auf fachwissenschaftliche Voraussetzungen bzw. Orientierungen lautet:

M *Inhaltsentscheidungen basieren neben Handlungslogiken der Berufsausübung wesentlich auf Strukturlogiken der jeweiligen Bezugsdisziplin. Diese müssen von Lehrenden erkannt, reflektiert und kritisch hinterfragt werden, bevor inhaltliche Auswahlentscheidungen getroffen werden. Hierzu bedarf es eines kontinuierlichen „Am-Ball-Bleibens" in fachwissenschaftlicher Hinsicht. Nur so können die Schülerinnen und Schüler in den Pflegeberufen die wirkliche Chance erhalten, fachwissenschaftliche Inhalte in ihren Zusammenhängen – eben strukturiert – auf aktuellem wissenschaftlichen Stand zu erwerben und sie handlungsleitend in der Berufspraxis zu reflektieren und einzusetzen.*

Kompetenz- und qualifikationsbezogene Orientierung

Die Kompetenz- und qualifikationsbezogene Orientierung beinhaltet diese Aspekte:
- Lehrkräfte sollten ein möglichst umfassendes Bild über das Anforderungsprofil des angestrebten Berufes haben, das sie kontinuierlich einer Theorie- und Praxisrevision unterziehen.
- Sie sollten dabei auch die kompetenz- und qualifikationsbezogenen Zukunftsperspektiven des angestrebten Berufes im Blick haben.

An dieser Stelle sei zunächst an die Ausführungen in den Kapiteln 2 und 3 dieses Lehrbuches erinnert. Kompetenzorientierung ist nicht ohne Qualifikationsorientierung möglich, umgekehrt gilt gleiches. Die Berufspädagogik trägt dem in ihren aktuellen Empfehlungen zur Curriculum-Konstruktion insofern Rechnung (vgl. etwa die „Handreichungen" der KMK, 2000), als sowohl die Lehrplanarbeit als auch die konkrete Umsetzung von identifizierten Lernfeldern bzw. Modulen in Lernsituationen bis hin zur einzelnen Unterrichtsstunde dies berücksichtigen muss. Es geht dabei also darum, in der Ausbildung sowohl auf gezielte Verwendungsgesichtspunkte bezogen zu qualifizieren als auch um die Förderung und Entwicklung persönlichkeitsbildender Kompetenzen. Beide Aspekte dienen letztlich einer handlungsorientierten Bildung.

Als problematisch erweist sich in diesem Zusammenhang immer wieder die Frage nach der Zukunftsfähigkeit, der Nachhaltigkeit der Bildungselemente. Wir „wissen" kaum, wie in 10 oder 20 Jahren die Anforderungsprofile der Berufe genau aussehen werden. Was wir aber wissen ist, dass die so genannten „Halbwertzeiten" dessen, was wir heute in Studium oder Berufsausbildung lernen, relativ kurz sind, oftmals 5 bis 10 Jahre kaum überschreiten (vgl. Eberle, 1997, S. 145 f.).

Daraus nun die Schlussfolgerung zu ziehen, es sei dann eigentlich beliebig, was gelernt werde, da der unmittelbare Anwendungsbezug ohnehin nicht gegeben sei oder aber vornehmlich auf die Entwicklung übergeordneter, so genannter Schlüsselqualifikationen und/oder -kompetenzen zu setzen, wäre mehr als kurzschlüssig, denn es ist von zwei Grundannahmen und Chancen auszugehen:
1. Das (möglichst vollständige) Erfassen der qualifikatorischen Anforderungen eines Berufes auf der Basis des aktuellen fachwissenschaftlichen Erkenntnisstandes ist die beste Voraussetzung, den eigenen Wissensstand und damit die eigenen Handlungskompetenzen kontinuierlich „be-

rufsbegleitend" weiterzuentwickeln und neue Erkenntnisse miteinzubeziehen: *„Die Experten-/Novizen-Forschung ... zeigt, daß sich Experten nicht durch allgemeine Fähigkeiten von Novizen unterscheiden, sondern durch die Verfügung über eine hochdifferenzierte und sehr flexible Organisation umfangreicher, langfristig und systematisch aufgebauter, konsolidierter bereichsspezifischer Wissensbestände ... Dazu verfügen sie über elaborierte Strategien für den Erwerb, die Nutzung und den Abruf des Wissens ... bzw. über inhaltsspezifische Fertigkeiten. Die Erkenntnisse zeigen die Bedeutung einer guten Wissensbasis, verknüpft mit Strategien zu deren Erwerb ... Deren Aufbau kann nur durch aktive Auseinandersetzung mit aktuell bedeutsamem Wissen erfolgen, auch wenn sich dieses Wissen in vielen Einzelheiten weiterentwickelt"* (Eberle, 1997, S. 148).

2. Das Konzept der Schlüsselqualifikationen kann zwar helfen: a) überdauernde Qualifikationen und Kompetenzen zu identifizieren und b) diese im Hinblick auf Lerninhalte und -ziele zu „operationalisieren" bzw. methodische Wege der Zielerreichung zu beschreiben. Dabei darf allerdings die konkrete Handlungsebene nicht aus dem Blick geraten. So muss „Kommunikationsfähigkeit" in konkreten Handlungssituationen „geübt" werden, und das sieht jeweils beim 6jährigen Kind anders aus als beim Patienten vor einer OP, in der Psychiatrie, nach einem Schlaganfall mit Aphasie oder schließlich bei einem sterbenden Patienten. Dennoch wird es „Gemeinsamkeiten" geben, die Transferleistungen ermöglichen: *„Spezifischer Transfer für den Umgang mit künftigen Entwicklungen in einem Fachbereich kann somit nur gefördert werden, wenn an aktuellen Inhalten dieses Fachbereichs eine solide Wissensbasis aufgebaut wird und dem Lernenden Anwendungsbedingungen deutlich werden"* (Eberle, 1997, S. 149)

In die gleiche Richtung argumentiert auch Dörig (1996), wenn er darauf hinweist, daß es ein Irrtum sei zu glauben, *„... daß sich das Problemlösen als allgemeine Fähigkeit (inhaltsfrei) schulen lasse"* (S. 82), und er führt weiter aus: *„Entscheidend ist und bleibt, daß sich gutes Problemlösen immer nur auf eng umschriebene Problemanforderungen, niemals jedoch auf eine allgemeine, formale Fähigkeit bezieht"* (S. 82).

Rolf Dubs (1996) weist in seinem Aufsatz „Schlüsselqualifikationen – werden wir erneut um eine Illusion ärmer?" darauf hin, dass Schlüsselqualifikationen im Sinne einer neuen „Denkhaltung" sicher keine Illusion seien, dass ihr Dilemma aber benannt werden müsse (vgl. S. 49). Dieses beschreibt er in Anlehnung an Zabeck folgendermaßen: *„Je allgemeiner und unspezifischer die Schlüsselqualifikationen definiert werden, desto wahrscheinlicher ist es, daß der Transfer mißlingt. Je enger und situationsspezifischer sie gefaßt werden, desto weiter entfernen sie sich von der ihr zugesprochenen Form"* (S. 51).

Was bleibt, ist die Erkenntnis, dass auch Qualifikationen und Kompetenzen und damit die Handlungsorientierung insgesamt immer „domänenbezogen" gedacht werden müssen, jedenfalls in der Phase ihrer grundsätzlichen Anbahnung, dass allerdings, ganz im Sinne der „kategorialen Bildung" Wolfgang Klafkis kluge Entscheidungen hinsichtlich der Suche nach exemplarisch erschließenden Inhalten ausgesprochen sinnvoll sind (vgl. Klafki 1996 und 1999). Solche Transfer ermöglichenden Inhalte mögen dann durchaus helfen, Schlüsselkompetenzen und -qualifikationen zu erlangen.

Ergänzend sollte aber auf keinen Fall vergessen werden, dass alle Entscheidungen über Qualifikationen und Inhalte letztlich auch normative und/oder (berufs-)politische Entscheidungen sind. Insofern gilt es, den Menschen-bildenden sowie kritisch-emanzipatorischen Aspekt dieser Entscheidungen nicht zu vernachlässigen: Lehrende sollten „hinter" dem stehen, was sie vermitteln. Das gehört zu einer verantwortlichen Berufsausübung in einem demokratischen Staat ebenso wie die fachwissenschaftliche und qualifikatorische Kompetenz. Und natürlich muss Ausbildung auch dafür Sorge tragen, dass jetzige Schüler und spätere Berufsangehörige in der Lage sind, kritisch und verantwortungsbewusst in ihrem Beruf zu arbeiten und diesen auch entsprechend weiterzuentwickeln.

M *Insgesamt gilt: Lehrende müssen wissen, was in ihrem Beruf „los" ist. Sie müssen den aktuellen berufsfachlichen und -politischen Stand kennen, müssen in der Lage sein, diesen kritisch zu hinterfragen und Entwicklungen abschätzen können. Dabei sind sie als kompetent Mitgestaltende gefragt. Dies geht nicht ohne den Kontakt zur Praxis, denn auch die Praxis ist „Inhalt" der Ausbildung, wenngleich auch manchmal dringend veränderbarer.*

Pädagogisch-didaktische Orientierung

Die Kenntnis grundlegender pädagogisch-didaktischer Modelle bzw. Parameter gehört ebenso zu den Voraussetzungen von Entscheidungen auf der Ebene der Inhaltsdimension wie die begründete Auseinandersetzung mit übergeordneten (Aus-)Bildungszielen.

Lehrende sollten zudem über ein breites methodisches Handlungsrepertoire verfügen, um darauf aufbauend über die unterrichtliche „Machbarkeit" von Inhalten befinden zu können.

Wenn wir einen Blick auf die verschiedenen didaktischen Modelle werfen (vgl. in der Übersicht Gudjons/Winkel, 1999; Peterßen, 2001; Jank/Meyer, 2003), werden Ziel- und Inhaltsdimension im Wesentlichen in einer unmittelbaren Interdependenz beschrieben. Allerdings rücken die Didaktiken in der so genannten bildungstheoretischen Tradition den Inhaltsaspekt ursprünglich in eine eigentlich zentrale Position ihrer Überlegungen, am ehesten zu kennzeichnen durch die These vom „Primat der Inhalte" (Erich Weniger). So wird die Didaktik zur „Theorie der Bildungsinhalte" und der Bildungsbegriff zu deren Mittelpunkt (vgl. auch Peterßen, 2001, S. 70 ff.).

Wolfgang Klafki markierte mit seiner „Didaktischen Analyse als Kern der Unterrichtsvorbereitung" diese ursprüngliche Position im Rahmen der deutschen Schulpädagogik zunächst wohl am (positiv) folgenreichsten (1958). In der Weiterentwicklung seines Ansatzes relativierte Klafki (1996, 1999) in der „Kritisch-konstruktiven Didaktik" seine Überlegungen insofern, als der Bildungsbegriff zum einen nicht mehr ausschließlich gesetzt wird (Klafki geht nun von der Interdependenz von Zielen, Inhalten und Methoden aus), er aber dennoch beibehalten wird, allerdings nun in seiner gesellschaftskritischen und -„konstruktiven" Bedeutung.

Klafkis „Didaktische Analyse" ist bis heute ein wichtiger Orientierungspunkt im Hinblick auf die Auswahl und Strukturierung von Unterrichtsinhalten, denn in ihr weist der Autor vom Grundsatz her absolut zentrale Aspekte der Inhaltsplanung aus.

Aufgegriffen hat u. a. G. E. Becker (1997, 2004) die fünf Grundfragen Klafkis und diese in insgesamt 19 Fragestellungen differenziert (1997), die dem Unterrichtsplaner helfen können, die Struktur eines Lerninhaltes didaktisch zu reflektieren und darauf aufbauend zu Planungsentscheidungen hinsichtlich der Inhaltsdimension zu gelangen.

Sieben Kernfragen der didaktischen Analyse
Die folgenden 7 Kernfragen einer didaktischen Analyse sind auf diesem Hintergrund entstanden, bemühen sich aber insofern um eine Verdichtung der relevanten Aspekte, als sie diese zum Teil miteinander verknüpfen, zum Teil aber auch neu gewichten. Sie sind aus pädagogisch-didaktischer Sicht unumgänglich für qualifizierte Planungsüberlegungen hinsichtlich der Inhaltsdimension, natürlich immer vor dem Hintergrund der fachwissenschaftlich-sachlogischen sowie kompetenz- und qualifikationsbezogenen Orientierung:

1. Über welche Lernvoraussetzungen bzw. konkrete Vorkenntnisse müssen die Schüler verfügen, damit sie mit einer gewissen Erfolgswahrscheinlichkeit die mit dem Inhalt verbundenen Aufgabenstellungen bearbeiten können, und wie können Lehrer und Schüler sich einen Überblick über diese Vorkenntnisse und Voraussetzungen verschaffen?

Unterrichtsinhalte, mit deren Hilfe Unterrichtsziele und damit berufliche Handlungskompetenzen erreicht werden sollen – dies gilt selbst für die allererste Stunde innerhalb einer Ausbildung – bedürfen immer einer „Wissens"-Basis. Je nach Ausbildungsstand und Komplexität des anstehenden Themas muss diese mehr oder weniger umfangreich sein. Teile der jeweiligen Grundvoraussetzungen können sicherlich im Unterricht ergänzt oder zumindest aktualisiert werden. Soll die Thematik allerdings mit einem gewissen Effektivitätsanspruch vorangeschritten werden, dürfen diese „Wiederholungen" nicht zum Hauptelement des Unterrichts werden. Sinnvoller ist es auf jeden Fall, den in den Blick genommenen Themenbereich sorgfältig in der Planungsphase auf notwendige Vorkenntnisse hin abzuklopfen, deren Vorhandensein oder auch Fehlen bei den Schülern zu eruieren (Klassenbucheintragungen, Gespräche mit Kollegen, Fragen an Schüler vor Beginn der Unterrichtseinheit) und ggf. die ursprüngliche Planung zu modifizieren.

Darüber hinaus müssen in die Planungsentscheidungen Überlegungen einfließen, die die Verfügbarkeit der Vorkenntnisse bei den Schülern sichern helfen, so etwa eine kurze Lektürephase oder ein Partnergespräch zu Beginn des Unterrichts. Und schließlich sollten, quasi prophylaktisch, Planungsalternativen angedacht werden, die dann greifen, wenn die Vorkenntnisse nicht oder nicht in dem Umfang wie erwartet vorliegen.

2. Welche Struktur weist der Inhalt auf, welche Handlungs- und Sachlogik(en) liegt (liegen) vor?
Kann der Inhalt aus verschiedenen Perspektiven betrachtet werden, welche erscheint (erscheinen) sinnvoll?
Welche Einzelelemente machen die Sach- und Handlungslogik der jeweiligen Perspektive aus, und in welcher Beziehung stehen diese zueinander?
Die hier formulierten Fragen zielen direkt ins Zentrum inhaltlicher Überlegungen, indem die thematische Struktur angegangen wird. Zunächst ist die Frage möglicher unterschiedlicher Perspektiven, aus denen ein Themenbereich betrachtet werden kann, anzugehen. Im Rahmen eines pflegerelevanten Unterrichts hinsichtlich des Diabetes mellitus ist z. B. die pharmakologische Perspektive, die historische (Geschichte der Therapiemöglichkeiten), die physiologische bzw. pathologische, die medizinisch-therapiebezogene, die pflegepraktische oder auch die psycho-sozia-

le Perspektive möglich. Jede dieser Perspektiven betrachtet das Thema aus einem anderen Blickwinkel, jede hat an sich betrachtet ihre thematische Berechtigung, muss aber hinsichtlich ihrer Relevanz für die angestrebte Berufsausübung befragt werden. Letzteres führt zu einer Einschätzung der Sinnhaftigkeit für den Unterricht.

Jede Perspektive enthält aber auch ihre eigene Elementstruktur, die Sach- und Handlungslogik repräsentiert. Diese ist mehr oder minder komplex, und es gilt zu bedenken, welcher Komplexitätsgrad hinsichtlich des Ausbildungsziels Grundlage der Planung werden sollte. Dabei geht es zunächst einmal um das Identifizieren einzelner Strukturelemente einer bestimmten thematischen Perspektive, z. B. der einzelnen Phasen eines Handlungsplans zum Vorbereiten und Verabreichen einer Injektion (pflegepraktische Perspektive). Das exakte Auffinden und Benennen dieser Elemente ist Basis der Inhaltsstruktur. Darauf aufbauend stellt sich für den Unterrichtsplaner die Frage nach der Beziehung, also der Verknüpfung der einzelnen Elemente zu- bzw. miteinander. Hierbei kann es sich einmal um eine sach- bzw. handlungslogisch eindeutige Reihenfolge handeln, die, wie etwa beim Beispiel Injektionsvorbereitung und -verabreichung, relativ „unumstößlich" ist und den Schülern daher im Hinblick auf deren effektiven Lernprozess auch so vermittelt werden sollte. Ähnliches gilt z. B. grundsätzlich für die Vermittlung physiologischer oder pathologischer Funktionszusammenhänge.

Andererseits sind aber auch thematische Perspektiven denkbar, in denen die einzelnen Elemente der Inhaltsstruktur austauschbar sind und somit der unterrichtskonzeptionelle Handlungsspielraum des Unterrichtsplaners relativ groß ist bzw. im Unterricht konsequent prozessbezogen vorgegangen werden kann. Hierzu zählen etwa viele Fragestellungen hinsichtlich der psycho-sozialen Betreuung von Patienten, berufspolitische Themen oder aber Unterrichte, in denen es um die Vermittlung verschiedener möglicher Maßnahmen oder Techniken geht.

Jeweils vor dem Hintergrund des in Aussicht genommenen übergeordneten Lernzieles ist letztlich eine Entscheidung über Perspektiven- und Elementauswahl zu treffen. Um dies aber begründet – und nicht etwa weil „schon immer" so unterrichtet wurde – tun zu können, muss das Spektrum der Perspektiven und Elemente zunächst sorgfältig durchdacht und reflektiert werden.

3. Welche grundlegenden Frage- und Problemstellungen sind mit dem Inhalt verbunden, und wie können die Schüler, auch bei etwaig vorhandenen Lernwiderständen, für diese motiviert werden?

Ein qualifiziert geplanter Unterricht sollte in der Weise strukturiert sein, dass er Lernaufgaben für die Schüler bereit hält – nicht unbedingt im Sinne unmittelbar konkret zu lösender Aufgaben, sondern vielmehr als Prozess der Bewältigung und des Verstehens von Problem- und Fragestellungen, die die Unterrichtsthematik beim Lernenden aufwirft und die im Verlauf des Unterrichts aufgearbeitet werden. Dabei gilt das lernförderne Prinzip des inhaltsbezogenen Erkenntnisinteresses als hilfreich. In den Pflegeberufen kann dieses oftmals im Bezug zu den in der Praxis unmittelbar zu bewältigenden Aufgaben stehen, in dem Sinne „Was soll/kann ich machen, wenn ein Patient …?" Dieses praxisbezogene Erkenntnisinteresse kann im Hinblick auf die Motivation der Schüler wesentliche „Dienste" leisten, vorausgesetzt, die Schüler sehen auch eine konkrete Umsetzungsmöglichkeit bzw. fühlen sich angesporn, ihr Handeln in der Praxis zukünftig entsprechend zu modifizieren, weil sie überzeugt von der Qualität dessen sind, was sie gelernt haben. Aber auch das Verstehen funktioneller Zusammenhänge oder der Wirkweisen bestimmter Maßnahmen und Techniken kann hinsichtlich der Intensivierung des Erkenntnisinteresses der Schülerinnen und Schüler sehr effektiv sein. Insgesamt gilt es also, Sach- und Handlungslogik einer Thematik schülerbezogen zu erschließen.

Wichtig ist es hierbei, in strukturierter und den Inhalt systematisch erschließender Form „Fragen" an die Thematik zu stellen, um so den Schülern das kognitive Durchdringen der Zusammenhänge zu ermöglichen. Diese „Fragen" leiten zugleich organisatorische, konzeptionelle und methodische Entscheidungen hinsichtlich der Unterrichtsstruktur.

4. Bietet der in Aussicht genommene Inhalt – oder bieten Teile dieses Inhalts – Chancen für Transfermöglichkeiten; hat er exemplarischen Charakter?

Diese Frage weist hin auf die didaktischen Prinzipien des „Elementaren" (vgl. ursprünglich Klafki, 1958) und des „Exemplarischen" (vgl. Wagenschein, 1964). Grundsätzlich geht es dabei immer um den erschließenden Charakter etwas „Besonderen" für ein „Allgemeines". Sowohl Klafkis „Elementaria" als auch Wagenscheins Ausführungen zum exemplarischen Prinzip enthalten verschiedene Differenzierungen und Stufungen, sie unterscheiden sich zudem dadurch, dass Wagenschein den „genetischen" Aspekt des Unterrichts, also das Prozesshafte, betont, Klafki seine „Elementaria" hingegen als Entscheidungshilfen zur Auswahl geeigneter und nicht geeigneter Inhalte versteht. Diese Zusammenhänge sind in ihrer aktuellen Bedeutung gut nachzulesen bei Jank u. Meyer (2003, S. 219 ff.) u. Peterßen (2000, S. 378 ff.).

Wesentlich für die unmittelbar planungsbezogene Fragestellung sind die Möglichkeiten des Transfers, die sich aus den benannten Prinzipien ableiten lassen und sich hinsichtlich einer bestimmten Thematik anbieten. So sind beispielsweise Grundprinzipien der Hygiene im Zusammenhang mit einer bestimmten Pflegetechnik auf andere Bereiche zu übertragen. Die Lehrenden sollten sich dabei überlegen, wie hygienische Maßnahmen möglichst „transferfähig" im konkreten Fall unterrichtet werden können. Dabei könnte neben den Grundprinzipien, dargestellt am Beispiel einer bestimmten Maßnahme, etwa die Frage der Komplikationen bei mangelnder Hygiene im Vordergrund stehen, die dann auf vielfältige Anwendungsgebiete übertragbar ist und zugleich hilft, neue Inhalte zu erschließen bzw. für diese zu motivieren. Denkbar, um ein weiteres Beispiel zu nennen, wäre es etwa auch, am Beispiel des Schlaganfallpatienten mit Aphasie die Problematik eingeschränkter Kommunikationsfähigkeit zu erarbeiten. Haben Schüler diesen Prozess durchlaufen (durchaus im Sinne des „genetischen" Prinzips nach Wagenschein), werden sie in der Lage sein, gewonnene Erkenntnisse auch auf Patienten mit Kommunikationseinschränkungen aufgrund anderer Krankheitsbilder zu übertragen, diese miteinander zu vergleichen und nach Wegen der Kommunikationsförderung zu suchen.

Vergessen werden darf dabei allerdings nicht, dass es keine allgemeine „Transferfähigkeit" gibt. Dörig (1996, S. 83) begründet dies damit, dass „*Wissen und Fähigkeiten (auch Lernstrategien) kontextgebunden sind*" und weist darauf hin, dass diese erst durch „*vielfältige und zeitintensive Anwendung (Üben) ... verallgemeinert werden*" (S. 83). Weiter führt er aus: „*Damit einmal erworbenes Wissen überhaupt transferiert werden kann, ist schon beim Lernen darauf zu achten, daß dem Lernenden die Anwendungsbezüge dieses Wissens deutlich werden. Je mehr Anwendungsbezüge mit dem bereichsspezifischen Wissen in einem Lernfeld verbunden werden können, desto breiter sind die späteren Anwendungsmöglichkeiten. Nicht der Abstraktionsgrad des Wissens ist somit für die Breite der Anwendung (des Transfers) entscheidend, sondern die Verankerung von Anwendungsbedingungen in Wissensstrukturen, die dem Lernenden bewußt sind ...*" (S. 83).

Diese Ausführungen beschreiben das „Transferproblem" äußerst treffend: Transfer ist erst dann möglich, wenn das zu Transferierende hinreichend konkret und mit vielfältigem Anwendungsbezug vermittelt wird. Werden diese „Bedingungen" berücksichtigt, kann das exemplarische Prinzip, das Bemühen um Transfermöglichkeiten sowohl helfen, Unterricht quantitativ wie qualitativ zu effektivieren, als auch entscheidend zu einem entdeckenden, sinnerfassenden und erschließenden Lernen beizutragen.

Norbert Landwehr (1996) schreibt in diesem Zusammenhang: „*Sinnerfassendes Lernen, das eine wichtige Voraussetzung für die Aneignung von transformationsfähigem Wissen ist, bedeutet qualitativ etwas anderes als das Memorieren von vorgegebenen Gedanken und Verhaltensweisen zum Zwecke einer möglichst wort- bzw. formgetreuen Wiedergabe. Es geht in erster Linie darum, Einsicht in die Struktur des betreffenden Lerninhaltes zu vermitteln und so das verstehende Erfassen des so genannten ‚generativen Prinzips' zu ermöglichen: Die Lernenden sollen dazu befähigt werden, das beabsichtigte Wissen mit Hilfe der eigenen Denkfähigkeit selber zu erzeugen, d. h. den zugrunde liegenden Denkprozess aktiv nachzuvollziehen. Transformatives Wissen basiert in diesem Sinne auf der Einsicht der Lernenden in den Erkenntnisprozeß, der dem betreffenden Wissen zugrunde liegt*" (S. 94 f.).

Dass nicht alle Lerngegenstände sich für Transfermöglichkeiten „eignen", liegt auf der Hand. Manches, etwa im Bereich der Anatomie oder auch grundsätzliche „Wissensinhalte", ist nicht exemplarisch zu erfassen. Dennoch sollte der qualifizierte Unterrichtsplaner immer wieder nach Transfermöglichkeiten suchen, um den Lernenden die Möglichkeit zu geben, ihre eigene Denk- und Reflexionsfähigkeit zu schulen und zugleich auch die Möglichkeiten der Unterrichtseffektivierung zu nutzen.

5. Können beabsichtigte Lernziele mit Hilfe des in Aussicht genommenen Inhalts erreicht werden bzw. erschließt der Inhalt neue oder modifizierte Lernziele?

Lernziele, wir haben dies oben ausführlich dargelegt, bedürfen eines Inhaltsaspekts, sonst entbehren sie jeder konkreten Aussagekraft. Dasselbe Lernziel kann aber u. U. mit verschiedenen Inhalten erreicht werden und umgekehrt. Soll beispielsweise, anknüpfend an die Ausführungen in Kap. 6.1.2 (S. 52), das Ziel verfolgt werden, Schüler mit den Grundprinzipien des Bobath-Konzepts vertraut zu machen, können zumindest verschiedene inhaltliche Zugangswege gewählt werden: über das Leben von Karel und Berta Bobath, über typische Bewegungsmuster, über krankheitsspezifische Möglichkeiten der Mobilisation, über Vergleiche mit dem Vojta-Prinzip, über den Bezug zur Kinästhetik ... Um hier zu begründeten Entscheidungen zu kommen, bedarf es auf jeden Fall einer komplexen Analyse der verschiedenen Planungsdimensionen. Auf der inhaltsbezogenen Planungsebene können die o. g. Perspektiven und Elemente der Inhaltsstruktur dabei ebenso hilfreich sein wie die Frage nach Transfermöglichkeiten vielleicht aus anderen Bereichen.

Hinzukommen muss auf jeden Fall eine Präzisierung des Lernziels im Sinne einer Operationalisierung von Teillernzielen auf der Basis der jeweiligen perspektivischen Sach- und Handlungslogik.

Erst über eine solche Präzisierung ist es schließlich möglich, genau zu benennen, was man den Schülern vermitteln will bzw. was sie können sollen. Und dieses ist entscheidend für die Inhaltsauswahl im Sinne einer „Passung" gegenüber dem geplanten Ziel.

Andererseits kann die intensive, in gewisser Weise lernzielunabhängige Auseinandersetzung mit einem Themenbereich auch dazu führen, neue Lernziele überhaupt erst zu „entdecken", und zwar über den Weg des Erkenntnisgewinns zunächst beim Lehrenden und schließlich auch beim Schüler. So können beispielsweise Schüler im Sinne eines prozessorientierten Unterrichts (z.B. beim POL, Kap. 7, S. 156) durch die intensive Auseinandersetzung mit einem Thema für sich ganz neue Lernziele entdecken und diese dann auch verfolgen bzw. dem Unterrichtenden ein Verfolgen überzeugend nahe legen.

Voraussetzung dafür ist ein systematisches strukturanalytisches Vorgehen, um hinsichtlich der Inhaltsdimension der Unterrichtsplanung Entscheidungen qualifiziert vorzubereiten.

6. Welche Möglichkeiten des Unterrichtsaufbaus, der Sozialformen, der Unterrichtskonzepte und -methoden, Medien und Arbeitsmaterialien sind im Hinblick auf den geplanten Inhalt sinnvoll und notwendig?

Diese Fragen, sie werden im nächsten Teil dieses Kapitels (Methoden- und Organisationsdimension, S. 70) sowie in Kapitel 7 (S. 113) differenziert analysiert, müssen bei inhaltlichen Überlegungen immer mitbedacht werden. Dabei geht es um den Aufbau der Stunde, die insgesamt zur Verfügung stehende Zeit, die gewählten Arbeitsformen sowie notwendige und verfügbare Medien und Materialien. Hier nur soviel: Inhaltliche Entscheidungen müssen zum einen „machbar" sein, zum anderen können angestrebte Ziele und Inhalte durch „falsche" Methoden oder „unpassende" Medien auch von vornherein zum Scheitern verurteilt sein. So macht es etwa wenig Sinn, einen Text in einer Gruppenarbeit „lesen" zu lassen. Lesen kann man nur allein, es böte sich also die Einzelarbeit an, möglicherweise mit einer anschließenden Diskussion in der Kleingruppe. Andererseits sollte für ein Lernziel auf der Stufe 6 der Taxonomie für den kognitiven Bereich (Beurteilung) das kreative Denkpotential einer Gruppe genutzt werden, dies ist mit Sicherheit effektiver, als wenn die Schüler das Problem jeweils allein bearbeiten (es sei denn, es handelt sich um eine Leistungsmessung). Ähnliches gilt für Medien und Materialien, so sollte beispielsweise die Leistungsfähigkeit der schuleigenen visuellen und akustischen Aufzeichnungstechnik (vor allem die des Mikrofons in der Kamera) überprüft werden, bevor eine – an sich sicher sinnvolle – Videoanalyse einer bestimmten Pflege- oder Therapietechnik in Angriff genommen wird.

7. Welche Möglichkeiten der Ergebnissicherung und des Überprüfens von Lehr-Lern-Erfolgen bieten sich an?

Diese letzte Frage sollte hinsichtlich der inhaltsbezogenen Planungsüberlegungen immer Berücksichtigung finden, denn sie zielt auf die Dauerhaftigkeit des Lernerfolgs. Dabei ist nicht so sehr an die klassische Leistungsmessung gedacht (Kap. 9, S. 175), sondern an die Überprüfung und Sicherung des laufenden Lehr-Lern-Erfolgs. Jede Unterrichtsstunde bedarf wenigstens einer Ergebnissicherung durch Tafelanschrieb, Wandzeitung, OH-Folie, Mitschrift, Auswertung von Gruppenarbeitsergebnissen etc. Darüber hinaus können etwa im Zusammenhang mit der Aktualisierung der Vorkenntnisse oder durch kleine Tests die Behalteffekte überprüft werden, gerade auch im Sinne der „Selbstdiagnose" für die Schüler.

Inhaltsbezogene Planungsüberlegungen müssen dies berücksichtigen, müssen zu Entscheidungen über das „Wichtigste" kommen, müssen auch immer wieder neu die Basis der Vorkenntnisse absichern, um darauf aufbauen zu können.

Die genannten 7 Kernfragen können helfen, die pädagogisch-didaktische Perspektive im Zusammenhang mit den Entscheidungsparametern inhaltsbezogener Planungsüberlegungen generell angemessen zu akzentuieren. Sie bedürfen dabei immer auch des Bezugs zu den anderen Planungsdimensionen bzw. deren pädagogisch-didaktischer Komponente.

Inhaltsdimension im Planungsalltag

Die benannten und beschriebenen fachwissenschaftlich-sachlogischen, kompetenz- und qualifikationsbezogenen und pädagogisch-didaktischen Orientierungen inhaltsbezogener Planungsüberlegungen beschreiben das Gesamtspektrum qualifizierter Entscheidungen in diesem Bereich. Nun werden viele der Leserinnen und Leser sicher die Frage stellen, wie denn das alles im Hinblick auf jede zu planende Unterrichtsstunde zu verwirklichen sei.

Diese Frage bzw. dieser Zweifel ist durchaus legitim mit Blick auf die täglichen Belastungen im Schulalltag. Und legitim ist sicher auch der Hinweis, dass doch nicht für jede Unterrichtsstunde alles noch einmal neu „zu erfinden" sei.

Das ist einerseits richtig, andererseits aber auch ein Stück weit verführerisch hinsichtlich der größtmöglichen Aufwandsreduzierung. Wesentlich ist auf jeden Fall der „Stand" der eigenen beruflichen Sozialisation: gerade für Lehranfänger und in den ersten Berufsjahren kann auf eine besonders solide eigenständige Auseinandersetzung mit den Elementen der Inhaltsdimension der Unterrichtsplanung nicht verzichtet werden. Denn wie sollen beispielsweise curriculare Vorgaben, die „von außen" kommen, hinsichtlich ihrer Korrektheit, Angemessenheit und Machbarkeit überprüft werden, wenn der betreffende Themenbereich vom Unterrichtenden selbst überhaupt noch nicht vollständig durchdacht und reflektiert wurde?

Insofern ist der oft sicher gut gemeinte Tipp von erfahrenen „Unterrichtsprofis" an Lehranfänger, sich doch an vorgegebenen Unterrichtskonzepten zu orientieren, und auch deren Bedürfnis nach „fertigen" Entwürfen gerade hinsichtlich der Inhaltsdimension zumindest äußerst fragwürdig bzw. kurzsichtig. Das heißt nicht, dass curriculare Vorschläge und Vorgaben einfach ignoriert werden sollten (zudem sie oftmals verbindlich und meistens auch durchdacht sind), es heißt aber, dass die „Anwender" sich auf jeden Fall zunächst inhaltlich so „fit" machen sollten, dass sie die Vorgaben nachvollziehen, ihre Korrektheit bzw. Aktualität und Angemessenheit einschätzen und ggf. notwendige Modifikationen begründet durchführen können. Dies natürlich alles vor dem Hintergrund der weiteren hier beschriebenen Planungsdimensionen.

Je weiter ein Unterrichtender in seiner beruflichen Sozialisation fortgeschritten ist, desto leichter wird ihm dies gelingen – vorausgesetzt er fühlt sich einem lebenslangen Lernen verpflichtet, bleibt also mit seinen eigenen Kompetenzen und Qualifikationen „am Ball". Dann ist er in der Lage, Bewährtes weiterzuführen, Neues zu überprüfen und beides miteinander in durchaus effektiver Weise in Einklang zu bringen.

M *Die Auseinandersetzung mit den verschiedenen Orientierungen der Inhaltsdimension der Unterrichtsplanung ist die Basis für eine qualifizierte Auswertung z. B. curricularer Vorgaben und Vorschläge bis hin zu Entscheidungen für die konkrete Unterrichtsplanung. Eine solche Reflexionsarbeit beinhaltet nicht nur fachwissenschaftlich-sachlogische, kompetenz- und qualifikationsbezogene sowie pädagogisch-didaktische Analyseergebnisse, sondern dient zugleich auch der Grundlegung einer berufsethisch verantwortlichen Dimension der inhaltsbezogenen Unterrichtsplanung.*

6.1.4 Methoden- und Organisationsdimension der Unterrichtsplanung

Nachdem die Situationsdimension der Unterrichtsplanung sich hauptsächlich mit den Bedingungen und Voraussetzungen des zu planenden Unterrichts befasst, die Lernziel- und die Inhaltsdimension die Frage nach dem „Was?", dessen Differenzierung und dem intentionalen sowie inhaltlichen Lernweg stellt, beschäftigt sich die Methoden- und Organisationsdimension mit dem „Wie?" der Unterrichtskonzeption.

Wolfgang Schulz (1981, 1999) spricht im „Hamburger Modell" in dieser Hinsicht von den „Vermittlungsvariablen" des Unterrichts und zählt Methoden, Medien, Sozialformen, Unterrichtsphasen sowie so genannte „schulorganisatorische Hilfen" (Lehrbücher, -konzepte und -programme etc.) dazu. Im Rahmen der „kritisch-konstruktiven Didaktik" berücksichtigt W. Klafki (1996) den Planungsbereich des „Wie" hingegen in seinem Perspektivenschema zur Unterrichtsplanung in zweierlei Hinsicht. Zum einen als „Bestimmung von Zugangs- und Darstellungsmöglichkeiten", z. B. durch Medien, und zum anderen im Sinne der methodischen Strukturierung: *„Lehr-Lern-Prozeßstruktur, verstanden als variables Konzept notwendiger oder möglicher Organisations- und Vollzugsformen des Lernens (einschließlich sukzessiver Abfolgen) und entsprechender Lernhilfen, zugleich als Interaktionsstruktur und Medium sozialer Lernprozesse"* (S. 215).

G. E. Becker (2001) unterscheidet in seiner „Handlungsorientierten Didaktik" Sozialformen, Medien, Unterrichtskonzeption und Methode, und Hilbert Meyer (1992) schlägt im Rahmen einer „Theorie der Unterrichtsmethode" insgesamt 17 „Definitionen" vor. Seine übergeordnete Definition lautet: *„Unterrichtsmethoden sind die Formen und Verfahren, in und mit denen sich Lehrer und Schüler die sie umgebende natürliche und gesellschaftliche Wirklichkeit unter institutionellen Rahmenbedingungen aneignen"* (S. 45). Dabei betont er insbesondere die *„unterrichtsmethodische Handlungskompetenz von Lehrern und Schülern"* (S. 47), den institutionellen Gesichtspunkt, den Ziel- und Inhaltsbezug der Methode sowie die Entscheidungen bezüglich des Unterrichtsverlaufs bzw. die Prozessstruktur des Unterrichts.

Allen hier genannten „Definitionsvorschlägen" ist eines gemeinsam: sie stellen einerseits die Frage, wie Lehrer lehren und Schüler lernen, und befassen sich zudem mit der Organisation des Unterrichts in chronologischer und lerngruppenbezogener Hinsicht.

M *Sinnvoll erscheint es, von der Methoden- und Organisationsdimension der Unterrichtsplanung zu sprechen und darunter sowohl methodische Entscheidungen genereller , z. B. Problemorientiertes Lernen, und spezieller Art wie Unterrichtsgespräche, Lehrervortrag, Rollenspiel etc., Medien, Sozialformen (Einzel-, Partner-, Klein- und Großgruppenarbeit) als auch Überlegungen zur Unterrichtsabfolge zu fassen. Es handelt sich also um einen „weiten" Begriff von Unterrichtsmethodik, um im Sinne von Schulz' „Vermittlungsvariablen" und Klafkis „Lehr-Lern-Prozessstruktur" das Gesamt des „Wie" in der Unterrichtsführung bzw. -planung zu erfassen und nach den erforderlichen diesbezüglichen Handlungskompetenzen des Lehrers zu fragen.*

Wenngleich die einzelnen methodischen Handlungskompetenzen also eigentlich Kompetenzen auf der unmittelbaren Durchführungsebene des Unterrichts sind, müssen sie auf der Planungsebene „angedacht" werden.

Hier unterscheidet sich dieser Ansatz bewusst von so genannten „subjektiven Didaktiken" (vgl. etwa Kösel, 1995), die ihre theoretischen Bezüge vornehmlich in der Transaktionsanalyse, der themenzentrierten Interaktion oder generell in Theorien der Kommunikation und Gruppendynamik verorten. Um Missverständnissen vorzubeugen: Alle genannten Theoriebereiche können eine wichtige Bereicherung für Unterrichtsprozesse und deren Begleitung sein, gerade im berufsbildenden Bereich sind ihnen aber insofern Grenzen gesetzt, als kriterienorientiert im Hinblick auf das Ausbildungsziel geplant werden muss. D. h. Kenntnisse in diesen Bereichen und deren Anwendung können sehr hilfreich sein bezogen auf manche Ausbildungssequenzen (z. B. die psychosoziale Dimension), werden sie aber überbewertet, muss das zwangsläufig auf Kosten der Machbarkeit und Effektivität von Ausbildungsqualität gehen: Manche Fakten können eben nicht „erfahrungsbezogen" vermittelt werden; hier bedarf es kluger, schülerbezogener und fachkompetenter methodischer Planungen, die sowohl motivationale als auch lernpsychologische Aspekte der Vermittlungssituation berücksichtigen.

Wenngleich zentrale methodische Elemente des Unterrichtsprozesses im nächsten Kapitel behandelt werden (denn sie finden ja im Unterricht statt und nicht in der Unterrichtsplanung), werden an dieser Stelle wichtige Aspekte hinsichtlich des methodischen Handelns angesprochen, die bereits auf der Planungsebene angegangen werden müssen, soll nicht der Unterrichtsprozess als völlig „offene" Kategorie verstanden werden. Um diese Aspekte wirklich – auch im Hinblick auf die Unterrichtsplanung – verstehen und einordnen zu können, sind Kenntnisse auf der Ebene der methodischen Handlungskompetenzen unumgänglich.

Dies ist aber kein eigentlich systematisches Problem, sondern zeigt lediglich, dass interdependente Faktoren nicht linear unabhängig voneinander beschrieben werden können. Da Bücher sich aber durch fortlaufende Seiten auszeichnen, sollten Leserin und Leser an dieser Stelle besonders auf das „Querdenken" durch die Kapitel aufmerksam gemacht werden.

Es sind drei Faktorenkomplexe, die uns im Hinblick auf Überlegungen zur Methoden- und Organisationsdimension wesentlich und hilfreich für die Unterrichtsplanung erscheinen:
- die einzelnen Unterrichtsphasen,
- der Wechsel von Sozialformen,
- eine angemessene (also auch inhaltlich „passende") Methodenvielfalt.

Für alle Faktorenkomplexe gilt natürlich die grundlegende und gestaltende Bedeutung des Lernprozesses als Lehrer-Schüler-Interaktion im Rahmen einer institutionellen Eingebundenheit und ziel- und inhaltsbezogenen Orientierung.

Unterrichtsphasen

Um ein Teilergebnis dieses Abschnittes vorwegzunehmen, sei an den Anfang folgendes Zitat G. E. Beckers (1997) gestellt: *„Die Annahme, daß jeder Unterricht nach einem bestimmten Schema ablaufen könne, muß als Fehlannahme bezeichnet werden"* (S. 171).

Diese These stellt zahlreiche Vorschläge infrage, mit denen Pädagogen „seit Generationen" versuchen, feststehende Phasen- oder Stufenabläufe von Unterricht, so genannte Artikulationsschemata, zu formulieren. Hilbert Meyer (1992) sieht die Hauptursache solcher Vereinfachungen in einer *„Komplexitätsreduktion, um die Handlungsfähigkeit des Lehrers herzustellen bzw. zu sichern"* (S. 192). Er formuliert die These: *„Stufen- und Phasenschemata leisten eine Reduzierung der Komplexität des Unterrichtsprozesses im Bewußtsein des Lehrers"* (S. 192). Damit gewinnen, so Meyer weiter, die Artikulationsschemata den Charakter von komplexen Unterrichtsrezepten, die den methodischen Gang des Unterrichts beschreiben und strukturieren (vgl. S. 192).

Auf der Grundlage der Folie: Hinführen auf das Thema, Erarbeitung des Themas, Abschluss bzw. Ergebnissicherung liegen zahlreiche Stufen- und Phasenschemata vor. Die folgende Zusammenstellung orientiert sich an den Ausführungen H. Meyers (vgl. 1992, S. 162 ff.), der sehr ausführlich und detailliert auf die verschiedenen Konzepte eingeht. Wer von den Leserinnen und Lesern sich einen über den Rahmen und die Zielsetzung dieses Buches hinausgehenden Überblick verschaffen will, dem sei die Lektüre der entsprechenden Textpassagen (S. 162–206) bei Hilbert Meyer (1992) dringend ans Herz gelegt. Hier nur einige wichtige Aspekte:

Der Begriff des „Artikulationsschemas" basiert auf Johann Friedrich Herbarts didaktischen Arbeiten; er sprach von der „Artikulation" des Unterrichts (1806). Herbart selbst unterschied zum Zweck der Vertiefung (in die Lerngegenstände) und der Besinnung (auf sich selbst) die Stufen: Klarheit (Begriffe, Gedanken), Assoziation (Verknüpfung mit schon Bekanntem), System (Strukturierung) und Methode (Anwendungsbezug).

Die so genannten „Herbartianer", wie Ziller und Rein, machten aus Herbarts Ursprungsüberlegungen eine Formalstufentheorie, die nun für jede Unterrichtsstunde eine absolut gleichlautende Abfolge forderte, so bei Rein: Vorbereitung, Darbietung, Verknüpfung, Zusammenfassung, Anwendung (1878).

Heinrich Roth entwickelte 1957 sein problemorientiertes Stufenkonzept mit dem Aufbau: Motivation, Lernschwierigkeiten, Lösung, Tun und Ausführen, Behalten und Einüben. Jochen und Monika Grell (1999) sprechen vom „Rezept für die Ausführung einer Unterrichtsstunde" und ordnen wie folgt: Herstellen einer lernförderlichen Stimmung, informierender Unterrichtseinstieg, Informationsinput, Formulieren einer Lernaufgabe, selbständiges Erarbeiten der Lernaufgabe durch die Schüler, Weiterverarbeitung, Auswertung – ggf. findet vor der Weiterverarbeitung noch eine Auslöschungsphase statt.

Die genannten Schemata stellen nur eine Auswahl dar. Bei H. Meyer finden Leserin und Leser noch weitere Beispiele und auch eine Systematisierung in Form einer „Didaktischen Landkarte" zu Stufen- und Phasenschemata des Unterrichts.

Allen Artikulationsschemata gemeinsam ist der Versuch, Unterricht nach einem gleich bleibenden, statischen Schema zu planen, ohne die Grenzen der Planung zu sehen, was bei Berücksichtigung prozessorientierter Aspekte unumgänglich ist. Streng genommen kann dies auch von einem „modernen" Schema, wie dem von Jochen und Monika Grell (1999), nicht eingelöst werden, denn der Interaktionsprozess des Unterrichts mit seinen ggf. nicht absehbaren „Folgen" für den Unterrichtsablauf ist auch hier nicht wirklich mitbedacht.

G. E. Becker (2004) empfiehlt in diesem Zusammenhang den Blick zum einen auf die geplante Lehr-Lern-Folge zu richten und diese in der Unterrichtssituation mit dem realisierten Lehr-Lern-Prozess in Beziehung zu setzen, wobei es hier nicht um eine größtmögliche Passung geht. Dabei geht er davon aus, dass ein qualifizierter Unterricht immer gegliedert ist, diese Gliederung sich an den Lernvoraussetzungen der Schüler orientiert und sie insgesamt nur „adressaten- und aufgabenspezifisch" entwickelt werden kann. Die Methodenüberlegungen, so Becker weiter, beeinflussen die Entscheidung ebenso wie das individuelle Lernvermögen der Schüler, Lernchancen der Schüler sollten gewahrt werden, die Lehr-Lern-Folge sollte abwechslungsreich sein und den Schülern Gelegenheit geben, das Erlernte anzuwenden. Zusammengefasst lässt sich also feststellen, dass „fertige" Artikulationsschemata immer die Komplexität des Unterrichtsgeschehens rein lehrerzentriert beschneiden. Dennoch müssen Unterrichtende in der Unterrichtsplanung ein Konzept entwickeln, das den Schülern als Leitfaden dienen kann, in der Durchführung aber flexibel genug ist, um sich prozessorientiert zu öffnen für neue Anliegen und Erfordernisse.

Sozialformen

Der Begriff „Sozialform" beschreibt die Konstellation, in der Schüler lernen, also die Art, wie ihr Lernen sozial organisiert ist. Unterschieden werden Einzel-, Partner-, Kleingruppen- und Großgruppenarbeit. Dabei geht es ausschließlich um die Organisationsform, nicht um das Wie des Arbeitens in der jeweiligen Konstellation. So kann eine Diskussion über ein bestimmtes zu beurteilendes Phänomen sowohl in der Partner-, Klein- als auch Großgruppenarbeit geführt werden.

> **M** *Sozialformen bezeichnen also die Art des Miteinanders der Schülerinnen und Schüler, sie verweisen auf die soziale Komponente des Unterrichts, auf Kommunikations- bzw. Interaktionsstrukturen. Sie nehmen damit auch direkt oder indirekt Einfluss auf die Gesprächsanteile der Lernenden im Unterricht.*

Kapitel 7 wird ausführlich auf die verschiedenen Sozialformen, ihre Vor- und Nachteile, Organisationsmuster und thematischen „Geeignetheiten" eingehen. Leserin und Leser müssen aus den genannten Gründen also wieder „querlesen", um sich mit Auswahlkriterien und Durchführungskomponenten vertraut zu machen.

Für die Unterrichtsplanung speziell ist allerdings eines wichtig. Das genannte Spektrum der Sozialformen spiegelt die verschiedenen interaktiven Konstellationsmöglichkeiten des beruflich oder auch allgemein menschlichen Miteinanders. Insofern können die Sozialformen auch ein Übungsfeld dieses Miteinanders in seiner Vielfalt sein: Probleme können am besten in überschaubaren Gruppen gelöst werden, eine eigenständige Auseinandersetzung mit einer Thematik allein, Pflege- und Beratungskonstellationen in Partnerarbeit und eine Diskussion aus verschiedenen z. B interdisziplinären Perspektiven in der gesamten Lerngruppe. Aus der Sinnhaftigkeit dieser Differenzierung ergibt sich zugleich die Unsinnigkeit einer Sozialformmonotonie, die zudem das natürliche Bedürfnis der Schülerinnen und Schüler nach Abwechslung in den Interaktionsformen ignorieren würde.

Die Folge aus all dem ist: Sozialformen müssen in Bezug auf den zu unterrichtenden Inhalt „kompatibel" sein, sie sollten die Lernchancen zum sozialen Miteinander nutzen und fördern, sie dürfen das berechtigte und inhaltlich legitimierte Bedürfnis der Schülerinnen und Schüler nach Interaktionsvielfalt nicht ignorieren, sonst sind Desinteresse, Konflikte und „Kleinkriege" im Unterricht zwischen Lehrer und Schülern vorprogrammiert.

Methodenangemessenheit und -vielfalt

Für eine angemessene Methodenvielfalt im Unterricht gilt im Prinzip Ähnliches wie für den notwendigen Wechsel der Sozialform: So eignet sich beispielsweise die Vortragsform nur für bestimmte Inhalte, und wenn sie eine bestimmte Zeiteinheit überschreitet, sind Unaufmerksamkeit, Gähnen und Unruhe die zwangsläufige Folge. Demonstrationen und bestimmte Gesprächsarten haben ebenso ihren Platz im Unterrichtsgeschehen wie das Rollenspiel, die Projektmethode oder einzelne Methodenelemente wie die Moderation oder das Mind-mapping. Zudem sind diese Methoden ohne den Einsatz bestimmter Medien nicht denkbar.

Unterrichtende sollten in diesen Bereichen eine gewisse Souveränität erlangen. Kapitel 7 dieses Buches kann hoffentlich dazu wesentliche Anstöße geben.

Klarheit muss hierbei insbesondere über die inhaltliche Angemessenheit von Methoden gewonnen werden, denn Methoden sind nicht wie Sozialformen Organisationskonstellationen des Unterrichts, sie beschreiben vielmehr das Wie der unterrichtlichen Aktion und Interaktion.

Damit ist die Methodenentscheidung sehr wesentlich an die Ziel- und Inhaltsentscheidungen gebunden. Diese bestimmen auch die methodische „Partitur" des Unterrichts: Wenngleich eine Vielfalt im Sinne der Abwechslung für die Schüler verbunden mit einer Verbesserung des Motivationsgrades grundsätzlich wünschenswert erscheint, darf es nicht eine Vielfalt „der Vielfalt wegen" geben. Es wird immer wieder Unterrichtsthemen geben, die ein beharrliches Verfolgen bestimmter Präzisionsgrade in punkto Wissen und Können verlangen. Hier kann die Konzentration auf eine Methode über einen längeren Unterrichtsabschnitt durchaus sinnvoll sein, um die Aufmerksamkeit der Schüler zielgerichtet und kompakt zu bündeln. Möglicherweise kann in einer solchen Lernsituation wiederum ein Konstellationswechsel, etwa eine eingeschobene Partnerarbeit, sehr sinnvoll sein.

M *Insgesamt gilt, dass die Methoden- und Organisationsdimension der Unterrichtsplanung nicht isoliert betrachtet werden kann, sondern in besonderer Weise des Bezugs auf die anderen Planungsdimensionen bedarf. Dabei können methodische Anliegen (z. B. das Problemlösen innerhalb eines Projektes) durchaus zu inhaltlichen Zielen werden, die beispielhaft für konkrete Entscheidungssituationen in der späteren Berufspraxis stehen.*

6.2 Gestaltung von Unterrichtsentwürfen

Die vorangehenden Ausführungen in diesem Kapitel beziehen sich auf grundlegende Planungsüberlegungen, die je nach dem Stadium der beruflichen Sozialisation mehr oder minder ausführlich und explizit ausfallen werden.

Ein großer Teil der Leserinnen und Leser dieses Buches wird zu einer spezifischen „Anwendergruppe" gehören, nämlich z. B. als Studentin oder Student der Pflegepädagogik oder in einer bestimmten pädagogisch-didaktischen Weiterbildung. Für diese Lesergruppe ist die Frage nach der Gestaltung schriftlicher Unterrichtsentwürfe – etwa im Hinblick auf zu absolvierende Unterrichtssupervisionen bzw. Lehrproben – von besonderer Relevanz.

Dieses Anliegen soll hier konstruktiv aufgenommen werden in Form eines Vorschlages zur Anfertigung eines komplexen Unterrichtsentwurfes. Dabei muss unbedingt erwähnt werden, dass es sich hierbei um einen Unterrichtsentwurf zu Ausbildungszwecken handelt, der in dieser Ausführlichkeit nicht für die „laufende" Unterrichtsvorbereitung im Beruf stehen kann.

Dennoch: Ein solch ausführlicher Unterrichtsentwurf ist eigentlich nur die schriftliche Niederlegung dessen, was „im Kopf" eines professionellen Unterrichtsplaners „abläuft". Im Anfangsstadium der beruflichen Sozialisation ist dies in besonderem Maße unmittelbar formulierungsbedürftig, in den weiteren Jahren der Berufsausübung mögen Erfahrung und Reflexionsfähigkeit die schriftliche Auseinandersetzung z. T. überflüssig machen, dennoch bleibt die notwendige gedankliche Planungsarbeit unabdingbar. Letzteres erklärt auch die Tatsache, dass „Berufsprofis" oftmals so mühelos in ihrem Tun erscheinen – dies allerdings in deutlicher Abgrenzung zu sich als Professionals ausgebenden Personen, die ihre eigentliche Planungslückenhaftigkeit hinter angeblicher Prozess- oder Erfahrungsbezogenheit verbergen.

Wer die Geschichte der Lehrerausbildung in den vergangenen Jahrzehnten beobachtet hat, kann eine Reihe verschiedener Vorschläge zur Entwurfsgestaltung identifizieren, die z. T. eng an die jeweilige didaktische „Schule" gebunden sind, so beispielsweise das Gliederungssystem in Anlehnung an das „Berliner Modell" von Heimann et al. (1975).

Der folgende Vorschlag zur Entwurfsgestaltung bezieht sich nicht unmittelbar auf ein bestimmtes didaktisches Modell, er lässt sich vielmehr ableiten aus den bisherigen konzeptionellen Überlegungen zu den Dimensionen der Unterrichtsplanung in diesem Kapitel. Dieser Vorschlag ist demzufolge in dem Maße und mit den Literaturbezügen theoriegeleitet wie die benannten Leitlinien zur Unterrichtsplanung. So lassen sich Elemente der „Didaktischen Analyse" oder auch der „Kritisch-konstruktiven Didaktik" (Klafki) ebenso finden wie Bezüge zu den Lernzieltaxonomien (Bloom, Krathwohl, Dave) oder zu Schulz' „Hamburger Modell". Wesentlich sind auch Aspekte der „Handlungsorientierten Didaktik" nach G. E. Becker (1997, 2004) sowie grundlegende Konsequenzen für die Unterrichtsplanung aufgrund der aktuellen berufspädagogischen und speziell Kompetenz- und Qualifikationsforschung (vgl. hierzu auch die Ausführungen in Kapitel 2 und 3).

Insgesamt basiert der Vorschlag auf der Reflexion langjähriger Erfahrungen mit Planungsprozessen im Rahmen der Lehrerausbildung in den Gesundheitsberufen allgemein und speziell in den Pflegeberufen. Wichtig ist dabei, dass der Entwurf eines Unterrichts die eigenständige Analyse-, Reflexions- und Entscheidungsleistung des Unterrichtsplaners widerspiegelt und dass die getroffenen Entscheidungen auch in ihrer sach- und handlungslogischen und pädagogisch-didaktischen Begründung nachvollziehbar sind. Insofern kann gerade in Bezug auf fachliche Entscheidungen der bloße Verweis auf existierende Curricula nicht ausreichen.

Betont werden soll zudem, dass es sich im Folgenden ausschließlich um einen Vorschlag handelt, andere Systematiken und Gliederungsaspekte sind ebenso denkbar wie eine Modifikation des Vorschlags je nach „Bedarf" oder auch persönlichem Planungsstil. Was allerdings unabdingbar ist, ist die Begründbarkeit, das Reflexionsniveau und der Theorie- und Praxisbezug der Planungsüberlegungen.

6.2.1 Elemente eines Unterrichtsentwurfs

Grundsätzlich erscheinen folgende Gliederungspunkte sinnvoll:
- 1 Allgemeine Angaben und Einführung
- 2 Situationsanalyse
- 2.1 Rahmenbedingungen
- 2.2 Lernvoraussetzungen
- 3 Sachanalyse
- 4 Didaktische Analyse
- 5 Planungsentscheidung
- 5.1 Lehr - Lernziele
- 5.2 Methoden- und Organisationsentscheidungen
- 5.3 Verlaufsübersicht
- Anlagen
- Literaturverzeichnis

Nun einige Erläuterungen zu den einzelnen Gliederungspunkten, die eigentliche inhaltliche Ausfüllung wird im sich anschließenden Beispielunterrichtsentwurf deutlich werden.

1. Allgemeine Angaben und Einführung

Zu Beginn des Unterrichtsentwurfs sollten einige Orientierungshinweise stehen. Dazu zählen:
- Name des/der Unterrichtenden,
- Schule (möglichst mit Anschrift),
- Lerngruppe (z. B. 1. Ausbildungsjahr),
- Lernfeld, Modul,
- Lernsituation, Unterrichtseinheit,
- Stundenthema,
- Unterrichtszeitpunkt (Datum, Uhrzeit),
- ggf. Raumnummer oder -bezeichnung.

Es schließen sich einige Worte beispielsweise zur Verankerung des Themas im entsprechenden Berufsgesetz bzw. in der Ausbildungs- und Prüfungsordnung sowie, falls gegeben, in einem verbindlichen Rahmenlehrplan/Curriculum an. Dazu gehört auch die lernfeld- bzw. modulbezogene Einbindung und ein Hinweis auf die Verortung in Lernsituation und Unterrichtseinheit insgesamt. Hinzu kommt die generelle Begründung der Thematik hinsichtlich ihrer Relevanz für Beruf und Ausbildung sowie eine erste Schwerpunktsetzung für den geplanten Unterricht.

2. Situationsanalyse

Bezüglich der Situationsanalyse sei hingewiesen auf das gleichnamige Kapitel 6.1.1 (S. 48) in diesem Buch. Kernpunkte dieses Gliederungspunktes sind demzufolge Überlegungen zu Rahmenbedingungen und Lernvoraussetzungen.

Die inhaltliche Ausgestaltung der beiden Schwerpunkte kann sich an den Aspekten von **Abb. 6.2** (S. 51) in Kapitel 6.1.1 orientieren, dabei kann es, je nach konkretem Planungszusammenhang, zu einer unterschiedlichen Akzentuierung und Ordnung der einzelnen Aspekte kommen. Überschneidungen der Schwerpunkte 2.1 Rahmenbedingungen und 2.2 Lernvoraussetzungen sind möglich und ggf. sogar sinnvoll. Insofern kann unter Umständen auch auf eine formale Differenzierung der Schwerpunkte verzichtet werden.

3. Sachanalyse

Die Sachanalyse orientiert sich ganz wesentlich an den Ausführungen zur Inhaltsdimension der Unterrichtsplanung in Kapitel 6.1.3 (S. 63) und hier ganz besonders an den fachwissenschaftlich-sachlogischen und kompetenz- und qualifikationsbezogenen Aspekten der Inhaltsdimension.

Dabei geht es vornehmlich darum, den für den Unterricht angezielten Themenbereich fachspezifisch in theoretischer wie in kompetenz- bzw. qualifikatorisch-praktischer Hinsicht zu „durchleuchten". Notwendig ist hierzu eine (schriftliche) Auseinandersetzung mit der entsprechenden relevanten Fachliteratur. Hierbei sollte auf die Aktualität der verwendeten Literatur geachtet werden, auch kontroverse fachwissenschaftliche Positionen, soweit vorhanden, müssen diskutiert werden. Dabei sollte die verwendete Literatur in der üblichen Weise zitiert bzw. angegeben werden und sich auch im Literaturverzeichnis am Ende des Entwurfes identifizieren lassen.

Ebenso notwendig ist die Kenntnis(soweit möglich) der zukünftigen qualifikationsbezogenen Dimension in der betreffenden Berufsgruppe.

Es versteht sich insofern von selbst, dass der bloße Bezug auf ein bestimmtes Lehrbuch, das vielleicht in der Schule eingeführt ist, hier nicht ausreichen kann; die oder der jeweilig Unterrichtende sollte ihren oder seinen Schülern auf jeden Fall insoweit „voraus" sein, dass sie oder er dieses Lehrbuch auch fachwissenschaftlich hinterfragen kann (dies kann natürlich nicht für das gesamte Feld der Berufsausübung in allen Fachbereichen gelten, Schwerpunktsetzungen und Spezialisierungen sind notwendig).

Wichtig ist, dass die Sachanalyse sich *nicht* an einem konkreten Stundenverlauf orientiert und somit andere, ursprünglich stundenbezogen vielleicht nicht angedachte Inhaltsaspekte von vornherein ausklammert. Vielmehr dient die Sachanalyse der Erschließung des Themas, eben „von der Sache her".

4. Didaktische Analyse

Die „Didaktische Analyse" findet ihren Ursprung ebenfalls im Bereich der Inhaltsdimension der Unterrichtsplanung (Kapitel 6.1.3, S. 63), und zwar vornehmlich in der pädagogisch-didaktischen Orientierung dieser Dimension.

Die in diesem Buch formulierten entsprechenden 7 Kernfragen hinsichtlich der pädagogisch-didaktischen Orientierung der Inhaltsdimension (S. 66) können hier leitend sein, sollten aber nicht linear, sondern eher zirkulär angegangen werden, wobei die Reihenfolge nicht zwingend ist. Diese Kernfragen können aber nur einen Rahmen bilden, denn in der „Didaktischen Analyse" kommen die verschiedenen Dimensionen der Unterrichtsplanung zusammen, d. h. neben der Situationsdimension insbesondere die Zieldimension sowie generell auch Inhalts- und Methoden/Organisationsdimension.

Auch hier geht es noch nicht um eine konkrete Entscheidung für den zu planenden Unterricht, sondern eben um eine Analyse der potentiellen Unterrichtsstruktur insgesamt. Dabei können verschiedene Ziel- oder Methodenüberlegungen angesprochen und abgewogen werden. So wird eine „Didaktische Analyse" immer eine Vielzahl möglicher Lernziele (vgl. Kap. 6.1.2, S. 52) enthalten, die nach Lernzielbereichen geordnet sind, aber noch nicht die Auswahl derjenigen, die schließlich im geplanten Unterricht tatsächlich angestrebt werden sollen; dies geschieht im nächsten Teil des Unterrichtsentwurfes.

Ebenso verhält es sich mit Methoden- und Organisationsüberlegungen, die hier beispielsweise mit den Möglichkeiten der Rahmenbedingungen und der Lernvoraussetzungen in Beziehung gesetzt werden.

5. Planungsentscheidung

Dieser Gliederungspunkt des Unterrichtsentwurfs legt nun die tatsächlich für den entsprechenden Unterricht getroffenen bzw. zu treffenden Planungsentscheidungen dar. Dazu gehören das übergeordnete Stundenziel sowie die Teillernziele, Methoden- und Organisationsentscheidungen und schließlich eine

Übersicht über den geplanten Verlauf des entsprechenden Unterrichts.

Insbesondere die Methoden- und Organisationsentscheidungen, einschließlich des geplanten Medieneinsatzes sollten nachvollziehbar dargelegt sein. Hinsichtlich der Verlaufsübersicht empfiehlt sich eine Darstellung in tabellarischer Form (Querformat), aus der die einzelnen Unterrichtsschritte hervorgehen. Sinnvoll sind entsprechende Zeitangaben, die Benennung des Schwerpunktes der jeweiligen Unterrichtsphase, das geplante Lehrer- und das erwartete Schülerverhalten sowie kurze Hinweise zu Medien, Sozialform und Methode. Dieser Aufbau ist allerdings nicht zwingend, Variationen sind je nach persönlichen „Vorlieben" durchaus möglich, lediglich die Übersichtlichkeit und der Informationswert hinsichtlich des Stundenverlaufes sollten gewahrt bleiben.

Anlagen

Kopien zu verwendender Overhead-Folien, geplante Tafelbilder, schriftliche Arbeitsaufträge oder Arbeitsblätter, zu bearbeitende Textausschnitte etc. sollten in der Anlage dem Entwurf beigefügt und nummeriert werden.

Dies erleichtert die Orientierung, zumal wenn im Kapitel Methoden- und Organisationsentscheidungen sowie im Verlaufsplan auf die entsprechenden Anlagennummern hingewiesen wird.

Literatur

Am Ende eines jeden Unterrichtsentwurfes findet sich eine alphabetisch geordnete Literaturliste. Diese enthält sämtliche für den Entwurf verwendete Literatur mit den üblichen bibliografischen Angaben.

6.3 Beispiel eines schriftlichen Unterrichtsentwurfes zu Ausbildungszwecken

Damit die vorstehenden Ausführungen zur Gestaltung eines Unterrichtsentwurfes und generell zu den Dimensionen der Unterrichtsplanung auch praktisch nachvollziehbar werden, ist im Folgenden ein vollständiger Unterrichtsentwurf abgedruckt. Dieser Unterrichtsentwurf mag manchem Leser und mancher Leserin in seiner Quantität sehr umfangreich erscheinen. Diese Einschätzung trifft sicherlich zu, setzt man den Umfang des Entwurfs in Relation zu den „nur" 90 Minuten Unterricht, auf die er sich letztlich bezieht. Aber in vielen Teilen, insbesondere in der Sachanalyse muss sich ein solcher Entwurf immer auch auf die Unterrichtseinheit insgesamt mit beziehen, in der die zu planende Stunde verankert ist. Und erinnert werden soll an dieser Stelle auch nochmals an die schon gemachten Ausführungen hinsichtlich der „Realitätsnähe" von Unterrichtsentwürfen zu Ausbildungszwecken: Auch (angehende) Lehrerinnen und Lehrer durchlaufen verschiedene pädagogisch-didaktische Kompetenzstufen. Für den „Lehranfänger" gilt daher ebenso wie für den Ausbildungs-/Berufsanfänger in der Pflege, dass die Lehrkompetenzen zunächst regelgeleitet und begründend-reflektierend erworben werden müssen, bevor sich eine gewisse Souveränität im Handeln einstellt. Das geschieht zum einen durch praktische Erfahrung, aber zum anderen auch durch die Verbalisierung (Verschriftlichung) der pädagogisch-didaktischen „Gedankengänge", um überhaupt erst eine Basis für Analyse und Reflexion zu ermöglichen.

Es handelt sich im Folgenden um eine Unterrichtsplanung aus dem Bereich der Gesundheits- und Krankenpflege. Das Thema des geplanten Unterrichts erlaubt das problemlose Verständnis und den Transfer auch auf die Bereiche der Gesundheits- und Kinderkrankenpflege sowie der Altenpflege. Es orientiert sich an realen gesetzlichen Vorgaben.

Der Entwurf beinhaltet die Systematik der Konzeption zur Unterrichtsplanung in diesem Buch; dies wird innerhalb des Entwurfs in Bezug auf Einzelaspekte nicht eigens erwähnt.

Hinzuweisen ist noch ausdrücklich darauf, dass es sich bei dem folgenden Unterrichtsentwurf um die Planung für eine konkrete Lerngruppe, an einer, zwar fiktiven, aber bestimmten Schule, mit spezifischen Rahmenbedingungen und Lernvoraussetzungen handelt. Übertragungen spezieller Art auf andere Unterrichtssituationen sind daher nur bedingt möglich. Jeder Unterrichtende muss seine Planungsüberlegungen und -entscheidungen letztlich individuell und situationsbezogen vollziehen, der folgende Entwurf kann aber als struktureller und strukturierender Leitfaden dienen.

Ganz herzlich gedankt sei an dieser Stelle Frau Sylvia Leopold, Studentin der Pflegepädagogik an der Katholischen Fachhochschule in Mainz, für ihre Bereitschaft, den von ihr erstellten Unterrichtsentwurf zum Thema „Pflege eines Schlaganfallpatienten nach dem Bobath-Konzept – Raumgestaltung und Lagerungen" für dieses Buch zur Verfügung zu stellen. Namen etc. wurden selbstverständlich anonymisiert, Rahmenbedingungen, Analyseüberlegungen und Planungsentscheidungen z. T. bewusst verändert, um eine aktuelle „Exemplarik" des Entwurfs zu gewährleisten.

Unterrichtsentwurf

Thema: Pflege eines Schlaganfallpatienten nach dem Bobath-Konzept – Raumgestaltung und Lagerungen

Sylvia Leopold

1   Allgemeine Angaben und Einführung

- **Unterrichtende:** Sylvia Leopold, Studentin der KFH Mainz, Studiengang Pflegepädagogik
- **Schule:** Schule für Gesundheits- und Krankenpflege in „Irgendwo"
- **Lerngruppe:** Schüler/innen im 3. Ausbildungsjahr
- **Lernmodul:** 18 a: „Bei der Entwicklung und Umsetzung von Rehabilitationskonzepten mitwirken und diese in das Pflegehandeln integrieren (I)"
- **Unterrichtseinheit:** Ausgewählte Rehabilitationskonzepte in das Pflegehandeln integrieren – Bobath-Konzept
- **Stundenthema:** Pflege eines Schlaganfallpatienten nach dem Bobath-Konzept – Raumgestaltung und Lagerungen
- **Unterrichtszeitpunkt:** Datum, Uhrzeit (90 Minuten)

Der vorliegende Unterrichtsentwurf hat den Umfang einer Doppelstunde. Diese Doppelstunde gehört zur Unterrichtseinheit „Ausgewählte Rehabilitationskonzepte in das Pflegehandeln integrieren – Bobath-Konzept". Diese ist Teil des Lernmoduls 18 a: „Bei der Entwicklung und Umsetzung von Rehabilitationskonzepten mitwirken und diese in das Pflegehandeln integrieren (I)" des Rahmenlehrplanes für die Gesundheits- und Krankenpflege bzw. Gesundheits- und Kinderkrankenpflege des Landes Rheinland Pfalz (Ministerium für Arbeit, Soziales, Familie und Gesundheit Rheinland-Pfalz, 2005). Der Rahmenlehrplan orientiert sich dabei am Themenbereich 4 – „Bei der Entwicklung und Umsetzung von Rehabilitationskonzepten mitwirken und diese in das Pflegehandeln integrieren" – der Ausbildungs- und Prüfungsverordnung für die Berufe in der Gesundheits- und Krankenpflege (KrPflAPrV, 2003).

Der zu planende Unterricht erfolgt in der 3. Doppelstunde der genannten Unterrichtseinheit. Die Unterrichtseinheit umfasst 12 Stunden. Dem zu planenden Unterricht vorausgegangen sind Themenschwerpunkte wie Pathophysiologie, Diagnostik und Therapie bei Patienten nach Apoplex, die Bedeutung für die Betroffenen und deren Angehörige sowie allgemeine Grundlagen der Rehabilitation. Der Unterrichtstunde sich anschließende Schwerpunkte werden sein: Mobilisation, Körperpflege, Mundpflege, Ankleiden, pflegerische Interventionen bei Aphasie, Unterstützung beim Essen und Trinken und pflegerische Interventionen bei Dysphagie, Unterstützung bei der Ausscheidung und pflegerische Maßnahmen bei Inkontinenz sowie Verhinderung von Komplikationen. Alle Inhalte stellen den direkten Bezug zum Bobath-Konzept her

Der Rahmenlehrplan des Landes Rheinland-Pfalz setzt das Ausbildungsziel des Krankenpflegegesetzes, welches am 1.1.2004 in Kraft getreten ist, curricular um. Hierbei soll es um die Vermittlung *„fachliche(r), personale(r), soziale(r) und methodische(r) Kompetenzen zur verantwortlichen Mitwirkung insbesondere bei der Heilung, Erkennung und Verhütung von Krankheiten ..."* gehen, die *„...entsprechend dem allgemein anerkannten Stand pflegewissenschaftlicher, medizinischer und weiterer bezugswissenschaftlicher Erkenntnisse"* zu vermitteln sind (KrPflG, 2003).

Der Schlaganfall ist nach dem Herzinfarkt und Karzinomerkrankungen die dritthäufigste Todesursache in Deutschland. Vielen Menschen ist noch nicht bewusst, welche Risikofaktoren bzw. welche Ursachen zu einem Schlaganfall führen können. Aus diesem Grund besteht diesbezüglich noch erheblicher Aufklärungsbedarf. Die Sterberate der Schlaganfallpatienten ist zwar seit 1970 um 45% gesunken, dennoch erleiden in Deutschland jährlich immer noch 200.000 Menschen einen Schlaganfall. Aufgrund der guten Behandlungsmöglichkeiten in den Krankenhäusern und der erfolgreichen Rehabilitationsprogramme für Schlaganfallbetroffene war es einerseits möglich, die Sterberate zu senken, andererseits hat der Schlaganfall aber häufig eine Langzeitbehinderung zur Folge. (vgl. BMBF, 2003) Um die Anzahl der Schlaganfälle senken zu können, müssten zunächst die Risikofaktoren minimiert werden. Das kann nur durch adäquate Aufklärung der gefährdeten Patientengruppen erfolgen. Der professionellen Pflege kommt hier eine wichtige Bedeutung zu. Diese bezieht sich neben der entsprechenden Präventionsarbeit insbesondere auf eine effektive rehabilitative Unterstützung sowie auf Beratung und Anleitung von Betroffenen und Angehörigen. Diese umfassende Aufgabe wird in den Lernmodulen 18 a, b und c des rheinland-pfälzischen Rahmenlehrplans curricular aufbereitet. Lernmodul 18 a bezieht sich dabei auf die rehabilitativ wirksamen Grundlagen, Lernmodul 18 b stellt den unmittelbar individuellen Patientenbezug her, Lernmodul 18 c stellt Schulung, Anleitung und Beratung in den Mittelpunkt. Das entsprechende Pflegehandeln im Bezug auf einen Patienten nach Apoplex kann hier in vielfältiger Weise exemplarischen Charakter gewinnen. So kann etwa durch die Vermittlung von Grundlagen und Interventionsformen des Bobath-Konzepts beispielhaft verdeutlicht werden, welche rehabilitativen Fortschritte bei konsequenter Orientierung der gesamten Pflege und Therapie an einem anerkannten Behandlungs- und Rehabilitationskonzept möglich sind.

In der vorliegenden Arbeit wird von dem Begriff des „Patienten" und „Betroffenen" Gebrauch gemacht. Die weibliche Form ist hierbei impliziert. Die Verwendung der Bezeichnung „Pflegekraft" oder „-person" und „Angehörige" betrifft stets beide Geschlechtsformen.

2   Situationsanalyse

2.1   Rahmenbedingungen

Die Schule für Gesundheits- und Krankenpflege ist Ausbildungsstätte für Gesundheits- und Krankenpfleger/innen eines 500-Betten-Krankenhauses in „Irgendwo". Es führt die Fachgebiete: allgemeine Innere Medizin, Neurologie, Pneumonologie, Kardiologie, Hämatologie, allgemeine Chirurgie, Gefäßchirurgie, Orthopädie, HNO, Mund- und Kieferchirurgie, plastische Chirurgie, Urologie und Gynäkologie sowie Kinderheilkunde und Wochenbettstation. Es verfügt über einen großen OP mit angegliederter Wachstation und einer Intensivstation mit 20 Planbetten, auf denen auch Schüler/innen im 2. und 3. Jahr der Ausbildung eingesetzt werden.

Die Schule für Gesundheits- und Krankenpflege hat ein eigenes Leitbild entwickelt, in dem sie sich eine qualitativ hochwertige Ausbildung zum Hauptziel gemacht hat. Die Schule hat Anfang 2004 die Zertifizierung zur Qualitätssicherung und ständigen Verbesserung nach DIN EN ISO 9001/2000 abgeschlossen. Das System bietet eine ausgereifte Arbeitsgrundlage zum qualifizierten Arbeiten, welches eine ständige Verbesserung der Arbeitsprozesse fordert. Mit dieser Grundlage kann den Anforderungen des neuen Krankenpflegegesetzes gezielt und prozessorientiert nachgegangen werden.

Die Krankenpflegeschule verfügt insgesamt über 200 Ausbildungsplätze. Derzeit sind zwei Kurse im 3. Ausbildungsjahr, zwei im 2. und zwei Kurse im 1. Ausbildungsjahr an der Schule. Es beginnt jedes Jahr im April und im Oktober ein neuer Kurs mit der Ausbildung. Die Klasse, in der der zu planende Unterricht stattfinden soll, hat letztes Jahr im April die Ausbildung begonnen und befindet sich nun am Beginn des 3. Ausbildungsjahres.

An der Schule für Gesundheits- und Krankenpflege sind 10 fest angestellte Lehrkräfte beschäftigt. Dazu zählen: eine Schulleitung und eine stellvertretende Schulleitung, jeweils mit einer 80%-Stelle, die beide in die Unterrichtplanung mit einbezogen werden, sieben Lehrerinnen für Pflegeberufe mit einer 100%- und eine Praktikantin mit einer 50%-Stelle, die den Studiengang Pflegepädagogik an der Katholischen Fachhochschule Mainz absolviert und hauptsächlich als Praxisanleiterin tätig ist. Des Weiteren übernehmen freiberufliche Dozenten und Ärzte den theoretischen Unterricht.

Die praktische sowie die theoretische Ausbildung sind im Blocksystem organisiert. Die Organisation der Verteilung der Blöcke über die 3 Ausbildungsjahre und die Einsatzplanung wird von der Schulleitung vorgenommen. Die Schüler/innen werden auf allen zur Verfügung stehenden Stationen des Krankenhauses je nach Ausbildungsstand eingesetzt. Mit verschiedenen anderen Institutionen der Gesundheitsversorgung sind Kooperationsverträge hinsichtlich der praktischen Ausbildung der Schüler/innen abgeschlossen. Dazu zählen zum Beispiel Rehabilitationseinrichtungen, ambulante Pflegedienste, Institutionen der Prävention, gerontologische bzw. (geronto-)psychiatrische Einrichtungen. Die Zusammenarbeit mit diesen Institutionen ist sehr gut.

Die Schule liegt am Rande der Stadt „Irgendwo", ist ruhig im Gelände der Klinik gelegen, wo kein Straßenlärm zu hören ist. Die Parkmöglichkeiten sind sehr begrenzt, aber die Schule kann sehr gut mit öffentlichen Verkehrsmitteln erreicht werden. Derzeit stört der Baulärm eines gegenüberliegenden Hauses, das zu einem Wohnheim umgebaut wird. Das Schulgebäude hat drei Stockwerke. Im Erdgeschoss sind drei Demoräume mit jeweils einem PC, eine Bibliothek, ein Raum mit 12 PCs und eine Gemeinschaftsküche für die Schüler/innen zu finden. Alle PCs verfügen über einen Internetzugang. Im ersten Stockwerk befinden sich die Klassenräume, ein Medienraum mit Videos bzw. CD-Rom, Beamer, Materialien zur Präsentation, Karten und Modellen sowie ein Tagungsraum. Die dritte Etage ist die Büroetage der Lehrkräfte. Die Schüler/innen haben die Möglichkeit, alle zur Verfügung stehenden Medien und Räumlichkeiten im Erdgeschoss für eigene Recherchen und für entsprechende Aufträge zu nutzen. Außerdem besitzt jede/r Schüler/in ein Exemplar des Lehrbuchs „Thiemes Pflege" (10. Auflage, 2004). Aufgrund der Organisation der Klassen im Blocksystem befindet sich immer ein Teil der Klassen im praktischen Einsatz, so dass die Räumlichkeiten ausreichend sind. Die Klassenräume haben jeweils ca. 25 Sitzplätze mit flexiblem Mobiliar. Sie sind groß genug, um Gruppenarbeiten im Unterricht umsetzen zu können. Jeder Klassenraum verfügt über ein magnetisches Whiteboard, das gleichzeitig als weiße Wand für Projektionen dient, einen Overheadprojektor, eine Haftleiste und einen Kartenständer. Weiterhin sind in der Krankenpflegeschule vier Diaprojektoren, vier Fernsehgeräte mit Videorecorder bzw. DVD-Player, zwei Beamer und fünf Flip Chart vorhanden. Jeder Raum hat drei große Fenster, die genügend Tageslicht und Sauerstoff bieten. Die Fenster können bei Sonneneinstrahlung mit Rollläden verdunkelt werden.

Der zu haltende Unterricht findet von 8.15 bis 9.45 Uhr statt. In dieser Zeit kann zu Beginn der Unterrichtsstunde das Problem der Müdigkeit bei den Schüler/innen bestehen. Ab ca. 9.00 befinden sich die Schüler/innen erwiesenermaßen in einem physiologischen Leistungshoch, in dem sie auch anspruchsvollere Leistungen erbringen können (vgl. Becker, 2004, S. 147).

Die Klasse, in der die geplante Doppelstunde stattfindet, hat 17 Schüler/innen, fünf Männer und 12 Frauen. Die allgemeine Altersspanne liegt zwischen 19 und 26 Jahren, eine Schülerin ist 32 Jahre alt und hat in ihrem Heimatland Bosnien schon eine Berufsausbildung in Wirtschaftswissenschaften abgeschlossen. Sie lebt seit einigen Jahren in Deutschland, ist verheiratet und hat zwei Kinder, spricht sehr gut deutsch und ist die einzige Schülerin, die in dieser Klasse aus dem Ausland kommt. Alle anderen Schüler/innen sind aus Deutschland, sieben Schüler/innen sind aus den neuen Bundesländern und zwei haben einen Elternteil, der aus dem Ausland stammt, wobei die Schüler/innen von Kindheit an in Deutschland leben. Vier Schüler/innen haben Abitur, alle anderen Realschulabschlüsse. Zwei Schüler/innen haben schon einmal eine Pflegeausbildung begonnen, aber aus nicht bekannten Gründen abgebrochen.

Die Schüler/innen hatten anfangs große Probleme, sich in der Gruppe zu formieren, insbesondere mangelte es an gegenseitiger Wertschätzung. Mit Abschluss einer Projektwoche zum Sach- und Handlungsbereich „Teamarbeit" hat sich der Umgang miteinander wesentlich gebessert .Das Lernklima ist mittlerweile sehr gut, die Schüler/innen arbeiten im Unterricht interessiert mit und sind weitgehend motiviert, da sie ihr bereits gelerntes Wissen vielseitig in der Schule und vor allem in der Praxis anwenden können.

2.2 Lernvoraussetzungen

Zu den sozial- und persönlichkeitsbezogenen Lernvoraussetzungen der Klasse kann nur bedingt Auskunft gegeben werden, da auf Grund des speziellen „Einsatzplans" als Praktikantin bisher nur wenig persönlicher Kontakt zu der Klasse aufgenommen werden konnte.

Einige Kursteilnehmer wohnen im Wohnheim der Klinik und fahren an ihren freien Tagen nach Hause zu ihren Eltern und Freunden. Bei den Schüler/innen handelt es sich meist um diejenigen, die aus den neuen Bundesländern kommen. Ein Schüler hat schon sehr viele Fehlzeiten aufzuweisen. Bei ihm ist bekannt, dass er Probleme in seiner Familie hat. Sein Interesse an der Ausbildung und die Übernahme von Verantwortung halten sich derzeit sehr in Grenzen. Insgesamt ist die Motivation in der Klasse recht hoch. Die Schüler/innen sind sich ihrer Fähigkeiten bewusst und genießen die Anerkennung, die sie erfahren. So wurden u. a. einigen Schüler/innen bereits Stellen nach dem Examen angeboten. Ein Schüler ist im Unterricht sowie in der praktischen Ausbildung so interessiert und motiviert, dass er mögliche Lernangebote außerhalb des Unterrichtes wahrnimmt und mit seinen Wissensdurst die anderen Kursmitglieder zusätzlich motiviert.

Konflikte oder Grüppchenbildung sind nicht spürbar. Es ist eher so, dass die gesamte Gruppe zusammenhält und die leistungsstarken Schüler/innen die etwas Schwächeren „mitziehen".

Hinsichtlich der sächlichen Lernvoraussetzungen ist nicht bekannt, ob Schüler/innen eventuell Erfahrungen mit Schlaganfallpatienten im privaten Bereich in Verbindung mit der Pflege von Familienangehörigen haben. Es kann aber davon ausgegangen werden, dass in den praktischen Einsätzen viele Schüler/innen, aber nicht alle, schon Kontakt mit Apoplex-Betroffenen hatten. Es ist wahrscheinlich, dass im Allgemeinen Interesse für das Thema „Pflege von Patienten mit Apoplex nach dem Bobath-Konzept" geweckt werden kann, da dieses seit Jahren sehr gute Erfolgschancen in der Rehabilitation von Schlaganfallbetroffenen aufweist. Mit der Vermittlung des Bobath-Konzeptes können Schüler/innen beim nächsten Kontakt mit einem Apoplexpatienten ihr erworbenes Wissen ganz gezielt anwenden und zur Rehabilitation des Betroffenen, zur Aufklärung des Patienten, seiner Angehörigen oder auch gefährdeter Patienten beitragen.

Das notwendige Grundlagenwissen zur Funktionsweise des Nervensystems ist vorhanden, das Krankheitsbild, die Diagnostik und die Therapie des Apoplex sind als bekannt vorauszusetzen, da sie bereits unterrichtet wurden.

Hinsichtlich der kognitiven Lernvoraussetzungen kann gesagt werden, dass der Notendurchschnitt zwischen gut und befriedigend bei den theoretischen Leistungen liegt. Drei Schüler/innen zeigen ausgesprochen gute Leistungen, nehmen Zusatzangebote gerne an und sind im Allgemeinen überaus interessiert und motiviert. Im Großen und Ganzen hat kein/e Schüler/in Verständnisprobleme in der Theorie, alle können dem Unterricht gut folgen und Probleme bei den Mitschriften gibt es auch nicht. Die Schüler/innen, bei denen das Bestehen der Probezeit in Frage stand, die aber dennoch übernommen worden sind, haben sich in ihren Leistungen enorm gebessert.

Die psychomotorischen Fähigkeiten sind aufgrund der Erfahrungen im praktischen bzw. klinischen Unterricht und bei Anleitungen als gut bis angemessen einzuschätzen.

3 Sachanalyse

Die Sachanalyse soll das Thema der Unterrichtsstunde „Pflege eines Schlaganfallpatienten nach dem Bobath-Konzept – Raumgestaltung und Lagerungen" erschließen. Dabei finden auch Inhalte Berücksichtigung, die sich nicht nur auf die geplante Stunde, sondern auf die gesamte Unterrichtseinheit beziehen, weil es sich dabei faktisch um Basiselemente des Sach- und Handlungsbereichs handelt. So dienen z. B. die pathophysiologischen Grundlagen des Schlaganfalls als Grundlage für die Umsetzung pflegerischen Handelns nach dem Bobath-Konzept. Gleiches gilt im Bezug auf die Bedeutung des Krankheitsgeschehens für Betroffene und Angehörige und die diesbezüglichen Schlussfolgerungen für das pflegerische Handeln sowie die Bedeutung von Zimmergestaltung und Lagerung für Hilfen z. B. bei der Körperpflege oder Nahrungsaufnahme. Von grundlegender Bedeutung ist auch die Zusammenarbeit im therapeutischen Team.

3.1 Pathophysiologische Grundlagen des Schlaganfalls

3.1.1 Definition von Schlaganfall und Häufigkeit seines Auftretens in Deutschland

Der Schlaganfall oder auch Apoplex zählt zu den zerebralen Durchblutungsstörungen sowie Blutungen des zentralen Nervensystems, die zu neurologischen Ausfällen führen. Aufgrund der plötzlichen Unterbrechung der Gehirndurchblutung oder einer Blutung im Gehirn werden Nervenzellen geschädigt oder sterben ab. Synonyme des Begriffes des Schlaganfalles sind zum Beispiel Hirninfarkt, zerebraler Insult, apoplektischer Insult oder zerebrale Ischämie (vgl. Fröhlich, 2004, S. 852 f.). Der Schlaganfall ist nach Herzinfarkt und Karzinomerkrankungen die dritthäufigste Todesursache in Deutschland und stellt in den meisten Fällen die Ursache einer Langzeitbehinderung dar. Es wird angenommen, dass in Deutschland ca. 200.000 Menschen jährlich einen Apoplex erleiden und nur ca. 20% der Personen sich von den Folgen des Schlaganfalles wieder erholen. 20–30% von ihnen sterben in den ersten 4 Wochen. Die übrigen Betroffenen leben mit einer Behinderung und sind oft lebenslang pflegebedürftig (vgl. BMBF, 2003, S. 2).

3.1.2 Risikofaktoren und Ursachen des Schlaganfalls

Für die Entstehung von Schlaganfällen sind verschiedene Risikofaktoren bekannt. Ein erhöhtes Risiko besteht bei arterieller Hypertonie, Herzerkrankungen, Diabetes mellitus, Übergewicht, Nikotinabusus und Kontrazeptivaeinnahme (vgl. Fröhlich, 2004, S. 852). 80% der Schlaganfälle entstehen durch eine Ischämie des Gehirns, die zum Untergang von Hirngewebe führen. Ursachen können sein: ein thrombotischer Gefäßverschluss einer Hirnarterie bzw. einer hirnversorgenden Arterie durch Arteriosklerose, eine arterielle Embolie, bei der sich Blutgerinnsel oder arteromatöses Material aus einer arteriosklerotisch vorgeschädigten Arteria lösen können, die mit dem Blutstrom in das Gehirn gelangen und Hirngefäße verschließen sowie, als ischämische Ursache eines Schlaganfalles, die Embolie, bei der durch Vorhofflimmern entstandene Thromben mit der Herzaktion über die Gefäße in das Gehirn gelangen und wiederum zu einem Verschluss von Hirnarterien führen. In anderen Fällen kommt es aufgrund von intrazerebralen Blutungen und Subarachnoidalblutungen zu einer Minderdurchblutung in bestimmten Hirnabschnitten. Ursächlich hierfür ist das Platzen einer Hirnarterie, welche meist durch Hypertonie hervorgerufen wird (vgl. Gliem, 2002, S. 648).

3.1.3 Symptome des Schlaganfalls

Die Symptome eines Apoplexes sind je nach Grad der Ausprägung und betroffenem Hirnabschnitt sehr unterschiedlich. Durch die Zusammenarbeit des somatosensorischen und somatomotorischen Rindenfeldes der Großhirnrinde kommt es bei einem Schlaganfall zu Ausfällen der Motorik und Sensorik des entsprechenden Organs bzw. Körperteils. Die Symptomatik bei einem Schlaganfall wird von unterschiedlichen Faktoren beeinflusst. Hierbei sind der zeitliche Verlauf des ischämischen Insults, das Läsionsmuster sowie der Läsionsort im Gehirn zu nennen (vgl. Fröhlich, 2004, S. 852).

Die Schwere der Symptomatik des Schlaganfalls kann in 4 **Verlaufsstadien** eingeteilt werden. Im ersten Stadium liegen keinerlei Beschwerden vor, obwohl schon eine Verengung eines zuführenden Gefäßes besteht. Im 2. Stadium verursacht die Stenose Durchblutungsstörungen, die sich wieder zurückbilden können. Dazu gehört zum einen die transitorische ischämische Attacke (TIA), bei der es sich um neurologische Ausfälle handelt, die sich innerhalb von Minuten bis maximal 24 Stunden wieder zurückbilden. Zum anderen zählt das prolongierende reversible neurologische Defizit (PRIND) dazu. Hier halten die neurologischen Ausfälle bzw. Störungen über 24 Stunden an, aber bilden sich danach ebenfalls wieder zurück (vgl. A Med-World AG, 2004, S. 3). Die TIA und PRIND werden auch als Vorboten eines Apoplexes angesehen, die Symptome, wie Sprachstörungen, Paresen in Arm und Gesicht sowie Sehstörungen aufzeigen (vgl. Steinbeck, 2000, S. 1285). Im 3. Stadium wird von einer intermittierenden Symptomatik gesprochen, die sich schubweise verschlechtern, aber auch verbessern kann. Das letzte Stadium ist der Apoplex mit seiner voll ausgeprägten Symptomatik, die sich selbst nach Tagen nicht mehr zurückbildet (vgl. Fröhlich, 2004, S. 852). Gezielte Behandlungskonzepte und frühzeitige Therapie können teilweise oder auch ganz die Symptomatik rückläufig werden lassen.

Die Schlaganfallsymptome werden in drei **Klassen** unterschieden. Dabei handelt es sich um verschiedene physische, psychische und neuropsychologische Symptome. Zu den physischen Kennzeichen zählen: Lähmungen der willkürlichen Motorik der betroffenen Seite, der Verlust des normalen Haltungstonus, eine Störung der normalen Stütz- und Gleichgewichtsreaktionen, die Facialisparese mit hängendem Augenlid und fehlendem Lippenschluss, die Dysphagie, die Harn- und Stuhlinkontinenz, die Spastik, eine Hemihyperhidrosis sowie Störungen der Temperaturregulation (vgl. Fröhlich, 2004, S. 852). Bei einem Betroffenen mit Dysphagie kann beobachtet werden, dass ihm Speichel aus dem Mundwinkel der gelähmten Gesichtshälfte läuft, da er nicht in der Lage ist, diesen zu schlucken, das Gaumensegel zu einer Seite herabhängt, er eine verwaschene Sprache hat und seine Wangen nicht aufblasen kann (vgl. Beckmann, 2000, S. 155). Ist der apoplektische Insult Ursache für eine Inkontinenz, so handelt es sich bei einer Harninkontinenz meistens um eine motorische Dranginkontinenz mit ungehemmter Blasenkontraktion, so dass es durch das Fehlen der Hemmung von Nervenimpulsen zur unkontrollierten Aktivität der Blasenmuskulatur kommt. Der Harndrang wird so stark und kann nicht mehr kontrolliert werden. Die sensomotorische Inkontinenz kann die Inkontinenz bei Schlaganfallpatienten verstärken oder auch bedingen. Hierbei kommt es zu starken Impulsen im Blaseninneren (z. B. durch Tumore, Blasensteine und Fremdkörper, wie Blasenkatheter), die zu einer Überflutung von Reizen an der sensorischen Hirnrinde führen, die diese nicht mehr vollständig verarbeiten kann. Eine Stressinkontinenz, die durch das Alter bestimmt sein kann und mit einer Erschlaffung des Beckenbodens einhergeht, ist ebenso möglich. Bei der Stuhlinkontinenz verhält es sich ähnlich wie bei der Urininkontinenz (vgl. Beckmann, 2000, S. 163 ff.). Eine schlaffe Lähmung als ein physisches Symptom kann sich innerhalb weniger Tage bis Wochen nach dem Schlaganfall zu einer Spastik entwickeln. Von einer Spastik wird gesprochen, wenn ein gesteigerter Eigenreflex, ein erhöhter Muskelwiderstand gegen passive Bewegungen und eine gestörte willkürliche Bewegung vorhanden sind (vgl. Beckmann, 2000, S. 64), sie ist Folge einer Läsion deszendierender (nachfolgender), motorischer Bahnen (Pyramidenbahnen). Die Veränderungen nach Pyramidenbahnläsionen betreffen nicht nur das zentrale Nervensystem, sondern auch die Muskulatur. Eine Spastik beschränkt sich nicht nur auf eine Muskelgruppe, sondern ist Teil einer komplexen Synergie der Flexoren bzw. Extensoren. Es gibt beim Schlaganfall typische spastische Muster im Bereich des Ober- und Unterkörpers. Es wurde herausgefunden, dass gerade die Muskeln von der Spastik betroffen sind, die den Menschen gegen die Schwerkraft aufrecht halten (vgl. Beckmann, 2000, S. 65 ff.).

Psychische Symptome bei Patienten mit Schlaganfall sind: Bewusstseinsstörungen, Depressionen, Antriebsverlust, Aggression, Labilität, Angst und Gedächtnisstörungen (vgl. Fröhlich, 2004, S. 852). Ein oft unterschätztes Phänomen bei Schlaganfallpatienten ist die Depression, die, so wird vermutet, innerhalb des ersten Jahres die Hälfte der Betroffenen erleidet. Nach Knapp sind Depressionen und Angstzustände nachvollziehbare Reaktionen auf die Veränderungen der Lebenslage, wie Arbeitsplatzverlust oder das Zurechtkommen mit einem Leben in Abhängigkeit, nach einem Schlaganfall (vgl. Westcott, 2003).

Neuropsychologische Symptome bei einem Schlaganfallpatienten sind: Sensibilitätsstörungen wie Par-, Hypo- oder Hyperästhesie, Aphasie und Dysarthrie, Störungen der Aufmerksamkeit, Orientierungsverlust, Hemianopsie, Apraxie, Neglekt, Alexie, Anosognosie sowie Akalkulie. Bei der Aphasie werden vier Formen unterschieden, die einen Schlaganfallpatienten betreffen können. Das ist zum einen die Broca-Aphasie oder auch motorische Aphasie, die durch eine verlangsamte und mühsame Sprachproduktion mit undeutlicher Artikulation, eingeschränktem Wortschatz bei nur leicht gestörtem Sprachverständnis gekennzeichnet ist (vgl. Pschyrembel, 2002). Zum anderen ist die Wernicke-Aphasie oder auch sensorische Aphasie häufig bei Schlaganfallpatienten zu verzeichnen. Hierbei handelt es sich um eine Störung des Sprachverständnisses, wobei die Sprachproduktion flüssig und die Artikulation gut erhalten ist (vgl. Pschyrembel, 2002). Die anderen beiden Formen sind die globale und die amnestische Aphasie. Bei der globalen Aphasie handelt es sich um ein gestörtes Sprachverständnis und um die erschwerte Artikulation, wobei die amnestische Aphasie Wortfindungsstörungen aufweist (vgl. Pschyrembel, 2002). Neglekt, Hemianopsie und Anosognosie sind Formen der Wahrnehmungsstörung, die bei einem Schlaganfallpatienten in verschiedener Intensität auftreten können. Neglekt bedeutet, wenn der Patient seine betroffene Körperhälfte vernachlässigt und nur vermindert oder gar nicht auf Reize aus der betroffenen Seite reagiert. Suchbewegungen und Zuwendungsversuche werden stark von Seiten des Patienten reduziert. Bei einem ausschließlichen Neglekt besteht kein sensorischer Ausfall der neuralen Leistungen, sondern es handelt sich rein um die verminderte Aufmerksamkeit auf die betroffene Seite. Die Fähigkeiten fühlen, sehen, und hören zu können sind erhalten, sie können vom Patienten nicht verarbeitet werden. Ein ähnliches beobachtbares Phänomen ist die Hemianopsie, die vom Neglekt-Syndrom schwer zu unterscheiden ist. Sie betrifft nur das Gesichtsfeld des Schlaganfallpatienten und ist ein Gesichtsfeldausfall einer Gesichtsfeldhälfte beider Augen. Sie tritt aufgrund eines Gefäßschadens der hinteren und mittleren Hirnarterie auf. Die Patienten kann die Einschränkung durch die Augen- und Kopfbewegungen schnell wieder ausgleichen. Schon in drei Monaten kann eine Besserung auftreten (vgl. Beckmann, 2000, S. 30 f.). Die Anosognosie kann eine Begleiterscheinung des Neglekt-Syndroms sein, bei der der Patient eine Fehleinschätzung seiner Fähigkeiten aufweist. Er erzählt der Pflegekraft sehr glaubhaft, was er alles tun kann, aber in Wirklichkeit sind diese Fähigkeiten gar nicht vorhanden. Das kann zu Fehleinschätzungen in der Anamnese führen, wenn die Pflegekraft dieses Defizit nicht erkennt (vgl. Beckmann, 2000, S. 32). Die Apraxie ist ein Handlungs- und Planungsdefizit, das zu falsch ausgeführten Handlungen führt. Die Betroffenen gebrauchen zum Beispiel die Füße, um die Urinflasche zu benutzen.

Je nach betroffener Hirnarterie, also Läsionsort dominieren unterschiedliche neurologische Ausfälle bei den Patienten. So kommt es bei der A. cerebri anterior zu einer beinbetonten motorischen Hemiparese, ggf. zu einer Monoparese und zur zerebralen Inkontinenz. Ist die A. cerebri media betroffen, leiden die Patienten unter Aphasie, Dysphagie und haben eine brachiofaciale Hemiparese. Befindet sich die Läsion an der A. cerebri posterior, kommt es bei den Betroffenen zu einem halbseitigen Gesichtsfeldausfall und einer Hemihyperästhesie (vgl. Fröhlich, 2004, S. 853) Tritt eine Ischämie im Gehirn auf der linken Seite auf, so hat der Betroffene aufgrund der Pyramidenbahnkreuzung auf der rechten Seite die entsprechenden motorischen und sensorischen Ausfallerscheinungen. Das typische Bild bei einem Patienten mit ausgeprägter Hemiparese ist, wenn der Kopf zur betroffenen Seite gedreht ist, die gelähmte Schulter nach hinten gezogen ist, der Arm nach innen rotiert und der Ellenbogen gebeugt ist. Der Fuß hat keinerlei Muskelspannung, hängt nach unten und wird im Halbkreis nach vorn geführt. Insgesamt werden diese Erscheinungen als Beugespastik der oberen Extremität und als Streckspastik der unteren Extremität bezeichnet (vgl. Fröhlich, 2004, S. 855).

3.1.4 Diagnostik und Therapie bei Schlaganfall

Das schnelle Handeln bei den ersten Anzeichen eines Schlaganfalls ist von großer Bedeutung, um schwere Folgen, wie Behinderungen oder sogar den Tod, zu verhindern. Je eher ein Patient nach Auftreten der Symptome in ärztliche Behandlung gelangt bzw. eine Erstversorgung erhält, umso besser sind die Chancen, gefährdetes Nervengewebe zu retten sowie den Sauerstoffmangel im Gehirn zu beheben und somit schwere Folgen für den Patienten zu verhindern. Zur schnellen Erkennung, ob es sich um einen Schlaganfall handelt, wurde die Cincinnati Prehospital Stroke Skale (CPSS) entwickelt. Sie enthält einfache zu überprüfende Aspekte, die sich am Symptomkomplex des Schlaganfalles anlehnen. Dabei wird geschaut, ob beide Gesichtshälften gleich bewegt werden können, beide Arme gleichzeitig nach oben gehalten werden können und ob es Störungen der Artikulation gibt (vgl. Najak, 2002, S. 37). Die CPSS kann bei einem Notfall im Krankenhaus angewendet werden, findet aber meist Einsatz bei ambulanten Notfällen, wenn am Notfallort der Verdacht eines Schlaganfalles vorliegt.

Im Krankenhaus muss festgestellt werden, ob es sich um einen ischämischen oder hämorrhagischen Insult handelt. Hierzu sind bildgebende Verfahren, wie CCT, MRT, Dopplersonografie zur Gefäßdiagnostik oder auch EEG zum Ausschluss neurologischer Krampfgeschehen notwendig. Des Weiteren gehört die Blutzuckerkontrolle zum Ausschluss einer Hyperglykämie, die Untersuchung von Liquor und Blut hinzu (vgl. Fröhlich, 2004, S. 853). Ein Blutzuckersticks lässt erste Erkenntnisse über ein eventuelles hypoglykämisches Koma zu. Eine Hypoglykämie kann einen ischämischen Insult sowohl auslösen als auch unterhalten. Die zunächst umfassende erste Diagnostik erschließt den Akutzustand des Patienten, damit so schnell wie möglich die weiteren angemessenen Therapiemaßnahmen folgen können. Ein Schlaganfall ist nach Eintritt des Geschehens max. 3-6 Stunden beeinflussbar und die Blutzirkulation im Gehirn wieder gewährleistet wird. Aus diesem Grund ist schnelles Handeln unabdingbar. 1990 wurden in Deutschland erste Stroke Units (Schlaganfallstationen) zur Akutbehandlung für Apoplexpatienten errichtet. Bis heute gibt es ca. 100 dieser Stationen landesweit. Die Stroke Units zeichnen sich durch ihr optimal aufeinander abgestimmtes und effektives Versorgungskonzept aus, auf denen eine schnelle und multidisziplinäre Diagnostik und Therapie gewährleistet wird. Die Behandlungsziele der Stroke Unit sind eine schnellstmögliche und spezifische Diagnostik, um der Ursache der neurologischen Ausfälle auf den Grund zu gehen. Daran schließt sich das Ziel der adäquaten Therapie in Verbindung mit der Vitalparameterüberwachung an. Weitere Ziele sind die Sekundärprophylaxe, die Frührehabilitation des Patienten, die Reduktion von Folgeschäden und die kürzere Verweildauer in Krankenhaus und Rehabilitationsklinik (vgl. Gliem, 2002, S. 648).

In der akuten Phase ist es wichtig, alle Vitalparameter zu überwachen. Bewusstlose Patienten sind oftmals ateminsuffizient. Teilweise ist eine Sauerstoffgabe oder gar eine Intubation erforderlich. Bei einem Sauerstoffpartialdruck von unter 95% wird eine Sauerstoffgabe von 2–5 l/min vorgenommen, um ein Voranschreiten des Sauerstoffmangels im Gehirn zu verhindern (vgl. Gliem, 2002, S. 649). Wurde eine Herzinsuffizienz oder Herzrhythmusstörung diagnostiziert, so muss diese sofort mitbehandelt werden. Ein zu schnell therapeutisch abgesenkter Blutdruck kann zusätzlich zu einer verminderten Hirndurchblutung führen (bei systolischen Werten von ca. 200 mmHg oder diastolischen Werten von ca. 100 mmHg). Während der Akutphase werden systolische Blutdruckwerte von 150–180 mmHg angestrebt, wobei kurzeitig Werte von 220 mmHg systolisch toleriert werden. Handelt es sich um eine Hirnblutung, die den Schlaganfall ausgelöst hat, so darf der systolische Blutdruck nicht über 180 mmHg betragen und ist unbedingt therapiebedürftig (vgl. Gliem, 2002, S. 649).

Die Korrektur des Flüssigkeitshaushaltes erfolgt mittels Infusionstherapie. Lag bei der Blutzuckerkontrolle eine Hyperglykämie vor, so wird dieser durch die Verabreichung von Alt-Insulin reguliert und der Blutzucker auf höchstens 160 mg/dl eingestellt. Das erfordert eine engmaschige Überwachung des Blutzuckerwertes. In Verbindung mit einem Schlaganfall kann die Körpertemperatur steigen. Eine erhöhte Körpertemperatur kann sich negativ auf die geschädigten Zellen im Hirninfarktgebiet auswirken. Aus diesem Grund werden bei Temperaturanstiegen zwischen 37,5 °C und 38 °C therapeutische Maßnahmen, wie z. B. Wadenwickel eingeleitet. Ist die Ursache für das Fieber erkannt, so können gezielte Maßnahmen vorgenommen werden. Ein schwerer Hirninfarkt kann ein Hirnödem verursachen. Das Hirnödem kann medikamentös behandelt werden und der venöse Abfluss wird mit einer Oberkörperhochlagerung von 30° zusätzlich unterstützt. Je nach Ausprägungsgrad des Ödems kann auch eine Drainage zur Ableitung der überschüssigen Flüssigkeit im Gehirn notwendig sein (vgl. Gliem, 2002, S. 649).

Ist eine Hirnblutung ausgeschlossen, so kann sofort mit der Lysetherapie begonnen werden oder eine chirurgische Abtragung des embolisierten Plaques vorgenommen werden. Beide Verfahren dienen der Wiederherstellung der Durchblutung im Gehirn (vgl.

Fröhlich, 2004, S. 854). Stellt sich bei der Diagnostik eine Hirnblutung heraus, so ist eine Lysetherapie absolut kontraindiziert. Hier wird meist ein chirurgischer Eingriff zur Ableitung des Blutes notwendig sein (vgl. Gliem, 2002, S. 649).

Ein weiterer wichtiger Punkt in der Therapie ist die Verhinderung von Spätfolgen, Komplikationen und Rezidivschlaganfällen. Um Rezidivschlaganfälle zu verhindern, müssen die Ursachen und Risikofaktoren der Erkrankung wie z. B. Hypertonie, Herzrhythmusstörungen, Arteriosklerose, Stress und Rauchen beseitigt werden. Komplikationen in Verbindung mit Schlaganfall, die es zu vermeiden gilt, sind die Verhinderung von Aspiration, Pneumonie, Thrombose sowie Dekubiti (vgl. Fröhlich, 2004, S. 853).

3.2 Bedeutung des Schlaganfalls für Patienten und Angehörige

Ein Schlaganfall ist nicht nur ein tiefer Einschnitt im Leben der Betroffenen selbst, sondern auch für nahe Angehörige und Freunde. Für alle Beteiligten stellt der Schlaganfall mit all seinen Symptomen eine besondere Herausforderung dar und kann zur Überforderung werden. Im folgenden Abschnitt wird auf die Bedeutung des Schlaganfalles für den Patienten und die Angehörigen eingegangen, denn eine erfolgreiche Rehabilitation ist nicht ohne die Berücksichtigung dieser Faktoren möglich.

Ein Mensch wird schlagartig mit einer lebensbedrohlichen Situation konfrontiert und aus seiner Alltagssituation gerissen. Nichts ist mehr so, wie es einmal war! Die Aussage „Mich hat der Schlag getroffen!" wird mit Begriffen, wie Entsetzen, gelähmt sein, blockiert sein und Bewegungslosigkeit in Zusammenhang gebracht (vgl. Steinbeck, 2000, S. 1285). Ein völlig unerwarteter Einschnitt in das Leben, wie auch das Gefühl der Hilflosigkeit machen dem Betroffenen Angst. Die Angst bezieht sich nicht nur auf die derzeitige Situation, sondern es spielen auch Zukunftsängste oder sogar Existenzängste eine erhebliche Rolle. Viele Menschen fühlen sich durch die Einschränkungen wertlos und überflüssig. Die Gefahr hierbei ist, dass ihnen der Antrieb und die Kraft für die eigene Rehabilitation fehlen, obwohl in vielen Fällen noch gute Heilungschancen bestehen. Das Gefühl der Abhängigkeit, das Wissen um die Pflegebedürftigkeit und vielleicht noch zusätzlich das Aufgeben der häuslichen Umgebung aufgrund einer Heimeinweisung erfordern einen Lernprozess. Während der Auseinandersetzung kann es zu starken Stimmungsschwankungen, wie Depressionen oder gar zu Aggressionen kommen, die ebenso Ausdruck für Hilflosigkeit sind.

Aber nicht nur der Patient selbst durchlebt Gefühle wie Angst, Hilflosigkeit und Abhängigkeit, sondern auch seine Angehörigen, die vielleicht selbst die Pflege des Betroffenen übernehmen wollen. Derjenige oder diejenige hat dann eine Vielfalt von zusätzlichen organisatorischen Aufgaben zu erledigen, die vorher vielleicht vom Lebenspartner oder zusammen übernommen worden sind. Ohne professionelle Unterstützung oder weiter reichende familiäre Unterstützung sind die nahen Angehörigen bzw. Lebenspartner nicht nur pflegerisch, sondern auch psychisch schnell überfordert. Das bedeutet, dass es bei der Betreuung nicht nur um die erlernbaren pflegerischen Techniken geht, sonder auch um die Auseinandersetzung mit der Gesamtsituation und eventuell sogar um die Akzeptanz, dass das Leben nie wieder so wird, wie es einmal war.

3.3 Rehabilitative Pflege von Schlaganfallpatienten

3.3.1 Bedeutungsdimensionen des Begriffes Rehabilitation

Der Begriff Rehabilitation wird vom lateinischen abgeleitet und bedeutet allgemein Wiedereingliederung eines Kranken in die Gesellschaft. Die Rehabilitation dient der Verhinderung von dauerhafter Abhängigkeit eines Menschen bei erworbener Behinderung oder Erkrankung durch gezielte Wiederherstellung der verloren gegangen körperlichen Funktionen sowie die Wiedereingliederung in die jeweilige Beziehung zur Umgebung bzw. in den Funktions- und Lebensbereich bei psychischen oder sozialen Veränderungen. Dabei können drei verschiedene Formen der Rehabilitation unterschieden werden:
- die medizinische und pflegerische,
- die berufliche sowie
- die soziale Rehabilitation.

Ziele der medizinischen und pflegerischen Wiedereingliederung sind die Heilung der jeweiligen Erkrankung, die Erhaltung und Wiederherstellung der Gesundheit, die Wiedereingliederung in Beruf und Gesellschaft sowie die Förderung eines gesundheitsbewussten Verhaltens. Die berufliche Rehabilitation beinhaltet die Wiedereingliederung in den Beruf und hat somit auch Einfluss auf die gesellschaftliche Stellung und letztendlich auf das persönliche Selbstwertgefühl sowie familiäre Beziehung des Betroffenen. Dabei werden Möglichkeiten wie Fort- und Weiterbildung, Umschulungen, finanzielle Unterstützung, Belastungsproben, Probebeschäftigungen oder auch die Arbeit mittels Hilfsmitteln einbeziehen, die auf den Betroffenen individuell abgestimmt und ausgewählt werden. Bei der sozialen Rehabilitation handelt es sich um die Integration in das familiäre, kulturelle, politische Umfeld unserer Gesellschaft, also um die Wiedereinbettung des Betroffenen in die Gesellschaft nach Erkrankung oder mit Behinderung. Hierbei geht es nicht nur darum, dass sich der Betroffene anpasst, sondern auch dass sich seine Umwelt anpasst. Das heißt, dass auch die Familie am Rehabilitationsprogramm beteiligt ist (vgl. Jall, 2004, S. 495).

Für die Pflege bedeutet Rehabilitation, dem Patienten eine optimale Anpassung an seine Einschränkung zu gewährleisten und ihm beim Erlernen von Fähigkeiten, mit seiner Behinderung oder Erkrankung umgehen zu können, zu unterstützen und anzuleiten. Außerdem steht dabei die Prophylaxe, also die Verhinderung von Komplikationen im Vordergrund. Die Pflege ist dafür verantwortlich, dem Patienten eine größtmögliche Selbständigkeit sicherzustellen, die Behandlung auf Verschlechterung hin zu beobachten und dementsprechende Handlungsstrategien mit dem Patienten zu entwickeln (vgl. Jall, 2004, S. 495 f.). Im medizinischen Sinne wird der Begriff Rehabilitation auch im Zusammenhang der neuralen Plastizität verwendet, wenn von dem Wiedererlernen von zunächst gestörten oder erloschenen Funktionen im Gehirn nach einem Schlaganfall gesprochen wird. Das heißt, dass das Gehirn die Fähigkeit besitzt, sich an Veränderungen anzupassen. Es findet ständig eine Organisation und Reorganisation sowie ein täglicher Abbau und Aufbau (Kompensation) von Nervenzellen statt. Eine Kompensation ist stets abhängig von den Reizen, die das Gehirn täglich erhält. Bei einem Schlaganfall verlieren die betroffenen Synapsen durch das Sauerstoffdefizit zunächst ihre Funktion, aber nach ca. einer Woche werden diese Bereiche erwiesenermaßen wieder aktiv. *„Neuroaktive Substanzen und Nervenwachstumsfaktoren werden zum geschädigten Bereich transportiert, um eine maximale Aussprossung zu ermöglichen"* (Fürll-Riede, 2004, S. 96). Genau dieser Erkenntnisse der Medizin bedienen sich verschiedene Konzepte der Pflege bei der Rehabilitation von Schlaganfallpatienten. Sie arbeiten auf der Grundlage, dass das menschliche Gehirn lebenslang lernen kann. Eines dieser Konzepte zur Rehabilitation von Schlaganfallpatienten ist das Bobath-Konzept, welches sich vor allem im deutschsprachigen Raum etabliert und bewährt hat.

3.3.2 Das Bobath-Konzept – ein Pflege- und therapeutisches Konzept der Rehabilitation von Schlaganfallpatienten

Das Bobath-Konzept wurde speziell für Menschen mit zentralen Lähmungen, besonders Hemiplegie-Patienten von dem Neurologen Dr. Karl Bobath und seiner Frau Berta Bobath, einer Krankengymnastin, in den 40er Jahren entwickelt und befindet sich seit dem stetig in der Weiterentwicklung und Optimierung. Bertha Bobath beobachtete bei der therapeutischen Behandlung hemiplegischer Patienten, dass sich deren Muskelspannung in verschiedenen Ausgangsstellungen veränderte. Bis dato war davon ausgegangen worden, dass Spastik und Hypotonie unveränderbare, feste Größen seien. Aus dieser neuen Erkenntnis, also der Veränderbarkeit des Muskeltonus bei gezielten Bewegungen, entwickelte das Ehepaar im Laufe der Jahre das Bobath-Konzept (vgl. Fürll-Riede 2004, S. 95).

Ausgangspunkt des Konzepts ist, dass die Spastizität bei den Betroffenen durch die Art des Bewegens und die entsprechende Lagerung nachlässt oder sogar aufgehoben wird. Prinzipien bzw. Ziele sind die Regulierung des Muskeltonus, die Verbesserung der Wahrnehmung und die Anbahnung von funktionellen Bewegungen (vgl. Fürll-Riede, 2004, S. 96). Anfangs wurden nur Kinder therapiert und im Laufe der Zeit wurde das Konzept auf Erwachsene mit zentralen neurologischen Schädigungen erweitert. Heute wird das Bobath-Konzept vornehmlich bei Schlaganfallpatienten mit Hemiplegie angewendet. Des Weiteren findet es Anwendung bei Erkrankten mit multipler Sklerose, Ataxie, oder Schädel-Hirn-Trauma (vgl. Fürll-Riede, 2004, S. 95).

In Deutschland wurde 1994 der Verein BIKA® (Bobath-Initiative für Kranken- und Altenpflege e.V.) gegründet. Dieser hat sich zum Ziel gemacht, das weltweit anerkannteste Pflege-Therapie-Konzept für Patienten mit Erkrankungen des zentralen Nervensystems, die mit einer Spastik einhergehen, in den Krankenhäusern und Altenpflegeeinrichtungen zu verbreiten. Die BIKA erreicht dieses Ziel u. a. durch ein entsprechend erstelltes Curriculum, welches die Ausbildung von Pflegekräften zum anerkannten Pflegeinstruktor Bobath verfolgt. Das Bobath-Konzept befindet sich durch Austausch der Pflegeinstruktoren aufgrund regelmäßiger Treffen und fundierter Evaluation der Umsetzung in einer kontinuierlichen Weiterentwicklung (vgl. BIKA® e.V., 2004).

Behandlungsprinzipien

Die Regulierung des Muskeltonus, die Verbesserung der Körperwahrnehmung und die Anbahnung normaler Bewegung sind die so genannten Säulen des

Bobath-Konzeptes, die sich durch bestimmte Behandlungsprinzipien definieren. Zu den Behandlungsprinzipien gehören:
- das 24-Stunden-Management,
- die Rahmenbedingungen,
- die posturale Kontrolle und das Postural-Set,
- das Alignment und
- die Kommunikation (vgl. Fürll-Riede, 2004, S. 96).

Das heißt also, dass ganz bestimmte Bedingungen erfüllt sein müssen bzw. das therapeutische Vorgehen nach entsprechenden Grundsätzen erfolgen muss, damit die Behandlungsziele erreicht werden können:

24-Stunden-Management. 24-Stunden-Management bedeutet, dass die therapeutischen Inputs bei einem Schlaganfallbetroffenen kontinuierlich stattfinden müssen, damit ein positives Ergebnis erzielt werden kann. Dafür werden individuelle Tagespläne für den Betroffenen entwickelt, die diese Kontinuität gewährleisten. Dazu sind alle zu beteiligenden Berufsgruppen, wie Logopäden, Physiotherapeuten, Ergotherapeuten, Pflegepersonen, Ärzte, Psychologen, aber auch Angehörige und Besucher zu integrieren.

Rahmenbedingungen. Das Umfeld ist so gestaltet, dass die Wahrnehmung des Betroffenen bestmöglich gefördert wird. Dazu gehört einerseits die Raumgestaltung, aber auch Maßnahmen zur besseren Orientierung, wie z. B. eine Uhr in Sichtweite oder ein Bild der Angehörigen. So kann sogar eine vertraute Musik den Muskeltonus des Patienten positiv beeinflussen und einer Spastik entgegenwirken.

Posturale Kontrolle. Die posturale Kontrolle und das Postural-Set sind weitere Prinzipien bzw. neurophysiologische Ressourcen, die das Bobath-Konzept berücksichtigt. Die posturale Kontrolle ist die Fähigkeit des Gehirns, den Muskeltonus an die Anforderungen anzupassen, das heißt, dass der Körper problemlos im Raum gegen die Schwerkraft gehalten werden kann. Das Postural-Set meint, dass der Muskeltonus bei Beugung oder Streckung der oberen Extremitäten entsprechend der Stellung des Brustbeines verändert wird. Somit kann je nach Lage oder Sitzposition des Patienten die Beuge- oder Streckspastik beeinflusst werden. Konkret heißt das z. B., dass, wenn der Patient Flexorentonus im Arm hat, darauf zu achten ist, dass die Schultern nicht vor das Brustbein gelagert werden. Bei einer Streckspastik verhält es sich entsprechend entgegengesetzt.

Alignment. Als weiteres Behandlungsprinzip gilt das Alignment, es bezeichnet die optimale Position der Gelenke mit allen dazugehörigen Strukturen bei Haltung und Bewegung. Voraussetzung ist ein angepasster Muskeltonus, die Muskulatur muss also hinreichend dehnbar sein und keine Kontrakturen oder Subluxationen aufweisen (vgl. Fürll-Riede, 2004, S. 97 f.).

Kommunikation. Das letzte Prinzip ist die spezifische Gestaltung der Kommunikation, die eine Art Schlüsselstellung bei der Rehabilitation von Schlaganfallpatienten nach dem Bobath-Konzept einnimmt. Verschiedene Sprachstörungen des Patienten können zu Verständigungsproblemen führen. Umso wichtiger ist es, dem Betroffenen mit Geduld, Zeit und Einfühlungsvermögen zu begegnen und eine Sprachtherapie zu ermöglichen, damit dem Problem gezielt im Team entgegengewirkt werden kann.

Es wird deutlich, dass bei der Versorgung von Schlaganfallpatienten immer die Art und Weise des Inputs eine erhebliche Rolle für die Förderung der Wahrnehmung, die Anbahnung von Bewegung und die Regulation des Muskeltonus spielt. Das Bobath-Konzept hat zur Stimulation der verloren gegangenen Funktionen entsprechende Methoden der Lagerung, Mobilisation, Körperpflege, des An- und Auskleiden sowie Unterstützungsmöglichkeiten beim Essen und Trinken, Ausscheiden und Kommunizieren entwickelt, um den Betroffenen weitgehend zur Wiedererlangung dieser Funktionen und zur Selbstständigkeit zu befähigen. Um die entsprechenden Kompetenzen anzubahnen und schließlich nachhaltig zu erreichen und zu erhalten, ist eine Zusammenarbeit der einzelnen, den Patienten betreuenden Berufsgruppen unabdingbar.

3.3.3 Therapeutisches Team bei der Rehabilitation von Schlaganfallpatienten

Die Voraussetzung für eine optimale Versorgung und Rehabilitation des Patienten mit Schlaganfall ist das therapeutische Team. Alle Maßnahmen werden auf den Betroffenen bezogen individuell abgestimmt. Jedes Teammitglied hat seine eigene Funktion, eine effektive Zusammenarbeit ist für die Erreichung des Therapiezieles, welches gemeinsam festgelegt wird, von großer Bedeutung. Gleiches gilt für die Erstellung des Therapieplans und die Einleitung der entsprechenden Maßnahmen. Während der Umsetzung wird stetig der Erfolg der Maßnahmen überprüft und es werden evtl. alternative Maßnahmen festgelegt. Dies kann auf verschiedenen Wegen umgesetzt werden. Je nach Rahmenbedingungen in der Einrichtung, in der der Patient betreut wird, kann die Umsetzung durch Fallbesprechungen, ein Dokumentationssystem, Teamsitzungen und kurzfristige Teamabsprachen erfolgen. Die Teammitglieder im therapeutischen Team sind Pflegekräfte, Ärzte, Physiotherapeuten, Ergotherapeuten, Logopäden, Psychologen, Sozialarbeiter, und auch die Angehörigen sind ein nicht zu unterschätzendes Teammitglied und sollten in die Therapie eingebunden werden. Sie übernehmen einerseits die Rolle des „Motivators" und andererseits die des „Unterstützenden" (vgl. Bohrer/Thranberend, 2004, S. 41).

Die betreuende Pflegekraft und der zuständige Arzt haben die Verantwortung für den reibungslosen Ablauf und die Zusammenstellung des professionellen Teams, damit eine optimale Rehabilitation des Apoplexpatienten gewährleistet ist und die Therapieziele ohne Hindernisse erreicht werden können. Im Rahmen der Teamarbeit bei der Raumgestaltung bzw. Umgebungsgestaltung eines Schlaganfallbetroffenen sind alle beteiligten Berufsgruppen sowie Angehörige einzubeziehen, so dass das 24-Stunden-Konzept eingehalten werden kann und die Rehabilitation nach dem Bobath-Konzept rund um die Uhr gewährleistet ist. Um die Teamarbeit hinsichtlich der Lagerung des Patienten mit Apoplex zu gewährleisten, ist eine Zusammenarbeit mit der Physiotherapie unabdingbar. Die Berufsgruppe der Physiotherapeuten ist auf Diagnostik und Therapie von pathologischen Bewegungsabläufen spezialisiert und stimmt die Maßnahmen individuell auf den Patienten ab. Damit sich alle Berufsgruppen an die entsprechende Therapie halten, ist ein regelmäßiger Austausch untereinander notwendig.

3.3.4 Gestaltung der Umgebung und Lagerung eines Schlaganfallpatienten nach dem Bobath-Konzept

Die Förderung der Wahrnehmung ist mitunter das Wichtigste bei der Rehabilitation eines Schlaganfallpatienten. Das geschieht hauptsächlich über die „richtige" Gestaltung der Umgebung, die entsprechende Lagerung und Bewegung des Patienten sowie über die Körperpflege mittels basaler Stimulation. Mit dem richtigen „Handling" wird außerdem die normale Bewegung gefördert und die Spastik verhindert. Diese Anteile sind die grundlegenden Ziele des Bobath-Konzeptes. „Jede Handlung am und mit dem Patienten ist Input" (Urbas, 1996, S. 108). Zwei Gruppen von Rezeptoren nehmen Reize auf. Zum einen diejenigen, die Druck, Berührung und Temperatur und zum anderen diejenigen, die Licht, Schall, Geschmack und Geruch aufnehmen und verarbeiten. Der Output ist die darauf folgende Reaktion. Jede aktive und passive Bewegung des Körpers führt im Gehirn zu einer „inneren Abbildung" der Lage und Bewegung. Aus diesem Grund ist das Bobath-Konzept auf einen taktil-kinästhetischen Sinn ausgerichtet, so dass durch Berührung und Bewegung, durch die Tiefen- und Oberflächensensibilität das Gehirn jederzeit Informationen über die Lage und die Stellung des Körpers erhält. Es liegt in der Verantwortung der Pflegeperson, diesen Input richtig zu gestalten. Nur ein regelmäßiger Input kann die Nervenzellen im Gehirn anregen und neue Muster der Bewegung umzusetzen. Ständig gleiche Reize sind nicht von Vorteil. Eine Zahnprothese wird z. B. nach wenigen Minuten nicht mehr wahrgenommen und als normaler Reiz in das Körperschema integriert (vgl. Urbas, 1996, S. 20 ff.).

Ziel des Bobath-Konzeptes ist es, den Patienten zur „Zweiseitigkeit" zurückzuführen, ihm seine beiden Körperhälften wieder bewusst zu machen, die Willkür wieder zu erlangen und die Spastik zu hemmen bzw. den Muskeltonus zu regulieren, so dass gestörte körperliche Funktionen aufgehoben werden (vgl. Urbas, 1996, S. 30).

Gestaltung der Umgebung des Patienten

Durch die richtige Raumgestaltung kommt es zur Stimulation der betroffenen Seite des Schlaganfallpatienten, die Wahrnehmungsfähigkeit wird gefördert. Das Krankenzimmer ist so einzurichten, dass alle äußeren Reize über die gelähmte Seite erfolgen. Konkret heißt das, dass Nachttisch, Telefon, wichtige Gegenstände, Bilder, Fernsehgerät und ggf. Eingangstür und Fenster im Zimmer auf der betroffenen Seite des Raumes platziert bzw. organisiert werden. Auch die Sitzgelegenheit(en) für Besucher und Angehörige sollte sich auf der betroffenen Seite des Schlaganfallpatienten befinden, so dass er „gezwungen" ist, die Reize hierüber zu empfangen. Dennoch sollte darauf geachtet werden, dass es nicht zu einer Reizüberflutung kommt – „Weniger ist manchmal mehr". Jeder Mensch verarbeitet die äußeren Reize anders und jeder Patient empfindet die Wahrnehmungsstörung anders, so dass es leicht zu einer Überforderung kommen kann. Hat der Patient ein ausgeprägtes Neglect-Syndrom ausgebildet, so ist es erforderlich, dass die für ihn unbedingt notwendigen Gegenstände, wie die Klingel (damit Sicherheit gewährleistet ist), auf der nicht betroffenen Seite bereitgelegt werden. Der Patient sollte auf keinen Fall mit seiner gelähmten Seite an der Wand platziert werden, die Reizverarbeitung erfolgt sonst nur über die gesunde Seite und eine Förderung der betroffenen Seite kann nicht stattfinden (vgl. Fröhlich, 2004, S. 854 f.).

Lagerungen des Schlaganfallpatienten

Mit der korrekten Lagerung nach dem Bobath-Konzept werden die Körpergrenzen des Hemiplegikers bewusst gemacht und gleichzeitig die Wahrnehmung auf der entsprechenden Seite gefördert. Außerdem wird die Spastik gehemmt bzw. der Muskeltonus erhöht, die Eigenaktivität gefördert und Komplikationen, z. B. einer schmerzhaften Schulter, Kontrakturen, einer Thrombose oder Pneumonie vorgebeugt.

In der Regel werden die Lagerungswechsel alle 2 Stunden durchgeführt, wobei auf die individuelle Toleranz des Patienten Rücksicht genommen werden muss. Folgende Lagerungen können unterschieden werden: Lagerung auf die betroffene Seite, auf die nicht betroffene Seite, auf den Bauch, auf den Rücken sowie der Langsitz im Bett (vgl. Fröhlich, 2004, S. 855).

Lagerung auf die betroffene Seite

Die Lagerung auf die betroffene Seite erfüllt alle erforderlichen Ziele in der Rehabilitation von Schlaganfallpatienten und ist aus diesem Grund aus therapeutischer Sicht unverzichtbar. Die betroffene Seite wird durch den Auflagedruck stimuliert, was tonusregulierend wirkt. An Kopf, Arm und Schulter wird durch diese Lagerung einer Spastik entgegengewirkt. Die Streckung des betroffenen Beines, bei der Durchführung der Lagerung, wirkt dem spastischen Muster und somit Kontrakturen entgegen. Der Patient wird dadurch auch auf das Gehen vorbereitet. Diese Art der Lagerung verschafft dem Patienten außerdem aufgrund der frei liegenden, nicht betroffenen Seite Beweglichkeit (vgl. Urbas, 1996, S. 118 f.). Nachteil bei dieser Lagerung ist zum einen der erhöhte Druck auf den vorderen unteren Darmbeinstachel der plegischen Seite und zum anderen, dass der Patient aufgrund der intakten anderen Körperseite die Lage schnell wieder auflösen kann (vgl. Beckmann, 2000, S. 129).

Durchführung. Die Durchführung („Handling") entspricht dem folgenden Handlungsplan:

- Zur Vorbereitung wird eine Decke als Beinunterlage und eine Decke für den Rücken, ein Kissen für den Kopf und eines für den Arm sowie eine stabile Unterlage zur Lagerung des Armes benötigt.
- Zunächst wird der Patient bei flach gestelltem Kopfteil dicht an die Bettkante der nicht betroffenen Seite befördert. Wenn möglich, sollte der Patient mithelfen. Zur Sicherheit kann ein Bettgitter angebracht werden. Eine Möglichkeit, einen Patienten im Bett zu verlagern, ist das „Bridging". Es stellt eine Methode dar, die über Hebelwirkung und wenig Kraftaufwand das Becken anheben lassen kann, um es gleichzeitig in die gewünschte Richtung im Bett zu verlagern. Dabei werden bei dem Patienten beide Beine angewinkelt, um den Druck auf die Oberschenkel in Fußrichtung ausüben zu können, die das Becken aufrichten lassen. Die betroffene Seite wird dabei mehr unterstützt und gleichzeitig kann der Patient mit seiner nicht betroffenen Seite mithelfen (vgl. Fürll-Riede, 2004, S. 97).
- Liegt der Patient nun am Bettrand der nicht betroffenen Seite, so wird der betroffene Arm abduziert. Dadurch werden Verletzungen an der Schulter, die durch Drehung entstehen können, entgegengewirkt.
- Das Kopfkissen wird so gelegt, dass der Kopf nach der Drehung noch auf dem Kissen liegt. Es ist ratsam, das Kissen zu halbieren. So bleibt dem Hals das Maximum an Bewegung erhalten (vgl. Beckmann, 2000, S. 129).
- Nun kann der Patient auf die betroffene Seite gedreht werden. Dabei ist darauf zu achten, dass das untere Bein nicht zu stark angewinkelt ist und parallel zur Bettkante liegt, da sonst eine Spastik ausgelöst werden kann. Das Knie kann leicht angewinkelt sein.
- Das nicht betroffene, oben liegende Bein wird auf der bereitliegenden Decke im 90º-Winkel zur Hüfte gelagert. Hüfte und Knie sollten möglichst eine Linie bilden. So wird kein Zug auf die Hüfte ausgeübt und lässt keine Schmerzen entstehen. Es ist darauf zu achten, dass der Fuß ebenso hoch gelagert wird.
- Die andere bereitliegende Decke bzw. das Kissen kann nun in den Rücken des Patienten gelegt werden. Diese Maßnahme dient zusätzlich dazu, dass die Körpergrenzen besser wahrgenommen werden und fördert die taktil-kinästhetischen Reize.
- Anschließend soll in jedem Fall das Schulterblatt der betroffenen Seite vorgeholt werden, damit der schmerzhaften Schulter, die zur weiterführenden Spastik führen kann, vorgebeugt wird. Dazu schiebt die Pflegekraft eine Hand unter das Schulterblatt und übt mit der anderen Hand vorsichtig einen Gegendruck auf das Sternum aus. Somit wird einerseits die betroffene Schulter geschont und andererseits wird eine größtmögliche Belüftung der Lunge gewährleistet.
- Der betroffene Arm wird im rechten Winkel auf das mit dem Brett verbreiterte Bett gelegt. Der Arm soll hierzu nach außen rotiert und im Unterarmbereich etwas erhöht gelagert werden, damit einer Ödembildung des betroffenen Armes vorgebeugt wird.
- Der nicht betroffene Arm kann vom Patienten frei gelagert werden (vgl. Steinbeck, 2000, S. 1288).

Lagerung auf die nicht betroffene Seite
Diese Art der Lagerung dient zwar nicht der Wahrnehmungsförderung des Patienten mit Schlaganfall, wirkt aber ebenso tonusregulierend auf die Muskulatur. Weiterhin ist sie Vorbereitung auf das Gehen. Nachteil ist, dass der Patient durch die nun völlig eingeschränkte Bewegung diese Lagerung weniger akzeptiert (vgl. Steinbeck, 2000, S. 1288) und dass die Lagerung viele Druckbelastungspunkte an Becken und Schulter hat sowie das Gesichtsfeld einschränkt ist (vgl. Beckmann, 2000, S. 131).

Durchführung. Die Durchführung der Lagerung auf die nicht betroffene Seite wird mittels folgenden Handlungsplans ausgeführt:
- Der Patient wird unter seiner Mithilfe auf die Bettseite der betroffenen Seite befördert und auf die nicht betroffene Seite in einem Winkel zwischen 90º und 120º gedreht. Die Beförderung des Patienten auf die entsprechende Bettseite erfolgt wiederum durch das „Bridging".
- Der unten liegende Arm kann hinter den Rücken oder vor den Bauch gelagert werden. Dabei sollte der Patient am besten selbst die Entscheidung treffen, welche Variante für ihn bequemer erscheint.
- Vor den Bauch wird eine Decke gelegt, so dass sich der Patient anlehnen kann.
- Das nicht betroffene (untere) Bein liegt in gestreckter Hüftstellung parallel zur Bettkante und das Knie ist leicht gebeugt.
- Das betroffene Bein wird im rechten Winkel der Hüfte, in Beugestellung des Knies auf einer Decke gelagert, so dass der betroffene Fuß ebenso höher gelagert ist. Da sich der Patient fast in Bauchlage befindet, kann sich das betroffene Knie auch etwas unterhalb in Höhe der Hüfte befinden.
- Der Kopf wird nach Wunsch des Patienten auf ein flaches Kissen gelegt.
- Der betroffene Arm wird in ausgestreckter Haltung in Höhe des Schulterblattes auf einem zum „Schiffchen" geformtes Kissen gelagert. Die Hand und der Daumen sollen dabei in Abduktionsstellung gebracht werden. Durch diese Weise der Lagerung wird der Arm des Patienten immer wieder vor Augen gehalten und aufgrund der speziellen Kissenform werden die Körpergrenzen bewusst gemacht (vgl. Steinbeck, 2000, S. 1288).

Langsitz im Bett
Der Langsitz im Bett ist keine günstige therapeutische Position für den Patienten. Sie sollte deshalb nur zu Verrichtungen wie Nahrungsaufnahme, Mundpflege oder Vorbereitung auf das Sitzen im Stuhl angewendet werden. Dennoch hat die Sitzhaltung einige Vorteile. Sie führt zu einer guten Lungenbelüftung, zur Entlastung des Steißbeines, dient der besseren Orientierung und der Aufnahme von Blickkontakt, sie erleichtert die Nahrungsaufnahme und das Trinken und verhindert somit eine Aspiration. Weiterhin erleichtert sie Hilfestellungen beim Waschen und Kleiden (vgl. Beckmann, 2000, S. 137).

Durchführung. Die Durchführung des Langsitzes im Bett erfolgt nach folgendem Handlungsplan:
- In flacher Rückenlage wird der Patient an das Kopfende des Bettes transferiert und die Beine leicht gespreizt gelagert.
- Anschließend kann der Patient über die gelähmte Seite aufgerichtet werden. Zur Erleichterung und bequemeren Lage des Patienten wird das Kopfteil nach oben gestellt und ein Kopfkissen im Rücken des Patienten platziert.
- Die Beine können ein wenig gebeugt, nach außen rotiert gelagert werden. Zur Fixierung dieser Position können zusammengerollte Handtücher helfen.
- Der Patient sollte in eine gerade Mittelposition gebracht werden, so dass die gelähmte Seite inklusive Kopf mit Unterstützung des Kissens nicht zur Seite fällt und das Körpergewicht optimal auf beide Sitzbeine geleitet wird (vgl. Beckmann, 2000, S. 139). Dennoch sollte darauf geachtet werden, dass der Patient versucht, seinen Kopf in aktiver Stellung zu halten. Ein Kissen wird daher nur bei der Unfähigkeit, den Kopf zu halten, verwendet.
- Der betroffene Arm wird auf einer abgepolsterten Unterlage, z. B. den Nachttisch oder auf einem Kissen in gestreckter Supinationsstellung gelagert.
- Falls es notwendig ist, kann zur Sicherheit auch hier wieder ein Bettgitter an der betroffenen Seite angebracht werden (vgl. Steinbeck, 2000, S. 1289).

Rückenlagerung
Die Rückenlage ist für Patienten mit Schlaganfall die ungünstigste. In dieser Lage wird die Spastizität erhöht, es wird kaum ermöglicht, in einem antispastischen Muster zu lagern und der Auflagedruck ist an vielen Körperstellen vorhanden, so dass leichter Dekubiti entstehen können (vgl. Beckmann, 2000, S. 134). Außerdem ist die Wahrnehmung der Umwelt stark beeinflusst. Aus diesen Gründen sollte der Patient möglichst wenig auf den Rücken gelagert werden, auch wenn es oftmals die einfachste und schnellste Form der Lagerung im Pflegealltag ist und sie der Patient bevorzugen würde.

Durchführung. Den Patienten mit Schlaganfall auf den Rücken zu lagern, wird in folgendem Handlungsplan ausgeführt:
- Das Bett wird in die flache Ausgangsstellung gebracht, der Patient evtl. nach oben transferiert und leicht auf die nicht betroffene Seite gedreht.
- Der Hohlraum zwischen Bettgrund und betroffener Seite, vielmehr Becken und Schulter, wird mit einem Kissen aufgefüllt.
- Möglicherweise muss das betroffene Bein zur Vermeidung einer Außenrotation, zusätzlich mit einem Lagerungshilfsmittel unterstützt werden.
- Die Fersen können mit je einem gefalteten Handtuch vor Dekubiti geschützt werden.
- Zur Vermeidung einer Überstreckung der Kniegelenke werden gefaltete Handtücher verwendet. Knierollen sind kontraindiziert.
- Der Kopf wird von einem halbierten Kissen unterstützt, so dass der Hals relativ frei liegt.
- Der Arm sollte in gestreckter, außenrotierter Haltung auf einem Kissen in leichter Abduktion gelagert werden.
- Die Bettdecke ist zur Spitzfußprophylaxe über das Bettende zu legen. Es kann ebenso ein Bettbogen verwendet werden (vgl. Steinbeck, 2000, S. 1289).

Bauchlagerung
Die Bauchlagerung ist eine in der Praxis nicht oft durchgeführte Lagerung und kann für den Patienten unangenehm sein. Zudem schränkt sie die Zwerchfellatmung ein, was zu einer Minderbelüftung der Lunge führen kann, obwohl die Lunge mit dieser Lagerung sich gut ausdehnen kann. Außerdem ist das Gesichtsfeld stark eingeschränkt. Andererseits ist die Lagerung auf den Bauch für den Schlaganfallpatienten eine vorteilhafte. Sie führt zu einem hohen Wahrnehmungsinput, da die Vorderseite des Körpers die wahrnehmungsfähigste und sensibelste ist. Bei Patienten mit einer Spastik, dient diese Lagerung der Muskelentspannung.

Ist der Patient in der Lage, seinen betroffenen Arm in gestreckter Haltung an den Körper anzulegen, so kann er über die betroffene Seite auf den Bauch gedreht werden. Ist das nicht der Fall, so muss er über die nicht betroffene Seite gedreht werden, um Verletzungen zu vermeiden.

Durchführung. Im Folgenden wird die Lagerung auf den Bauch anhand eines Patienten mit linksseitiger Hemiparese erläutert, bei dem eine Umlagerung über die nicht betroffene Seite stattfinden muss. Diese Vorgehensweise ist exemplarisch zu sehen und kann entsprechend auf die übrigen Varianten übertragen werden.
- Der Patient wird so weit wie möglich an die linke Bettkante transferiert.
- Der nicht betroffene Arm wird in 90° abduziert gelagert.
- Anschließend werden 2 Kissen, zu „Schiffchen" geformt und vom abduzieren Arm an abwärts auf das Bett gelegt. (Eins in Höhe Brust direkt unter der Achselhöhle angesetzt und eins in Höhe Becken, direkt unter das obere Kissen.).
- Nun kann der nicht gelähmte Arm an den Körper herangeführt werden, wobei der Ellenbogen des Armes nicht gebeugt sein darf.
- Eine Pflegeperson führt den betroffenen Arm und die Schulter des Patienten und die andere Pflegeperson führt die Hüfte.
- Nun kann der Patient auf den Bauch gedreht werden. Der betroffene Arm und die Schulter müssen dabei vorsichtig geführt werden. Des Weiteren muss der Kopf in Drehrichtung liegen, sonst wird das Gesicht in die Matratze gedrückt.
- Beide Arme werden nun neben dem Kopf des Patienten platziert. Dabei ist darauf zu achten, dass die Arme nicht angehoben werden, sondern der Unterarm nach unten neben der Matratze geführt wird.
- Ein weiteres Kissen wird unter die Unterschenkel gelegt, so dass die Zehen nicht zu viel Gewicht der Beine tragen müssen.
- Abschließend wird nach der richtigen Position des Kopfes geschaut. Er soll zur gelähmten Seite hin gewendet sein. Ein kleines Kopfkissen soll als Polsterung dienen. Außerdem sollten beide Schultern abgepolstert sein. Falls das Kissen unter dem Brustkorb nicht ausreicht, sind hier zusätzliche Maßnahmen notwendig (vgl. Beckmann, 2000, S. 121 ff.).

Die Umlagerung vom Bauch auf den Rücken wird in der entgegengesetzten Vorgehensweise vorgenommen.

4 Didaktische Analyse

Die didaktische Analyse wird anhand der sieben Kernfragen nach Schewior-Popp (2005, S. 66) vorgenommen. Die Analyse soll eine umfassende Betrachtung aller pädagogisch-didaktischen Aspekte beinhalten. Das erfolgt vor dem Hintergrund der fachwissenschaftlich-sachlogischen, kompetenz- und qualifikationsbezogenen Orientierung von Planungsüberlegungen, ohne bereits definitive Festlegungen für die zu planende Stunde vorzunehmen. Die folgende didaktische Analyse zeigt also die grundsätzlich sinnvoll erscheinenden Möglichkeiten der Unterrichtsplanung auf.

Die Analyse der Lernvoraussetzungen, über die die Schüler/innen derzeit verfügen, wurde in der Situationsanalyse in Punkt 2.2 vorgenommen. Von Vorteil für die Vermittlung der Unterrichtsinhalte wäre es, wenn die Schüler/innen schon einmal Kontakt mit Schlaganfallpatienten gehabt hätten, um an diese Erfahrung anknüpfen zu können. Die Wahrscheinlichkeit dahingehend ist hoch, da sich die Schüler/innen nun im dritten Ausbildungsjahr befinden und die meisten der Schüler/innen auch schon vor Beginn der Ausbildung ein Praktikum in Einrichtungen der Gesundheits- und Krankenpflege absolviert haben. Die Erfahrungen könnten in den Unterricht „eingebaut" oder als Einstiegssituation verwendet werden, was gleichzeitig ein Moment der Motivationsförderung sein könnte. Da der konkrete Erfahrungshintergrund aber nicht bei allen Schüler/innen bekannt ist, müsste dieser ermittelt werden. Das kann durch gezieltes Befragen der Schüler/innen vor der Unterrichtseinheit erfolgen. Eine andere Möglichkeit wäre, die Einstiegssituation als offenen Erfahrungsaustausch zu konzipieren und die einzelnen Erfahrungen von den Schüler/innen zusammentragen zu lassen. (vgl. Becker, 2004, S. 108) Hieraus kann deutlich werden, inwieweit die Schüler/innen bei der Betreuung eines Patienten nach Apoplex auf Station integriert worden sind, wie sie den jeweiligen Patienten und seine Pflege wahrgenommen haben.

Die für den zu haltenden Unterricht relevanten sach- und fachbezogenen Vorkenntnisse sind die Anatomie und Physiologie des Nervensystems, die Blutversorgung des Gehirns, das Kreislauf- und Gefäßsystem sowie die Anatomie und Physiologie der Muskeln und Gelenke. Zudem ist es wichtig, dass die Schüler/innen den Apoplex als Krankheitsbild mit seinen Ursachen, Symptomen, diagnostischen Maßnahmen und den Therapiemöglichkeiten bereits kennen gelernt haben. Hierzu zählt auch, dass die Schüler/innen die pathologischen Vorgänge mit den physiologischen verknüpfen und sich diese anschaulich vorstellen können. Außerdem sollten in diesem Zusammenhang Grundbegriffe von Funktionseinschränkungen wie Aphasie, Dysphagie, Apraxie, Dyslexie u. s. w., die als Symptome des Krankheitsbildes gelten, bekannt sein. Zu den Kenntnissen, die die Schüler/innen für den Inhalt der Unterrichtsstunde vorweisen sollten, gehören auch verschiedene Aspekte der Wahrnehmung und Beobachtung eines Patienten, Einschätzung des Bewusstheitszustandes sowie Grundkenntnisse im Umgang mit bewusstseinseingeschränkten Patienten, Grundlagen der Lagerung und Mobilisation, prophylaktisches Arbeiten, Grundkenntnisse zur Einschätzung der Mobilität des Patienten sowie Grundlagen der Versorgung eines Patienten im Bett und allgemeine Unterstützung in weiteren Bereichen der Pflege. Die Schüler/innen haben im Rahmen des Moduls 10 a, b, c zur Unterstützung pflegebedürftiger Menschen im Zusammenhang mit der Bewegung (entsprechend dem Rahmenlehrplan des Landes Rheinland-Pfalz) einen Einführungskurs in Kinästhetik erhalten, bei dem die Grundlagen des kinästhetischen Arbeitens vermittelt wurden. Auf eine vertiefende Wiederholung soll innerhalb der Unterrichtseinheit verzichtet werden. Es wird im Rahmen der Mobilisation des Schlaganfallpatienten aber ein Bezug zur Kinästhetik hergestellt, so dass in diesem Zusammenhang die Vorkenntnisse aufgefrischt werden können. Über wesentliche psychologische, soziologische und pädagogische Vorkenntnisse aus den entsprechenden Bezugswissenschaften verfügen die Schüler/innen ebenso. Diese wurden insbesondere im Modul 7 a und b „Pflegehandeln an lebenslauf- und entwicklungsbezogenen Aspekten ausrichten" erworben. Auch wesentliche Aspekte der Beratung und Anleitung von Patienten und deren Angehörigen wurden im Kontext verschiedener Module bereits konkret handlungsbezogen erworben. Die sachbereichsbezogenen Grundlagen der Rehabilitation wurden zu Beginn der Unterrichtseinheit vermittelt. Die Schüler/innen sollten den Sinn und Zweck sowie die Elemente des Pflegeprozesses verstanden und internalisiert haben und diesen auf spezifische Situationen anwenden können, da eine solche strukturierte Vorgehensweise im pflegerischen Handeln bereits seit Beginn der Ausbildung vermittelt und erwartet wird. Das Bewusstsein für verantwortliches professionelles Handeln und somit die Motivation, die geplanten Inhalte des Unterrichtes zu erlernen, sollte jede/r Schüler/in ebenfalls mitbringen. Erfahrungen mit verschieden Sozialformen wie Einzelarbeit, Partnerarbeit oder Kleingruppenarbeit haben die Lernenden schon in vorangegangenen Unterrichten machen können. Es kann also davon ausgegangen werden, dass ihnen diese Arbeitsformen vertraut sind.

Das Überprüfen der Vorkenntnisse und Lernvoraussetzungen kann mit den Schüler/innen durch Metakommunikation oder mittels verschiedener Methoden bzw. Sozialformen wie z. B. Schülervorträge, Fragenkatalog, Quiz, Lückentext, konvergierendes Unterrichtsgespräch oder auch einen zusammenfassenden Lehrervortrag vorgenommen werden. Des Weiteren ist es möglich, anhand des Klassenbuches oder der „hauseigenen" Ausarbeitung des Rahmenlehrplanes die vorangegangen Inhalte nachzuvollziehen sowie über gezielte Befragung der jeweiligen Dozenten, die schon vermittelten relevanten Themen herauszufinden. Über das Klassenbuch konnte bereits ermittelt werden, dass die benannten Vorkenntnisse in vorangegangenen Unterrichten vermittelt wurden. Es kann aber nicht gesagt werden, inwieweit das Wissen auch verstanden bzw. evtl. in den praktischen Einsätzen internalisiert wurde.

In den vorangegangen Stunden der Unterrichtseinheit „Ausgewählte Rehabilitationskonzepte in das Pflegehandeln integrieren – Bobath-Konzept" wurde das Krankheitsbild Apoplex mit seinen Ursachen, der umfassenden Symptomatik, den Behandlungsmöglichkeiten einschließlich der Notfallversorgung seitens der Pflege kurz wiederholt sowie allgemeine Aspekte der Rehabilitation angesprochen. Weitere Inhalte waren: Entstehung und Entwicklung des Bobath-Konzeptes einschließlich der allgemeinen Grundsätze im Umgang mit Schlaganfallpatienten und die Bedeutung der Erkrankung für den Patienten selbst und die Angehörigen. Die Inhalte dienen als Basis für die sich anschließenden Unterrichtsstunden.

Der Handlungsbereich Pflege eines Patienten mit Apoplex nach dem Bobath-Konzept insgesamt kann aus verschiedenen Perspektiven betrachtet werden, was sich infolgedessen auf die Struktur des Themas unterschiedlich auswirken kann. Er kann z. B. aus Sicht der Historie gesehen werden, welche die Entwicklung der Pflege bei Schlaganfallpatienten einschließlich der Entwicklung des Bobath-Konzeptes bis heute deutlich werden lässt. Die gesellschaftliche Perspektive würde den Fokus auf die veränderten Zahlen Schlaganfallbetroffener in Deutschland legen, aus denen sichtbar wird, dass immer mehr jüngere Menschen vom Schlaganfall betroffen sind. Das ließe sich aus der erhöhten Anzahl von Menschen herleiten, die entsprechende Risikofaktoren mitbringen. Aus medizinischer Sicht würde der Fokus auf den physiologischen Grundlagen und den pathologischen Veränderungen unter verschiedensten Bedingungen bei Auftreten eines Schlaganfalls einschließlich entsprechender Therapiemöglichkeiten liegen. Dazu ergäbe sich z. B. ein Spezialgebiet der Logopädie, bei der das Hauptaugenmerk auf der Aphasie und Dysphagie mit allen Möglichkeiten der Unterstützung (z. B. diagnostische Verfahren, therapeutische Maßnahmen oder verschiedene Hilfsmittel) eines Betroffenen liegen würde. Aus der Perspektive des Betroffenen selbst würde sicherlich der Patient mit seinen Bedürfnissen, Ängsten und Beschwerden im Mittelpunkt stehen, also das Erleben der Betroffenen. Die Pflege als eigenständige Profession beinhaltet und vereinigt diese verschiedenen Perspektiven, so dass einerseits eine, aus professioneller Sicht, bestmögliche Rehabilitation des Betroffenen gewährleistet ist und zugleich der Patient mit seinen individuellen Bedürfnissen, Einschränkungen und Fähigkeiten berücksichtigt wird. Pflege will Gesundheit fördern und erhalten sowie Komplikationen vermeiden. Das kann mit Blick auf die Rehabilitation eines Schlaganfallpatienten nur im interdisziplinären Team geschehen. Der Pflege kommt hier oftmals eine Koordinationsfunktion zu. Die pflegerische Perspektive gewährleistet also einerseits eine sehr umfassende Sichtweise, muss aber gerade deshalb einer didaktischen Reduktion im Sinne einer begründeten Schwerpunktsetzung unterzogen werden. Eine konsequente theoriegeleitete Handlungsorientierung könnte hier hilfreich sein.

In der zu planenden und durchzuführenden Doppelstunde sollen, basierend auf den Pflegeproblemen eines Schlaganfallpatienten, die therapeutischen Grundlagen des Bobath-Konzeptes zu allgemeinen pflegerischen Zielen werden (im Folgenden wird auch von den „allgemeinen Zielen des Bobath-Konzeptes" gesprochen), die ihren Ausdruck in konkreten pflegerischen Interventionen finden. Das Bobath-Konzept als Therapie-Konzept schreibt keine starre Inhaltsstruktur vor, sondern legt die Maßnahmen nur dahingehend fest, dass dessen Ziele erreicht werden. Aus diesem Grund ist es sinnvoll, dass die allgemeinen Ziele des Bobath-Konzeptes zeitlich vor den speziellen Pflegemaßnahmen, wie Raumgestaltung und Lagerung eines Betroffenen sowie Mobilisation einschließlich Transfer, der Körperpflege, dem Umgang mit Aphasie, Dysphagie und Inkontinenz sowie der Verhinderung von Komplikationen vermittelt werden. Die Lagerungen nach Bobath und die Raumgestaltung als spezifische Maßnahmen bei der Pflege von Schlaganfallpatienten sind hierbei von grundlegender Bedeutung, das sollte sich auch in ihrer Platzierung innerhalb der Unterrichtseinheit widerspiegeln. In der unterrichtlichen Abfolge handelt es sich dabei um generell austauschbare Elemente. Dennoch entspricht es eher der pflegerischen Handlungslogik, bei einem Patienten mit akutem Schlaganfall, der im Krankenhaus aufgenommen wird, neben der Erstversorgung zunächst die richtige Positionierung in seinem Zimmer zu gewährleisten. Damit wird sofort die Förderung der betroffenen Seite eingeleitet. Die Durchführung der Lagerung nach dem Bobath-Konzept schließt sich unmittelbar an. Die Übertragung der pflegerischen Handlungslogik auf die „Unterrichtslogik" macht mit Blick auf die unmittelbare Handlungsrelevanz des Unterrichts durchaus Sinn. Sinnvoll erscheint es auch, sich im Unterricht auf zentrale Lagerungsarten zu beschränken, die in ihrer „Wirkung" besonders effektiv sind. Hierzu zählen die Lagerung auf die nicht betroffene Seite, auf die betroffene Seite sowie die Rückenlagerung. Da die Lagerung auf den Bauch zu wenig Praxisrelevanz hat, wird in der folgenden Unterrichtsstunde nur kurz darauf eingegangen. Weil der Langsitz der Vorbereitung auf das Sitzen im Stuhl dient, erscheint es sinnvoll, seine Durchführung im Rahmen der Mobilisation eines Schlaganfallpatienten unterrichtet.

Die drei zentralen Lagerungsmöglichkeiten können generell untereinander ausgetauscht werden. Es macht grundsätzlich keinen Unterschied, ob zuerst die Rückenlagerung, die Lagerung auf die betroffene Seite oder auf die nicht betroffene Seite oder umgekehrt unterrichtet wird, da von allen Varianten sowohl Vor- als auch Nachteile aufgezeigt werden müssen und somit erkennbar wird, welche die jeweils günstigste und welche die ungünstigste Lagerung für die Rehabilitation des Schlaganfallpatienten darstellt.

Es ist möglich, dass die Schüler/innen im Zusammenhang mit dem Thema, den Methoden oder den Sozialformen Lernwiderstände entwickeln, was deutlich die Motivation im Unterricht beeinträchtigen könnte. Zunächst könnten Verständnisschwierigkeiten hinsichtlich der Zusammenhänge der Physiologie des Gehirns und des Bewegungssystems bzw. der Symptomatik bei Ausfall einer Hirnregion vorliegen, da es sich hierbei um sehr komplexe Vorgänge handelt. Wenn diese Grundlagen nicht verstanden sind, ist es den Schüler/innen nicht möglich, den Sinn und Zweck der Pflegemaßnahmen zu verstehen und nachvollziehen zu können. Aus diesem Grunde fand eine kurze Wiederholung dieser Inhalte in den vorangegangenen Stunden statt, um Lernwiderständen vorzubeugen, die auf einem Nichtverstehen grundlegender Zusammenhänge beruhen. Zudem kann hinzukommen, dass einige Schüler/innen möglicherweise nicht fähig sind, sich in die Situation des Betroffenen oder seiner Angehörigen hineinzuversetzen, um diese besser nachvollziehen zu können. Das kann mit einer eventuell zu geringen Erfahrung mit Schlaganfallpatienten zusammenhängen. Um dem entgegenzuwirken, müsste eine entsprechende Methode gewählt werden, die es den Schüler/innen erleichtert, die Perspektive zu wechseln. Andererseits kann es auch möglich sein, dass ein/e Schüler/in schon einmal persönliche Erfahrung mit einem Schlaganfallpatienten im Bekannten- oder Verwandtenkreis gemacht hat, die negativ geprägt war. Eine solche persönliche Betroffenheit kann Emotionen hervorrufen, die sich entsprechend auf die Lernmotivation auswirken kann. Wird das im Unterricht bei einem/r Schüler/in erkennbar, so kann oder sollte anschließend ein entlastendes Gespräch geführt werden.

Da die Symptomatik bei Schlaganfall von Patient zu Patient aufgrund des Entstehungsortes im Gehirn unterschiedlich sein kann, wirkt sich dies auch dementsprechend auf die Pflegemaßnahmen aus. Die notwendige Vielfältigkeit verschiedener Maßnahmen kann bei den Schüler/innen ebenfalls Verständnisprobleme und Unsicherheit hervorrufen. Daher ist es wichtig, eine klare Struktur vorzugeben und diese mit entsprechenden Erläuterungen zu unterstreichen. Möglich ist auch, dass sich die in der Praxis beobachteten Pflegemaßnahmen von den nun vermittelten unterscheiden. Das kann zu Verwirrungen bei den Schüler/innen führen und Fragen aufwerfen. Die Unklarheiten können einerseits die Pflegemaßnahmen als solches in Frage stellen, können aber auch die Frage entstehen lassen, wie sich die Schüler/innen bei Differenzen hinsichtlich der Pflegemaßnahmen richtig verhalten sollen. Weitere grundlegende Fragestellungen können nicht nur das Verständnis theoretischer Zusammenhänge betreffen, sondern ebenso im Hinblick auf das praktische Arbeiten entstehen. Solche Fragen könnten sein:

- Wie verhalte ich mich bei einem bewusstlosen Apoplexpatienten richtig, den ich nicht aktiv in die Pflegemaßnahmen einbeziehen kann?
- Was muss ich beachten, damit der Patient keinen Reinfarkt im Gehirn bekommt?
- Wie erfolgt die Pflege nach dem Bobath-Konzept richtig?
- Wo sind die Grenzen des Bobath-Konzeptes bei der Betreuung von Schlaganfallpatienten?
- Was habe ich bei der Aufnahme eines Patienten mit Schlaganfall zu beachten und was mache ich, wenn ich mich aufgrund der Rahmenbedingungen der Station nicht daran halten kann?
- Wie füge ich dem Patienten beim Lagern oder Mobilisieren keinen Schaden hinsichtlich seiner gelähmten Seite zu?
- Wie kann ich ohne großen Kraftaufwand die Lagerung eines Patienten mit Apoplex durchführen, der nur wenig mithelfen kann oder adipös ist?

- Was mache ich, wenn der Patient eine Spastik entwickelt?
- Wann darf der Betroffene aus dem Bett aufstehen?
- Inwieweit darf oder muss der Patient bei der Pflege mitwirken?
- Wie verhalte ich mich, wenn der Patient eine Aphasie hat und er meine Worte nicht versteht?
- Was tue ich, wenn der Betroffene sich beim Anreichen von Nahrung und Getränken verschluckt?
- Was ist, wenn der Patient sich unkooperativ verhält, weil er seine Fähigkeiten falsch einschätzt?
- Wie gehe ich mit den Angehörigen um, die sich große Sorgen machen?
- Wie kann ich den Patienten motivieren, bei der Pflege aktiv mitzuwirken?

Die Fragen können einerseits aufgrund von Missverständnissen oder unklaren Erläuterungen der Lehrkraft entstehen, aber andererseits entstehen auch Fragen aufgrund von Unsicherheit und Angst, etwas falsch zu machen. Neben Ängsten können aber ebenso andere Emotionen wie Ekel oder, wie zuvor erläutert, negative Erfahrungen, das Lernverhalten und somit die Motivation der Schüler/innen im Unterricht beeinflussen. Denn *„Schülerinteressen haben nicht nur eine inhaltliche, sondern immer auch eine sinnlich-emotionale und eine körperliche Dimension, die beim Unterrichten beachtet werden müssen"* (Meyer, 1987, S. 414).

Ein anderer Grund für Lernwiderstände oder Motivationsverlust bei den Schüler/innen können einseitige Methoden oder Sozialformen sein, die es gilt so abwechslungsreich wie möglich zu gestalten, um keine Monotonie aufkommen zu lassen. Die Schüler/innen sollten aktiv in den Unterricht mit einbezogen werden. Dazu gehört, dass Erfahrungen, Anregungen, Kommentare, Fragen oder auch Missstimmungen aufgegriffen werden. Der Unterricht sollte zudem ein ausgewogenes Verhältnis von „Kopf- und Handarbeit" aufweisen, um den Theorie-Praxis-Transfer zu erleichtern. Das Einbeziehen und Umsetzen praktischer Inhalte im Unterricht ist von großer Bedeutung, denn *„praxisbezogene Erkenntnissinteresse kann im Hinblick auf die Motivation der Schüler wesentliche ‚Dienste' leisten, vorausgesetzt, die Schüler sehen auch eine konkrete Umsetzungsmöglichkeit ... Aber auch das Verstehen funktioneller Zusammenhänge oder der Wirkweisen bestimmter Maßnahmen und Techniken kann hinsichtlich der Intensivierung des Erkenntnisinteresses der Schülerinnen und Schüler sehr effektiv sein"* (Schewior-Popp, 2005, S. 67).

Wird der Inhalt der zu haltenden Unterrichtsstunde auf Exemplarität hin betrachtet, so kann festgestellt werden, dass trotz einer sehr hohen Spezifität Transfermöglichkeiten gegeben sind. Die Transfermöglichkeiten bieten den Schüler/innen die Gelegenheit, *„ihre eigenen Denk- und Reflexionsfähigkeiten zu schulen"* (Schewior-Popp, 2005, S. 68) und dienen zusätzlich der Effektivität des Unterrichtes. Durch das Herausstellen spezifischer Pflegeprobleme anhand der Symptomatik eines Schlaganfallpatienten und das Ableiten entsprechender Pflegemaßnahmen werden Anteile des Pflegeprozesses angewendet. Die Herangehensweise an das Thema in Verbindung mit der Inhaltsstruktur hat also trotz der spezifischen Thematik einen exemplarischen Charakter bezogen auf den Pflegeprozess. Die Ziele des Bobath-Konzeptes finden sich in jeder spezifischen Pflegehandlung bei Patienten mit Apoplex wieder, können somit auf diese transferiert werden. Auch können Patienten mit gleicher Symptomatik, die aber durch andere Ursachen bedingt ist, grundsätzlich mit den gleichen pflegerischen Interventionen versorgt werden. Dies gilt speziell für Patienten mit Aphasie, mit Dysphagie und mit Lähmungen. Aber auch Maßnahmen zur Verhinderung von Komplikationen können auf mobilitätseingeschränkte Patienten jeglicher Art angewendet werden. Sie haben also auch exemplarischen Charakter. Das gilt ebenso für das Handling nach kinästhetischen Richtlinien. Ebenso ist ein respektvoller Umgang mit Patienten und Angehörigen in jeder Pflegesituation, egal wie schwierig sich diese gestaltet, erforderlich.

Mit dem in Aussicht genommenen Inhalt ergeben sich verschiedene Lernziele, die sich auf die drei Lernzielbereiche kognitiv, affektiv und psychomotorisch beziehen sowie sich auf unterschiedlichen Stufen der Lernzieltaxonomien bewegen. Eine konsequente Einordnung der Lehr-Lernziele in die Lernzielbereiche ist nicht immer möglich, da z. B. der psychomotorische Bereich kognitive Lernziele mit einschließt (vgl. Schewior-Popp, 2005, S. 56). Entsprechende inhaltliche Überschneidungen sind also aus analytischen Gründen bei der Nennung der Lehr-Lernziele gewollt und bilden keine Redundanzen im Unterricht ab.

Im Folgenden werden mögliche Lehr-Lernziele aufgezeigt, diese Lehr-Lernziele gehen insofern quantitativ und qualitativ über diejenigen Lehr-Lernziele hinaus, die schließlich tatsächlich im Unterricht erreicht werden können. Lernziele, die in der Unterrichtsstunde zuvor schon erreicht sein können und Basis für den nun angezeigten Inhalt sein sollen, sind mit aufgeführt. Lehr-Lernziele auf höheren Taxonomiestufen implizieren die niedrigeren Stufen entsprechend.

Kognitiver Lernzielbereich
Die Schüler/innen:
- erläutern die möglichen Ursachen, Symptome und Therapiemöglichkeiten bei Schlaganfall (Stufe 2),

- erklären die unterschiedlichen Wahrnehmungsstörungen, die bei einem Schlaganfallbetroffenen auftreten können (Stufe 2),
- begründen kriterienorientiert, was ein Schlaganfall für den Betroffenen und Angehörigen bedeuten kann (Stufe 2),
- begründen, welche wichtige Bedeutung das therapeutische Team für die Betreuung und effektive, professionelle Rehabilitation für Schlaganfallpatienten hat (Stufe 2),
- begründen anhand der Symptomatik die Pflegeprobleme eines Patienten mit Schlaganfall (Stufe 2),
- leiten Pflegeprobleme eines Apoplexpatienten aus einer konkreten Situation (veranschaulichender Fallbezug) ab und begründen diese anhand der Symptomatik (Stufe 2),
- begründen die Ziele des Bobath-Konzeptes und stellen eine Verbindung mit der Symptomatik bei Apoplexpatienten her (Stufe 2),
- erläutern Maßnahmen bei der Pflege eines Apoplexbetroffenen, die die Wahrnehmung fördern und begründen sie anhand physiologischer Zusammenhänge (Stufe 2),
- erklären, dass die Raumgestaltung bei einem Schlaganfallpatienten eine wichtige Komponente für Wahrnehmungsförderung darstellt (Stufe 2),
- erklären, wie bei einem Schlaganfallpatienten der Raum zu gestalten ist und begründen ihre Entscheidung (Stufe 2),
- entwerfen unter Beachtung der Symptomatik eines Schlaganfallbetroffen (veranschaulichendes Fallbeispiel) ein Patientenzimmer, in das er eingewiesen werden soll (Stufe 3),
- stellen ggf. Nachteile von Patientenzimmern, die sie aus den praktischen Einsätzen kennen, für Patienten mit Apoplex heraus (Stufe 3),
- kennen und erläutern verschiedene Lagerungsmöglichkeiten (Lagerung auf die betroffene, auf die nicht betroffene Seite und Rückenlagerung) bei einem Patienten mit Apoplex nach dem Bobath-Konzept unter Berücksichtigung von Maßnahmen zur Verhinderung von spastischen Mustern (Stufe 2),
- nennen Vor- und Nachteile der jeweiligen Lagerungsmöglichkeit (Stufe 1),
- vergleichen die Vor- und Nachteile der drei Lagerungsmöglichkeiten nach Bobath und finden die vorteilhafteste heraus (Stufe 4),
- erarbeiten auf Basis der Demonstration einer Lagerungsart nach dem Bobath-Konzept einen entsprechenden Handlungsplan (Stufe 3),
- erläutern Komplikationen, die bei der Lagerung von Patienten mit Schlaganfall auftreten können und begründen Pflegemaßnahmen, die die Komplikationen verhindern sollen (Stufe 2),
- erläutern und begründen jeweils eine Lagerungsmöglichkeit (Lagerung auf die betroffene, auf die nicht betroffene Seite und Rückenlagerung) bei einem Patienten mit Apoplex nach dem Bobath-Konzept (Stufe 2),
- kennen die Methode des „Bridgings" als eine unerlässliche Form der Verlagerung eines Patienten mit Schlaganfall im Bett (Stufe 1),
- kennen prophylaktische Maßnahmen zur Verhinderung von Komplikationen bei der Lagerung von Schlaganfallpatienten (Stufe 1).

Affektiver Lernzielbereich
Die Schüler/innen:
- sind bereit, mit Schlaganfallpatienten und Angehörigen respektvoll und zuvorkommend umzugehen, da ihnen bewusst ist, was die Erkrankung für alle Betroffenen bedeuten kann (Stufe 2),
- verhalten sich gegenüber Schlaganfallbetroffenen und Angehörigen respektvoll und zuvorkommend, da ihnen bewusst ist, was die Erkrankung für alle Betroffenen bedeuten kann (Stufe 3),
- verhalten sich bei der Pflege von Schlaganfallpatienten jederzeit teamorientiert, um eine umfassende Pflege und die damit verbundene Professionalität gewährleisten zu können (Stufe 3),
- erkennen die Effektivität begründeter und fundierter Konzepte bei der Pflege und Rehabilitation von Schlaganfallbetroffenen (Stufe 1),
- sind bereit, die Pflege nach dem Stand der fachwissenschaftlichen Entwicklung im Rahmen der Pflege bei Schlaganfallpatienten durchzuführen (Stufe 2),
- erkennen die Bedeutung der allgemeinen Ziele des Bobath-Konzeptes, die eine erfolgreiche Rehabilitation des Apoplexpatienten gewährleisten (Stufe 1),
- erkennen die Bedeutung der Raumgestaltung und Positionierung des Patienten im Zimmer, damit die Wahrnehmungsförderung der betroffenen Seite von Beginn an stattfindet und sind bereit, es entsprechend in der Pflegepraxis umzusetzen (Stufe 2),
- achten jederzeit bei der Aufnahme eines Patienten mit Apoplex darauf, dass die Grundsätze des Bobath-Konzeptes erfüllt werden (Stufe 3),
- erkennen, dass die Lagerungen nach dem Bobath-Konzept, besonders auf die betroffene Seite, für den Patienten mit Schlaganfall von großem Vorteil sind, um die Rehabilitation schnellstmöglich gewährleisten zu können (Stufe 1),

- sind bereit, die Lagerung eines Apoplexpatienten nach dem Bobath-Konzept und unter Einbeziehung der Methode des „Bridgings" durchzuführen (Stufe 2),
- sind bereit, die Lagerung eines Apoplexpatienten nach dem Bobath-Konzept unter Berücksichtigung der Maßnahmen zur Verhinderung von spastischen Mustern durchzuführen, da die Vorteile erkannt sind und Komplikationen, wie Spastik verhindert werden sollen (Stufe 2),
- sind bereit, prophylaktisch im Umgang bezüglich der Lagerungen mit Schlaganfallpatienten zu arbeiten, um Komplikationen zu verhindern und verhalten sich entsprechend (Stufe 3),
- erkennen die Wichtigkeit der Einbeziehung der Angehörigen in den Rehabilitationsprozess des Schlaganfallpatienten und sind bereit, entsprechend beratend zur Seite zu stehen (Stufe 2).

Psychomotorischer Lernzielbereich
Die Schüler/innen:
- gestalten die Einrichtung eines Zimmers für einen Patienten mit Schlaganfall entsprechend seiner Pflegeprobleme und unter Beachtung der allgemeinen Ziele des Bobath-Konzeptes unter evtl. Korrektur oder Handlungsanweisungen der Lehrperson (Stufe 2),
- führen selbständig oder ggf. unter Korrektur der Lehrperson die Lagerung auf die betroffene Seite, auf die nicht betroffene Seite und auf den Rücken nach dem Bobath-Konzept unter Einbeziehung des „Bridgings" an einem Mitschüler aus (Stufe 3),
- führen die Lagerungen nach den Vorgaben des Bobath-Konzeptes an verschiedenen Mitschülern durch (Stufe 4),
- führen selbständig im Rahmen der Lagerungen nach Bobath an einem Mitschüler Prophylaxen unter Handlungsanweisungen der Lehrperson durch, um Komplikationen zu verhindern (Stufe 2).

Mit der Planung der möglichen Lernziele in den verschiedenen Lernzielbereichen kann zur Methoden- und Organisationsplanung des Unterrichtes übergegangen werden. Zu Beginn der Unterrichtsstunde sollte zunächst das Thema, der geplante Verlauf und das Stundenziel vorgestellt werden. Diese Form des Vorgehens lässt die Schüler/innen erfahren, was sie erwarten wird und schafft somit Transparenz. Der Unterrichtseinstieg soll die Schüler/innen neugierig machen, Aufmerksamkeit und Interesse wecken, Vorkenntnisse oder Vorerfahrungen ins Gedächtnis rufen oder auch Fragen aufwerfen bzw. vom Vortag offen gebliebene Fragen der Schüler/innen klären. Die Information über das Vorgehen in der Unterrichtsstunde und die Erinnerung an die Vorkenntnisse vom Vortag können durch einen impulsgebenden Kurzvortrag der Lehrperson stattfinden. Der impulsgebende Kurzvortrag hat den Vorteil, in kürzester Zeit (ca. 5 Min.), eine Überleitung vom Vortag zum folgenden Unterrichtsinhalt zu geben sowie das Thema vorzustrukturieren und vorzubereiten (vgl. Schewior-Popp, 2005, S. 138).

Das Vorwissen, wozu hauptsächlich Entstehungsursachen, Symptome, Therapie, die Bedeutung für den Patienten sowie das Bobath-Konzept mit den Grundsätzen im Umgang mit Apoplexpatienten zählen würden, kann auch in einer Einzel- oder Partnerarbeit anhand eines Lückentextes oder eines Arbeitsblattes mit gezielten Fragen aktualisiert werden, wobei hierbei eine Partnerarbeit effektiver sein kann. Der Austausch in einer Partnerarbeit führt zu einer gegenseitigen Korrektur, die einen höheren Lernerfolg mit sich bringen würde (vgl. Schewior-Popp, 2005, S. 117). Ein konvergierendes Gespräch im Plenum, bei dem die Ergebnisse an der Tafel oder am Flip Chart fixiert werden, wäre ebenso denkbar. Das konvergierende Gespräch ist dadurch geprägt, dass das Ergebnis vorher feststeht und die Lehrperson mit gezielten Fragestellungen die Schüler/innen zu dem vorher überlegten Ergebnis hinführt. In diesem Fall würde es also bedeuten, dass das Vorwissen der vorherigen Stunden durch gezielte Fragen aktualisiert wird. Um die Pflegeprobleme eines Patienten deutlich werden zu lassen, ist es auch möglich, nur die Vorkenntnisse über die Symptome aufzuarbeiten und das Erleben des Patienten in der Situation nachzuempfinden. Ein paar Zeilen eines Erlebnisberichtes eines Betroffenen, wie er die ersten Symptome erlebt hat, könnte die Schüler/innen zum Zuhören motivieren. Gleichzeitig kann das Vorstellungsvermögen der Lernenden geschult und das Vorwissen vom Vortag würde abgerufen werden.

Die Pflegeprobleme eines Schlaganfallpatienten könnten nun in einem nächsten Schritt anhand der Symptomatik von den Schüler/innen erarbeitet werden. Eine wichtige Komponente bei der Vermittlung der Inhalte ist auch die Anregung des affektiven Lernbereiches. Die Entwicklung eines respektvollen und geduldigen, einfühlsamen Umgangs mit einem Schlaganfallpatient ist unabdingbar. Eine Haltung lässt sich besser entwickeln, wenn der entsprechende Lerngegenstand nachvollziehbar und anschaulich ist und so eine gewisse Einsicht erreicht wird. Um das bei den Schüler/innen zu bewirken, wäre ein konkreter Fallbezug denkbar. Ein anderer Begründungszusammenhang, der für die Inhaltserarbeitung anhand eines Fallbezuges sprechen kann, ist die Vielseitigkeit der Symptomatik, wie sie bei einem Schlaganfall auftreten kann. Mit der Anwendung eines auf den Unterricht zugeschnittenen Fallbeispiels würde die Situation, in der sich der Betroffene mit seiner komplexen Symptomatik und psychischen Situation befindet, deutlicher und für die Schüler/innen nachvollziehbarer, konkreter und realer. Ein solches Beispiel kann als Arbeitsmedium für die gesamten nachfolgenden Inhalte dienen. Das Herausarbeiten der Pflegeprobleme kann dabei in Einzel-, Partner- oder Kleingruppenarbeit geschehen. Die Ergebnisse müssten anschließend im Plenum ausgewertet werden. Sie können von den Schüler/innen selbständig notiert bzw. ergänzt werden, oder sie können auf einer Folie oder auf einem Flip Chart von der Lehrperson fixiert werden. Das hat den Vorteil, dass die Folie oder das Flip Chart jederzeit wieder in den Unterricht eingebracht werden kann. Mittels des Fallbeispiels lernen die Schüler/innen aus einer konkreten Situation heraus das Erkennen von Problemen, nehmen die Situation eher als echte wahr und können Lösungen entwickeln, die letztendlich zu einem begründeten Handeln führen. Durch die Konkretion der Situation mittels eines Falles erleben und erfahren die Schüler/innen einen zweiseitigen Prozess (vgl. Hoffmann/Langfeld, 1996, S. 67 f). Einerseits ist es der Pflegeprozess, auf den exemplarisch aufmerksam gemacht werden kann und andererseits ist es der Lernprozess selbst, der sich an der Handlungslogik der Praxis orientiert. Sinnvoll wäre es, dass jede/r Schüler/in e das Fallbeispiel vor sich liegen hat. Die Kopie könnte auch als Arbeitsblatt fungieren, wenn Aufträge darauf fixiert sind (vgl. Schewior-Popp, 2005, S. 127). Eine andere Möglichkeit wäre es, den Auftrag an der Tafel oder am Flip Chart für jeden ersichtlich zu fixieren. So kann das Fallbeispiel ohne andere Einflüsse auf der Kopie genutzt werden und dient als begleitendes Medium für die folgenden Unterrichtsstunden. Auf der Basis des Fallbeispiels wäre es nun möglich, die Pflegeprobleme zusammen im Plenum in der Form des konvergierenden Gespräches zu erarbeiten. Das Ergebnis, das am Ende fixiert sein soll, liegt dabei für die Lehrperson vorher fest und die Inhalte werden mit gezielten Fragestellungen zusammen erarbeitet. Die Antworten würden von den Schüler/innen zur Sicherung des Ergebnisses übernommen werden.

Sind mögliche Pflegeprobleme bei einem Apoplexpatienten herausgestellt, so können anschließend die Ziele der Pflege von Schlaganfallpatienten nach dem Bobath-Konzept vermittelt werden. Die Ziele lassen sich unmittelbar ableiten aus den therapeutischen Prinzipien des Bobath-Konzeptes. Das hat einerseits den Grund, dass die Begrifflichkeit der Ziele den Schüler/innen bekannt ist und gleichzeitig der Prozess pflegerischen Handelns mittels Zielsetzung verfolgt wird. Die genannten Inhalte sollen als Basis für die folgenden speziellen Pflegemaßnahmen dienen und würden bei Verwendung eines Fallbeispieles darauf Bezug nehmen. Da diese Inhalte nicht von Vorwissen oder von Erfahrungen her abzuleiten sind, und die Schüler/innen kaum Kenntnisse darüber haben werden, besteht die Möglichkeit, die allgemeinen Ziele des Bobath-Konzeptes in einem Lehrervortrag anhand von unterstützenden Folien mittel Overheadprojektor oder einem Tafelbild zu vermitteln, eine Beschränkung auf Stichworte wäre effektiv und für die Schüler/innen leicht einzuprägen. Die Lehrperson erläutert jeden Punkt auf der Folie in anschaulicher Vortragsform, so dass das Verständnis für die Schüler/innen erleichtert wird. Die Schüler/innen können sich selbständig Notizen machen, ebenso denkbar wäre die Bereitstellung einer Kopie.

Eine ganz andere Möglichkeit wäre, dass die Schüler/innen diese Inhalte anhand eines Textes (Lehrbuch) in Einzel- oder Partnerarbeit mittels eines formulierten Arbeitsauftrages erarbeiten. Die persönliche Auseinandersetzung durch das Lesen und Bearbeiten des Textes hätte eventuell den Vorteil, dass die Inhalte besser internalisiert werden können. Der Lehrervortrag wiederum hätte den Vorteil, dass die Inhalte effektiv in strukturierter und zusammenhängender Form vermittelt werden. Denn bei der Erschließung neuer Inhalte ist für das Verständnis eine strukturierte Form, wie sie der Lehrervortrag bietet, von großer Bedeutung (vgl. Schewior-Popp, 2005, S. 138). Für eine Partnerarbeit spräche, dass durch das gemeinsame Erschließen der Ziele weniger die Gefahr besteht, dass etwas „vergessen" wird, denn hier gilt das Prinzip „Vier Augen sehen mehr als zwei". Durch eine Zusammenstellung der Ergebnisse aus den verschiedenen Partnerarbeiten hätten zudem mehrere Paare die Chance, ihre Ergebnisse zu präsentieren. Es ist möglich, dass sich dadurch Schüler/innen beteiligen, die sonst eher weniger am Unterrichtsgeschehen mitwirken. Das Zusammentragen der Ergebnisse wäre natürlich auch bei einer Einzelarbeit (Text lesen und bearbeiten) möglich.

Die nun vermittelten allgemeinen Ziele des Bobath-Konzeptes dienen als Handlungsgrundlage für spezifische pflegerische Interventionen, hierzu gehören wesentlich Raumgestaltung und Lagerung. Für den Sach- und Handlungsbereich „Raumgestaltung" bietet sich ein Lehrervortrag mit Unterstützung durch Folien und Bildmaterial an. Ein konvergierendes Gespräch im Plenum wäre ebenso denkbar, da die Verknüpfung mit den schon am Vortag vermittelten Grundsätzen im Umgang mit Schlaganfallpatienten erfolgen kann. Den Schüler/innen werden zielgerichtete Fragen gestellt, um so zu erarbeiten, was bei der Raumgestaltung bzw. bei der Einweisung eines Schlaganfallpatienten in sein Zimmer zu beachten ist. Das konvergierende Gespräch kann den Schüler/innen helfen, Lernwege zu erkennen und kann dazu anregen, auch bei „*andere(n) Aufgabestellungen selbständig nach Lösungen zu suchen*" (Schewior-Popp, 2005, S. 141). Das Ergebnis des konvergierenden Gespräches kann auf einer Folie mit Bildern, an der Tafel oder an einem Flip Chart mit Zeichnungen oder Bildern festgehalten werden, die Schüler/innen machen sich in ihren Unterlagen entsprechende Notizen.

Aber es sind auch andere Vermittlungswege möglich, die eine höhere kognitive Eigenleistung erfordern. Denn die Ziele des Bobath-Konzeptes können als Basis eingesetzt werden, um selbständig zu erarbeiten, wie ein Zimmer bei Patienten mit Apoplex zu gestalten ist. Das kann anhand eines Flip Charts, einer Folie oder an der Tafel mit entsprechenden Bildern umgesetzt werden. Die Schüler/innen hätten dann die Aufgabe, die vorbereiteten Bilder an der Tafel, auf der Folie oder am Flip Chart so anzuordnen, dass den Grundsätzen des Bobath-Konzeptes Folge geleistet wird. Die Lehrkraft würde, soweit erforderlich, steuernd mitwirken und ggf. Verbesserungen vornehmen. Je nach Anzahl der Gegenstände im Zimmer können entsprechend verschiedene Schüler/innen, auf freiwilliger Basis, einen Gegenstand in dem an der Tafel, Folie oder Flip Chart vorbereiteten „Zimmer" anbringen. Der übrigen Schüler/innen können durch Zuruf etc. unterstützen. Mit dieser Art der Vorgehensweise kommt etwas Bewegung in die Klasse, was der allgemeinen Auflockerung dienen könnte. Die Verwendung eines Flip Charts ist eher von Vorteil, denn ein Tafelbild muss früher oder später weggewischt werden und das Ergebnis auf dem Flip Chart bleibt erhalten. Zur Ergebnissicherung können sich die Schüler/innen Notizen zur Gestaltung „ihres Zimmers" machen. Den Schüler/innen könnte auch die Möglichkeit gegeben werden, mit vorgefertigten Arbeitsmaterialien die Raumgestaltung zunächst an ihrem Platz vorzunehmen und ihre Vorschläge anschließend in der Großgruppe einzubringen. Das hätte den Vorteil, dass sie sich in Einzelarbeit vorab eigene Gedanken machen und so möglicherweise konzentrierter in das gemeinsame Unterrichtsgespräch gehen.

Diese Unterrichtsphase sollte mit einer schriftlichen (bildlichen) Ergebnissicherung abgeschlossen werden. Ein nächster inhaltlicher Schwerpunkt wäre die Vermittlung der Lagerungsarten nach dem Bobath-Konzept.

Die drei Lagerungen (auf die betroffene Seite, auf die nicht betroffene Seite und auf den Rücken) können jeweils mit unterschiedlichen Methoden oder mit der gleichen Form der Unterrichtsgestaltung erarbeitet werden. So kann z. B. aufgrund der Wichtigkeit und Bedeutsamkeit der Lagerung auf die betroffene Seite hierauf ein größerer Fokus gelegt und eine dementsprechend intensivere Auseinandersetzung initiiert werden wie im Gegensatz zur Rückenlagerung, die für die erfolgreiche Rehabilitation von Schlaganfallpatienten eher ungünstig ist. Das „Bridging", als ein Element der Handlungspläne der Lagerungen, ist entsprechend zu berücksichtigen. Die Vermittlung kann über einen Lehrfilm auf Video/DVD oder von CD-Rom in Form informalen E-Learnings erfolgen, indem schrittweise die verschiedenen Lagerungen demonstriert werden. Bei der Lagerung auf die betroffene Seite kann anhand gezielter Fragen ein Handlungsplan mit den Schüler/innen im konvergierenden Gespräch erarbeitet werden. Die Antworten der Schüler/innen können zusammenfassend an der Tafel, am Flip Chart oder auf einer Folie festgehalten werden, so dass strukturierte, aufeinander folgende Handlungsschritte entstehen, die der strukturierten Umsetzung dienen. Bei der Folie liegt der Vorteil darin, dass sie jedem/r im Nachhinein als Kopie zur Verfügung gestellt werden kann, was beim Tafelbild oder Flip Chart nicht möglich ist, es sei denn, das Ergebnis wird fotografiert und anschließend als Kopie aufgearbeitet. Die Erarbeitung des Handlungsplanes anhand des Lehrfilmes kann auch in Partner- oder in Kleingruppenarbeit mittels eines Arbeitsblattes z. B. mit einem Lückentext oder mit gezielten Fragen erfolgen. Die Beantwortung der Fragen würde im Ergebnis die im Film gezeigte Handlung widerspiegeln. Der Lückentext wäre ebenso am Film orientiert.

Eine andere Möglichkeit ist, dass die Lehrperson an einem/r Schüler/in eine Lagerungsart in kleinen, nachvollziehbaren Schritten demonstriert. Damit kann ein/e Schüler/in Teil der Methode werden, nimmt die Rolle des Patienten ein und wechselt somit die Perspektive, die im Nachhinein reflektiert werden kann. Es ist aber auch möglich, dass eine andere Lehrperson die Rolle des Patienten übernimmt, falls hinsichtlich der Bereitschaft der Mitwirkung der Schüler/innen Bedenken angezeigt sind (z. B. Schamgefühl). Die Schüler/innen, die dabei in der Rolle des Zuschauers sind, hätten den Auftrag, die Demonstration genau nach Handlungsschritten zu beobachten und sich Notizen zu machen. Im Nachhinein können die Notizen der Schüler/innen zu einem Handlungsplan zusammengefasst werden, der dann jedem/r zur Verfügung stehen soll.

Den Schüler/innen sollte anschließend die Möglichkeit zum Üben, also zum Training ihrer pflegerischen Fertigkeiten gegeben werden. Da die Klasse 17 Teilnehmer/innen hat, ist es unmöglich, dass jede/r einzelne Person die Lagerungen innerhalb dieser Doppelstunde im Demonstrationsraum üben kann. Es muss also in jedem Fall noch Zeit für weitere Trainingsphasen bereitgestellt werden. Der Vorteil von Demonstrationen liegt darin, dass sie *„immer bewusste Fokussierungen typischer Pflegehandlungen hin auf den Schwerpunkt der fachlich und methodisch korrekten Ausführung (sind, d. V.). Zentral ist dabei die Handlungsorientierung, -anleitung und -sicherheit des Lernenden im Sinne eines echten Trainings der einzuübenden Fertigkeiten (Skills)"* (Schewior-Popp, 2005, S. 147). Die Erarbeitung der Handlungspläne kann auch im Plenum, in Einzelarbeit, in Partnerarbeit oder in Kleingruppenarbeit anhand von Bildfolgen vorgenommen werden. Die Bildabfolgen können dabei als Folien bei einem konvergierenden Gespräch oder als Kopien bzw. Arbeitsblätter für die Einzel-, Partner- oder Kleingruppenarbeiten vorliegen.

Eine ähnliche Vorgehensweise bietet sich für die Erarbeitung bzw. Vermittlung von Vor- und Nachteilen der einzelnen Lagerungsmöglichkeiten an. Denkbar wäre auch, vor allem aus Zeitgründen, dass die Schüler/innen einen fertigen Handlungsplan an die Hand bekommen und diesen dann praktisch umsetzen. Die Schüler/innen würden also ohne Demonstration durch die Lehrperson und entsprechende Nachahmung die praktischen Übungen durchführen. Eine intensivere Auseinandersetzung mit dem Inhalt könnte über einen zusätzlichen Arbeitsauftrag erfolgen, der das Durchdenken und „Sortieren" der einzelnen Handlungsschritte anhand von Textausschnitten, z. B. aus dem Lehrbuch erfordert. Wie bei einer Art Puzzle könnte ein Bild, auf der die jeweilige Lagerung abgebildet ist, als Unterstützung dienen. Die Schüler/innen hätten zunächst die Aufgabe, die Ablaufstruktur zu durchschauen, also die Textausschnitte zu sortieren, eine Auswahl zu treffen und letztendlich eine Entscheidung hinsichtlich der Struktur zu fällen, nähmen damit selbständig die theoretische Hinführung auf die praktische Umsetzung vor. Dabei würden sie auf Vorkenntnisse hinsichtlich der Planung von Pflegetätigkeiten (Vorbereitung, Durchführung, Nachbereitung) und allgemeine Kenntnisse über die Durchführung von Lagerungen zurückgreifen, um den Auftrag erfüllen zu können. Bei dieser Vorgehensweise ist eine Gruppenarbeit denkbar, wobei *„gemeinsames Nach- und Überdenken, Abwägen, Analysieren sowie das Entwickeln von (Lösungs-) Strategien"* (Schewior-Popp, 2005, S. 118f.) das Ziel wäre. Die Arbeitsaufträge könnten aus Zeitgründen arbeitsteilig vergeben werden, so dass je eine Kleingruppe eine Lagerung nach Bobath erarbeitet und praktisch umsetzt. Die Präsentation könnte mittels Folien oder Flip Chart durch die einzelnen Gruppen erfolgen, die Folien könnten im Nachhinein allen Schüler/innen zur Ergebnissicherung in Form einer Kopie zur Verfügung gestellt werden, doch ein – vervielfältigtes – Foto der Flip Charts wäre ebenso möglich.

Zur Erarbeitung der Vor- und Nachteile der jeweiligen Lagerung ist sowohl der Einsatz des schon angesprochenen Lehrvideos möglich, dann kann die Erarbeitung im Plenum erfolgen, es ist aber auch ein Lehrervortrag oder eine Erarbeitung in Einzel- oder Partnerarbeit mit einem Arbeitsblatt denkbar, das anschließend zur Sicherung der Ergebnisse im Plenum ausgewertet werden müsste. Bei der Demonstration der Lagerungen durch die Lehrperson können die Vor- und Nachteile durch entsprechende verbale Kommentierung ergänzt werden. Hierbei sollten sich die Schüler/innen Notizen machen, die anschließend nochmals im Plenum besprochen werden können, um die Ergebnisse bei jedem/r Schüler/in zu sichern. Bei Erarbeitung dieses Inhaltes in Gruppenarbeit dient die Präsentation der Ergebnissicherung

Zum Stundenabschluss sollte eine Zusammenfassung der behandelten Inhalte der Unterrichtsstunde erfolgen. Die Zusammenfassung kann in einem Kurzvortrag durch die Lehrperson erfolgen, es kann aber auch ein/e Schüler/in dazu aufgefordert werden, den Inhalt dieser Stunde mit ein paar Worten zusammenzufassen. Zusätzlich stehen den Schüler/innen ihre Aufzeichnungen, Kopien etc zur Verfügung. Eine abschließende Sicherung der Ergebnisse der gesamten Unterrichtseinheit bzw. auch des gesamten Moduls sollte alle Lehr-Lernzielbereiche berücksichtigen. Insofern empfiehlt sich eine Kombination aus schriftlichen, mündlichen und praktischen Anteilen.

5 Planungsentscheidung

5.1 Lehr-Lernziele

Übergeordnetes Stundenziel

Die Schüler/innen wenden die generellen Ziele des Bobath-Konzepts und die entsprechenden Grundsätze für die pflegerische Versorgung von Schlaganfallpatienten an auf die Handlungsbereiche der Raumgestaltung und der Lagerung. Dabei orientieren sie sich an konkreten Pflegeproblemen.

Kognitiver Lernzielbereich
Die Schüler/innen:
- *LZ 1:* leiten Pflegeprobleme eines Apoplexpatienten aus einer konkreten Situation (veranschaulichender Fallbzug) ab und begründen diese anhand der Symptomatik (Stufe 2),
- *LZ 2:* begründen die Ziele des Bobath-Konzeptes und stellen eine Verbindung mit der Symptomatik bei Apoplexpatienten her (Stufe 2),
- *LZ 3:* entwerfen unter Beachtung der Symptomatik des Schlaganfallbetroffenen (veranschaulichender Fallbzug) ein Patientenzimmer, in das er eingewiesen werden soll (Stufe 3),
- *LZ 4:* stellen ggf. Nachteile von Patientenzimmern, die sie aus den praktischen Einsätzen kennen, für Patienten mit Apoplex heraus (Stufe 3),
- *LZ 5:* nennen Vor- und Nachteile der jeweiligen Lagerungsmöglichkeit (Stufe 1),
- *LZ 6:* erarbeiten, auf Basis der Demonstration einer Lagerungsart nach dem Bobath-Konzept, einen entsprechenden Handlungsplan (Stufe 3),
- *LZ 7:* erläutern und begründen jeweils eine Lagerungsmöglichkeit (Lagerung auf die betroffene, auf die nicht betroffene Seite und Rückenlagerung) bei einem Patienten mit Apoplex nach dem Bobath-Konzept (Stufe 2),
- *LZ 8:* kennen die Methode des „Bridgings" als eine unerlässliche Form der Verlagerung eines Patienten mit Schlaganfall im Bett (Stufe 1).

Affektiver Lernzielbereich
Die Schüler/innen:
- *LZ 9:* sind bereit, mit Schlaganfallpatienten und Angehörigen respektvoll und zuvorkommend umzugehen, da sie erkennen, was die Erkrankung für alle Betroffenen bedeuten kann (Stufe 2),
- *LZ 10:* erkennen die Bedeutung der allgemeinen Ziele des Bobath-Konzeptes, die eine erfolgreiche Rehabilitation des Apoplexpatienten gewährleisten (Stufe 1),
- *LZ 11:* erkennen die Bedeutung der Raumgestaltung und Positionierung des Patienten im Zimmer, damit die Wahrnehmungsförderung der betroffenen Seite von Beginn an stattfindet und sind bereit, es entsprechend in der Pflegepraxis umzusetzen (Stufe 2),
- *LZ 12:* erkennen, dass die Lagerungen nach dem Bobath-Konzept, besonders auf die der betroffenen Seite, für den Patienten mit Schlaganfall von großem Vorteil sind, um die Rehabilitation schnellstmöglich gewährleisten zu können (Stufe 1),
- *LZ 13:* sind bereit, die Lagerung eines Apoplexpatienten nach dem Bobath-Konzept und unter Einbeziehung der Methode des „Bridgings" durchzuführen (Stufe 2).

Psychomotorischer Lernzielbereich
Die Schüler/innen:
- *LZ 14:* gestalten die Einrichtung eines Zimmers für einen Patienten mit Schlaganfall entsprechend seiner Pflegeprobleme und unter Beachtung der allgemeinen Ziele des Bobath-Konzeptes unter evtl. Korrektur oder Handlungsanweisungen der Lehrperson (Stufe 2),
- *LZ 15:* führen selbständig oder ggf. unter Korrektur der Lehrperson die Lagerung auf die betroffene Seite, auf die nicht betroffene Seite und auf den Rücken nach dem Bobath-Konzept unter Einbeziehung des „Bridgings" an einem Mitschüler aus (Stufe 3).

Die ausgewählten Lehr-Lernziele repräsentieren diejenigen Stufen der Lernzieltaxonomien, die in diesem Unterricht erreicht werden können. Das gilt für alle Lernzielbereiche. In den weiteren Stunden der Unterrichtseinheit bzw. des Lernmoduls „Bei der Entwicklung und Umsetzung von Rehabilitationskonzepten mitwirken und diese in das Pflegehandeln integrieren" wird sicherlich eine Erweiterung und Vertiefung der Handlungskompetenzen möglich sein, dies bezieht sich vor allem auch auf das Training des entsprechende Handlings. Eine echte klinische Handlungskompetenz wird aber erst durch entsprechende Anleitung in der Praxis bzw. diesbezügliche klinische Erfahrungen, z. B. auf einer spezifischen neurologischen Station, einer Stroke Unit oder in einer Rehabilitationsklinik möglich werden. Sie können durch Beobachtung über einen längeren Zeitraum (z. B. im praktischen Einsatz) überprüft werden.

5.2 Methoden- und Organisationsentscheidungen

Ein informierender Unterrichtseinstieg mittels eines impulsgebenden Kurzvortrages zeigt den geplanten Verlauf der folgenden Unterrichtsstunde kurz auf. Das dient sowohl der Orientierung der Schüler/innen, zudem wird eine Verbindung zu dem schon gehaltenen Unterricht am Vortag hergestellt.

Anschließend werden spezifische Pflegemaßnahmen nach dem Bobath-Konzept auf der Basis eines veranschaulichenden Fallbezugs erarbeitet, speziell die Raumgestaltung und die Lagerung. Ein solcher Fallbezug hilft, Missverständnisse zu vermeiden, da eine konkrete Symptomatik beschrieben wird. Der Fallbezug wird nicht im Sinne des Problemorientierten Lernens gestaltet, das wäre an dieser Stelle eine Überforderung der Schüler/innen, da erst die entsprechenden Grundlagen gelegt werden müssen. Er dient vielmehr als eine Art „Leitfaden" durch die verschiedenen Phasen des Unterrichts. Nach Abschluss des gesamten Lernmoduls 18 a entsprechend des Rahmenlehrplans (Ministerium für Arbeit, Soziales, Familie und Gesundheit Rheinland-Pfalz, 2005) werden die Lernenden ihre dann erworbenen Kenntnisse in einem problemorientierten Unterrichtsmodul zusammenfassend anwenden können.

Die Pflegemaßnahmen, die in der geplanten Doppelstunde gemeinsam anhand theoretischer Grundlagen erarbeitet werden sollen, sind exemplarisch zu sehen. Sie sind grundsätzlich auch auf andere Patienten mit Schlaganfall mit mehr oder weniger intensiver Symptomatik zu übertragen. In dieser Unterrichtsstunde werden zunächst die Pflegemaßnahmen der Raumgestaltung des Apoplexpatienten und die Lagerungen nach dem Bobath-Konzept erarbeitet bzw. vermittelt.

Zunächst sollen die Schüler/innen anhand des Fallbeispiels (Anlage 1) die Pflegeprobleme in einem von der Lehrperson initiierten konvergierenden Gespräch herausstellen, diese werden an der Tafel notiert (Anlage 2) und von den Schüler/innen in ihre Aufzeichnungen übernommen. Das konvergierende Gespräch ist dadurch geprägt, dass die Lehrperson mit gezielten Fragestellungen die Schüler/innen zu dem vorher überlegten Ergebnis hinführt (vgl. Schewior-Popp, 2005, S. 141). Auf diese Weise finden die Vorkenntnisse über die Symptome vom Vortag Anwendung, was zugleich der Vertiefung dieser dient. Außerdem ermöglicht das konvergierende Gespräch ein effektives und ergebnissicherndes Arbeiten und ist, gerade relativ zu Beginn der Unterrichtsstunde, eine gute Möglichkeit, mit der Klasse ins Gespräch zu kommen. Die Schüler/innen werden somit aktiv in den Unterrichtsprozess eingebunden und gestalten ihn mit.

Das Fallbeispiel steht jedem/r Schüler/in als Kopie zur Verfügung, es wird zunächst in Einzelarbeit gelesen. Das Erschließen des Textes in Einzelarbeit „erfordert die individuelle kognitive Verarbeitung" (Schewior-Popp, 2005, S. 116). Bei der Erarbeitung der Pflegeprobleme soll bewusst nicht auf eine ausführliche Formulierung Wert gelegt werden, wie es die Schüler/innen aus konkreten Pflegeplanungen kennen. Dazu ist das Fallbeispiel in seiner Funktion des Leitfadens nicht speziell genug konzipiert. Es geht vielmehr um die Benennung der Probleme, die für den weiteren Unterrichtsverlauf von Relevanz sein sollen. Es ist möglich, dass die Schüler/innen auch potentielle Pflegeprobleme benennen, nicht nur die aktuell bestehenden. Das hat sich in der Bearbeitung der vorherigen ausführlichen Pflegeplanungen gezeigt. Da die Benennung potentieller Pflegeprobleme nicht falsch ist, werden diese, sofern sie zutreffend identifiziert sind, an der Tafel mit aufgenommen. Durch Kommentierung der Lehrperson soll deutlich werden, worauf der Fokus für den folgenden Unterricht liegen wird. Die Pflegeprobleme, die für diese Unterrichtsstunde relevant sind, werden farblich gekennzeichnet. Dieses Vorgehen dient der zusätzlichen Orientierung für die Schüler/innen. Das Ergebnis an der Tafel soll von den Schüler/innen in ihre Unterlagen übernommen werden. Hierfür kann auch die Rückseite der Kopie mit dem Fallbeispiel genutzt werden, welches für die Schüler/innen nun zum unterrichtsbegleitenden Medium wird.

Im Anschluss daran werden die Ziele des Bobath-Konzeptes vermittelt. Die Begründung, warum sich dieser Inhalt anschließt, wurde in der didaktischen Analyse vorgenommen (gilt für die Gesamtstruktur der Inhalte). Die Vermittlung geschieht durch einen Lehrervortrag, unterstützt durch eine OH-Folie (Folie 1). Der Lehrervortrag soll dazu dienen, den Schüler/innen den Inhalt in einer strukturierten und zusammenhängenden Form zu vermitteln, was sich in diesem Fall für den neu zu erschließenden Inhalt besonders gut eignet. Da es beabsichtigt ist, dass die Schüler/innen zuhören und nicht durch Abschreiben der Folie vom Nachvollziehen des Inhaltes abgelenkt werden, erhalten sie eine Kopie der Folie. Hierauf können sie auch ergänzende Notizen anbringen, wie z. B. Erklärungen, die die Lehrperson gibt oder spezielle Fragen die auftauchen können. Die Kopie ist mit einem Literaturhinweis versehen, damit die Schüler/innen ggf. entsprechend nachlesen können.

Im nächsten Schritt wird auf die Raumgestaltung als ein besonderer Aspekt der Wahrnehmungsförderung eingegangen. Dieser Unterrichtsschritt stellt nach der allgemeinen Zielsetzung die erste spezifische Pflegemaßnahme bei Aufnahme eines Patienten mit Apoplex dar. Die Schüler/innen sollen aktiv an den Überlegungen zur Gestaltung des Raumes beteiligt werden. Sie kennen jetzt die allgemeinen Ziele des Bobath-Konzeptes sowie die am Vortag vermittelten Grundsätze im Umgang mit Schlaganfallbetroffenen und wenden diese nun bezogen auf eine spezielle Maßnahme hin an. Die Schüler/innen haben zunächst selbst die Möglichkeit, mittels „flexiblem Mobiliar" aus Papier auf ihrem Arbeitsblatt (Arbeitsauftrag 1) einen Raum für einen Apoplexpatienten zu konzipieren. Dies geschieht in Einzelarbeit. Anschließend werden die Schüler/innen (freiwillig) aufgefordert, an einem Flip Chart-Papier (mit Magneten an der Tafel fixiert) mit einem vorbereiteten Grundriss eines Patientenzimmers, die Möbel aus Papier und den Patienten mit der Halbseitenlähmung rechts so in dem Raum zu platzieren, dass die Grundsätze des Bobath-Konzeptes Anwendung finden. Dabei lernen sie, was einerseits bei der Gestaltung des Raumes zu beachten ist, und andererseits, was sie bei der Aufnahme eines Patienten mit Schlaganfall im Hinblick auf die Raumgestaltung zu beachten haben. Das gesamte Vorgehen wird von der Lehrperson begleitet und ggf. korrigiert. Die freiwilligen Schüler/innen, die die Gestaltung des Grundrisses am Flip Chart übernehmen, werden von den anderen Schüler/innen unterstützt, die sich zuvor ebenso Gedanken gemacht haben.

Anschließend werden die Lernenden aufgefordert, Nachteile von Patientenzimmern zu nennen, die sie von den praktischen Einsätzen kennen. Damit wird ein Transfer in die Praxis hergestellt und dazu angeregt, evtl., falls zeitnah möglich, „rehabilitationsfreundliche" Lösungen anzustreben. Ein solcher, insgesamt erfahrungsbezogener Zugang zum Lerngegenstand gewährleistet am ehesten einen nachhaltigen Lernerfolg. Zur Sicherung des Ergebnisses kann jede/r Schüler/in das „fertige" Zimmer von der Tafel auf sein Arbeitsblatt übertragen. Des Weiteren wird das entsprechende Flip Chart-Papier im Anschluss an die Unterrichtsstunde an der Magnetleiste im hinteren Bereich des Klassenraumes fixiert, so dass es für jeden während der gesamten Unterrichtseinheit als Klassenergebnis präsent bleibt.

Es folgt die Überleitung zum weiteren Schwerpunkt der Pflegemaßnahmen in dieser Unterrichtsstunde, den Lagerungsarten. Einleitend werden die Vor- und Nachteile in Form eines Lehrervortrages, unterstützt durch Folien (Folien 2, 3 und 4)) vorgestellt. Dadurch erhalten die Schüler/innen einen ersten Überblick, lernen die verschiedenen Lagerungsmöglichkeiten in ihrer Relevanz einzuordnen und wissen zugleich, welche Lagerung aus welchem Grund zu bevorzugen ist. Der Lehrervortrag ermöglicht dabei eine strukturierte und zusammenhängende Darstellung. Hinsichtlich der folgenden Inhalte erscheint dieses Vorgehen zudem zielführend und qualitätssichernd. Die Schüler/innen erhalten entsprechende Kopien der Folien, so dass sie sich hierauf ergänzende Notizen während des Lehrervortrages machen können. Vortragsbegleitend werden die Schüler/innen zur Veranschaulichung gebeten, die entsprechenden Fotos im Lehrbuch (Thiemes Pflege, 2004, 855 f.) anzuschauen, welches jedem zur Verfügung steht.

Es schließt sich nun das Erarbeiten und praktische Üben der Lagerungen nach dem Bobath-Konzept an. Den Schüler/innen wird die Möglichkeit gegeben, sich selbständig über eine Lagerungsart zu informieren und diese so vorzubereiten, dass sie im Plenum vorgestellt werden kann. Die Erarbeitung erfolgt in einer arbeitsteiligen Kleingruppenarbeit, bei der die Schüler/innen in drei Gruppen (jeweils eine Lagerungsart) aufgeteilt werden. Sofern alle Schüler/innen anwesend sind, werden 2 Gruppen aus 6 und eine Gruppe aus 5 Personen bestehen. Die Gruppen werden durch die Lehrperson zusammengesetzt. Dies empfiehlt sich u. a. deshalb, weil die Gruppe mit dem Auftrag der Rückenlagerung nur aus 5 Personen bestehen sollte, da der Umfang des Bearbeitungsinhaltes geringer ist. Zum anderen sollen durch diese Art der Gruppeneinteilung unnötige Diskussionen vermieden werden, da sich letztlich alle Schüler/innen mit allen Lagerungsarten auseinandersetzen müssen, inhaltliche „Neigungen" also hier kaum eine Rolle spielen dürften.

Jede Gruppe erhält einen Arbeitsauftrag (Anlage Arbeitsauftrag Gruppenarbeit), die Arbeitsaufträge sind prinzipiell gleich, beziehen sich aber, je nach Gruppe jeweils auf eine andere Lagerungsart. Zur Erfüllung der Aufgabe stehen jeder Gruppe entsprechende Literatur, Demonstrations-CD-Roms aus dem Lehrbuch (Arbeitsauftrag enthält entsprechende Hinweise) und ein Demoraum mit PC zur Verfügung.

Die Arbeitsaufträge für die Gruppen beinhalten einerseits das Erarbeiten einer Handlungsabfolge anhand einer Demonstration auf CD-Rom (CD 1: Pflegetherapeutische Ansätze und Grundlagen: Bobath. In: Thiemes Pflege, 2004) und andererseits die praktische Umsetzung. Anschließend soll eine Demonstration der „gelernten" Lagerung durch eine/en Schüler/in der jeweiligen Gruppe vor dem Plenum erfolgen. Da das „Bridging" eine sehr wichtige Methode für die Umlagerung eines Schlaganfallpatienten im Bett darstellt, werden die Schüler/innen innerhalb des Arbeitsauftrages gebeten, diese bei der Erarbeitung zu berücksichtigen und auch umzusetzen.

Für die Erfüllung des Arbeitsauftrages ist es notwendig, sich so mit dem Inhalt auseinanderzusetzen, dass eine praktische Anwendung erfolgen kann. Außerdem ist in der Kleingruppe Teamarbeit gefragt, da zunächst das theoretische Vorgehen erfasst werden muss, um es im nächsten Schritt praktisch umsetzen zu können. Eine Koordination und Aufgabenverteilung untereinander wird notwendig. Den Schüler/innen wird es selbst überlassen, wie sie in der Gruppe die Aufgaben verteilen. Von Seiten der Lehrperson wird jedoch die Anregung gegeben, innerhalb der Gruppen eine Arbeitsteilung vorzunehmen, damit ein effektiveres Arbeiten möglich ist. Die Schüler/innen haben für die Erarbeitung ca. 30 Min. Zeit. Den Gruppen werden Flip Chart-Papiere und Stifte zur Verfügung gestellt, auf denen sie ihre Ergebnisse fixieren und anschließend im Plenum präsentieren können.

Während der Kleingruppenarbeiten steht die Lehrperson für Fragen zur Verfügung. Außerdem nimmt sie, falls notwendig, Korrekturen vor, damit sich keine Fehler einschleichen oder bei der anschließenden Demonstration vermittelt werden. Den Schüler/innen wird bei dieser Form der Internalisierung ein kinästhetisches und visuelles Lernen ermöglicht (vgl. Zintl, 1998, S. 22 f.). Zudem ist Teamarbeit erforderlich und wird in seiner Effektivität erfahren: Jedes Gruppenmitglied bringt eigene Vorschläge zur Umsetzung ein, die zusammen diskutiert werden müssen, um zu einem Ergebnis zu kommen.

Nach der Bearbeitung der Arbeitsaufträge in den Kleingruppen finden die Präsentationen der Ergebnisse im Plenum statt. Das erfolgt in den einzelnen Demonstrationsräumen. Während der Präsentationen reihen sich die Schüler/innen so um das Bett, dass jede/r etwas sehen kann, um die Demonstrationen der Lagerungen nach Bobath mit den entsprechenden Erklärungen der Gruppenmitglieder zu verfolgen. Falls es erforderlich ist, werden ggf. ergänzende Fragen von der Lehrperson gestellt. Die erstellten Flip Chart-Papiere, die während der Präsentation als Medien dienen, werden im Nachhinein für alle Schüler/innen in kopierter Form (durch Fotografieren) zur Verfügung gestellt. So hat jeder/r das gleiche Ergebnis und Material zum Nachlesen, Lernen und Üben. In der folgenden Unterrichtsstunde wird den einzelnen Gruppen die Möglichkeit gegeben, auch die anderen Lagerungsmöglichkeiten praktisch zu üben. Hierbei soll jeweils ein/e Schüler/in der entsprechenden Gruppe als Berater/in fungieren. Außerdem stehen als Hilfe zur Umsetzung Flip Chart, CD-Rom und auch die Lehrperson zur Verfügung.

Die folgende Abbildung (**Abb. 6.6**) stellt eine Verlaufsübersicht dar, die die Methoden- und Organisationsstruktur der zu haltenden Unterrichtsstunde widerspiegelt.

5.3 Verlaufsübersicht

Unterrichts-schritt/ Unterrichts-zeit in Min.	Inhalt der Unterrichtsphase	Geplantes Lehrerverhalten	Erwartetes Schülerverhalten	Medien	Sozialform/ Methode	Lern-ziele (LZ)
S1/S2 5	• Begrüßung, Vorstellung des Themas in Verbindung zum Vortag • offene Fragen klären	• erläutert • geht ggf. auf offene Fragen ein	• hören zu • stellen ggf. Fragen	• ggf. Folie oder Flip Chart der letzten Stunde	• Plenum, impulsgebender Kurzvortrag	
S3/S4 10	• Überleitung zum Fallbeispiel • Ableiten der aktuellen Pflegeprobleme	• lässt Fallbeispiel lesen • stellt gezielte Fragen, macht auf Flip Chart Notizen • geht ggf. auf Fragen ein	• lesen Fallbeispiel • stellen Pflegeprobleme heraus, machen sich Notizen • stellen ggf. Fragen	• Kopie (Anlage 1) • Tafel (Anlage 2)	• Einzelarbeit • Plenum, konvergierendes Gespräch	1 9
S5 5	• allgemeine Ziele des Bobath-Konzeptes	• trägt vor, erläutert, teilt Kopie aus • geht ggf. auf Fragen ein	• hören zu, nehmen Kopie entgegen, machen sich Notizen • stellen ggf. Fragen	• Folie 1 • Kopie	• Plenum, Lehrervortrag	2 10
S6 10	• Raumgestaltung bei Schlaganfallpatienten • Nachteile, von bekannten Räumlichkeiten	• fordert auf, Raum zu gestalten • nimmt ggf. Korrekturen vor • geht ggf. auf Fragen ein	• gestalten den Raum • machen sich auf vorbereiteten Arbeitsblatt Notizen • stellen ggf. Fragen	• Flip Chart mit aufgezeichnetem, leeren Raum, flexible Papiermöbel • Arbeitsblatt mit flexiblen Papiermöbeln (Arbeitsauftrag 1)	• Einzelarbeit • Plenum • ein/e Schüler/in als „Freiwillige/r", gemeinsames Erarbeiten	3, 4 11 14
S7 10	• Vor- und Nachteile der Lagerungen nach dem Bobath-Konzept	• stellt vor, erläutert, teilt Kopie aus • geht ggf. auf Fragen ein	• hören zu, nehmen Kopie entgegen, machen sich ggf. Notizen • stellen ggf. Fragen	• Folien 2,3,4 • Kopien	• Plenum, Lehrervortrag	5 12
S8 30	• Lagerung eines Patienten nach dem Bobath-Konzept unter Berücksichtigung der Methode des „Bridgings"	• stellt Arbeitsauftrag vor und vergibt ihn an die drei Arbeitsgruppen • stellt Materialien zur Verfügung, macht Treffpunkt und Zeitpunkt aus • geht ggf. auf Fragen während der Gruppenarbeiten ein	• nehmen Arbeitsaufträge entgegen • arbeiten in den Gruppen	• Arbeitsauftrag 2, TV/CD-Rom, Literatur • Flip Chart - Papier, Stifte	• Arbeitsteilige Kleingruppenarbeit	6 8 13 15
S8 20	• Demonstration der Lagerungen nach dem Bobath-Konzept der Kleingruppen • Stundenabschluss	• lässt Schüler/innen präsentieren und praktisch vorführen • macht ggf. Korrekturen • stellt ggf. ergänzende Fragen • fasst zusammen, erläutert weiteres Vorgehen	• stellen Ergebnisse vor • beantworten ggf. Fragen	• Flip Chart	• Präsentation der Kleingruppenarbeit im Plenum • Kurzvortrag	7 13 15

Abb. 6.6 · Verlaufsübersicht.

Literaturverzeichnis

Gesetzliche Grundlagen

Gesetz über die Berufe in der Krankenpflege (Krankenpflegegesetz – KrPflG), vom 16. Juli 2003

Ausbildungs- und Prüfungsordnung für die Berufe in der Krankenpflege (KrPflAPrV), vom 10. November 2003

Verwendete Literatur

A Med-World AG: Schlaganfall. In: http//:www.m-ww.de/krankheiten/innere_krankheiten/schlaganfall.html 2004

Becker, G. E.: Unterricht planen. Handlungsorientierte Didaktik Teil I. 9. Aufl. Beltz Verlag, Weinheim, Basel 2004

Beckmann, M.: Die Pflege von Schlaganfallbetroffenen. Nach dem Konzept der Aktivitas Pflege®. Schlütersche Verlagsgesellschaft, Hannover 2000

BIKA® e.V. Ziele der Bobath-Initiative für Kranken- und Altenpflege (BIKA®) e.V. 2004 In: http//:www.bika.de.

Bohrer, A., T. Thranberend: Therapeutisches Team – Rehabilitationsziele interdisziplinär verfolgen. In: Rehabilitative Pflege von Menschen mit Schlaganfall. Grundlagen der Pflege für die Aus-, Fort- und Weiterbildung. In: Unterricht Pflege 9 (3/2004) 40–43

Bundesministerium für Bildung und Forschung (BMBF): Gesundheitsforschung: Forschung für den Menschen. Newsletter Thema Schlaganfall. 2003

Fröhlich, D.: Pflege von Patienten mit Durchblutungsstörungen des Gehirns. In: Kellnhauser, E. u. a. (Hrsg.): Thiemes Pflege. Professionalität erleben. 10. Aufl. Thieme, Stuttgart 2004, 852–859

Fürll-Riede, Ch.: Bobath-Konzept. In: Kellnhauser, E. u. a. (Hrsg.): Thiemes Pflege. Professionalität erleben. 10. Aufl. Thieme, Stuttgart 2004, S. 95–99

Gliem, U.: Stroke Unit – Aufgabenvielfalt in der Pflege. In: Die Schwester/Der Pfleger 41 (8/2002) 648–651

Hoffmann, B., U. Langefeld: Methoden-Mix. Unterrichtliche Methoden zur Vermittlung beruflicher Handlungskompetenz in kaufmännischen Fächern. Winklers Verlag, Darmstadt 1996

Jall, A.: Pflege von Patienten mit Paraplegie oder Tetraplegie. In: Kellnhauser, E. u. a. (Hrsg.): Thiemes Pflege. Professionalität erleben. 10. Aufl. Thieme, Stuttgart 2004, 859–868

Kellnhauser, E. u. a. (Hrsg.): Thiemes Pflege. Entdecken, erleben, verstehen – professionell handeln. 9. Aufl. Thieme, Stuttgart 2000

Kellnhauser, E. u. a. (Hrsg.): Thiemes Pflege. Professionalität erleben. 10. Aufl. Thieme, Stuttgart 2004

Meyer, H.: Unterrichtsmethoden II. Praxisband. Cornelsen Verlag Scriptor GmbH, Frankfurt/M. 1987

Ministerium für Arbeit, Soziales, Familie und Gesundheit Rheinland-Pfalz (Hrsg.): Rahmenlehrplan und Ausbildungsrahmenplan für die Ausbildung in der Gesundheits- und Krankenpflege und Gesundheits- und Kinderkrankenpflege. Mainz 2005

Najak, D.: Notfälle in der ambulanten Pflege – Akuter Schlaganfall. In: Heilberufe. Das Pflegemagazin 54 (6/2002) 36–37

Pschyrembel: Klinisches Wörterbuch. CD-Rom. de Gruyter, Berlin 2002

Schewior-Popp, S.: Lernsituationen planen und gestalten. Handlungsorientierter Unterricht im Lernfeldkontext. Thieme, Stuttgart 2005

Steinbeck, A.: Pflege von Patienten mit Apoplex. In: Kellnhauser, E. u. a. (Hrsg.): Thiemes Pflege. Entdecken, erleben, verstehen – professionell handeln. 9. Aufl. Thieme, Stuttgart 2000, 1284–1297

Urbas, L.: Pflege eines Menschen mit Hemiplegie nach dem Bobath-Konzept. Einführung in die therapeutische Pflege. 2. Aufl. Thieme, 1996

Westcott, P.: Gesundheit: Persönlichkeitsveränderungen. In: http//:www.ssb-ev.de/persinfo.htm 2003

Zintl, V.: Lernen mit System. Urban und Schwarzenberg, München 1998

Anlagen

Anlage 1

Fallbeispiel

Herr Krause, ein 52-jähriger Filialleiter eines Supermarktes, wird aufgrund eines Apoplexes vom Notarzt stationär eingewiesen. (Sein Kreislauf ist derzeit stabil, bei einem Blutdruck von 150/90 und einem Puls von 84. Der Blutzucker liegt im Normbereich. Er ist ansprechbar, aber schläfrig.)

„Er ist im Lager, beim Umpacken von Waren plötzlich zusammengebrochen", berichtet seine Frau aufgeregt, die ihn begleitet.

Es ist deutlich eine rechtsseitige Hemiparese bei dem Patienten erkennbar. Er versucht sich zu äußern, aber seine Sprache ist sehr verwaschen und er ist nicht in der Lage, zusammenhängende Worte zu äußern. Es dauert sehr lange, bis er ein Wort ausspricht.

Es ist zu beobachten, dass ihm Speichel aus dem rechten Mundwinkel läuft, denn er kann ihn nicht schlucken. Des Weiteren stellt sich heraus, dass er inkontinent ist und im jetzigen Zustand einen Blasendauerkatheter (BDK) benötigen wird.

Die Ehefrau berichtet, dass er ihr zu verstehen geben wollte, auf der kompletten rechten Körperhälfte nichts zu spüren und keine Bewegungen ausführen kann.

Im Gespräch mit der Ehefrau wird deutlich, dass sie sich sehr große Sorgen um ihren Mann macht und Angst hat, dass das Geschäft aufgegeben werden muss.

Anlage 2

Tafelbild

Erwartete/mögliche Antworten der Schüler/innen zu Pflegeproblemen

Pflegeprobleme (PP)	
Aktuelle PP	**Potenzielle PP**
Patient ist/hat ...	Gefahr von ...
• **Wahrnehmungsstörung** auf der rechten Körperhälfte	• **Vitalzeichen-Entgleisung** • **Dekubitus**
• **Bewegungseinschränkung** der rechten Seite	• **Spastik** • **Aspiration** • **Bewusstseinseintrübung**
• **immobil/bettlägerig** • **inkontinent**	• **Kontrakturen** • **Pneumonie** • **Thrombose**
• **schläfrig**	• **Zystitis bei liegendem BDK** • **Sturz**
• **Sprachstörungen**	
• **Schluckstörungen**	
Ehefrau ... • **macht sich große Sorgen**	
• **hat Angst**	

Abb. 6.7 • Tafelbild.

Folie 1

Allgemeine Zielsetzungen innerhalb des Bobath-Konzeptes (= Therapiegrundlagen/Prinzipien)

- Förderung der verloren gegangenen Wahrnehmung
- Regulierung des Haltungstonus bzw. Muskeltonus
- Anbahnung von funktionellen Bewegungen
- Einhaltung des 24-Stunden Management
- Gewährleistung des therapeutischen Teams
- Berücksichtigung der noch vorhandenen Fähigkeiten des Patienten
- Gewährleistung der Kommunikation als Schlüsselstellung

Quelle: Fürll-Riede, Ch.: Bobath-Konzept. In: Kellnhauser, E. u.a. (Hrsg.): Thiemes Pflege. Professionalität erleben. 10. Aufl., Thieme, Stuttgart 2004, S. 95 – 99

Abb. 6.8 • Folie 1.

Arbeitsauftrag 1

Raumgestaltung eines Patienten mit Schlaganfall

Versuchen Sie bitte, die Gegenstände im Grundriss so anzuordnen, dass die Grundsätze und Ziele des Bobath-Konzeptes für Hrn. Krause mit der Hemiparese rechts erfüllt werden. Begründen Sie bitte Ihre Entscheidung.

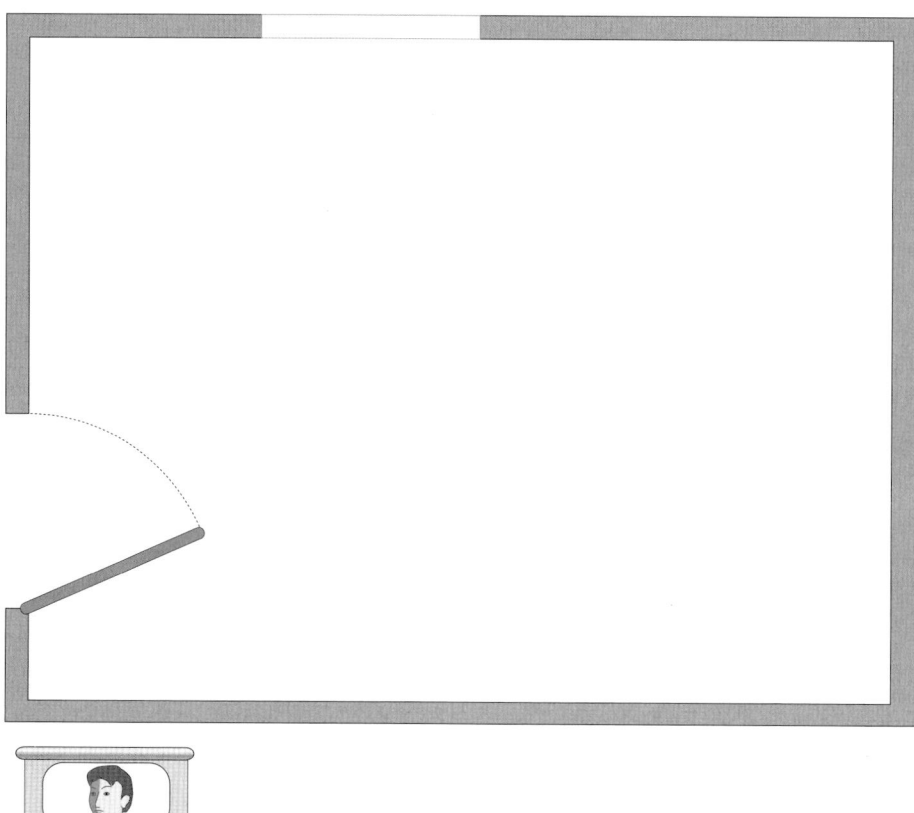

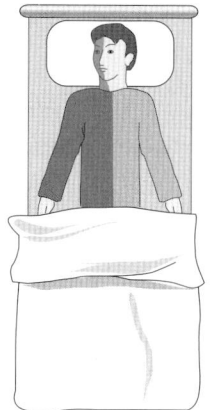

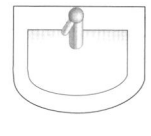

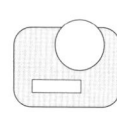

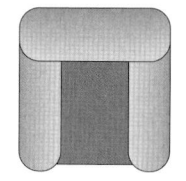

Abb. 6.9 · Arbeitsauftrag 1.

Folie 2

Vor- und Nachteile der Lagerung auf die betroffene Seite nach dem Bobath-Konzept

Vorteile:
- erfüllt alle erforderlichen Ziele in der Rehabilitation eines Schlaganfallpatienten – daher unverzichtbar
- betroffene Seite wird durch Auflagendruck stimuliert – tonusregulierend
- an Kopf, Arm und Schulter wird einer Spastik entgegengewirkt
- wirkt allgemein spastischen Mustern und Kontrakturen entgegen
- Patient wird auf das Gehen vorbereitet
- schafft aufgrund der frei liegenden nicht betroffenen Seite Beweglichkeit

Nachteile:
- erhöhter Druck auf den vorderen unteren Darmbeinstachel der plegischen Seite (kein Schmerzempfinden)
- Patient kann aufgrund der oben liegenden nicht betroffenen Seite seine Lage schnell wieder auflösen

Quellen:
Beckmann, M.: Die Pflege von Schlaganfallbetroffenen. Nach dem Konzept der Aktivitas Pflege. Schlütersche Verlagsgesellschaft, Hannover 2000.
Urbas, L.: Pflege eines Menschen mit Hemiplegie nach dem Bobath-Konzept. Einführung in die therapeutische Pflege. 2. Aufl., Thieme, Stuttgart 1996

Abb. 6.10 · Folie 2.

Folie 3

Vor- und Nachteile der Lagerung auf die nicht betroffene Seite nach dem Bobath-Konzept

Vorteile:
- wirkt auf die Muskulatur tonusregulierend
- bereitet auf das Gehen vor

Nachteile:
- dient nicht der Wahrnehmungsförderung
- Patient toleriert Lagerung weniger, da er in seiner Bewegung völlig eingeschränkt ist
- Gesichtsfeldeinschränkung
- viele Druckbelastungspunkte an Schulter und Becken

Quellen:
Beckmann, M.: Die Pflege von Schlaganfallbetroffenen. Nach dem Konzept der Aktivitas Pflege. Schlütersche Verlagsgesellschaft, Hannover 2000.
Steinbeck, A.: Pflege von Patienten mit Apoplex. In: Kellnhauser, E. u.a. (Hrsg.): Thiemes Pflege. Entdecken, erleben, verstehen – professionell handeln. 9. Aufl., Thieme, Stuttgart 2000, S. 1284 – 1297

Abb. 6.11 · Folie 3.

Folie 4

Vor- und Nachteile der Lagerung auf dem Rücken nach dem Bobath-Konzept

Grundsatz:
- Diese Lagerung sollte entsprechend dem Zustand des Patienten nur zur Körperpflege und zum Anreichen der Nahrung umgesetzt werden.

Nachteile:
- Spastizität wird erhöht
- es ist kaum möglich, in einem antispastischen Muster zu lagern
- Auflagedruck an vielen Körperstellen
- keine Wahrnehmungsförderung möglich

Quellen:
Beckmann, M.: Die Pflege von Schlaganfallbetroffenen. Nach dem Konzept der Aktivitas Pflege. Schlütersche Verlagsgesellschaft, Hannover 2000.

Abb. 6.12 • Folie 4.

Arbeitsauftrag Gruppenarbeit

Lagerung eines Patienten mit Schlaganfall nach dem Bobath-Konzept

Arbeitsraum
Demonstrationsraum

Abb. 6.13 · Arbeitsauftrag Gruppenarbeit.

Arbeitsmaterialien
- PC im Demonstrationsraum, CD-Rom 1 des Lehrbuches Thiemes Pflege, 10. Aufl., Thieme, Stuttgart 2004 (PC ist schon vorbereitet),
  - Flip Chart-Papier, Stifte,
- mögliche zu verwendende Literatur:
  - Kellnhauser, E. u. a. (Hrsg.): Thiemes Pflege. Entdecken, erleben, verstehen – professionell handeln. 9. Aufl. Thieme, Stuttgart 2000
  - Kellnhauser, E. u. a. (Hrsg.): Thiemes Pflege. Professionalität erleben. 10. Aufl. Thieme, Stuttgart 2004
  - Beckmann, M.: Die Pflege von Schlaganfallbetroffenen. Nach dem Konzept der Aktivitas Pflege®. Schlütersche Verlagsgesellschaft, Hannover 2000.

Aufgabe
1. Das „Bridging" ist eine wichtige Methode der Verlagerung eines Patienten mit Schlaganfall im Bett. Es stellt sozusagen die Basis der Umlagerung in diesem Zusammenhang dar. Informieren Sie sich über das „Bridging", so dass Sie es bei Ihrer Lagerungsart umsetzen können.
2. Bereiten Sie sich in Ihrer Gruppe bitte so auf die Ihnen zugeteilte Lagerungsart vor, dass Sie sie Ihren Mitschüler/innen demonstrieren und erläutern können.
3. Erstellen Sie bitte einen in Stichworten zusammengefassten Handlungsplan, der Leitlinie für die Umsetzung Ihrer Lagerungsart nach Bobath ist.

Verteilen Sie die Aufgaben in der Gruppe bitte sinnvoll, um effektiv zu arbeiten. Sie haben für die Erarbeitung des Auftrages **30 Min.** Zeit.

Im Anschluss wird der Unterricht der Lagerung auf die betroffene Seite im Demonstrationsraum der Gruppe weitergeführt. Ich bitte Sie, pünktlich zu sein.

7 Lernsituationen methodisch und organisatorisch gestalten

Überblick

- **7.1 Sozialformen** 115
  - 7.1.1 Einzelarbeit · 116
  - 7.1.2 Partner- und Kleingruppenarbeit · 117
  - 7.1.1 Großgruppenarbeit · 120
- **7.2 Visualisieren – Präsentieren – Moderieren- Medieneinsatz im Unterricht** · 121
  - 7.2.1 Visualisierung – Grundsätzliches zur Gestaltung · 122
  - 7.2.2 Arten und Funktionen von Medien · 124
  - 7.2.3 Medienunterstützte Methoden – Zwei Beispiele: Moderations-Methode und Mind-mapping · 132
- **7.3 Lehrervortrag** · 138
- **7.4 Gesprächsarten im Unterricht** · 141
  - 7.4.1 Konvergierendes Gespräch · 141
  - 7.4.2 Divergierendes Gespräch (Brainstorming) · 142
  - 7.4.3 Diskussionsformen im Unterricht · 143
  - 7.4.4 Beurteilung von Sachverhalten im Gespräch · 145
  - 7.4.5 Metakommunikation · 146
- **7.5 Demonstration und Simulation („Skill-Training", Lernen an Stationen)** · 147
- **7.6 Rollenspiel, Szenisches Spiel und andere „Spielformen" im Unterricht** · 151
- **7.7 Fallbezogener Unterricht – Problemorientiertes Lernen als Konzept und Methode** · 156
- **7.8 Projekt-Methode/Projekt-Unterricht** · 161

Die Umsetzung eines geplanten Unterrichtskonzeptes erfordert vom Unterrichtenden weit gefächerte Kompetenzen im Hinblick auf Lehrhandlungen – und diese Kompetenzen sind insbesondere dann gefragt, wenn der Unterricht nicht „nach Plan" abläuft.

M *Lehrerinnen und Lehrer brauchen ein breites Repertoire von Handlungskompetenzen im methodischen und unterrichtsorganisatorischen Bereich, damit sie in der Lage sind, flexibel und sachkundig auf die Erfordernisse des Unterrichtsprozesses einzugehen.*

Dieses „Eingehen" kann bisweilen zum vollständigen Lösen von der ursprünglichen Planung führen, wenn beispielsweise Lernschwierigkeiten auftauchen, die auch bei gründlicher Recherche der Lernvoraussetzungen so nicht absehbar sind, oder auch, wenn es zu Gruppenkonflikten aufgrund in der Planung nicht einzuschätzender Ursachen kommt.

Für die Ausbildung in den Pflegeberufen gilt, dass es insbesondere in den praktischen Unterrichtsanteilen immer wieder einmal zu Situationen kommen kann, die ein „Umdisponieren" erfordern, weil Materialien oder Geräte in nicht ausreichender Zahl zur Verfügung stehen oder defekt sind. Auch für die Unterrichte im Hinblick auf Pflegemaßnahmen bei speziellen Krankheitsbildern besteht oftmals insofern ein gewisses „Risiko", als die Kenntnisse in Anatomie, Physiologie und Pathophysiologie noch unzureichend sind und bestimmte Funktionszusammenhänge nochmals (manchmal auch erstmals) erläutert werden müssen. Bei einer konsequent lernfeldbezogenen Unterrichtsplanung dürfte letzteres Risiko allerdings weitgehenst zu minimieren sein, weil die entsprechenden curricularen Module pflegesituationsbezogen und damit sachgebietsübergreifend ausgerichtet sind.

Generell gilt aber, dass ein Lösen von der ursprünglichen Unterrichtsplanung unumgänglich ist, wenn der Lehr- und Lernerfolg gesichert werden soll.

Natürlich geht es dabei zunächst um eine (Teil-) Ziel- und Inhaltsmodifikation, unmittelbar verbunden damit ist aber auch ein methodisches und unterrichtsorganisatorisches Umdenken: Vielleicht muss zur Erläuterung einzelner Zusammenhänge ein kurzer Lehrervortrag eingeschoben werden; falls Konflikte im Raum stehen, könnten diese in Form einer Metakommunikation angegangen werden; bei fehlenden oder defekten Arbeitsmaterialien und Medien muss eine andere Präsentations- oder Übungsform gefunden werden.

Aus all dem lassen sich folgende Schlussfolgerungen ziehen:
1. Unterrichtende brauchen nicht nur ein breites Kompetenzrepertoire bezüglich einzelner Lehrhandlungen, sie müssen diese auch ziel-, inhalts- und lerngruppenbezogen auswählen können.
2. Diese auf Methoden und Unterrichtsorganisation bezogene Entscheidungskompetenz kommt explizit-begründend bei der Unterrichtsplanung zum Tragen, unmittelbar und eher implizit-begründend in konkreten Unterrichtssituationen.

Abb. 7.1 will diesen Zusammenhang verdeutlichen:

Studierende, Weiterbildungsteilnehmer und auch Berufsanfänger werden nun berechtigterweise die Frage nach dem Erlangen, nach dem „Lernen-Können" einer solchen Entscheidungskompetenz stellen.

Die Antwort auf die Frage muss in zwei Richtungen weisen: Zum einen kann man sich erst dann begründet für oder gegen etwas entscheiden, wenn man hinreichende Kenntnisse davon hat, und zum anderen müssen Handlungserfahrungen gesammelt werden, die aus der theoretischen Entscheidungsgrundlage eine situationsbezogene Handlungskompetenz machen.

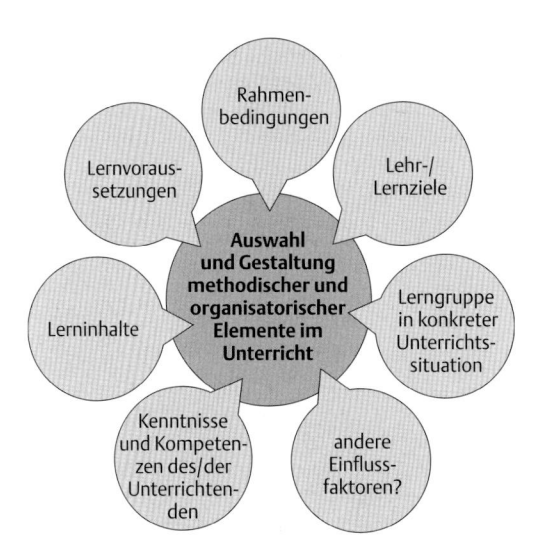

Abb. 7.1 · Entscheidungsparameter methodischer und organisatorischer Elemente im Unterricht.

Praktisch bedeutet dies:
- eine intensive, theoriegeleitete Auseinandersetzung mit verschiedenen Methoden und unterrichtsorganisatorischen Maßnahmen unter Berücksichtigung von Ziel-, Inhalts- und Lerngruppenbezogenheit sowie Gestaltungs- und Durchführungsgesichtspunkten,
- ein „Training" dieser Methoden und Maßnahmen sowohl im pädagogisch geschützten Raum beispielsweise eines Hochschulseminars oder eines Weiterbildungsangebotes als auch „im Feld", d. h. im konkreten Unterrichten an den entsprechenden Ausbildungsstätten. Wünschenswert wäre im Hinblick auf letzteres eine begleitende Unterrichtssupervision zur Anbahnung von Analyse- und Reflexionsfähigkeiten beim lernenden Lehr-Anfänger.

Das angesprochene „Trainingsprogramm" kann nur im unmittelbaren Lernumfeld geschehen, es braucht Übungs-, Trainings- und Supervisionsmöglichkeiten. Dem vorangestellt bzw. damit verbunden müssen die angehenden Lehrerinnen und Lehrer an die einzelnen Lehrhandlungen und ihre innere und äußere Struktur herangeführt werden. Hierzu möchte dieses Buch eine Vielzahl an Anregungen geben, und zwar bezogen auf zentrale methodische und unterrichtsorganisatorische Elemente.

Dabei wird der Schwerpunkt dieses Kapitels zunächst auf dem theoretischen und praktischen Unterricht liegen, die praktische Anleitung wird Schwerpunkt von Kapitel 8 sein.

Aufgrund der zuvor beschriebenen Intention fiel die Entscheidung über den „Inhalt" dieses Kapitels bewusst auf eine Auswahl zentraler, weil praxisrelevanter Elemente der Unterrichtsgestaltung, dabei sind Differenzierungen zwischen Sozialformen, Methoden oder auch Unterrichtskonzeptionen zunächst zweitrangig, weil in der konkreten Unterrichtssituation beispielsweise methodische Entscheidungen nicht abgelöst von Entscheidungen über die Sozialform getroffen werden können, dennoch müssen die Differenzierungen als strukturelle Elemente begründeter konkreter Lehrhandlungsentscheidungen natürlich bewusst bleiben.

Folgenden zentralen methodischen und unterrichtsorganisatorischen Elementen werden wir uns zuwenden:
- den einzelnen Sozialformen (Einzel-, Partner-, Kleingruppen- und Großgruppenarbeit),
- Visualisieren-Präsentieren-Moderieren: Medieneinsatz im Unterricht,
- Gestaltung von Vorträgen,
- den verschiedenen möglichen Gesprächsarten im Unterricht (konvergierende und divergierende

Gespräche, Diskussionsformen und Beurteilungsgespräche, Metakommunikation),
- Demonstrationen, Simulationen ("Skill-Training", Lernen an Stationen),
- Rollenspiel, Szenisches Spiel und andere "Spielformen" im Unterricht,
- Fallbezogener Unterricht – Problemorientiertes Lernen als Konzept und Methode,
- Projektmethode/ Projektunterricht.

Natürlich ließe sich die Reihe der aufgezählten Gestaltungselemente noch fortsetzen, denn es gibt eine Vielzahl weiterer Methodendifferenzierungen. Allerdings stellen die genannten Methoden sicher mehr als nur ein "Standardprogramm" der Unterrichtsgestaltung dar, so dass, werden sie beherrscht, von einer umfassenden methodischen Handlungskompetenz der Lehrenden gesprochen werden kann. Und mehr noch: die ausgewählten methodischen Gestaltungselemente haben ein gemeinsames "Markenzeichen", das sie entweder per se in sich tragen oder das in ihrer jeweiligen konkreten Ausgestaltung im Rahmen eines lernfeldbezogenen Unterrichtskonzepts unbedingt Berücksichtigung finden muss: die handlungsorientierende Qualität unterrichtlicher Lehr-Lernarrangements im Hinblick auf die angezielte komplexe berufliche Handlungskompetenz der Lernenden. Diese ist nur zu erreichen, wenn die Lehrenden selbst über entsprechende didaktische Gestaltungskompetenzen verfügen. Kurz gesagt: erst didaktisch-methodische Handlungskompetenz der Lehrenden vermag berufliche Handlungskompetenz der Lernenden in professioneller Weise anzubahnen!

Um den angehenden Lehrerinnen und Lehrern über die Ausführungen in diesem Lehrbuch hinaus noch weitere Lernmöglichkeiten anzubieten, finden sich am Ende der einzelnen Teilkapitel jeweils weiterführende Literaturhinweise zur Vertiefung und Differenzierung der einzelnen Elemente.

7.1 Sozialformen

Der Begriff "Sozialform" beschreibt, wie in Kapitel 6.1.4 (S. 72) bereits dargelegt, die Konstellation, in der Schülerinnen und Schüler lernen, also die Art, wie ihr Lernen sozial organisiert ist. Insofern sind Sozialformen auch Interaktionsformen, nicht, indem die Art der Interaktion vorgegeben ist, sondern vielmehr als Organisationsrahmen der Interaktion innerhalb der Gesamtlerngruppe.

Für den Bereich der Unterrichtsplanung und natürlich auch für die konkrete Unterrichtssituation ist dabei die Frage nach der "Passung", nach dem Geeignet-Sein, nach der Inhalts- und Zielangemessenheit der einzelnen Sozialformen zentral.

Im Hinblick auf die Differenzierung der Sozialformen orientieren wir uns an der oben beschriebenen Begriffsdefinition und unterscheiden wie etwa auch W. Klafki (1992), Ernst Meyer (1992), G. E. Becker (2004) oder W. Peterßen (2000) Einzel-, Partner-, Klein- und Großgruppenarbeit.

Ernst Meyer (vgl. 1992, S. 14) geht dabei die Frage nach der Ziel- und Inhaltsangemessenheit der zu wählenden Sozialform mit einem System verschiedener "Instruktionsformen" an, die sich jeweils besonders für eine bestimmte Sozialform eignen. Damit wird der Arbeitsauftrag, den die Schüler in einer bestimmten Unterrichtsphase bearbeiten, in den Mittelpunkt der Überlegungen gestellt, wobei "Instruktion" sich nicht ausschließlich auf den gesprochenen Auftrag an die Schüler bezieht ("Bitte vergleichen Sie die Kernaussagen beider Texte"), sondern unmittelbar die zu lösende Fragestellung oder das Problem meint ("Welche Kernaussagen stecken jeweils in den beiden Texten, wodurch unterscheiden sie sich, was haben sie gemeinsam?").

Die folgende Übersicht **(Tab. 7.1)** ordnet im Anschluss an E. Meyer (vgl. 1992, S. 14), aber in modifizierter Form (Ergänzungen, Veränderungen, Beispiele) den einzelnen Sozialformen bestimmte "Instruktionstypen" zu. Die einzelnen, den jeweiligen Stufen zugeordneten Instruktionstypen stellen eine Auswahl zentraler Aufgabenstellungen dar, die durchaus erweiterbar sind.

Die Übersicht macht zweierlei deutlich:
1. Sozialformen organisieren das Lernen zeitlich und inhaltlich phasenbezogen, d. h. sie müssen, um das Gesamt eines Unterrichtsvorhabens zu realisieren, sinnvoll kombiniert werden; so kann z. B. in einer Einzelarbeit durch Textlektüre eine Kleingruppenarbeit, die sich mit der Analyse und Diskussion der gelesenen Texte befasst, vorbereitet werden, die Kleingruppenergebnisse werden wiederum in der Großgruppe ausgewertet.
2. Sozialformen verfolgen nicht nur das jeweilige handlungs- und/oder sachbezogene Ziel, sondern eben auch Ziele der Interaktion generell bzw. der individuellen Interaktions- und Leistungsgestaltung. Diese sozialformspezifischen Ziele entscheiden mit über die Wahl der jeweiligen Sozialform:

Tab. 7.1 Instruktionstypen einzelner Sozialformen (modifiziert nach E. Meyer, 1992)

	Sozialform			
	Einzelarbeit	*Partnerarbeit*	*Kleingruppe*	*Großgruppe*
Instruktionen	Instruktionen, die:	Instruktionen, die:	Instruktionen, die:	Instruktionen, die:
	<ul><li>zum eigenständigen Beschäftigen mit einer Sache (z. B. Text) auffordern</li><li>die zum Heraussuchen (z. B. fehlerhafter Angaben) auffordern</li><li>die eine Selbst-(Erfolgs-)Kontrolle beinhalten (z. B. Kurztest)</li><li>die ein begründetes Entscheiden erfordern (z. B. Niederlegen der begründeten Entscheidung im Anschluss an ein Beurteilungsgespräch)</li></ul>	<ul><li>das Üben selbst oder Hilfe beim Üben (Trainieren) anzielen (z. B. Einüben einer Technik und/oder gegenseitige Korrektur)</li><li>die die Sensibilisierung der Selbst- und Partnerwahrnehmung verstärken (z. B. im Hinblick auf emotionale Erlebnisinhalte (→ Rollenspiel)</li></ul>	<ul><li>eine Analyse notwendig machen (z. B. ein [Text]vergleich zweier Pflege- oder Therapiepläne)</li><li>eine Konstruktion erfordern → Syntheseleistung (z. B. Erstellen einer individuellen Pflege- oder Therapieplanung)</li><li>eine Problemsituation lösen wollen → durch Verbindung von Analyse und Synthese (z. B. ein Konflikt auf Station im simulierten Team)</li></ul>	<ul><li>das Informations- bzw. Kreativitätsspektrum in der gesamten Lerngruppe nutzen bzw. entwickeln wollen (z. B. gemeinsame Problemlösungen anbahnen mit Hilfe der verschiedenen Gesprächsformen)</li><li>einen Planungsvorgang anregen sollen (z. B. „Wie wollen wir bei der Projektbearbeitung vorgehen?")</li><li>die einen Auswertungsprozess einüben wollen (z. B. nach Einzel-, Partner- oder Kleingruppenarbeit)</li></ul>
	…?	…?	…?	…?

Eine Einzelleistung kann nur äußerst bedingt in einer Kleingruppenarbeit sichtbar werden, die Fähigkeit zur zielgerichteten Kommunikation oder zur Kooperation andererseits wohl kaum in einer Einzelarbeit – die Beispiele ließen sich fortsetzen.

Und noch ein weiterer Aspekt sollte nicht vergessen werden: Ein angemessener Wechsel der Sozialformen (gleiches gilt prinzipiell für Methodenwechsel generell) ist mit einer der besten Garanten für Effektivität und Lernerfolge in allen Bereichen von Kompetenzen und Lernzielen. Dennoch stellt der Sozialform- und Methodenwechsel nicht einen Wert an sich dar. Stimmt aber die „Passung" der Kombinationen, bedeutet dies einen ganz wichtigen Schritt in Richtung „guten" Unterrichts. (vgl. auch Norddeutsches GÜTE-Konsortium 2003)

Nun zu den Sozialformen im Einzelnen, ihren „Besonderheiten" und Einsatzmöglichkeiten im Hinblick auf die Ausbildung in den Pflegeberufen.

7.1.1 Einzelarbeit

Manche Dinge kann man, auch im Unterricht, sinnvoll nur allein tun, wie z. B. das Lesen eines Lehrbuchtextes, einer Fallschilderung, einer Krankengeschichte, denn insbesondere die Textlektüre, gleich welcher Art, erfordert die individuelle kognitive Verarbeitung.

Dieses rezeptive Lernen ist eine typische Form der Einzelarbeit. Es hat seinen Sinn immer da, wo mit voller Konzentration der Blick auf etwas „Fertiges" gelenkt werden soll, um das anschließende Weiterarbeiten vorzubereiten. Hierzu gehört auch das Aktualisieren der Vorkenntnisse zu einem Thema über den Weg der kurzen Lektüre der bisherigen eigenen Unterrichtsaufzeichnungen zu Beginn einer Unterrichtsstunde.

Ein weiterer Schwerpunkt der Einzelarbeit liegt auf dem ergebnissichernden Lernen: Lerngegenstände, z. B. anatomische oder physiologische Einzelheiten und Zusammenhänge, werden gefestigt, indem ein Schema angefertigt, Schaubilder beschriftet oder Grundprinzipien beispielsweise aufgrund einer individuellen Krankengeschichte benannt werden. Ähnlich verhält es sich auch mit der individuellen Erfolgskontrolle zum Abschluss einer Unterrichtseinheit oder eines Moduls insgesamt. Dabei kann es sich sowohl um die Reproduktion von Wissen, aber auch um sehr anspruchsvolle Aufgabenstellungen handeln, so etwa die schriftlich dargelegte Stellungnahme zu einem konkreten moralischen Dilemma (im Zusammenhang mit den ethischen Implikationen pflegerischen Handelns) auf der Basis zuvor vermittelter Grundlagen und Kriterien.

Gleiches gilt in übertragenem Sinne für den praktischen Bereich: zuvor demonstrierte und in Partnerarbeit eingeübte Pflegemaßnahmen müssen letztlich beherrscht und allein ausgeführt werden. Dies hat seinen Platz im praktischen Unterricht ebenso wie die vorangehende theoriegeleitete Begründung der Schülerin oder des Schülers der geplanten Maßnahme.

In allen Fällen ist die (Über-)Prüfung des Arbeitsergebnisses durch den Lehrer besonders wichtig, damit das Ergebnis ggf. korrigiert, überdacht, modifiziert oder auch gefestigt wird.

Zu den Aufgaben der oder des Unterrichtenden hinsichtlich der Einzelarbeit zählt auch, für eine Arbeitsatmosphäre zu sorgen, in der individuelles Arbeiten ungestört möglich ist. Das gilt insbesondere für diejenigen Situationen, in denen Schülerinnen und Schüler zeitgleich an einer Sache arbeiten, insbesondere bei Ergebnissicherung und Erfolgskontrolle: Individuelle Konzentration erfordert entsprechende Rahmenbedingungen wie Ruhe, ausreichend „Platz" und – möglichst – erträgliche klimatische Verhältnisse.

Unabhängig von den genannten Faktoren repräsentiert die Sozialform der Einzelarbeit ebenso wesentliche Aspekte des beruflichen Handlungsspektrums, wie es die interaktionsbezogenen Sozialformen tun, und sollte allein aus diesem Grunde im Unterricht angemessene Berücksichtigung finden.

7.1.2 Partner- und Kleingruppenarbeit

Vor der spezifischen Auseinandersetzung mit beiden Sozialformen zunächst einiges zu dem, was sie verbindet. Wolfgang Klafki (1992) drückt dieses „Verbindende" folgendermaßen aus: *„Partnerarbeit und Kleingruppenarbeit sind, im Wechsel mit und in Ergänzung zur Einzelarbeit, für eine erhebliche Anzahl von Lernaufgaben, die in der Schule bewältigt werden müssen, unter dem Gesichtspunkt der Effektivität wirkungsvoller als der Klassenunterricht. Ich ziele damit auf die Dimension des Übens, Sicherns, Anwendens von Erkenntnissen und Kenntnissen, Fähigkeiten und Fertigkeiten. Diese Lerndimension wird ja durch einen an anspruchsvollen Zielen orientierten Unterricht keineswegs unwichtig, wenn sie ihre Rechtfertigung auch erst von solchen Zielen her erhält"* (S. 9).

Ergänzend nennt Klafki, basierend auf den übergeordneten Zielsetzungen seines kritisch-konstruktiven Didaktik-Modells (Selbstbestimmungs-, Mitbestimmungs- und Solidaritätsfähigkeit) weitere Aspekte und Kriterien, die „für" beide Sozialformen – besonders in Abgrenzung zur Arbeit in der Großgruppe – stehen :

- die Verbindung des jeweiligen Sachgehaltes einer Thematik mit dem sozialen Lernen,
- beide Sozialformen repräsentieren „Grundformen sozialer Beziehungen", die Schule kann hier als „Erfahrungs- und Übungsfeld" dienen,
- Partner- und Kleingruppenarbeit kommen dem Bedürfnis nach Kommunikation entgegen, aber auch dem, nicht allein einer „überlegenen" Person, z. B. Lehrer, gegenüberzustehen,
- beide Sozialformen erhöhen die Mitbestimmungs- und Gestaltungsmöglichkeiten der Schüler in der Lernsituation, sie spiegeln zudem wesentliche Konstellationen beruflichen Handelns wider (gilt im Hinblick auf die Pflegeberufe besonders für die typischen Konstellationen Pflegeperson – Patient und die Zusammenarbeit im Stations- oder Abteilungsteam,
- die Möglichkeiten der „inneren Differenzierung" werden entscheidend verbessert (unterschiedliche Schwerpunkte, arbeitsteiliges Vorgehen, verschiedene Lerntempi),
- schließlich können beide Formen auf die Kommunikation in der Großgruppe vorbereiten, indem sie helfen, Gesprächshemmungen abzubauen.

Nun zu den beiden Formen im Einzelnen.

Partnerarbeit

Die Partnerarbeit ist die Methode der Wahl, wenn es darum geht, Handlungen, die typisch für die Konstellation Pflegeperson – Patient sind, einzuüben.

Nach erfolgter Demonstration und Erklärung (vor der Großgruppe oder auch in anderen personellen Konstellationen – vgl. Kap. 7.5, S. 147) können die Schüler das Gesehene und Gelernte anwenden, sich gegenseitig korrigieren, Details intensiv trainieren und sich so das Gesamt der Handlung erarbeiten. Dieses geschieht am effektivsten anhand so genannter Handlungspläne, die die komplexe Pflegehandlung in einzelne Schritte zerlegen und so das Üben systematisch steuern (vgl. auch hierzu ausführlich Kap. 7.5, S. 147). Hierbei kommen sowohl die oftmals im Vordergrund stehenden psychomotorischen Aspekte, aber auch die das praktische Handeln leitenden kognitiven Hintergründe zum Tragen.

Der Lehrer steht als Berater zur Verfügung und betreut die einzelnen Übungskonstellationen. Nachdem die Schüler eine gewisse Handlungssicherheit gewonnen haben (Taxonomie psychomotorischer Lernziele, Kap. 6.1.2, S. 61), sollte in der Regel auf einen „Partnerwechsel" hingearbeitet werden, um die jeweils individuelle Ausprägung der Pflegesituation vorzubereiten.

Diese „trainingsbetonte" Form der Partnerarbeit ist also eine Standardkonstellation für den praktischen Unterricht. Sie kann als spezielle Unterrichtsphase eingebettet sein in verschiedene methodische Settings, die sowohl groß- als auch kleingruppenbezogen angelegt sein können. Wenngleich eine solche Trainingssequenz vornehmlich das praktische Handling betont, kann so der unmittelbare Bezug zu kognitiven und affektiven Zielaspekten hergestellt werden. Dies gilt auch für ein bewusst problemorientiertes Unterrichtskonzept, das in aller Regel immer auch psychomotorische Handlungsaspekte beinhaltet (vgl. ausführlich Kap. 7.7, S. 155). Lernfeldorientierte Unterrichtsgestaltung in der Pflege kann daher ohne trainingsbezogene Partnerarbeit als wesentliches Element echter Handlungsorientierung nicht auskommen.

Ein weiterer möglicher Schwerpunkt der Partnerarbeit bezieht sich auf die Sensibilisierung der Selbst- und Fremdwahrnehmung z. B. im Hinblick auf das individuelle Erleben eines Patienten (Angst, Schmerz, Hoffnung etc.) oder aber auch typische Konfliktsituationen z. B. im Stationsalltag und ist somit ebenfalls ein wesentliches Element handlungsorientierter Unterrichtsgestaltung. Hier erscheint innerhalb der Sozialform der Partnerarbeit die Methode des Rollenspiels besonders geeignet (vgl. ausführlich hierzu Kap. 7.6, S. 151). In der Zusammenschau von trainings- und erlebensbezogener Partnerarbeit entsteht für die Lernenden das „Bild" einer komplexen Handlungssituation, die sowohl die maßnahmenorientierte Intervention als auch bspw. eine Beratungssituation mit Anleitungsaspekten zum Gegenstand haben kann. Dabei ist es in der Regel am effektivsten, beide Aspekte zunächst getrennt in den Blick zu nehmen, um sie dann integrativ verfestigen zu können.

Neben diesen auf Personen-Konstellationen bezogenen umfassenden Aufgaben eignet sich die Partnerarbeit aber auch als (Kurz-)Konstellation innerhalb des Gesamts des Unterrichtsverlaufes: so etwa für die Aktualisierung von Vorkenntnissen im Partnergespräch, die Vertiefung eines bestimmten Aspektes während eines Lehrervortrages oder im Rahmen einer Gesprächsform in der Großgruppe und schließlich auch für die Ergebnissicherung (mündlich oder schriftlich mit gegenseitiger Korrektur). In der Regel kommen die Schülerinnen und Schüler in diesen Partnerarbeitsphasen ohne spezifische Betreuung aus (sofern die Arbeitsaufträge klar und eindeutig formuliert sind!); Lehrerin oder Lehrer sollten aber auf Anfrage zur Verfügung stehen.

Vom räumlichen Setting her ist die Partnerarbeit auch unter äußerst problematischen Rahmenbedingungen sehr unkompliziert, denn sie erfordert kein großes „Umräumen" oder weitere Gruppenräume wie die Kleingruppenarbeit und ist selbst in der Reihen-Bestuhlung eines Hörsaales möglich – Vorteile, die auf jeden Fall dafür sprechen, monotone Großgruppenarbeit durch ein Partnerarbeitsmodul „aufzulockern". 5 Minuten Partnerarbeit innerhalb eines 30-minütigen Vortrages können manchmal beinahe „Wunder" im Hinblick auf Konzentration und Aufmerksamkeit bewirken.

Kleingruppenarbeit

Eines sei vorausgeschickt: Kleingruppenarbeit, professionell geplant und durchgeführt, bedeutet für den Unterrichtenden eine anspruchsvolle Lehrleistung und nicht eine willkommene Gelegenheit, die Lerngruppe sich selbst zu überlassen. Das heißt auch, dass Lehrerin oder Lehrer während der Kleingruppenarbeit zumindest phasenweise präsent sein müssen bzw. die Möglichkeit besteht, sie oder ihn „anzufordern".

Kleingruppenarbeit muss sinnvoll eingeleitet (Arbeitsauftrag), betreut (Lehrer geht „in" die Gruppen) und ausgewertet (meistens in der Großgruppe) werden. Von Bedeutung für die professionelle Begleitung sind dabei auch Grundkenntnisse gruppendynamischer Gesetzmäßigkeiten.

Ziel- bzw. Inhaltsbereich

Der Spruch „Vier Augen sehen mehr als zwei" kann sinngemäß auch auf die Kleingruppenarbeit übertragen und damit natürlich personell „erweitert" werden: Mehrere „Köpfe" sind in der Lösung eines anspruchsvollen Problems, einer komplexen Aufgabe in der Tat bedeutend erfolgreicher als eine Einzelperson. Diese Erkenntnis hat mittlerweile längst Einzug in die Organisation von Arbeitsabläufen in Betrieben, Forschungsvorhaben etc. genommen, nur in den allgemein- und berufsbildenden Schulen scheint sie, trotz mannigfacher diesbezüglicher Fachliteratur, noch kaum den Weg in den Unterrichtsalltag gefunden zu haben. Entsprechende Forschungen kommen zu dem Ergebnis, dass, je nach Schulart und -stufe, nur zwei bis elf Prozent der Unterrichtszeit als Kleingruppenarbeit strukturiert sind (vgl. etwa Gudjons 2002). Dieses ist für den Bereich der Pflegeberufe umso bedauerlicher, als die Arbeit im Team zum „Konstellations-Standard" im Handlungsspektrum dieser Berufe gehört; dies gilt sowohl für das Team der eigenen Berufsgruppe als auch für die interdisziplinäre Zusammenarbeit.

Entsprechend bieten sich auch typische Aufgabenstellungen für die Kleingruppenarbeit an, die gemeinsames Nach- und Überdenken, Abwägen, Analysieren sowie das Entwickeln von (Lösungs-)Strategien fordern und fördern (z. B.: „Was sollte bedacht und berücksichtigt werden, wenn auf einer Station unseres Krankenhauses die Bereichspflege eingeführt werden soll, und welche konkreten Schritte wären einzuleiten?").

Vorteile der Kleingruppenarbeit. Generell lassen sich in Anlehnung an Gudjons (2002) und in Übereinstimmung bzw. Ergänzung zu Klafki (1992) folgende „Vorteile" der Kleingruppenarbeit identifizieren:
- hohe Interaktionsdichte als Trainingsfeld für kommunikative Kompetenz,
- offenere und kreativere Kommunikationsgestaltung durch „Wegfall" des Lehrerkorrektivs,
- Selbststeuerung des Arbeitsprozesses fördert das individuell und gruppenbezogen-aktive Potential,
- mehr Interaktionsfreiraum durch weniger Öffentlichkeit,
- ergebnisoffeneres Denken durch Verzicht auf lehrerzentrierte Lenkung,
- Arbeitsgruppe als Abbild von Handeln in Alltagsgruppen,
- Kooperation als produktförderndes Handlungselement.

Alle genannten Aspekte verbinden in hervorragender Weise Aspekte von Qualifikations- *und* Persönlichkeitsentwicklung, wie sie das Lernfeldkonzept explizit vorsieht. Ein weitgehender Verzicht auf Kleingruppenarbeit wäre also gleichbedeutend mit einer ebenso weitgehenden Absage an die Prämissen eben dieses Konzeptes! Soll Kleingruppenarbeit allerdings nicht nur formal eingesetzt werden, sondern auch inhaltlich im oben beschriebenen Sinne folgenreich sein, ist es unumgänglich, einige wesentliche Gestaltungsmerkmale zu berücksichtigen.

Gestaltung von Kleingruppenarbeitsphasen

Zentral für das „Gelingen" der Kleingruppenarbeit ist der Arbeitsauftrag, den die Gruppen erhalten. Dieser kann arbeitsgleich (alle Gruppen bearbeiten die gleiche Aufgabenstellung) oder arbeitsteilig (die einzelnen Gruppen bearbeiten jeweils ein Schwerpunktthema) gestellt werden. Beide Formen haben im Unterrichtsalltag ihre Berechtigung. Arbeitsgleiche Aufträge bieten sich immer dann an, wenn zu erwarten ist, dass sich die einzelnen Kleingruppen in ihren Arbeitsergebnissen, z. B. im Hinblick auf eine konkrete und komplexe Problemlöseaufgabe, ergänzen; arbeitsteilige sind dann besonders geeignet, wenn verschiedene Perspektiven beleuchtet, unterschiedliche Analysen durchgeführt oder themenverschiedene Planungen erstellt werden sollen.

Arbeitsauftrag. Grundsätzlich gilt, dass der Arbeitsauftrag – möglichst schriftlich oder zum Diktieren – vorformuliert sein und jeweils die Informationen enthalten sollte, die die Lerngruppe zur selbständigen Durchführung der Aufgabe braucht. Dazu gehören: präzise und eindeutige Aufgabenstellung, Angabe der Hilfsmittel und der zur Verfügung stehenden Zeit, Hinweis auf die Ergebnissicherung bzw. die dafür zu treffenden Vorbereitungen (vgl. auch „Beispiel-Unterrichtsentwurf" im Anschluss an Kap. 6, S. 78). Die „Ähnlichkeit" präziser Arbeitsaufträge und operationalisierter Lernziele ist in dieser Hinsicht ebenfalls sehr hilfreich.

Gruppenbildung. Im Zusammenhang mit der Gruppenbildung taucht immer wieder die Frage auf: Wer setzt die Gruppen zusammen – die Lerngruppe selbst oder der Lehrer? Beides ist möglich, je „erwachsener" die Schüler sind, desto mehr Autonomie sollte ihnen in dieser Hinsicht zugestanden werden. Dennoch sollte der Unterrichtende auch nicht davor zurückschrecken, die Gruppen selbst zusammenzustellen, wenn beispielsweise sich ansonsten immer die gleichen Konstellationen ergeben oder wenn er in jede Gruppe einen bestimmten „Experten" mit spezifischen Vorkenntnissen integrieren möchte.

Vier bis sechs Personen sind hinsichtlich der *Zahl der Gruppenmitglieder* ideal; bei größeren Gruppen ergeben sich häufig Probleme in der Arbeitseffektivität, aber auch -kreativität, weil sich aufgrund der Kommunikationsgestaltung bereits wieder Untergruppen bilden.

Räumliches Setting. Wesentlich ist auch das räumliche Setting der Arbeitsgruppen: um wirklich miteinander arbeiten zu können, müssen die Gruppenmitglieder hinreichende Kommunikationsbedingungen vorfinden bzw. schaffen, d. h. Platzieren am Gruppentisch (nicht „in Reihe") an möglichst weit auseinander liegenden Punkten des Unterrichtsraumes oder besser noch in verschiedenen Räumen, Rücksichtnahme auf andere Gruppen (Lautstärke!), ausreichende Hilfsmittel oder Arbeitsmaterialien.

Betreuung der Kleingruppen. Haben die Gruppen sich formiert, sollte der Lehrer sich zunächst zurückhalten, um ein Einfinden in die Arbeitsaufträge zu ermöglichen, auf Anfrage aber zur Verfügung stehen. Die sich anschließende Betreuung der Kleingruppen erfordert gleichermaßen Sensibilität für die Belange der Schüler als auch zielgerichtetes Beratungsverhalten im Hinblick auf die Lösung der Arbeitsaufgabe. Dabei gilt es, eine „Gradwanderung" zwischen größtmöglicher Selbständigkeit und notwendiger Steuerung zu vollziehen. Eindeutige Ratschläge hinsichtlich der Gestaltung der Betreuung zwischen diesen Polen sind insofern schwierig. Wesentlich in diesem Zusammenhang ist die Zielorientierung der Gruppenarbeit: steht eher das effektive Ansteuern eines Produkts oder der Weg der Problemlösung an sich im Vordergrund? (vgl. auch Dann et al. 2002)

Unabhängig von dieser Schwerpunktsetzung sind hinsichtlich der Betreuung von Kleingruppenarbeiten grundlegende Kenntnisse diesbezüglicher gruppendynamischer Vorgänge unbedingt von Vorteil.

Phasen des gruppendynamischen Prozesses. Waldemar Pallasch (vgl. 1992, S. 23) unterscheidet folgende typische Phasen des gruppendynamischen Prozesses und benennt dabei sowohl inhaltliche als auch beziehungsspezifische Schwerpunkte der einzelnen Phasen:

1. Phase: Forming
- Inhaltsebene: Kennenlernen der Aufgabe.
- Beziehungsebene: Einschätzen der Situation und Abhängigkeiten; Kennenlernen und Abtasten; Suche nach Anhaltspunkten und Hilfen.

2. Phase: Storming
- Inhaltsebene: Schwierigkeiten mit der Aufgabe; Widerstand gegen die Aufgabe.
- Beziehungsebene: Es entstehen Konflikte innerhalb der Gruppe; Feindseligkeiten und Spannungen treten auf; Positionskämpfe brechen auf; Untergruppenbildung.

3. Phase: Norming
- Inhaltsebene: Austauschen von Informationen und Interpretationen zur Aufgabenstellung.
- Beziehungsebene: Harmonisierung der Beziehungen; Normen werden festgesetzt; Rollendifferenzierung; Teilnahme am Gruppengeschehen; Entwicklung eines Gruppenzusammenhalts.

4. Phase: Performing
- Inhaltsebene: Arbeiten an der Aufgabe; Auftauchen von Lösungen.
- Beziehungsebene: Funktionelle Rollenbezogenheit ist abgeschlossen; die Gruppe ist strukturiert und gefestigt; Konflikte werden gelöst; Kooperation wird möglich; informelle Kontaktaufnahme.

5. Phase: Informing
- Inhaltsebene: Das Produkt (die Aufgabe) wird nach außen getragen; ein Austausch mit anderen Gruppen setzt ein.
- Beziehungsebene: Die Gruppe ist stabil; sie nimmt Kontakt nach außen auf; Festigung der Gruppenidentität.

Insbesondere in der 2. Phase („Storming"), in der oftmals Konflikte auftauchen können, die dann vielfach auf den Lehrer übertragen werden („Die Aufgabe ist viel zu schwer!" oder „Die hat doch nur keine Lust, selbst etwas zu machen!"), ist der Lehrer in seiner Betreuungsfunktion gefordert, indem er wirkliche Unklarheiten beseitigt, ermutigt „doch endlich anzufangen", Strategievorschläge macht. In der letzten Phase („Informing") beginnt sich die Kleingruppe wieder in die Gesamtlerngruppe zu integrieren und im Austausch mit den anderen Arbeitsgruppen die eigenen Ergebnisse zu präsentieren.

Ergebnissicherung. Die Ergebnissicherung findet in der Regel in der Großgruppe statt (sie wird dennoch an dieser Stelle angesprochen, weil sie unmittelbar mit der Kleingruppenarbeit verknüpft ist). Als Basis ist fast immer eine schriftliche oder auch grafische Zusammenfassung der einzelnen Kleingruppenergebnisse sinnvoll. Möglich ist das „Reih-um"-Vorstellen der einzelnen Gruppenergebnisse durch eine oder einen Gruppenvertreter/in oder auch die gesamte Kleingruppe oder das Ergänzen der Ergebnisse einer Kleingruppe durch die anderen Arbeitsgruppen. Bei arbeitsteiligem Vorgehen ist der erste Weg unabdingbar, aber auch bei arbeitsgleichen Gruppenaufträgen ist es oftmals gerade unter motivationalen und Gründen der Vielfalt angezeigt, alle Gruppen ihre Ergebnisse vorstellen zu lassen bzw. die einzelnen Gruppen selbst entscheiden zu lassen, welchen Weg sie bevorzugen.

Auf jeden Fall sollte sichergestellt sein, dass die einzelnen Ergebnisse allen Lerngruppenmitgliedern zur Verfügung stehen, sei es durch gezielte Notizen, Kopien, Abschriften oder Zusammenfassungen. Forschungen belegen, dass der Verzicht auf eine überdauernde Sicherung der Gruppenarbeitsergebnisse zu Motivationsverlust führt: *„Bei den Lehrkräften, die eine Ergebnissicherung unterlassen, zeigen unsere Ergebnisse, dass die Schüler in der Auswertungsphase weniger aufmerksam sind, wohl im Bewusstsein, dass dieser Stoff schon nicht so wichtig ist"* (Haag, 2004, S. 19).

7.1.1 Großgruppenarbeit

Großgruppenarbeit wird häufig mit dem schon fast „Schimpfwort" Frontalunterricht gleichgesetzt, am besten belegt durch das „pädagogische" Sprichwort: „Wenn alles schläft und einer spricht, dann nennt man das Unterricht!" Zunächst einmal ist Großgruppenunterricht als Sozialform nichts anderes, als dass die Mitglieder einer Lerngruppe zusammen und zur selben Zeit einer gemeinsamen Aufgabe nachgehen. Diese Aufgabe kann bspw. darin bestehen, einem Vortrag des Lehrers zuzuhören und sich entsprechende Notizen zu machen, sie kann aber auch im Führen eines gemeinsamen Unterrichtsgesprächs bestehen oder aber in der Metakommunikation über den bereits gelaufenen oder zu planenden Unterricht. (vgl. hierzu ausführlich die Kap. 7.3, S. 138 und 7.4, S. 141 in diesem Buch).

Großgruppenarbeit als Sozialform ist aber immer auch Bestandteil einer komplexen Unterrichtskonzeption, die eine Kombination verschiedener Sozialformen und Methoden vorsieht. Diese integrierte Gestaltung der Großgruppenarbeit rückt die pädagogische „Wertigkeit" der Sozialform bewusst in ein anderes Licht und setzt auch in den damit verbundenen sozialen Intentionen gänzlich andere Akzente als es im oben zitierten Sprichwort zum Ausdruck kommt. Herbert Gudjons fasst diesen Bedeutungsaspekt folgendermaßen zusammen: „*Meine These ist, dass Frontalunterricht sinnvoll und unverzichtbar ist, wenn er*
- *erstens in Unterrichtsformen integriert ist, die Eigentätigkeit, Selbstverantwortung, Selbststeuerung und Kooperation der Lernenden fördert, und wenn er*
- *zweitens im Rahmen dieser Integration als wichtige Phase eigenständige didaktische Funktionen hat und*
- *drittens modern und professionell gestaltet wird*"
(2004, S. 23).

Großgruppenarbeit kann also immer da Sinn machen, wo das Potential der gesamten Lerngruppe genutzt bzw. angeregt werden soll, wo gemeinsam nach Problemlösungen gesucht wird, wo Prozesse in anderen Sozialformen angeregt bzw. initiiert werden sollen oder die Auswertung bspw. einer Kleingruppenarbeit stattfindet. Großgruppenarbeit ist damit viel mehr als „Frontalunterricht", sie ist – zumindest für Teilbereiche – diverser methodischer Lehr-Lernarrangements von zentraler Bedeutung, wie die differenzierte Darlegung verschiedener methodischer Gestaltungselemente in diesem Kapitel zeigen wird. Dass dabei insbesondere die Kommunikationsstruktur zwischen Lehrenden und Lernenden intensiver Planungs- und Gestaltungsüberlegungen bedarf, ist von daher eine Selbstverständlichkeit.

Weiterführende Literatur

Freudenreich, D.: Gruppendynamik und Schule. Wissenschaftliche Buchgesellschaft, Darmstadt 1994
Gudjons, H.: Handbuch Gruppenunterricht. 2. Aufl. Beltz, Weinheim 2003
Knoll, J.: Kleingruppenmethoden. Beltz, Weinheim 1993
Knoll, J.: Kurs- und Seminarmethoden. 10. Aufl. Beltz, Weinheim 2003
Folgende Schwerpunkthefte der Zeitschrift Pädagogik, Beltz, 10 (1992), 1 (2002), 12 (2002), 1 (2004), 3 (2004), 11 (2004)

7.2 Visualisieren – Präsentieren – Moderieren Medieneinsatz im Unterricht

Wir leben in einer Medienlandschaft, die unseren Alltag entscheidend prägt und deren weitere Entwicklung sich nur in Grundzügen ahnen lässt. Medien faszinieren, sie öffnen die kleine Lebenswelt des einzelnen für neue, unbekannte Dimensionen, sie sind aber durchaus auch in der Lage, den Bedarf an Informationen zur Sucht werden zu lassen und vor dem Hintergrund des immensen Reizes virtueller Welten dazu beizutragen, den Blick für die Erfordernisse der realen, mitmenschlichen Welt zu trüben.

Schule und Medien, Medieneinsatz im Unterricht ist ein traditionell zentrales Thema nicht nur der modernen Pädagogik: die Anschaulichkeit der Lerngegenstände beschäftigt Pädagogen schon seit Jahrhunderten – so forderte z. B. bereits Comenius in seiner Didactica Magna (1654) das Lernen mit allen Sinnen, um sich ein „Bild" von der Welt machen zu können. Allerdings hat der Zielbereich aktueller medienpädagogischer Überlegungen im Hinblick auf Unterricht sich längst von den klassischen Medien Tafel und Modell (z. B. Skelett) gelöst, und auch hier stellt sich – bei aller Begeisterung über das Spektrum der Möglichkeiten – zunehmend die Frage nach der Angemessenheit medialer Arrangements, nach dem pädagogisch sinnvollen und zugleich lernpsychologisch wirksamen (Mittel-) Weg zwischen Medienspektakel auf der einen und Medien-„Einfalt" auf der anderen Seite.

Wie in vielen anderen Bereichen auch, so liegt die „Lösung" im schulischen Medieneinsatz sicherlich eher in der „Mitte" als in einem der Extrema. Daher wird im Folgenden für einen eher behutsamen, denn spektakulären, dafür aber kreativen Medieneinsatz plädiert. Dieser nutzt zwar die technischen Möglichkeiten kompetent und begründet, verliert dabei aber nicht den Blick für den individuellen Lerner, der schlussendlich selbst und eigenständig mit Informationen umgehen, sie verarbeiten, sie umsetzen, also „lernen" muss und dem in diesem Prozess kaum wirklich und nachhaltig geholfen wird, wenn ihm jede, ihn fordernde Imaginationsleistung durch ein vorgefertigtes Medienpuzzle auf allen Wahrnehmungsebenen abgenommen wird.

Im Rahmen der gängigen Unterteilung in auditive, visuelle und audiovisuelle Medien (vgl. auch Weidenmann, 1994) wird der Schwerpunkt im Folgenden auf der großen Gruppe der visuellen Medien liegen, ohne aber die anderen Bereiche auszugrenzen. Dabei ist es eher zweitrangig, zwischen Medien als Produkt und Medien als „Gerät" zu unterscheiden: eine Overhead-Folie kann ohne OH-Projektor nicht zum Medium werden und umgekehrt. Natürlich dürfen die eher technischen Aspekte der „Bedienung", also das Handling, dabei nicht außer Acht gelassen werden.

Für Medien gilt wie für die anderen in diesem Buch angesprochenen methodischen Elemente in besonderem Maße, dass hier nur erste und grundsätzliche Anregungen gegeben werden können, die helfen, den Bereich systematisch zu erschließen. Zahlreiche Literaturhinweise am Ende des Kapitels werden die Möglichkeit zur Vertiefung geben; das Sammeln eigenständiger Erfahrungen im Einsatz von Medien kann aber auch durch die Literatur nicht ersetzt werden.

7.2.1 Visualisierung – Grundsätzliches zur Gestaltung

Visualisierung meint, bezogen auf Unterricht und Fort-/Weiterbildung generell das Veranschaulichen, das Sichtbarmachen von Lerninhalten bzw. von Lehrgegenständen, die zu Lerninhalten werden sollen. Visualisierung ist damit in der Regel Ergänzung und Unterstützung „gesprochener" Vermittlung, sie ermöglicht ein mehrkanaliges Lernen, indem die Informationen durch das jeweils medienspezifische Symbolsystem verändert werden und der Lerner damit gefordert ist, die symbolischen Codes aktiv zu verarbeiten (vgl. Weidenmann, 1994).

Generell ist das Enkodieren (Verschlüsseln) und Dekodieren (Entschlüsseln) von Inhalten nicht ganz risikolos: der Sender (z. B. Lehrer) muss ein zutreffendes Wissen über „die Sache", aber auch über die entsprechenden Symbolsysteme und ihre Gestaltung haben, er sollte zudem Kenntnis über Wissensstand und Dekodierungsfähigkeit der Empfänger (Schüler) haben. Der Empfänger muss schließlich in der Lage sein, das Symbolsystem des entsprechenden Mediums angemessen zu entschlüsseln und schließlich zu verarbeiten. Letzteres geschieht durch ein In-Beziehung-Setzen zum bereits vorhandenen Wissensrepertoire der individuellen „cognitive map", also der kognitiven Landkarte (vgl. auch Weidenmann, 1994 und Edelmann, 2000).

Mit Weidenmann (1994) und Gudjons (1994) unterscheiden wir hinsichtlich der Organisation unseres Wissensrepertoires:
- Schemata (gespeicherte Vorstellungen über Objekte; Schema „Auto", Schema „Haus", Schema „OP" etc.; Schema sind durch bestimmte wieder zu erkennende Merkmale gekennzeichnet),
- Skripts (sind gleichsam „Drehbücher" bestimmter korrekter Handlungen/Handlungsabfolgen, z. B. Skript „Krankenhaus" aus der Sicht des Mitarbeiters: Dienstkleidung, Übergabe, Hygienemaßnahmen, Tagesablauf etc.),
- mentale Modelle (Vorstellungen z. B. über Funktionsabläufe: Was passiert bei der Narkotisierung im Körper des Patienten, welche Komplikationen sind denkbar?).

Die genannten Elemente unserer Wissensstruktur sind wesentliche Dekodierungshelfer zum Verstehen von Sachverhalten (In-Beziehung-Setzen zu Bekanntem), aber auch zum Lernen neuer Inhalte (Veränderung oder Neukonstruktion von Schemata, Skripts, mentalen Modellen).

Bildpräsentation

Die o. g. Elemente der Wissensstruktur gewinnen insbesondere im Hinblick auf geplante Bildpräsentationen an Bedeutung, indem die Art und Gestaltung der Bilder (Abbildungen, Skizzen, Grafiken, Diagramme) entscheidenden Einfluss darauf haben, welche Elemente der Wissensstruktur angesprochen bzw. verändert werden.

Während Piktogramme lediglich bekannte Schemata abrufen bzw. ansprechen, können Bildfolgen Skripts oder mentale Modelle konstruieren bzw. verändern. Eine weitere Möglichkeit besteht im Fokussieren einzelner Aspekte oder Merkmale innerhalb eines komplexen Systems, z. B. durch farbige Hervorhebung eines oder mehrerer Bildausschnitte. Schließlich können Bilder auch eine Erklärungsfunktion haben, indem sie mentale Modelle erst entstehen lassen, so z. B. das Wissen um Funktionszusammenhänge im menschlichen Körper. Sollen Bilder diese Erklärungsfunktion aber tatsächlich erfüllen, müssen sie strukturiert und sukzessive aufgebaut werden. Diesbezüglich praktische Hinweise sind in diesem Kapitel im Zusammenhang mit „Arten und Funktionen von Medien" zu finden.

Die folgenden Darstellungen (**Abb. 7.2–7.5**) sollen einen Eindruck vom Zusammenhang der Art der Bild-

Piktogramme

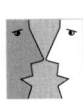

Abb. 7.2 · Piktogramme aus dem Krankenhaus- bzw. Pflege- und Therapiebereich.

Bildfolgen

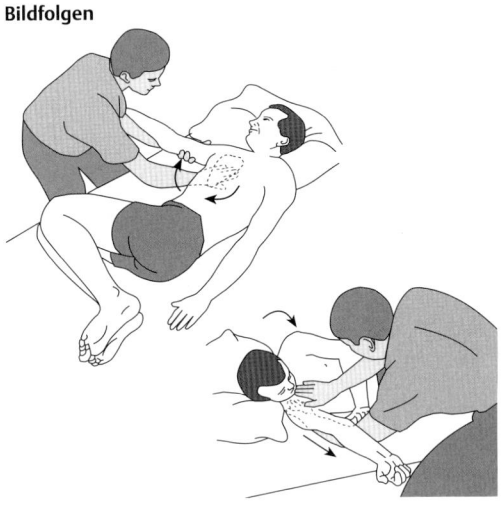

Abb. 7.3 · Bildfolgen. Lagerungsabfolge bei einem Hemiplegiker nach dem Bobath-Prinzip.

Fokussierung

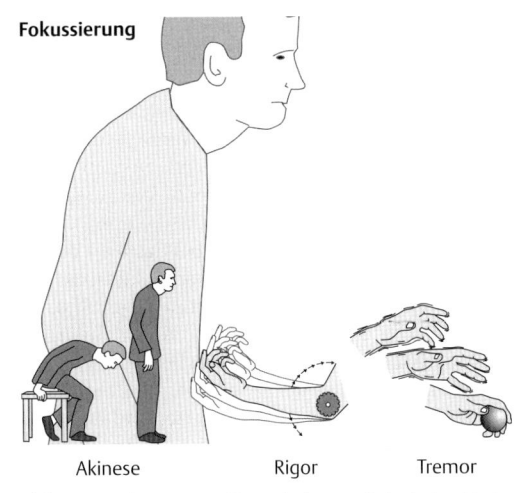

Akinese   Rigor   Tremor

Abb. 7.4 · Fokussierung. Hervorhebung z. B. typischer Merkmale (hier bei M. Parkinson).

Erklärung

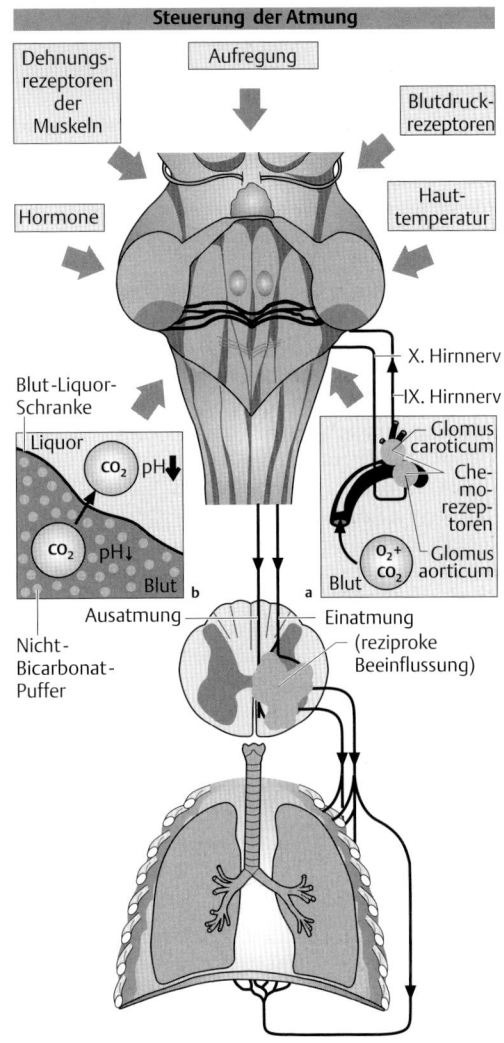

Abb. 7.5 · Erklärung. Darstellung von Stoffwechselfunktionszusammenhängen anhand einer Zeichnung.

präsentation auf der einen und den damit angesprochenen Elementen der Wissensstruktur auf der anderen Seite vermitteln.

Generell sollte bei der Bildpräsentation auf die Art der Einbindung in das jeweilige methodische Element der Unterrichtsphase geachtet werden. Hierzu gehören:
- die Anzahl der Bildpräsentationen (Qualität bedeutet nicht Quantität!; Richtzahlen sind schwierig, aber eine „Überladung" der Situation mit Präsentationen schadet auf jeden Fall der Lernkonzentration mehr, als sie ihr nützt),
- die „Geeignetheit" von Lernelementen für bildliche Präsentation (Welches Ziel wird verfolgt, welche Elemente der Wissensstruktur sollen angesprochen werden? – s. o.; nicht „alles" muss abgebildet werden, Schüler nicht in ihrer Imaginationsfähigkeit unterfordern!),
- die Qualität der Präsentation (es muss nicht immer Computergrafik sein, aber dennoch durchdacht und auch wirklich „sehbar"; Beschriftungen groß genug und lesbar; Orthografie! – vgl. auch unten „Gestaltungselemente..."),
- die Koordination von gesprochener Information und Bildpräsentation (Bild ankündigen, Zeit zum Betrachten lassen, Erklären, um „was" es geht, Kommentieren oder Diskutieren, was im Einzelnen zu sehen ist).

Gestaltungselemente und Schrift

- Grundsätzlich gilt, dass (fast) jede Visualisierung zur Orientierung der Lernenden eine Über- (bei Bildern etc. manchmal auch eine Unter-) Schrift braucht. Dabei ist es letztlich gleichgültig, ob es sich um Tafel, Overhead-Projektor, Power-Point-Präsentation, Flipchart oder Pinwand handelt. Ausnahmen sind Original-Abbildungen (Fotos). Hier muss der Unterrichtende die „Überschrift" in seine Erklärungen miteinbeziehen.
- Visualisierte Texte sollten klar gegliedert sein (Abschnitte, Einschübe etc.), Merksätze und Regeln zusätzlich hervorgehoben werden (Farben, größere/andere Schrift). Keine ganzen Seiten z. B. aus Lehrbüchern projizieren, sondern Wesentliches in strukturierter Form zusammenstellen.
- Großzügig mit „Platz" umgehen (Ausnahme: Brainstorming), aber auch keine „Ein-Wort-Folien".
- Farben eher sparsam verwenden (es geht nicht um schöne bunte Bilder), dafür aber „logisch" (Regeln, Überschriften, Beschriftungen etc. in bestimmten Farben).

- Möglichst mit (bedeutungs-)bekannten Symbolen arbeiten (Pfeile, Ausrufe-/Fragezeichen, Summenzeichen etc.) und diese in Kontinuität verwenden.
- Für die Schriftgestaltung gilt: Handschriftlichkeit ist kein Manko und motiviert oftmals eher als Computer-Standardschrift/-grafik, aber:
  – einheitliche Schriftart,
  – nicht ausschließlich Groß-, sondern Klein- und Großbuchstaben (Wechsel von Mittel-, Ober- und Unterlängen lässt Wort-„Bilder" eher erkennen);
  – unterschiedliche Schrifthöhen für Text und Überschriften etc. und auf Lesbarkeit und ausreichende Größe bezogen auf spezifisches Medium und Raumsituation achten,
  – keine ganzen Sätze schreiben (Ausnahme: kurze Definitionen), sondern eher Stichwörter und Schwerpunktbegriffe,
  – Wortblöcke bilden, d. h. eher „schmal" schreiben (Wörter sollen als Worteinheit wirken),
  – nicht zu große Wortabstände bei Zusammenhängen, deutliche Abstände, um verschiedene Elemente einander zuzuordnen,
  – nur bekannte und eingeführte Abkürzungen verwenden.
- Bei Kombination von Schrift- und Bildelementen eindeutige Schwerpunkte setzen (entweder Bild mit – sparsamer – erläuternder Schrift oder Schrift mit – wenigen – Bildsymbolen).

Die aufgeführten „Regeln" fassen wesentliche Ergebnisse der Medienforschung zusammen. Die Ergebnisse einzelner Forschungsfragen mit den entsprechenden empirischen Daten lassen sich gut nachlesen in einem entsprechenden Materialienband von Dörr und Jüngst (1998), in dem bspw. intensiv eingegangen wird auf Text-Bild Kombinationen oder Fragen der Strukturiertheit von Medien generell.

Nach diesen grundsätzlichen Hinweisen nun zu den einzelnen Medienarten und ihren spezifischen Funktionen:

7.2.2 Arten und Funktionen von Medien

Im Folgenden wird eine Auswahl von Medien einschließlich ihrer spezifischen Funktionen für den Unterricht vorgestellt. Diese Auswahl repräsentiert in gewisser Weise das „Standardprogramm" des Medieneinsatzes. Natürlich existieren darüber hinaus noch zahlreiche „Spielarten" der genannten Arten. Bewusst werden mit Blick auf den praktischen Einsatz nicht zusätzlich Medienarten, -geräte bzw. Präsenta-

tionsformen unterschieden, sondern die Einsatzmöglichkeiten insgesamt betrachtet. Zu nennen sind im Wesentlichen:
- Tafel/Whiteboard,
- Overhead-Projektion,
- Beamer-Präsentation, bspw. Power-Point,
- Modelle,
- Arbeitsmittel und Arbeitsblätter,
- Pin-Wand/Flip-Chart/Wand-Zeitung,
- Dia/Foto/Bild-Projektion,
- Video bzw. DVD,
- CD/Kassette,
- PC als Lehr- und Lernmedium (E-Learning),
- Lehrbuch.

Für alle Medienarten bzw. Präsentationsformen, mit Einschränkung des Lehrbuchs, gilt, dass mit ihnen sowohl vorgefertigte als auch im Prozess selbsterstellte „Produkte" präsentiert werden können. Dabei ist es wichtig, darauf hinzuweisen, dass unter lernpsychologischen Gesichtspunkten das „Miterleben" der Entstehung einer Zeichnung, eines Schaubildes etc. deutlich effektiver ist als die Präsentation eines fertigen Produktes, wenngleich dieses aus vielfältigen Gründen oft nicht oder nur eingeschränkt möglich ist (nicht zuletzt auch aus Zeitgründen).

Dennoch bzw. gerade deswegen sollten sich Lehrerin und Lehrer bemühen, wann immer möglich, etwas Anschauliches vor den Augen der Schüler „wachsen" zu lassen, oder noch besser, den Schülern die Möglichkeit der (Mit-) Gestaltung zu geben – Anregungen finden sich im Folgenden.

Nun zu den einzelnen Medien selbst; vertiefende und ergänzende Literaturhinweise finden sich wiederum am Ende des Kapitels „Medien".

Tafel/Whiteboard

Manche Erkenntnisse sind so zeitlos aussagekräftig, dass sie auch nach annähernd 20 Jahren nichts an ihrer Aktualität verlieren. Daher einführend folgendes ausführliche Zitat des national wie international anerkannten Erziehungswissenschaftlers und Schulpraktikers Hartmut von Hentig (1987): *„Hätte ich unter alten und neuen Unterrichtsmitteln ein einziges zu wählen, ich wählte Tafel-und-Kreide. Was macht dieses Mittel so brauchbar?*
- *Es ist universal.*
- *Es ist einfach, in jedem Augenblick und auch ohne Vorbereitung zu handhaben.*
- *Es erlaubt beispielsweise, während ich rede, ein neues Wort, einen unbekannten Namen, das Gehörte und Gemeinte auch vor das Auge der Schüler zu bringen.*
- *Es läßt diese miterleben, wie die Erklärung, die ich gebe, zustande kommt, wie eine Ordnung entsteht, wieviel Zeit das braucht und wie nützlich und befriedigend Klarheit, Verständlichkeit, Gegensatz und Unterscheidung sind.*
- *Ich bin vor allem ganz frei in der Verwendung dieses Mittels, ich kann es nebenbei benutzen oder zum Haupteffekt machen; ich kann dazu reden oder dazu schweigen, ohne die Aufmerksamkeit der Schüler zu verlieren; ich kann Fehler schnell beseitigen; ich kann Schüler an einer gemeinsamen Operation beteiligen..."* (S. 22 f.).

Dem ist nur noch hinzuzufügen, dass bei größeren Tafeln auch mehrere Personen an ihr arbeiten können; vorteilhaft ist (bei Vorgestaltung) zudem die Möglichkeit, Elemente der Präsentation verdeckt zu lassen (bei Klapptafeln) und somit ein „Ganzes" langsam zu entwickeln.

Nachteilig ist demgegenüber, dass die Kapazität von Tafeln begrenzt ist und das vielleicht mühsam Entstandene dann „abgewischt" werden muss. Man kann Tafelbilder auch nicht kopieren wie OH-Folien oder zusammenrollen wie Wandzeitungen. Einzige Möglichkeit ist die Dokumentation mittels (digitaler) Fototechnik.

Dennoch ist von Hentigs eingangs zitierter Aussage zuzustimmen: Die Tafel ist ein einfaches, aber zugleich universelles Medium, das verschiedenste Arten der Veranschaulichung und Information ermöglicht. Und es ist damit als „Prototyp" eines flexibel-entwickelnden Unterrichtsmediums nicht wegzudenken aus der alltäglichen Unterrichtspraxis.

Overhead-Projektor

Overhead-(OH-)Projektor und Folien haben in jüngster Zeit deutlich an Attraktivität verloren. Die Ursache hierfür liegt zum einen im zunehmend verbreiteten Einsatz von Power-Point-Präsentationen mittels Beamer, zum anderen aber auch an kritisch-medienpädagogischen Erkenntnissen. „Schuld" an letzterem ist allerdings nicht das Medium selbst, sondern eher eine Vielzahl seiner Benutzer.

Hermann Will (1994 a) drückt dies so aus: *„Es ist eine verständliche Reaktion auf zahllose, leidvoll oder wütend gewonnene Erfahrungen mit schnellen, monologisierend abgespulten Folienbombardements, mit „Folienvorträgen", mit miserabel visualisierten „Zahlenfriedhöfen" und mit übervollen, kaum lesbaren Textfolien"* (S. 8).

Leserin und Leser werden bei diesem Zitat sicher, zumindest in Gedanken, mit dem Kopf nicken und nun vielleicht über das „Abschaffen" von Folien nachdenken. Dies ist allerdings nicht die Intention der folgenden Ausführungen, denn: Nicht das Medium selbst ist miserabel, sondern der vielfach praktizierte Umgang mit ihm. So fasst derselbe Autor (1994 b) auch die Stärken der OH-Projektion folgendermaßen zusammen: „…

1. *Maßgeschneiderte Folien:* Mit relativ wenig Aufwand lassen sich kurzfristig die passenden Folien für (fast) jeden Unterricht produzieren.
2. *Mit den Augen lernen:* Gute Folien hinterlassen plastische Bilder und Erinnerungsspuren in den Köpfen der Schüler. Diese Visualisierung unterstützt das Merken und Denken.
3. *Bündelung der Aufmerksamkeit:* Anders als bei Lehrbuch oder ausgeteilten Kopien konzentrieren Folien die Aufmerksamkeit der Klasse nach vorne.
4. *Schüler aktivieren:* Overheadprojektor und Folien sind nicht nur Medien für den Frontalunterricht. Schüler können an Entwicklung und Produktion der Folien beteiligt werden" (S. 15).

Folien können dabei eingesetzt werden:
- als Strukturierungshilfe (z. B. Gliederung bei Vorträgen),
- zur Hervorhebung und Akzentuierung (z. B. Definition, Regeln),
- zur Bildpräsentation (als Grafik, Foto, Schaubild etc.).

Neben den bereits gegebenen generellen Hinweisen zur Visualisierung erscheinen folgende Gestaltungs-„Tipps", speziell bezogen auf den kreativen Folieneinsatz, sinnvoll (vgl. auch Will, 1994 a und 1994 b; Gugel, 2004):
- Chancen zum Erstellen bzw. Ergänzen von Folien im Unterricht nutzen. Möglich sind:
  - *vollständiges Erstellen* (einer Zeichnung, eines Schaubildes etc.),
  - *teilfertige Folien* ergänzen: Beschriftung, Markierung etc.,
  - *„Overlay" – bzw. „Striptease"-Technik:* Aufbau bzw. Abbau verschiedener Folien übereinander, ausgehend von einer Grundfolie, die so kontinuierlich ergänzt bzw. variiert werden kann,
  - *Nutzen des OH-Projektors als „Bühne":* Gegenstände, z. B. Arbeitsmaterialien wie Spritzen, Klammern etc. können durch Auflegen vergrößert dargestellt werden; echte oder angefertigte Silhouetten können ähnlich dem Schattenspiel projiziert werden; „Mini"-Folien können verschieden angeordnet und sortiert werden,
  - *„Lebende" Bilder:* Abläufe werden mit Hilfe beweglicher Auflageelemente dargestellt (auch kombiniert mit Overlay-Technik), dabei können die Auflageelemente „unsichtbar" durch befestigten Folienstab geführt werden; Drehfolien, z. B. um Ausschnitte zu zeigen,
  - *weitere Ideen…?*
- immer auf der Folie, nicht auf der Projektionsfläche „zeigen" (Projektion wird sonst verdeckt) oder Laser-Pointer verwenden,
- auf Scharfeinstellung und Positionierung achten,
- die Teile der Folie, die (noch) nicht gezeigt werden sollen, abdecken,
- Schüler in die Gestaltung miteinbeziehen,
- Gerät ausschalten, wenn es nicht gebraucht wird.

M *Aber: Es gibt auch noch andere Medien!*

Beamer-Präsentation, bspw. Power-Point

Für die Beamer-Präsentation gilt im Grundsatz Ähnliches wie für die OH-Projektion: Es handelt sich um ein Medium, das in seinen Einsatzmöglichkeiten und seiner Anschaulichkeit zunächst sehr beeindruckend wirken kann, andererseits kann sein monotoner Einsatz durchaus auch negative Wirkungen beim Lernenden auslösen: Die durch die Präsentation forcierte kontinuierliche Fokussierung auf Grafiken und Zusammenfassungen stärkt nicht unbedingt die Konzentration auf das gesprochene Wort. Wort und Bildinformation sind oftmals fast vollständig identisch, die Person des Lehrenden tritt gegenüber dem großformatig projiziertem Medium in den Hintergrund. Akzentuierungen werden ggf. nicht mehr wahrgenommen, es entsteht eine gewisse Darstellungsmonotonie. Dies nicht zuletzt auch durch die Gleichförmigkeit der Gestaltungselemente bei Verwendung vorgefertigter Präsentationsmuster.

Andererseits ermöglicht die Beamer-Präsentation – das Beherrschen der Technik vorausgesetzt – eine relativ unkomplizierte Handhabung, ein im Aufwand der Erstellung eher einfach zu produzierendes professionelles Outfit und nicht zuletzt eine freie Sprechweise, die Flexibilität ermöglicht.

Gelingt es dem Lehrenden also, nicht der Faszination des potentiell technisch Machbaren zu erliegen, eigene Akzente zu setzen und eine absolute Symmetrie von gesprochenem Wort und Veranschaulichung zu vermeiden, stellt die Beamer-Präsentation eine äußerst hilfreiche mediale Variante bspw. bei Vorträgen dar. Hilfreich für die konkrete Umsetzung können folgende Hinweise sein:

- die Visualisierung sollte das gesprochene Wort unterstützen, nicht ersetzen bzw. 1:1 abbilden, also nicht alles visualisieren,
- bei der Auswahl der Gestaltungsvorlagen eher „minimalistisch" verfahren (vgl. Hinweise zu Gestaltungselementen und Schrift in diesem Kapitel),
- eigene, nicht vorgefertigte Gestaltungsrahmen bevorzugen,
- Möglichkeiten der Erstellung bzw. Ergänzung im Vermittlungsprozess nutzen,
- Frage- und Diskussionsmöglichkeiten einräumen und dabei auf den kontinuierlichen „Visualisierungsbegleiter" verzichten,
- sich den Zuhörern zuwenden, nicht dem Medium (Bildschirm bzw. Projektionsfläche) – ohne natürlich die „Passung" der Visualisierung aus den Augen zu verlieren. Bewusste „Pausen" bei Weiterführung der Präsentation sind somit sinnvoll.

Modelle

Modelle gehören nicht nur im naturwissenschaftlichen Unterricht an allgemeinbildenden Schulen zu den Standardmedien, ihnen kommt vielmehr in der Ausbildung der Pflegeberufe eine sicher noch größere Bedeutung zu.

Modelle sind „als ob"- und „so wie"-Gebilde; sie versuchen „Dinge" möglichst naturgetreu abzubilden bzw. Grundprinzipien zu vermitteln, sie können angefasst und ggf. manipuliert werden, sie dienen der Demonstration ebenso wie der Simulation und Übung.

Insbesondere hinsichtlich der Vermittlung anatomischer und physiologischer Zusammenhänge sind Modelle kaum wegzudenken, in Form von Phantomen können sie aber auch zum Übungs-Arbeitsmittel werden, wenn z. B. bestimmte Pflegetechniken trainiert oder an Puppen das Handling eines Säuglings geübt werden soll.

Bei Modellen gilt es zu unterscheiden:
- möglichst „naturgetreue" Nachbildungen (z. B. Skelett oder einzelne Organe) bis hin zu „echten" Modellen wie etwa Tierorgane oder z. B. eine Plazenta,
- zu Lernzwecken „aufbereitete" bzw. konstruierte, aber dennoch relativ naturgetreue Modelle, wie etwa der aufzuklappende Thorax, das Gehirn mit „Einblick" oder das „gläserne" Phantom,
- Modelle, die ausschließlich dazu konstruiert wurden, Funktionsabläufe oder Grundprinzipien zu verdeutlichen und so entsprechend didaktisch reduziert bzw. akzentuiert sind, z. B. der Blutkreislauf als technisch aufbereitetes Modell.

In gewisser Weise und ohne die selbstverständliche Wahrung von Würde und Individualität zu vernachlässigen, werden auch Patienten zu lebenden „Modellen". Sie sind für die Ausbildung in den Pflegeberufen unentbehrlich, um mittels plastischer Anschauung, durch Be-Greifen, gezielte Demonstration und ggf. auch eigenes Tun am Modell grundlegende Verstehensprozesse einzuleiten bzw. berufliches Handeln vorzubereiten.

Modelle ermöglichen den „Einblick" in anatomische, physiologische und pathophysiologische Zusammenhänge. Sie können in hervorragender Weise einen entsprechenden darbietenden Unterricht ergänzen und unterstützen, indem nicht nur Demonstration, sondern z. B. das Erarbeiten von Teilbereichen mittels eines oder mehrerer Modelle in kleinen Gruppen möglich wird.

Im Zusammenhang mit dem praktischen Unterricht kommt dem Einsatz von Modellen zudem eine besondere Bedeutung zu, sie haben einen hohen Motivationswert, denn mit ihrer Hilfe ist der Unterricht in der Lage, ein Stück „Realität" in den Lehr-Lern-Raum zu holen und Schülern Anschauungs- und Übungsmöglichkeit ohne die „Erfolgsnotwendigkeit" der Praxis zu geben. Dies gilt insbesondere für gezielte Trainingsprogramme zur Einübung pflegerischen Handelns anhand von Handlungsplänen im Demonstrationsraum (hierzu später Näheres in Kapitel 7.5, S. 147).

Arbeitsmittel und Arbeitsblätter

Für *Arbeitsmittel* gilt ähnliches wie für Modelle, zudem Modelle auch – wir haben bereits darauf hingewiesen – als Arbeitsmittel dienen können.

Praktischer Unterricht in den Pflegeberufen kommt ohne Arbeitsmittel nicht aus; hierzu zählen das Krankenbett, der Infusionsständer oder der Rollstuhl sowie alle Hilfsmittel ebenso wie Spritzentablett, AT-Strümpfe, Lagerungs- und Verbandsmaterial, das Blutdruckmessgerät, das Giebelrohr etc. Arbeitsmittel sind zum Teil Verschleißmaterial, zum Teil aber auch dauerhaft einsetzbar.

Leider lässt die Ausstattung mit Arbeitsmitteln an vielen Schulen oftmals zu wünschen übrig. Das ist umso bedauerlicher, als ohne sie ein wirkliches Einüben praktischer Tätigkeit nicht möglich ist. Insofern sollte der Ausstattung der praktischen Unterrichtsräume besonderes Augenmerk gewidmet werden. Dabei ist vor allem auf Folgendes zu achten:
- Arbeitsmittel sollen in ausreichender Zahl/Menge bezogen auf die entsprechende Schülergruppe zur Verfügung stehen,

- insbesondere Geräte, aber auch Hilfsmittel, müssen funktionsfähig sein (vorher überprüfen!),
- wenn möglich, Arbeitsmittel kontinuierlich auf den „neuesten Stand" bringen, dazu gehören auch:
- hinreichende Kenntnisse über aktuell verwendete Geräte, Hilfsmittel etc., aber auch:
- Improvisation mit „ausgedienten" Materialien und Geräten ist manchmal möglich (und nötig aus Finanzgründen!); auf jeden Fall sollte:
- die anleitende Person selbst „fit" sein im Umgang mit den Arbeitsmitteln.

Der Begriff „*Arbeitsblätter*" steht hier für zahlreiche Textmaterialien, die Schülern an die Hand gegeben werden. Nicht gemeint sind didaktisch in keiner Weise aufbereitete „Original"-Texte, die ja nicht den Gestaltungsmöglichkeiten der Unterrichtenden unterliegen.

Mit Hilfe von Arbeitsblättern kann Unterricht vorbereitet, gestaltet und nachbereitet werden; auf jeden Fall handelt es sich immer um eine Form der Vorstrukturierung gedanklicher Prozesse beim Schüler, die aber durchaus Elemente selbstgesteuerten Lernens integrieren kann (vgl. Ballstaedt, 1993 und 1994; Gugel, 2004). Berücksichtigt werden sollten auf jeden Fall die einschlägigen Forschungsergebnisse zur Gestaltung von Lerntexten im Hinblick auf innere Struktur und äußere Gestaltung (vgl. ausführlich Kohler, 1998).

Arbeitsblätter sollten demzufolge sein:
- formal (Absätze, [Zwischen-]Überschriften etc.) und inhaltlich (gegliedert nach Sinnzusammenhängen, Über- und Unterpunkten) strukturiert,
- möglichst einfach und verständlich formuliert (ohne Verzicht auf Fachtermini),
- motivierend (in Arbeitsbereiche einführend, zum Weiterdenken und zum Transfer anregend),
- ansprechend gestaltet (aber nicht als verwirrender Querschnitt durch die gesamte vorhandene Computergrafik).

Sie können:
- in ein Thema einführen („advance organizer"),
- einen Arbeitsauftrag für Einzel-, Partner- oder Kleingruppenarbeit enthalten,
- ein Thema anhand von Leitfragen zusammenfassen,
- ein „Leitfaden" durch den Unterricht sein,
- eine fallbezogene Problemlösung textlich vorbereiten (vgl. ausführlich Kapitel 7.7, S. 156),
- eine individuelle Erfolgskontrolle strukturieren.

Aber Vorsicht! Zuviel Vorstrukturierung kann die Eigeninitiative von Schülern auch bremsen. Es wäre in diesem Sinne geradezu fahrlässig, den gesamten Unterricht mit Arbeitsblättern (insbesondere Zusammenfassungen) aufzubereiten, denn Schüler müssen auch in der Lage sein, Gehörtes und Gesehenes selbständig zu dokumentieren, also sich Notizen zu machen. Die Frage: „Bekommen wir davon ein Arbeitsblatt/eine Kopie?" ist leider schon beinahe zu einem geflügelten Wort geworden. Geforderte Dokumentationsfähigkeit im Berufsalltag kann nicht ohne Dokumentationsübung erlangt werden. Insofern gilt auch hier das Prinzip eines gewissen methodischen „Minimalismus".

Pin-Wand/Flip-Chart/Wand-Zeitung

Das „Markenzeichen" dieser Medien ist, dass sie relativ gut zu transportieren sind. Am unproblematischsten ist dabei sicherlich die Wand-Zeitung, denn eine Rolle Packpapier lässt sich leicht unter den Arm nehmen. Aufgrund dieses Vorzugs eignen sich diese Medien neben dem Einsatz im Unterrichtsraum auch besonders gut für Vermittlungs- und Lernprozesse in ursprünglich nicht dafür vorgesehenen Räumen. Zu denken ist hier an den Fortbildungsbereich und die unmittelbare Weiterbildung „vor Ort".

Pin-Wand und Flip-Chart sind in gewisser Weise austauschbar, indem die Pin-Wand mit Hilfe eines großen Papierbogens auch als Flip-Chart genutzt werden kann, andererseits kann das Flip-Chart auch zu Pin-Wand werden. Die Wand-Zeitung ist sozusagen die preiswerte Alternative zu beiden.

Flip-Chart und Wandzeitung können in begrenztem Umfang die Tafel in ihrer Funktion ersetzen, vorausgesetzt, die Lesbarkeit ist gewährleistet, denn Flip-Charts haben im Gegensatz zur Tafel eine bedeutend geringere Standhöhe, hinzu kommt die kleinere Schreibfläche; ähnlich verhält es sich mit Wandzeitungen, die nur bis zu einer gewissen Größe praktisch zu handhaben sind.

Ihre Stärke haben Pin-Wand, Flip-Chart und Wand-Zeitung aber als Präsentationsmedien spezifischer methodischer Elemente. Hierzu gehören die Moderation mittels Meta-Plan-Technik und das Mind-mapping in (Klein-)gruppen (Kap. 7.2.3, S. 132). Aber auch als Basis der Präsentation von Kleingruppenarbeitsergebnissen eignet sich diese Gruppe von Medien in hervorragender Weise. Dies gilt sowohl für den Prozess der Erstellung, der auf Grund der räumlichen Größe der Medien viel mehr Flexibilität zulässt als z. B. die Zusammenfassung auf einer OH-Folie, dies gilt aber auch für die „Konservierungsmöglichkeiten" von Ergebnissen: Wandzeitungen können im Raum hängen bleiben, aber auch problemlos an anderen Orten wieder aufgehängt werden, gestaltete Pin-Wände machen Unterrichtsräume zu begehbaren Informationsplattformen und laden zur Auseinandersetzung mit den erarbeiteten Ergebnissen ein.

Insgesamt handelt es sich bei dieser Gruppe von Medien um sehr flexible und zur Kreativität einladende Gestaltungsgrundlagen, die vielfältigen Einsatz in Aus- und Fortbildung finden können.

Dia/Foto/Bild-Projektion

Manche Leserin und mancher Leser stellen beim Lesen der Zwischenüberschrift sicherlich die Frage: „Dia-Projektion, ist das im Zeitalter von DVD und Beamer überhaupt noch zeitgemäß?" Diese Frage ist mit ja und nein zu beantworten. Für ein „Nein" spricht, dass in der Tat die entsprechenden Geräte wohl eher ein Auslaufmodell darstellen, für das „Ja" ist anzuführen, dass es hierbei nicht so sehr um die Produktionsart geht, sondern um den Effekt einer großflächigen und ansonsten ablenkungsarmen Bildprojektion. Dies kann sowohl mit dem klassischen Dia-Projektor, aber ebenso gut auch mittels anderer technischer Möglichkeiten geschehen.

Worum geht es also? In erster Linie dient eine „raumfüllende" Bildpräsentation der affektiv motivierten Aufmerksamkeit der Schülerinnen und Schüler. Ein im abgedunkelten Raum projiziertes Foto oder Bild in „Wandgröße" vermag insbesondere visuelle „Stimmungen" auf jeden Fall sehr nachdrücklich zu vermitteln. Als Unterrichtseinstieg kann eine solche Präsentation durchaus beachtliche motivationale Kraft entwickeln, Stärken liegen sicherlich auch im Bereich der Krankenbeobachtung, um Details sehr eindrücklich zu vermitteln. Die bewusste Reduktion auf den visuellen Eindruck, die ins Klassenzimmer geholte Realität „ohne Worte" vermag oftmals ein Schlüssel der Aufmerksamkeit für sich anschließende Lernprozesse zu sein.

Diese Effekte können und sollten in einer professionellen Unterrichtsplanung bewusst genutzt werden. Insofern ist die großflächige Bildpräsentation ohne optische Ablenkung z. B. durch die Symbolleiste des Betriebssystems bei Beamer-Präsentationen durchaus ein erhaltenswertes und sinnvoll einzusetzendes visuelles Medium.

Video bzw. DVD

Kittelberger und Freisleben (1994) benennen drei Anwendungsbereiche des Videos:
- *„das Vorführen von fremd- oder eigenerstellten Videoproduktionen, die außerhalb des Lernprozesses hergestellt wurden und in der Regel zur problemorientierten Themeneinführung oder zur Verdeutlichung zentraler Lerninhalte dienen,*
- *das Aufzeichnen kurzer Verhaltenssequenzen im Training mit anschließender Selbstkonfrontation und Reflexion,*
- *das Herstellen von Filmen durch die Lerner im Lernprozeß"* (S. 13).

Der erste Anwendungsbereich ist bezogen auf die Ausbildung in den Pflegeberufen zunächst einmal geeignet, die „Realität" in den Unterrichtsraum zu holen. Dazu gehören berufskundliche Themen, Einblicke in bestimmte Institutionen oder konkrete „Fälle" als individuelle Krankheitsgeschichten ebenso wie spezielle Lehr-Filme, die z. B. in eine bestimmte Technik, in Teilbereiche der Krankenbeobachtung oder in eine Übergabesituation einführen. Sehr sinnvoll kann auch das Selbsterstellen von Aufzeichnungen über pflegerische Handlungsabläufe sein, die zur Einführung, Erklärung, Übung oder auch Erfolgskontrolle entsprechender Lerninhalte genutzt werden können. Solche instruktiven Filmsequenzen werden bspw. inzwischen auch als inkludiertes Lehr- und Lernmaterial von Lehrbüchern angeboten (vgl. Thiemes Pflege, 10. Aufl., mit 4 Lehr-Lern-CDs mit insgesamt 75 Filmen). Mit Hilfe dieses Materials können Demonstration und Simulation pflegerischer Handlungen nachhaltig initiiert und begleitet werden.

Besondere kreative „Fähigkeiten" kann das Medium Video entfalten, wenn seine Produktions- und Reproduktionsmöglichkeiten kombiniert zur Anwendung kommen – hierauf zielen der zweite und dritte Anwendungsbereich. So können Simulationen oder Rollenspielsequenzen aufgezeichnet werden, um anschließend gezielt praktische Handlungskompetenz oder Interaktionsverhalten zu analysieren. Die Analyse kann dabei in kleinsten Schritten vollzogen werden, Wiederholungen und Rückkoppelungen sind problemlos möglich.

Besonders zu erwähnen ist, gerade unter motivationalen Gesichtspunkten, die Möglichkeit, Schüler ihre eigenen Lehr-Lern-Programme oder -Dokumentationen mittels Video erstellen zu lassen. Dies kann beispielsweise Teil einer Projektpräsentation im Rahmen des Problemorientierten Lernens sein. Diese Art des handelnden Umgangs mit dem Medium Video erfüllt in hervorragender Weise die lernpsychologischen Effekte selbstgestaltender Auseinandersetzung mit einer bestimmten Thematik mit dem Ziel anschließender Analyse und Evaluation.

Videoeinsatz im Unterricht ist also insgesamt weit mehr als reine Visualisierung; er kann vielmehr problemaufschließend, lernleitend, handlungsorientierend und analysefördernd sein – und nicht zuletzt macht ein solch kreativer Umgang mit diesem Medium auch noch Spaß!

CD/Kassette

Reine Tonaufzeichnungen können beispielsweise als Dokumentation geführter Interviews dienen, sofern nur die Information des gesprochenen Wortes ohne mimische oder gestische Aspekte ausgewertet werden soll.

Darüber hinaus sind Tonaufzeichnungen bezogen auf die Ausbildung in den Pflegeberufen aber immer dann von besonderer Relevanz, wenn das Lehr-Lern-Ziel sich auf die Sensibilisierung der auditiven Wahrnehmung bezieht.

Schüler können so beispielsweise Eindrücke von den Wahrnehmungsleistungen eines blinden Menschen erlangen oder sich auseinandersetzen mit dem Erleben eines Menschen auf der Intensivstation, der ohne visuelle Einordnungsmöglichkeit etwa mit den Absauggeräuschen bei Patienten konfrontiert ist.

Ton- und insbesondere Musikaufzeichnungen können schließlich auch gezielt für das Erlernen und Anwenden von Entspannungsprogrammen genutzt werden, die auf der Basis auditiver Stimulanz aufgebaut sind. Das gilt sowohl für die Schülerinnen und Schüler selbst bspw. im Rahmen insgesamt umfangreicher und hohe Konzentration erfordernder Lernsequenzen, aber auch im Sinne erfahrungsbezogenen Lernens für das Erleben entsprechender Effekte bei Patienten. In diesem Zusammenhang ist etwa der Einsatz auditiver Stimulanz bei Kindern und besonders auch bei dementen Patienten zu nennen.

PC als Lehr- und Lernmedium (E-Learning)

Unser Berufs- und Alltagsleben ist zunehmend durch computerunterstützte Informationssysteme bestimmt, PCs haben breiten Eingang auch in Privathaushalte gefunden, Informatik gehört mittlerweile zum Standard-Fächerkanon an allgemeinbildenden Schulen, eine Vielzahl von Lernprogrammen für verschiedenste Lernbereiche steht zur Verfügung.

Schulen für Pflegeberufe sollten sich aus zweierlei Gründen dieser Entwicklung nicht verschließen: Zum einen werden die zukünftigen Berufsangehörigen zunehmend in Kliniken, Altenheimen etc., aber auch in privaten Praxen mit der Nutzung und damit dem Beherrschen der Computer-Technik konfrontiert bis hin zur vollständigen Digitalisierung verschiedener Funktionsbereiche. Hierauf muss die Schule vorbereiten, indem sie z. B. in entsprechende Systeme einführt, aber auch gezielt Dokumentationsprogramme etc. in den Unterricht miteinbezieht.

Zum anderen sollten die Möglichkeiten interaktiver Lernprogramme bzw. des E-Learnings genutzt werden. Zu unterscheiden ist hier generell das formale und das informale E-Learning. Während ersteres sich auf umfangreiche Lernplattformen bezieht, die bspw. im Bereich der Fernstudien zunehmend eingesetzt werden und einen „vorprogrammierten" Lernweg mit Bearbeitungsaufgaben und Lernkontrollen vorsehen, umfasst das informale E-Learning das weite Feld individueller Inter- und Intranet-Nutzung.

Die entsprechenden technischen Nutzungsmöglichkeiten vorausgesetzt, bietet das Internet eine fast unerschöpfliche Ressource von Informationsmöglichkeiten hinsichtlich pflegerischer Fragestellungen, die entweder individuell von den Lernenden z. B. in der Vor- und Nachbereitung thematischer Schwerpunkte genutzt werden, die aber auch gezielt als Literatur ergänzender Informationspool bei eigenständiger Aufgabenbearbeitung in einer Kleingruppe zum Einsatz kommen kann. Darüber hinaus sind interaktive Aktivitäten durch Nutzung themenrelevanter Chat-Rooms möglich, also bspw. auch eine „Experten-Konsultation" zu bestimmten Fragestellungen. Sind entsprechende Internet-Zugänge in einer Schule eingerichtet (es braucht ja nicht gleich ein PC pro Schüler zu sein!), ist diese Art der Beschaffung und des Umgangs mit Fachinformationen weder zeitlich noch finanziell besonders aufwendig, und es lassen sich oftmals auch vielfältige Möglichkeiten des Sponsoring nutzen, um zu einer technisch annehmbaren Basisausstattung zu kommen („ausgediente" bzw. „abgeschriebene" Geräte der Krankenhausverwaltung etc.).

Zum informalen E-Learning zählt aber auch der schon benannte Einsatz von Lehr-Lern-CDs mit entsprechenden (kommentierten) visuellen Angeboten in Form von Filmsequenzen oder etwa der Darstellung von Funktionsabläufen aus dem Bereich der (Patho-)Physiologie. Hier halten die Fachverlage inzwischen ein umfangreiches Angebot vor. Neben dem unmittelbar pflegebezogenen Bereich sind in diesem Zusammenhang Produkte für die Medizinerausbildung, aber auch für die natur- und sozialwissenschaftlichen Fächer (vor allem Biologie, Psychologie) an allgemeinbildenden Schulen zu nennen. Diese Medien können z. T. auch bei entsprechenden (über-)regionalen Agenturen kostenfrei oder gegen eine geringe Gebühr ausgeliehen werden. Gleiches gilt übrigens auch für Videos!

Bei allen Chancen und Möglichkeiten vor allem der Internet-Nutzung soll aber noch auf eine Problematik hingewiesen werden, deren sich Lehrende unbedingt bewusst sein sollten und die sie auch ihren Schülerinnen und Schülern nahe bringen sollten: das Internet ist ein potentiell für jeden zugänglicher Kommunikationsraum, d. h. auch, dass Informationen quasi „ungeprüft" dort jederzeit eingestellt werden können. Es gibt in diesem Sinne keine „Kontrollinstanzen", wie bspw. in einem Buchverlag das Fachlektorat, das letztlich überprüft, was fachlich als „veröffentlichungswürdig" gelten kann. Insofern entspricht nicht alles, was auf einer vermeintlich professionell gestalteten Homepage zu finden ist, automatisch dem (fach-)wissenschaftlichen Standard, nicht jede neue „Theorie" verdient diesen Namen auch wirklich und oftmals sind Werbezwecke mehr oder minder kaschiert der eigentliche Zweck der Internetveröffentlichung. Schülerinnen und Schülern fällt es verständlicherweise schwer, hier trennscharf die „schwarzen Schafe" herauszufiltern. Lehrerinnen und Lehrer müssen ihnen dabei helfen, indem sie mit ihnen kriteriengeleitet seriöse und weniger seriöse Informationen differenzieren. Ein wesentliches Kriterium kann hier etwa der Quellenbezug einer Veröffentlichung sein, auf welche Forschungen, Erkenntnisse bezieht sich der Autor, wo ist dieser Bezug nachzulesen, gibt es empirische Belege, werden (Hypo-)Thesen hinreichend begründet etc.? Eine solche „Qualitätssichtung" dient übrigens nicht nur der Überprüfung von Internet-Informationen, sondern generell ebenso für die Beurteilung der Seriosität von Printmedien.

Auf jeden Fall aber gilt: eine (qualitäts-)bewusste Nutzung der modernen Informationstechnik stellt eine thematisch wie methodisch immense Bereicherung der Gestaltungsmöglichkeiten von Unterricht dar.

Lehrbuch

(Gute) Lehrbücher sind mittlerweile viel mehr als eine reine Zusammenstellung von Fakten und Handlungsrezepten. Sie enthalten vielfältige didaktische Komponenten, die sich beziehen auf:
1. die thematische und formale (optische) Strukturierung,
2. erkennbar beschriebene Lernwege für die Schülerinnen und Schüler, bspw. durch die Hervorhebung von Definitionen, Merksätzen, Zusammenfassungen oder die Formulierung von Leitfragen,
3. Aufgabenformulierungen, die entweder nachbereitend, anwendungsorientiert, problemhaltig, reflexiv oder erweiternd vertiefend sein können,
4. Ergebnissicherung.

Allerdings nützt auch das beste didaktische „Styling" eines Lehrbuchs nur wenig, wenn die Lernenden in ihrer Nutzung des eingeführten Buches „alleingelassen" werden. So empfiehlt sich unbedingt eine Einführung in die Struktur des Lehrbuches am Anfang der Ausbildung sowie Hinweise zur individuellen Nutzung in der Vor- und Nachbereitung.

Darüber hinaus kann das Buch aber auch gezielt als Medium im Unterricht eingesetzt werden. Allerdings nicht als unterrichtsbegleitendes „Skript", sondern partiell gezielt. Was heißt das? Grafiken, Fotos, Statistiken etc. können unmittelbar in einzelne Unterrichtsphasen eingeplant werden, anatomische/physiologische/krankheitsbildbezogene Infotexte können zur Wiederholung bzw. Unterrichtsvorbereitung dienen, Textabschnitte können als Informationsbasis für ein sich anschließendes Unterrichtsgespräch dienen, Leitfragen können den Unterricht begleiten, Aufgabenformulierungen im Lehrbuch können zum Arbeitsauftrag einer Kleingruppe werden. Die Liste ließe sich fortsetzen.

Gleiches gilt für lehrbuchbegleitende Materialien wie Folienvorlagen, die schon erwähnten CDs bzw. DVDs, wie sie etwa für Thiemes Pflege (2004) vorliegen und vor allem natürlich für speziell didaktische ergänzende Medien. Ein hervorragendes Beispiel ist eine umfassende Zusammenstellung von Arbeitsaufträgen (Schoolmann 2004), die sowohl in Print-Fassung als auch (reproduzierbar) auf CD, jeweils bezogen auf einzelne Kapitel des Lehrbuchs mit Bezug zur APrVO der Gesundheits- und Kranken-/Kinderkrankenpflege in Ergänzung zu Thiemes Pflege vorliegt. Hier finden die Lehrenden verschiedene Aufgabenformen mit entsprechenden Fragestellungen vor, die wiederholend, zusammenfassend, problemorientiert oder reflexiv ausgerichtet sind. Ergänzt werden diese Vorschläge durch didaktisch-methodische Hinweise zum Einsatz im Unterricht.

Neben dem Lehrbuch/den Lehrbüchern können natürlich auch Artikel aus Fachzeitschriften und zuweilen auch der Tagespresse als Unterrichtsmedium eingesetzt werden.

Für Lehrbuch und Fachzeitschrift gilt dabei generell, dass die Qualität des Textes allein nicht Garantie für den unterrichtlichen Erfolg ist. Wesentlich ist immer die methodische „Passung" der ausgewählten Textpassage. Ein Arbeitsauftrag wie etwa „Lesen Sie diesen Text in der Arbeitsgruppe!" macht dabei keinen Sinn. Lesen kann man immer nur allein, im Anschluss daran kann sich aber z. B. eine Kleingruppenarbeit mit einem speziellen Analyse-, Abwendungs- oder Reflexionsauftrag anschließen.

7.2.3 Medienunterstützte Methoden – Zwei Beispiele: Moderations-Methode und Mind-mapping

Im Folgenden sollen die Grundprinzipien zweier Methoden vorgestellt werden, die ohne Medienunterstützung nicht denkbar wären, wobei der Grad der Medienunterstützung allerdings erheblich variiert: die Moderations-Methode und das Mind-mapping.

Gemeinsam haben beide Methoden, dass mit Hilfe kreativer, aber strukturierter Visualisierungen Denk- und Reflexionsprozesse beim Lernenden angeregt werden. Dabei handelt es sich jeweils um methodische Ansätze, bei denen der Grad der Schüler-/Teilnehmeraktivität sehr hoch ist und die sich deshalb auch hervorragend für den Einsatz im Fort- und Weiterbildungsbereich eignen.

Moderations-Methode

Die Moderations-Methode wurde Mitte der 60er Jahre vom so genannten „Quickborner Team", einer Unternehmensberatung, entwickelt. Zunächst für den betrieblichen Bereich gedacht, ging es darum, Mitarbeiter auf verschiedenen Ebenen einer Organisation an Entscheidungen zu beteiligen: „*Eine Mischung aus Planungs- und Visualisierungstechniken, aus Gruppendynamik und Gesprächsführung, aus Sozialpsychologie, Soziologie, Betriebs- und Organisationslehre mit einem Verständnis von sozialen und psychischen Prozessen, die sich an Erkenntnissen und Erfahrungen der Humanistischen Psychologie anlehnen*" (Klebert et al., 2003, S. 8).

Die Moderations-Methode löste sich bald von der engen Bindung an betriebliche Organisationen und fand als Methode des Suchens nach Lösungen und des Treffens von Entscheidungen Eingang in verschiedenste Institutionen, darunter auch Schulen, Hochschulen, Fort- und Weiterbildungsangebote.

Grundintention der Methode ist, aus Betroffenen Beteiligte zu machen (vgl. Klebert et al., 2003), und dieses Prinzip ist für viele Tätigkeits- und Ausbildungsfelder von Bedeutung. Wichtig sind dabei zunächst einmal Rolle und Selbstverständnis des Moderators: „*Der Moderator ist ein Mensch, der den Beteiligten auf der einen Seite Vorgehensweisen methodischer und technischer Art anbietet, um Probleme zu lösen oder um zu lernen. Auf der anderen Seite ist es seine Aufgabe, die sozialen Prozesse zu erkennen und situativ zu regeln.*" (Neuland, 1995, S. 68).

Hilfreich hierfür sind bestimmte Verhaltens- und Spielregeln für Moderator und Teilnehmer, die in der Literatur ausführlich besprochen sind (vgl. Literaturliste am Ende des Kapitels 7.2, S. 138).

Hinsichtlich des Moderatorenverhaltens fasst P. Nissen (1996) zusammen: „…

- *Er kann sich und seine eigene Meinung stark zurücknehmen.*
- *Er bewertet weder Meinungen noch Verhaltensweisen der Gruppenmitglieder, sondern nimmt so oft wie möglich eine eher fragende Haltung ein.*
- *Er aktiviert und öffnet die Gruppe füreinander und für das Thema durch geeignete (offene) Fragen.*
- *Er versucht, den Teilnehmern ihr eigenes Verhalten bewußtzumachen.*
- *Er faßt Äußerungen aus der Gruppe als Signale auf, die ihm helfen, den Gruppenprozeß zu verstehen.*
- *Bei Störungen, die seine Person oder die Methode betreffen, rechtfertigt er sich nicht, sondern erfragt die Gründe der Unzufriedenheit und bearbeitet den Konflikt zusammen mit der Gruppe; dabei zeigt er ein hohes Maß an Empathie und Wertschätzung, indem er belehrende, herabsetzende, ironische Verhaltensweisen unbedingt vermeidet*" (S. 7).

Grundprinzip der Moderations-Methode. Das Grundprinzip der Moderations-Methode lässt sich folgendermaßen beschreiben:

Eine Gruppe (Schüler, Fortbildungsteilnehmer, Mitarbeiter) ist oder kommt zusammen, um sich mit einer bestimmten Thematik auseinanderzusetzen. Diese Thematik kann sowohl Grund der Zusammenkunft sein als auch von den Gruppenmitgliedern erst herausgearbeitet werden.

In beiden Fällen setzen sich die Gruppenmitglieder aber während der Moderation selbständig mit der Thematik auseinander, kommen schließlich zu Lösungen, Entscheidungen und/oder Maßnahmen und reflektieren abschließend den Verlauf der gemeinsamen Arbeit.

Auf dem gesamten Weg dieses Prozesses ist der Moderator Lernhelfer und Begleiter – er „moderiert" den Prozess, indem er mittels bestimmter Techniken (Kartenabfrage, Sortieren von Ideen, Zuruf- oder Punktfragen etc.) den Lernprozess strukturiert. Dabei spielt die Visualisierung auf Pin-Wand, Flip-Chart oder Wand-Zeitung unter Zuhilfenahme bestimmter Materialien (Kärtchen in verschiedenen Formen,

Größen und Farben, Marker, Markierungshilfen wie Punkte etc.) eine hervorgehobene Rolle.

Je nach Institution und Teilnehmer-„Art" (Schule, Seminar oder Betrieb) können die Phasen der Moderation variieren, grundsätzlich kann aber von folgender Struktur ausgegangen werden (**Abb. 7.6**).

Selbstverständlich sind in einem Fortbildungsseminar mit einander bislang fremden Personen die Phasen 1 und 2 intensiver zu bearbeiten als in einem Ausbildungskurs; Fortbildungsteilnehmer oder Mitarbeiter-Konferenzen werden auch hinsichtlich der Phase 5 möglicherweise autonomer sein als Ausbildungsgruppen.

Dennoch lohnt der Einsatz der Moderatonstechnik im Unterricht auf jeden Fall immer dann, wenn ein möglichst hohes Maß an Eigenständigkeit in Themenbearbeitung und Problemlösung intendiert ist (z. B. Planen und Durchführen von Projekten, Praxis- bzw. Praktikumsprobleme bearbeiten). Dass die Methode gleichzeitig auch die Möglichkeit bietet, soziale und interaktionale Lernziele zu verfolgen, kommt unterstützend hinzu.

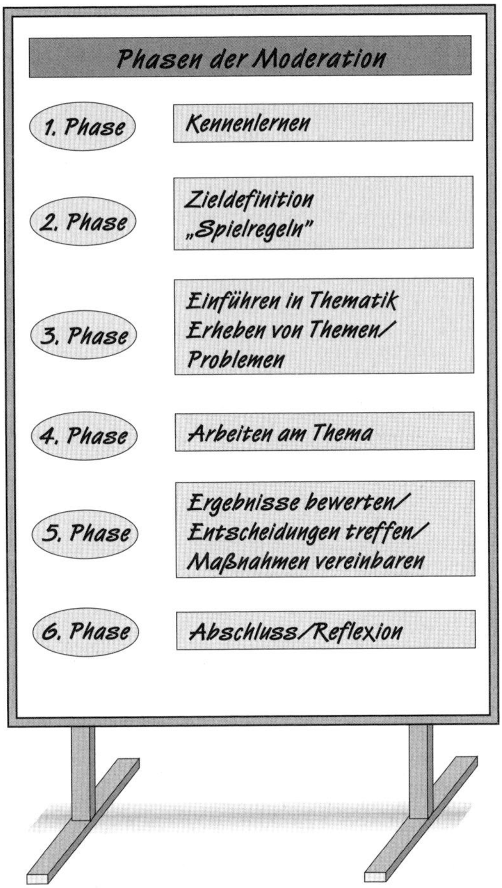

Wer die Moderationsmethode erlernen will, kann dies kaum ohne ausführliches Literaturstudium und/oder Teilnahme an einem entsprechenden Schulungsseminar. Wir wollen dazu ausdrücklich ermutigen und müssen uns im Folgenden auf einige wenige Hinweise beschränken, die vielleicht „Appetit" auf das Erlernen der Methode machen:

Dreh- und Angelpunkt des Gelingens der Methode ist die Art und Qualität der Fragen, die der Moderator formuliert: *„Fragen geben Impulse, setzen Prozesse in Gang und finden Antworten sowie Lösungen. Durch Fragen können Diskussionen ausgelöst und Ansichten dargestellt werden. Entscheidend dabei ist, daß Sie [gemeint ist der Moderator] durch Fragen in Richtungen führen und so das Gruppengespräch steuern"* (Neuland, 1995, S. 95).

Fragen sollten:
- offen sein und zum Nachdenken anregen (nicht „ja oder nein-", „richtig oder falsch"-Fragen),
- Erfahrungen und Ideen eruieren,
- persönliche Betroffenheit auslösen (nicht: Was ist schlecht? Sondern: Was stört Sie am meisten?),
- verständlich, präzise und zielgerichtet sein (es soll etwas erreicht werden),
- nicht suggestiv, aber dennoch hin und wieder provozierend oder paradox sein (kann „müde" Gruppen in Gang bringen),
- nach den Facetten eines Problems fragen, also aufdecken (kann durch Variation der Ursprungsfrage geschehen),
- allen Gruppenmitgliedern die Möglichkeit der aktiven Teilnahme am Gespräch geben (vgl. auch Neuland, 1995, S. 95 ff.).

Die Moderations-Methode bedient sich verschiedener Abfrage-, Visualisierungs- und Entscheidungsfindungstechniken. Hier eine Übersicht (**Abb. 7.7**) einer möglichen Moderation, in der zentrale Techniken angesprochen werden.

Phasen der Moderation

- 1. Phase: Kennenlernen
- 2. Phase: Zieldefinition „Spielregeln"
- 3. Phase: Einführen in Thematik / Erheben von Themen/Problemen
- 4. Phase: Arbeiten am Thema
- 5. Phase: Ergebnisse bewerten/ Entscheidungen treffen/ Maßnahmen vereinbaren
- 6. Phase: Abschluss/Reflexion

Abb. 7.6 · Phasen der Moderation.

Beispielablauf einer Moderation. Zielgruppe: Schüler im 2. Ausbildungsjahr	
Kennenlernen: (Phase 1)	entfällt in diesem Fall
Übergeordnetes Thema/Ziel: (Phase 2)	*Praxisreflexion*
Erheben von Teilthemen/Problemen: (Phase 3)	• „Was bewegt Sie im Zusammenhang mit dem Praxis-/Praktikumseinsatz?" • „Welche Probleme, welche positiven Dinge haben Sie erfahren?" • „Was ist Ihnen besonders wichtig?"
• durch Zuruffrage:	Moderator schreibt alle Nennungen wie beim Brainstorming auf Papierbogen
oder	
• durch Kartenabfrage:	Antworten werden von Schülern auf Kärtchen geschrieben und an die Pinnwand geheftet
	Anschließend können die Antworten sortiert werden („*Clustern*" = „*Klumpen*") bzw. jeweiligen Überschriften, die die Gruppe findet, zugeordnet werden (geschieht durch „Umheften" an die Pin-Wand oder farbiges Markieren)
Die Phase endet mit einer „Bepunktung" (durch Klebepunkte) der einzelnen Cluster im Hinblick auf Wichtigkeit bzw. Reihenfolge der Bearbeitung durch die Gruppenmitglieder.	
Arbeiten am Thema: (Phase 4)	Geschieht in der Regel in Kleingruppen (sinnvoll arbeitsteilig) unter den zuvor erarbeiteten Schwerpunktthemen, z. B.:
	Schüler als „Springer" und Aushilfe
	Fachliche Differenzen zwischen Schule und Praxis
	Mangelnde Anleitung
	Zu wenig Zeit für Patienten
	Die Diskussion in den Kleingruppen kann seitens des Moderators durch Leitfragen angeregt werden, etwa (Bezogen auf „fachliche Differenzen"): • Worin drücken sich die fachlichen Differenzen aus? • Wo können die Ursachen liegen? • Was müsste verändert werden: im Unterricht/in der Praxis?
	Die Schüler halten ihre Ergebnisse z. B. auf einem Papierbogen fest; es folgt die Präsentation der Ergebnisse in der Gesamtgruppe.

Abb. 7.7 • Kurz-Übersicht einer Moderation.

Visualisieren – Präsentieren – Moderieren – Medieneinsatz im Unterricht ■ 7.2 ■

Ergebnisse bewerten/Entscheidungen treffen/Maßnahmen vereinbaren: (Phase 5)	In der Gesamtgruppe werden auf der Basis der Diskussion der Kleingruppenergebnisse Entscheidungen für das weitere Vorgehen getroffen, diese werden wiederum so konkret wie möglich visualisiert.
Was ist zu tun? — Was? / Wer/mit wem? / (bis) wann? (Flipchart mit Nummerierung 1.–6.)	
Abschluss/Reflexion (Phase 6)	Es folgt die Reflexion über den Gesamtprozess; wichtig ist, dass jeder nur für sich spricht (Ich-Form). Die Bewertung des Prozesses kann auch mittels Bepunktung an einem „Stimmungs-Barometer" erfolgen (empfiehlt sich hauptsächlich für „Ein-Mal-Gruppen").

Abb. 7.7 · Fortsetzung.

Die vorstehende Kurz-Übersicht einer Moderation kann die Möglichkeiten dieser Methode nur andeuten, das Spektrum der „Techniken" ist weitaus größer. Für die Visualisierung auf Kärtchen bzw. Papierbögen gelten im Grundsatz die unter „Gestaltungselemente und Schrift" genannten „Regeln".

Anschließend ist gerade mit Blick auf die Schule darauf hinzuweisen, dass Moderation auch – zumindest zum Teil – mit improvisierten Materialien geschehen kann, es ist nicht immer ein perfekter gezwar praktischer, aber leider sehr teurer „Moderatorenkoffer" notwendig, wie ihn zahlreiche „Visualisierungsfirmen" anbieten: Kärtchen können durchaus selbst in verschiedenen Formen, Größen und Farben aus farbiger Pappe hergestellt werden, „Punkte" gibt's auch im Bürohandel und eine Wand-Zeitung aus Packpapier mit Klebestift zum Befestigen der Kärtchen (nicht so fest kleben, dann kann man die Kärtchen zum Sortieren auch wieder gut ablösen) tut es zur Not auch.

Mind-mapping

Das Mind-mapping ist im Gegensatz zur Moderations-Methode ein im Hinblick auf notwendige Materialien gänzlich anspruchsloses methodisches Element.

Es ist theoretisch möglich auf jeder Fläche, die beschriftet werden kann, vom Schreibblock bis hin zu Tafel, Flip-Chart oder Wand-Zeitung. Aber dazu unten mehr.

Zunächst einmal: Was ist überhaupt Mind-mapping? Langner-Geißler und Lipp (1994) geben folgende Antwort:

„Ursprünglich ist Mind-Mapping eine Methode zum Aufschreiben und Aufzeichnen von Gedanken. Diese Visualisierungsform versucht den Vorgängen in unserem Gehirn gerecht zu werden.

Das Denken soll wie eine Landkarte abgebildet werden. Unsere Gedanken springen von einem zentralen Thema zu einem anderen, befassen sich dazwischen mit einer Detailfrage oder streifen ganz entfernte Bereiche. Wir verfolgen Gedankenpfade, stellen Gabelungen und Verzweigungen her, verlassen plötzlich diesen Weg, suchen einen anderen auf, um dann doch wieder beim ersten oder bei einem ganz anderen weiterzudenken. Und trotzdem bleibt der Überblick über das Ganze erhalten" (S. 72).

Die Grundstruktur eines Mind-map geht dabei von einem zentralen Begriff in der Mitte der Schreibfläche aus. Von diesem zentralen Begriff, etwa „Medien", gehen nun zunächst einige Hauptäste mit Unterbegriffen aus, z. B. „Arten", „Funktionen", „Anwendungsbereiche", „Probleme" etc. Von den Hauptästen können wiederum Nebenäste mit Teilaspekten, also bei „Arten" etwa „auditiv", „visuell", „audiovisuell" abgehen usw. **(Abb. 7.8).**

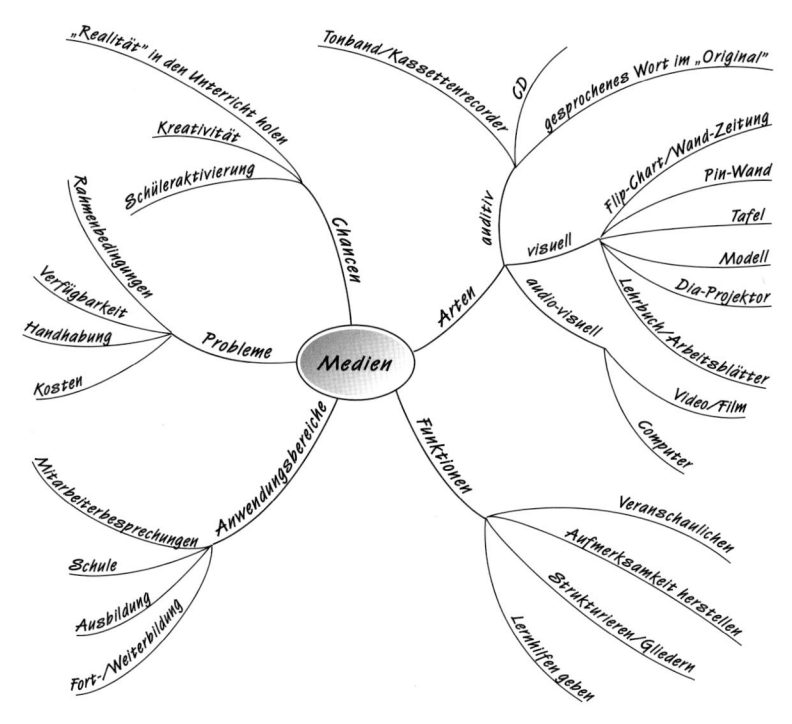

Abb. 7.8 • Mind-mapping am Beispiel Medien.

Das Mind-map erschließt so einen Begriff oder ein Thema in prozesshaften, nicht linearen, aber dennoch strukturierten Denkvorgängen. Die Visualisierung hilft dabei, an bereits Angedachtes zurückzukehren, den Blick für „das Ganze" nicht zu verlieren und Struktur- bzw. logische Zusammenhänge aufzuzeigen.

Mind-mapping kann in der Gesamtlerngruppe ebenso eingesetzt werden, wie in Kleingruppen oder in der Partnerarbeit. Dabei gestalten die Schüler aktiv ihre „Gedanken-Karte". Natürlich ist es auch eine hervorragende Möglichkeit für Seminareinstiege im Sinne einer Mischung aus divergentem (Brainstorming) und konvergentem Denken. Aber auch das Strukturieren von Lernbereichen z. B. zur Prüfungsvorbereitung kann durch Mind-mapping angeregt werden.

Beim Einsatz der Methode in der Gesamtlerngruppe sollte auf eine ausreichend große Schreibfläche und auf das Kriterium „Transportierbarkeit" geachtet werden. Die Tafel bietet zwar eine gut zu beschreibende Fläche, ist auch unter räumlichen Sicht-Bedingungen (meistens) optimal, die vielleicht mit Mühe erstellten Mind-maps können aber nicht „mitgenommen" werden. Dies ist ein Manko, gerade wenn die Produkte langfristige Lernprozesse begleiten sollen. Alternativen sind hier Flip-Chart und Wand-Zeitung.

Zum Abschluss in Anlehnung an Langner-Geißler und Lipp (1994, S. 75 f.) noch einige Hinweise:
- versuchen, waagerecht zu schreiben (Tafel, Flip-Chart und Wand-Zeitung können schwer „umgedreht" werden!),
- nicht allzu viele Verästelungen (geht auf Kosten der Übersichtlichkeit),
- Äste im Uhrzeigersinn anordnen (jedenfalls bei „geplanten" Mind-maps),
- Bilder einbauen oder statt Begriffen verwenden (prägen sich leichter ein).

Mit der Vorstellung der Moderations-Methode und des Mind-mappings wollen wir die Ausführungen zu zentralen methodischen und unterrichtsorganisatorischen Elementen beschließen.

Es ist hoffentlich gelungen, den Blick für das weite Spektrum der Möglichkeiten zu öffnen.

In den nachfolgenden ausführlichen Literaturhinweisen finden sich zahlreiche Anregungen zum Weiterdenken, -lesen und Üben, dabei wird auch die Verbindung einzelner Elemente berücksichtigt.

Weiterführende Literatur

Überblick zum Thema Medien:
Dörr, G., Jüngst, K. L. (Hrsg.): Lernen mit Medien. Ergebnisse und Perspektiven zu medial vermittelten Lehr- und Lernprozessen. Juventa, Weinheim, München 1998

Will, H. (Hrsg.): Mit den Augen lernen. 2. Aufl. Beltz, Weinheim 1994 mit folgenden Einzelbänden: Weidenmann, B.: Lernen mit Bildmedien. Bd. 1; Ballstaedt, S.: Lerntexte und Teilnehmerunterlagen. Bd. 2; Langner-Geißler, T., Lipp, U.: Pinwand, Flipchart und Tafel. Bd. 3; Will, H.: Kreativer Folieneinsatz. Bd. 4; Kittelberger, R., Freisleben, I. Lernen mit Video und Film. Bd. 5; Bäumler, C. E.: Lernen mit dem Computer. Bd. 6

Schwerpunkthefte der Zeitschrift „Pädagogik".
Schwerpunkt: Wirksam präsentieren. In: Pädagogik 5 (1993)
Schwerpunkt: Mit den Augen lernen. In: Pädagogik 10 (1994)
Schwerpunkt: Anders arbeiten mit neuen Medien. In: Pädagogik 10 (2002)
Schwerpunkt: Die gute Präsentation. In: Pädagogik 3 (2004)

E-Learning:
Graf, M.: eModeration. Lernende im Netz begleiten. Ein Leitfaden. h.e.p.-Verlag, Bern 2004
Schuepbach, E. et al.: Didaktischer Leitfaden für E-Learning. h.e.p.-Verlag, Bern 2003

Praxis-Tipps:
Gugel, G.: Methoden Manual I: „Neues Lernen". 4. Aufl. Beltz, Weinheim 2004.
Gugel, G.: Methoden Manual II: „Neues Lernen". 2. Aufl. Beltz, Weinheim 2003

Mind-mapping:
Kirckhoff, M.: Mind Mapping. 9. Aufl. PLS-Verlag, Berlin 1992
Svantesson, I.: Mind-mapping und Gedächtnistraining. 6. Aufl. Gabal-Verlag, Bremen 2001

Moderations-Methode:
Klebert, K., Schrader, E., Straub, W.: Kurz-Moderation. 11. Aufl. Windmühle-Verlag, Hamburg 2003
Nissen, P., Iden, U.: Kurskorrektur Schule. 2. Aufl. Windmühle-Verlag, Hamburg 1999
Neuland, M.: Neuland-Moderation. Neuland-Verlag, Eichenzell 1995
Pädagogik 6 (1995)
Pädagogik 12 (1996)

Die genannten Titel zum Bereich „Medien" stellen nur eine kleine Auswahl dar. Es handelt sich dabei aber um Standardwerke, die jeweils weitere ausführliche Literaturhinweise für Spezialthemen enthalten.

7.3 Lehrervortrag

Der Lehrervortrag gilt in der didaktisch-methodischen Diskussion sicher nicht unbedingt als eine „moderne" und schülerorientierte Methode. Er zählt zu den darbietenden (auf der Lehrer-Seite) und rezeptiven (auf der Schüler-Seite) Formen der Unterrichtsgestaltung.

Der Begriff des „Frontalunterrichts" spiegelt die Kritik an dieser Unterrichtsform, die kurz in der reformpädagogischen Bewegung Anfang des 20. Jahrhunderts aufflackerte, im Zuge der Schulkritik ab Anfang der 70er Jahre aber immer deutlicher artikuliert wurde: Frontalunterricht und damit der Lehrervortrag ist in erster Linie lehrerzentriert, und er macht zudem die Wissens-„Hierarchie" zwischen Lehrern und Schülern besonders deutlich.

Dennoch: Der Lehrervortrag gehört bis heute zum festen Repertoire gerade auch des Unterrichts an Ausbildungsstätten für Pflegeberufe – zuweilen zwar zu häufig – aber er ist dort auch kaum wegzudenken, denn – und hier ist J. Bastian (1990) auch heute noch zuzustimmen: *„Der Darstellende Unterricht als methodische Großform wird im Fachunterricht weiterhin eine wichtige Stellung haben, weil damit größere inhaltliche (insbesondere kognitiv strukturierte) Zusammenhänge in systematischer Form aufbereitet werden können"* (S. 9).

Und genau hier liegt auch die große Stärke des Lehrervortrags für den Bereich der Pflegeberufe: Funktionszusammenhänge (etwa in Physiologie oder Pathophysiologie) können umfassend, systematisch und strukturiert dargelegt werden, in der Regel unter Zuhilfenahme medialer Elemente. Hinzu kommt, dass dies durchaus lerngruppenbezogen, z. B. orientiert an den jeweiligen Vorkenntnissen geschehen kann.

Dennoch ist es wichtig, über eine veränderte Funktion auch des darbietenden Unterrichts, weg von der reinen Lehrerdominanz, nachzudenken und entsprechende Gestaltungskonsequenzen zu formulieren. J. Bastian (1990) beschreibt dies in seinem Aufsatz „Frontalunterricht. Zurück zu einer Schule von Gestern?" folgendermaßen: *„Eine Veränderung der Funktion des Frontalunterrichts bedeutet in diesem Zusammenhang: Frontalunterricht kann nicht mehr funktionieren als Vermittlung von unhinterfragten Inhalten auf der Basis einer unhinterfragten Lehrer-Schüler-Beziehung; er hat vielmehr die Funktion einer systematischen Vermittlung von Sach-, Sinn- und Problemzusammenhängen, wobei die Rolle des Lehrenden eindeutig steuernd und strukturierend ist. Sowohl Inhalt als auch Verhalten sind jedoch – wie in anderen Unterrichtsformen – für eine personen- und sachbezogene Kritik offen. So verstanden steht eine phasenweise lehrerdominante Steuerung des Unterrichts nicht mehr im Widerspruch zu gewandelten Ansprüchen an eine nicht autoritäre Gestaltung des Lehr-Lern-Prozesses und der Lehrer-Schüler-Beziehung"* (S. 9). Und Herbert Gudjons ergänzt (2004): *„Der Frontalunterricht tritt zwar gegenüber den selbständigen Arbeiten der Schüler und Schülerinnen stark zurück, aber gerade dadurch erhält er einen zentralen Stellenwert, – etwa nach dem Motto: ‚Weniger ist mehr'. Er wird unverzichtbar, indem er Service-Charakter gewinnt"* (S. 25).

In exakt dieser, in den Zitaten von Bastian und Gudjons deutlich werdenden Funktion und ihrer Bedeutung für das Lehrer-Verhalten im Zusammenhang mit diesem methodischen Element des Unterrichts liegt die Intention eines Plädoyers für den Lehrervortrag in „moderner" Diktion in diesem Buch. Der Erwerb von beruflichen Handlungskompetenzen kommt nicht ohne strukturierte Informationsaufnahme und -verarbeitung aus ebenso wie er nicht auf eigenständige und „offene" Arbeitsformen verzichten kann. Ein gut vorbereiteter und professionell präsentierter Lehrervortrag, der einen angemessenen Zeitrahmen nicht überschreitet, ist in vielen Unterrichtssituationen die Methode der Wahl für effektive und motivierende Präsentation „neuer" Informationszusammenhänge, kann aber auch bekannte Inhalte in komprimierter und verständlicher Form zusammenfassen, um den Einstieg in eine neue Thematik zu erleichtern.

Formen des Lehrervortrages

Generell kann unterschieden werden zwischen der „klassischen" Form (Lehrer trägt über einen längeren Zeitraum vor – im Unterricht höchstens 15–20 Minuten) und einem impulsgebenden Kurzvortrag (Knoll, 2003, S. 129 f.).

Beide Formen verfolgen z. T. ähnliche, z. T. aber auch sehr unterschiedliche Ziele. Ein impulsgebender Kurzvortrag (kaum länger als 5 Minuten) kann etwa ausschließlich die Funktion eines „advance organizers" nach Ausubel erfüllen, d. h. eine Vorstrukturierung des folgenden Lehrstoffes (Gage u. Berliner, 1996, S. 407 f.) vornehmen. Er kann aber auch kontroverse Gesichtspunkte zu einem Thema systematisch kurz anreißen und damit beispielsweise eine Diskussion vorbereiten.

Demgegenüber konzentriert sich die „klassische" Form des Lehrervortrages auf eine umfassende Darlegung eines Themenbereiches beispielsweise als Verstehens-Grundlage für Anwendungs- und Transferleistungen der Schülerinnen und Schüler.

Für welche Ziele und Inhalte eignet sich der Lehrervortrag in besonderem Maße?

Generell stellt der Lehrervortrag eine Methode dar, mit der sehr effektiv (auch zeiteffektiv) Kenntnisse und inhaltliche Zusammenhänge vermittelt werden können. Sein Vorteil dabei liegt beispielsweise gegenüber dem erarbeitenden (konvergierenden) Gespräch in der Möglichkeit, in strukturierter und geplanter Form Zusammenhänge darzulegen, Argumentationslinien aufzuzeigen und einen bestimmten thematischen Bereich für die Schüler in seiner Komplexität zu erschließen.

Sinnvoll kann der Einsatz eines Lehrervortrages daher immer sein, wenn es um unumgänglich-notwendige „Grundlagen"-Inhalte geht, deren Verstehen eher in ihrer Komplexität als in Detailfragen angestrebt wird. Ein solcher „Input" kann Wege aufzeigen hin zu einem neuen Themenbereich, also durchaus auch motivierende und aktivierende Funktionen für die Schülerinnen und Schüler haben. Überhaupt muss der Lehrervortrag nicht ausschließlich lehrerzentriert sein: Er kann an den individuellen Erfahrungen der Schüler anknüpfen; er kann die sachbezogene Konzentration der Schüler fördern, indem diese – je nach Arbeitsauftrag – intensiv zuhören, sich ggf. Notizen machen, Fragen zum Thema formulieren; der Lehrervortrag kann durch flexiblen begleitenden Medieneinsatz und durch das Einbeziehen lerngruppenspezifischer Gesprächsmodule einen Themenbereich sehr vielfältig beleuchten.

In all dem ist der Lehrervortrag beispielsweise einem schriftlichen „Input" mittels Textauszug etc. überlegen. Vergessen werden darf dabei auch nicht der Motivationsaspekt des „persönlichen" Einsatzes der Lehrerin oder des Lehrers.

Diese „Vorteile" kommen natürlich nur zum Tragen, wenn die Methode nicht quantitativ überstrapaziert wird und wenn der oder die Unterrichtende gut vorbereitet ist. Letzteres muss nicht unbedingt durch eine schriftliche Fassung des Vortrages geschehen, allerdings ist ein Konzept mit Stichpunkten zumindest für Lehr-Anfänger sehr hilfreich. Unumgänglich ist hingegen die Auswahl und ggf. auch Gestaltung der den Vortrag unterstützenden Medien, wie bspw. Folien oder eine Power Point Präsentation mittels Beamer.

Und noch eines ist wichtig: Lehrervorträge mit einer Dauer von mehr als 20 Minuten sollten – mit ganz wenigen, durch „die Sache" legitimierten Ausnahmen – vermieden werden. Mit ihnen kann eigentlich nur das genaue Gegenteil des ursprünglich Intendierten erreicht werden, nämlich Konzentrationsabbau, Ermüdung und Desinteresse.

Der impulsgebende Kurzvortrag ist eine Variante des Lehrervortrages, die die Gefahr einer Demotivation der Schüler auf jeden Fall vermindert: Er lenkt in etwa 5 Minuten sehr präzise und akzentuiert auf einen neuen Themenbereich hin, bereitet damit ein sich anschließendes Unterrichtsmodul vor, z. B. ein Partnergespräch oder eine Kleingruppenarbeit, und motiviert die Lernenden, Aktivitäten im Hinblick auf das Erarbeiten eines Themenbereiches zu entwickeln. Dabei kann es auch um die Darlegung verschiedener Sichtweisen einer Sache, z. B. verschiedener Erklärungsmuster, Theorien oder auch Forschungsergebnisse gehen. Eines gilt aber für den impulsgebenden Kurzvortrag in besonderem Maße: Er leitet die Schüler in sehr verdichteter Form zu Aktivitäten an, was eine äußerst präzise und durchdachte Struktur erfordert und damit – gerade wiederum für Lehr-Anfänger – eine gründliche Vorbereitung.

Gestaltung von Lehrervorträgen

Zunächst einmal sollte jeder Lehrervortrag gegliedert sein und damit eine innere und äußere Struktur erkennen lassen. Üblicherweise bedeutet das in übergeordneter Hinsicht den bekannten Dreischritt: Einleitung, Hauptteil, Schluss – ähnlich wie bei Referaten oder auch anderen schriftlichen Texten.

In der Einleitung wird das „Programm" des Vortrages vorgestellt, die wesentlichen Fragestellungen oder Probleme, die angegangen werden sollen, werden benannt, und es wird ein Überblick über den Vortrag, möglichst medial unterstützt, gegeben. Der Einleitung kommt insofern die Funktion eines „advance organizers" (Gage u. Berliner, 1996, S. 407 f.) zu; sie hilft, den „roten Faden" während des Vortrages nicht aus den Augen zu verlieren.

Im so genannten Hauptteil werden nun die einzelnen Aspekte des Themas, entsprechend den Unterpunkten der Gliederung, vorgestellt. Hierbei ist ein sinnvoller, das gesprochene Wort unterstützender Medieneinsatz besonders wichtig (Grafiken; „Original-Fotos, z. B. bezogen auf bestimmte Erkrankungen; anatomische oder physiologische Schaubilder oder Modelle; ein Video mit pflegerischen Handlungsabläufen; Thesenzusammenfassungen auf Folie etc.).

Vier „Typen" des Lehrervortrages. Im Hinblick auf die inhaltliche bzw. sprachliche Gestaltung der Ausführungen unterscheidet E. Fuhrmann (1990, S. 17) vier „Typen" des Lehrervortrages, die auch miteinander kombiniert werden können:
- die erläuternde Erklärung eines Sachverhaltes, das Darlegen und Begründen von Vorgehensweisen, ggf. unterstützt durch eine Demonstration,
- Erzählung, Bericht, Schilderung, Erörterung, um beispielsweise eine bestimmte Gegebenheit, einen „Fall", eine Krankengeschichte im Zusammenhang darzustellen,
- der Problemaufriss, um die Schülerinnen und Schüler auf Problemkonstellationen bzw. -situationen hinzuführen, etwa im Bereich des Ethikunterrichts,
- die Instruktion im Hinblick auf bestimmte Techniken oder Arbeitsweisen.

Fuhrmann weist in diesem Zusammenhang auch hin auf die dem jeweiligen „Typ" des Lehrervortrages angepasste Darstellungsweise, also Wortwahl, stilistische Mittel etc., so kann eine Erzählung durchaus „spannend" gestaltet sein, während ein Problemaufriss, eine erläuternde Erklärung oder eine Instruktion eher durch eine sachliche Sprache und logischen Aufbau gekennzeichnet sein sollte.

Im Schlussteil schließlich sollten die Ausführungen noch einmal knapp und auf den Punkt gebracht mit Bezug auf die in der Einleitung entwickelte(n) Ausgangsfrage(n) zusammengefasst werden. Es können noch offene Fragen formuliert und Hinweise zum Weiterarbeiten gegeben werden, evtl. auch weiterführende Literatur. Denkbar ist auch das Ableiten von Arbeitsaufträgen oder eine Diskussionsanregung für die nachfolgende Unterrichtsphase. Der Aspekt der Ergebnissicherung spielt dabei eine grundlegende Rolle. Grundsätzlich stellt jeder Lehrervortrag, der seine Ziele erreichen will, gewisse Anforderungen an die Ausdrucksfähigkeit des Vortragenden. Dazu gehören:
- *angemessene Sprechweise:* nicht zu schnell, Pausen, um auf inhaltliche Zäsuren hinzuweisen; Betonung,
- *Verständlichkeit der Sprache:* Hier können die so genannten „Hamburger Verständlichkeitsmacher" (vgl. Schulz von Thun, 1991, S. 150 ff.) hilfreich sein: Gliederung, Ordnung („roter Faden"); Kürze, Prägnanz (keine Weitschweifigkeit); Einfachheit in der Wortwahl (nur die Fremdwörter, die notwendig sind, wie etwa die medizinische Terminologie, keine Gestelztheit); anregende Zusätze (Veranschaulichung, Humor),
- *Mimik und Gestik*, also die gesamte Körpersprache, sollen das gesprochene Wort unterstützen und nicht „dagegenarbeiten", sie sollten ebenfalls natürlich und damit authentisch sein und nicht „aufgesetzt" wirken.

Die genannten Hinweise zur Gestaltung von Lehrervorträgen bedürfen auf jeden Fall intensiver Übung, die durch (kollegiale) Supervision oder auch durch Videoaufzeichnung und anschließende Analyse und Reflexion unterstützt werden kann.

Weiterführende Literatur

Lernpsychologische Aspekte
Gage, N., Berliner, D.: Pädagogische Psychologie. 5. Aufl. Psychologie Verlags Union, Weinheim, München 1996, 398–432

Körpersprache
Heidemann, R.: Körpersprache im Unterricht. 5. Aufl. Quelle und Meyer, Wiesbaden 1996
Molcho, S.: Körpersprache im Beruf. Goldmann, München 2001

Präsentation
Hartmann, M. et al.: LehrerInnen präsentieren. Zielgerichtet informieren und erfolgreich überzeugen. Beltz, Weinheim 1999
Will, H.: Mini-Handbuch Vortrag und Präsentation. Für ihren nächsten Auftritt vor Publikum. Beltz, Weinheim 2000

7.4 Gesprächsarten im Unterricht

Unterricht, theoretischer wie praktischer, ist ohne Unterrichtsgespräche überhaupt nicht denkbar. Unterricht ist Kommunikation, zwischen Lehrer und Schülern und der Schüler untereinander; dabei ist diese Kommunikation in der Regel zielgerichtet – manchmal allerdings ganz andere Ziele verfolgend, als ursprünglich vom Unterrichtenden geplant.

Typische Formen und damit auch zugleich Zielbereiche professioneller Unterrichtsgespräche sind das erarbeitende Gespräch, das Brainstorming, verschiedene Diskussionsarten, das Gespräch über den Unterricht selbst und schließlich das individuelle Beratungsgespräch.

Verschiedene Gesprächsarten eignen sich demzufolge auch für jeweils bestimmte Gesprächsinhalte. In wohl differenziertester und zugleich praxisnaher Form wird dies von G. E. Becker dargestellt; dabei listet der Autor für jede einzelne Gesprächsform typische Handlungsindikatoren auf, die Reflexion und auch „Training" der Gesprächsarten leiten und erleichtern. Das Benennen der Handlungsindikatoren basiert ursprünglich auf dem Konzept des „micro teaching", also des „Zerlegens" komplexer Lehrhandlungen in Einzelschritte, die ein Erlernen erleichtern (1998, S. 182 ff.).

Die Einteilung Beckers erscheint insbesondere unter handlungsorientierten Gesichtspunkten (in diesem Fall bezogen auf die Lehrenden) äußerst durchdacht und damit auch gut um- bzw. einsetzbar. Darüber hinaus wird aber dem Bezug auf die Ausbildungssituation in den Pflegeberufen eine besondere Bedeutung zukommen.

Im Einzelnen können folgende Gesprächsarten unterschieden werden:
- das konvergierende (erarbeitende) Gespräch,
- das divergierende Gespräch (Brainstorming),
- Diskussionsformen (verschiedene Perspektiven; Pro-Kontra) und Gespräche, die der Beurteilung von Sachverhalten dienen,
- die Metakommunikation (über den Unterricht, seine Inhalte oder den Umgang miteinander).

Die einzelnen Gesprächsarten werden, entsprechend des Konzeptes dieses Buches, in ihren wesentlichen Aspekten dargelegt werden, so dass Leserin und Leser für eigene Unterrichtsüberlegungen einen Überblick erhalten. Darüber hinaus sei auf die im Anschluss genannte weiterführende Literatur verwiesen.

7.4.1 Konvergierendes Gespräch

Bei konvergierenden (wörtlich etwa: auf einen Punkt zusammenlaufenden) Gesprächen steht zu Gesprächsbeginn bereits das angezielte Gesprächsergebnis fest, d. h. der Unterrichtende versucht, durch entsprechendes Frage- und Informationsverhalten, die Schülerinnen und Schüler auf einen festgelegten „Denkweg" zu bringen, den es dann mit seinen einzelnen Stationen bis zum (dem Lehrer bekannten) Ziel zu durchlaufen gilt.

Dabei kann es um Themenstellungen gehen, zu deren „Lösung" unterschiedliche kognitive Taxonomieebenen (vornehmlich im kognitiven Bereich) notwendig sind, wobei im Hinblick auf eine bestimmte Themenstellung eine „Kombination" von Taxonomiebereichen und -ebenen durchaus angezeigt sein kann.

Die typische Zielsetzung eines konvergierenden Gespräches bezieht sich auf das Nachvollziehen bzw. Konzeptionieren von „Vorgehensweisen" unterschiedlicher Art, so etwa:
- das Erarbeiten der kognitiven Grundlagen für bestimmte Pflegehandlungen bzw. -fertigkeiten,
- das Konzeptionieren eines Pflegeplanes bei festgelegten übergeordneten Pflegezielen,
- das Erarbeiten bestimmter physiologischer oder pathophysiologischer Zusammenhänge, z. B. die Prozesse eines intakten bzw. gestörten Fettstoffwechsels,
- das Nachvollziehen-Können bestimmter Wissens-, Erkenntnis- und Anwendungsgrundlagen z. B. sozial- oder rechtswissenschaftlicher Lernbezüge,
- die Entwicklung der einzelnen Schritte des Pflegeprozesses mit Bezug auf ein bestimmtes Pflegemodell,
- das Erarbeiten einer festgelegten Vorgehensweise und Gestaltung bei einer schriftlichen Pflegedokumentation.

Die vorstehenden Beispiele zeigen, dass Lehrer und Schüler beim konvergierenden Gespräch sehr eng und damit auch relativ unflexibel an einem bestimmten Themenkomplex „arbeiten". Das führt immer dann zu pädagogisch äußerst fragwürdigen Situationen, wenn Schülerinnen und Schüler geradezu in einen „Denkkanal" gepresst werden – wenn es nur darauf ankommt, die „richtigen" Antworten auf die Fragen des Lehrers zu finden, wobei es sich dann meistens nur noch um „Ein-Wort-Antworten" handelt und damit vielleicht kluge, aber eben vom „Thema" abweichende Schülereinfälle von vornherein als „falsch" disqualifiziert werden.

Dieses „Frage-und-Antwort-Spiel" kann insofern problematisch werden, als es sich in vielen Fällen zu einem Gespräch des Unterrichtenden mit einigen wenigen Schülern entwickelt, die – meistens sind es die leistungsstärksten oder diejenigen, die ein spezifisches Vorwissen zum Thema haben – dann gemeinsam mit dem Lehrer den Unterricht bestreiten, während sich die überwiegende Zahl der Schüler in der Lerngruppe gedanklich „ausklinkt", anfängt, sich mit dem Nachbarn zu unterhalten oder einfach resigniert.

Diese „Negativ-Szenerie" soll ausschließlich davor warnen, konvergierende Gespräche in zu engen „Denkkanälen" zu planen; ist dies von der Sache her nicht anders möglich, ist vielleicht ein gut vorbereiteter Lehrervortrag zum Thema sinnvoller.

Dennoch können konvergierende Gespräche durchaus gewinnbringend eingesetzt werden, wenn einige „Regeln" beachtet werden:

- über die Kombination mit anderen methodischen Elementen nachdenken, z. B. ein Partnergespräch, eine Kleingruppenarbeit, eine Lektürephase (Beschreibung eines Gerätes, einer Therapiemaßnahme etc.) einplanen,
- Möglichkeiten des Medieneinsatzes generell als instruktives Element überlegen,
- Schüler nicht wegen „falscher" Antworten abqualifizieren,
- insbesondere auch leistungsschwache Schüler bewusst in das Gespräch miteinbeziehen
- den Lern- bzw. Lösungsweg nicht zu „eng" angehen, offen sein für Ideen der Schülerinnen und Schüler,
- die Ergebnisse des Gesprächs zwar an der Tafel etc. festhalten, aber dabei nicht von einem fertigen, unflexiblen Schema ausgehen,
- ursprünglich nicht „geplante" Antworten ernsthaft als vielleicht alternative Möglichkeiten überprüfen.

Insgesamt gilt es auch beim konvergierenden Gespräch von einer echten Interaktion zwischen Lehrer und Schüler auszugehen, bei der der Lehrer zwar eine stark strukturierende Funktion übernimmt, Schüler-Beiträge aber nicht auf der Ebene von Quiz-Antworten bewertet werden.

Auf jeden Fall sollte auch hier eher sparsam mit der Unterrichtszeit zugunsten anderer Gesprächsformen umgegangen werden, die den Grad der Schüleraktivität und -kreativität deutlich erhöhen. So problematisch Zeitangaben sind, sollte das konvergierende Gespräch in der oben beschriebenen Weise so geplant sein, dass es nicht mehr als 10–15 Minuten in Anspruch nimmt, ansonsten ist die Gefahr einer die Schüler-Aktivitäten hemmenden Zähigkeit nicht auszuschließen

Wenn die vorstehenden „Regeln" beachtet werden, kann ein konvergierendes Gespräch durchaus helfen, Schülern Lernwege und -schritte aufzuzeigen und damit auch anregen, im Hinblick auf andere Aufgabenstellungen selbständig nach Lösungen zu suchen.

7.4.2 Divergierendes Gespräch (Brainstorming)

Das divergierende (wörtlich etwa: das auseinander laufende, in verschiedene Richtungen laufende) Gespräch ist, was seine Zielsetzung angeht, völlig konträr zum konvergierenden Gespräch zu betrachten: Hier sind die verschiedensten Ideen, Vorschläge, Hinweise zu einer Thematik – also schlicht ein hohes Maß an Kreativität – gefragt. Dabei gibt es zunächst kein „richtig" und kein „falsch"; es kommt auf die Vielfalt, das Spektrum der Ideen an. Insofern werden hier auch die Begriffe „divergierendes Gespräch" und „Brainstorming" nahezu synonym verwendet, denn der „Gedankensturm" des Brainstormings weist genau in die Richtung divergenter Gedanken-„Produktion".

Entsprechend ist die Zielsetzung bzw. die Themenstellung eines divergierenden Gesprächs ausgerichtet. Es handelt sich dabei in der Regel um ein Problem oder eine Fragestellung, das oder die zu lösen ist – wie, ist nicht nur zum Schein „offen".

Solche Frage- und Problemstellungen könnten etwa folgendermaßen lauten:
- Welche Ziele oder Aktivitäten sind für eine Kurs- oder Semesterfahrt denkbar?
- Wie könnte das „Freizeitangebot" in einem Altenheim verbessert werden?
- Welche Gedanken mögen einen Patienten vor einer, seine Lebensqualität entscheidend einschränkenden Operation (z. B. Oberschenkelamputation) bewegen?
- Was geht in einem Patienten oder einer Patientin vor, nachdem er oder sie eine Krebs-Diagnose erfahren hat?
- Welche Möglichkeiten gibt es, bestimmte Räumlichkeiten (z. B. einen Aufenthaltsraum, das Stationszimmer, einen Klassen- oder Übungsraum) ansprechender zu gestalten?
- Was kann getan werden, um Spenden bzw. Unterstützung für eine bestimmte Hilfsaktion zu erhalten?

Deutlich wird, dass das Spektrum der Themen, die sich für ein divergierendes Gespräch eignen, von ganz praktischen Problemlösesituationen bis hin zur Sensibilisierung für emotionale Bereiche, z. B. für die Gefühle, Ängste und Hoffnungen von Patienten reicht. Wichtig dabei ist, dass wirkliche Kreativität gefragt ist und die Schüler dies auch wissen. Das erfordert eine relativ „freie" Gesprächsatmosphäre, wobei die üblichen Formen des respektvollen Umgangs miteinander natürlich gewahrt bleiben, z. B. zuhören und den anderen ausreden lassen. Dem Lehrer kommt beim Brainstorming vornehmlich die Aufgabe zu, die Ideen oder Nennungen an der Tafel, einem Flip-Chart oder einfach einem großen Packpapier-Plakat (OH-Folie ist wegen der „Kleinheit" der Fläche nicht so gut geeignet) so zu sammeln, dass sie für die Schüler visuell präsent sind. Damit wird ein „Weiterdenken" bzw. Assoziieren erleichtert.

Regeln zum Brainstorming. Wiederum einige „Regeln" zur Durchführung eines Brainstormings:
- Thema optisch präsent machen (z. B. an Tafel) und ggf. kurz umschreiben,
- Schüler zu spontanen Gesprächsäußerungen auffordern,
- sich als Lehrer zurückhalten und ggf. auf das rasche Mitschreiben konzentrieren,
- Schüler-Beiträge während des Brainstorming auf keinen Fall bewerten,
- „Eigen-Nennungen" des Lehrers sind möglich (aber sehr dosiert), um den Gesprächsfluss (wieder) in Gang zu bringen,
- Brainstorming rechtzeitig beenden, wenn „Zähigkeit" in der Ideenproduktion spürbar wird.

Grundsätzlich „lebt" ein Brainstorming von seiner verdichteten Denkaktivität, der „Schnelligkeit" und der Spontaneität. Das bedeutet in der Regel einen eher kurzen Zeitraum für diese Gesprächsform von etwa 5–10 Minuten. Nach Ablauf des eigentlichen Brainstormings kann die entstandene „Ideenlandschaft" gesichtet und die Frage gestellt werden, welche Schritte nun als nächstes unternommen werden sollen. Damit geht das Brainstorming über in eine konvergente bzw. Beurteilungsphase. Wichtig ist hierbei, dass die vielleicht eher lustigen als machbaren und sinnvollen Ideen nicht abqualifiziert werden, denn sie haben für den Prozess des Brainstorming insgesamt eine im hohen Maße kreativitätsfördernde Funktion und machen die Vielfalt im Ideenspektrum erst möglich, auch wenn sie im Hinblick auf den schließlich einzuschlagenden konkreten Lösungs- oder Entscheidungsweg eher sekundär sind. Dennoch gibt es immer wieder Ideen, die vielleicht auf den ersten Blick „verrückt" erscheinen, bei genauerer Betrachtung aber möglicherweise ganz neue Lösungsperspektiven aufzeigen.

Das divergierende Gespräch eignet sich insofern besonders für Unterrichts- bzw. Themeneinstiege, mit denen die Sensibilität und Denkaktivität der Schüler zunächst auf den Themenkomplex insgesamt gelenkt werden sollen. Zudem verfolgt dieses methodische Element in hervorragender Weise übergeordnete Lehr-Lern-Ziele wie die Förderung von Kreativität und Flexibilität und trägt damit sowohl direkt (durch die Themenwahl) als auch indirekt (als Methode) dazu bei, diese Qualifikationsbereiche im Hinblick auf die Anforderungen der zukünftigen Berufstätigkeit zu entwickeln.

7.4.3 Diskussionsformen im Unterricht

Diskutiert wird überall: im Parlament, auf der Mitgliederversammlung des Berufsverbandes, im Sportverein und eben auch in allgemein- und berufsbildenden Schulen. Dabei haben viele von uns sicher schon oftmals gedacht oder vielleicht sogar gesagt: „Ich kann diese ewigen Diskussionen nicht mehr ertragen. Sie bringen ja doch nichts!" Woran liegt das? Sicher nicht daran, dass wir kein Interesse an einem Gedankenaustausch hätten oder gar der Meinung wären, ein solcher brauche gar nicht stattzufinden. Vielmehr sind es wohl eher die Langwierigkeit, Ziel- und Ergebnislosigkeit vieler Diskussionen, die solche Gedanken entstehen lassen.

Dabei sind intensive Diskussionen oftmals unerlässlich, will man zu einer begründeten Einschätzung oder Entscheidung hinsichtlich einer Sachlage gelangen. Voraussetzung hierfür ist die Zielgerichtetheit von Diskussionen sowie die ernsthafte und systematische Auseinandersetzung mit den verschiedenen Argumenten, die in einer Diskussion zum Tragen kommen.

Im Hinblick auf die knappe Unterrichtszeit gehören Zielgerichtetheit und Systematik in der Diskussion mithin zu den unverzichtbaren Voraussetzungen eines professionellen Einsatzes dieser Gesprächsform. Damit ist dieses methodische Element auch in besonderer Weise dazu geeignet, Gesprächskompetenzen im Diskussionsbereich im Hinblick auf spätere berufliche Anforderungsstrukturen vorzubereiten.

Generell können in dieser systematischen Funktion der Diskussionsgestaltung die so genannte „Pro-Kontra-Diskussion" und die Diskussion aus verschiedenen Perspektiven unterschieden werden; beide können differenzierte Vorarbeit für das Fällen konkreter Entscheidungen leisten.

„Pro-Kontra-Diskussion"

Die so genannte „Pro-Kontra-Diskussion" eignet sich in besonderer Weise für Fragestellungen, bei denen ein „Ja" oder ein „Nein" möglich ist. Typische allgemeine Fragestellungen wären etwa: Todesstrafe – ja oder nein; Wehrdienst für Frauen; Kanalisierung von Flussläufen oder Erhalt der Auenlandschaften?

Ziel dieser Diskussionsform im Unterricht ist es, eine Fragestellung in ihren gegensätzlichen Aspekten auszuleuchten; Argumente für oder gegen eine Position zu finden und diese auch vorzutragen; den Argumenten anderer zuzuhören, sie zu überdenken und bei der eigenen Argumentation zu berücksichtigen. Dabei darf nicht die letztlich zu treffende Entscheidung aus dem Auge verloren werden.

Bezogen auf die Pflegeberufe bzw. deren Ausbildung könnten solche Fragestellungen sein:
- Mitversorgung von Patienten durch Angehörige oder Freunde auf der Station?
- Sollen Altenheimbewohner bei Einzug ihre Haustiere mit ins Heim bringen können?
- Passive/aktive Sterbehilfe?
- Feste Besuchszeiten im Krankenhaus?
- Pflegevisite statt Übergabe?

Die wenigen Themenbeispiele zeigen, dass es sich bei „Pro-Kontra-Diskussionen" in der Regel um anspruchsvolle Fragestellungen handelt, die zunächst einmal Analysefähigkeiten (Stufe 4 der kognitiven Taxonomie nach Bloom) erfordern und – soll es zu einer begründeten Entscheidung kommen – auch Synthese- und Beurteilungsleistungen (Stufen 5 u. 6). Dafür sind umfassende Kenntnisse der entsprechenden Thematik notwendig – eine Erkenntnis, die (Transfer!) durchaus auf ähnliche Entscheidungskonstellationen in der späteren Berufspraxis übertragen werden kann und soll.

Organisatorisch empfiehlt sich für die „Pro-Kontra-Diskussion" eine Aufteilung der Lerngruppe in zwei „Parteien", die jeweils eine Position zu vertreten haben. Bei der Aufteilung kann durchaus nach dem Zufallsprinzip (z. B. durch Los) verfahren werden, denn es kommt mehr auf das Erlernen der Argumentationsfähigkeit an als darauf, sich von vornherein für eine Position zu entscheiden.

Regeln zur Vorgehensweise. Hier wiederum einige „Regeln" zur Vorgehensweise:
- Thema z. B. auf einem großen Plakat im Raum sichtbar machen,
- „Parteien" sich bilden lassen, ca. 10 Minuten Zeit lassen, sich mit der jeweiligen Position auseinanderzusetzen und Argumente zu finden und zu formulieren,
- für entsprechendes „Raum-Setting" sorgen: „Parteien" getrennt positionieren,
- Vertreter der „Parteien" tragen abwechselnd Argumente vor, Lehrer hält sich zurück, erinnert ggf. an Gesprächsdisziplin,
- Lehrer macht sich Notizen (falls notwendig), um ggf. im Anschluss an die Argumentationsphase zusammenfassen zu können.

Nach Ende der Argumentationsphase (ca. 20–30 Minuten, je nach Thema) sollten durch einen jeweiligen „Parteienvertreter" oder auch durch den Lehrer die Hauptargumente noch einmal prägnant zusammengefasst werden; dies kann durch zugeordnete Auflistung beispielsweise an der Tafel unter den Rubriken „Pro" und „Kontra" unterstützt werden. Allerdings ist dann darauf zu achten, dass die Diskussion nicht wieder von neuem durch strittige Zuordnungen oder gar weitere Argumente „entfacht" wird.

Soll im Hinblick auf die Diskussionsfrage eine konkrete Entscheidung getroffen werden, ist der Übergang in ein Beurteilungsgespräch (Kap. 7.4.4, S. 145) sinnvoll. Es kann aber durchaus auch angezeigt sein, die gegensätzlichen Positionen im Raum stehen zu lassen, gleichsam als Spiegel des Argumentationsspektrums.

Schüler lernen bei der „Pro-Kontra-Diskussion" in hervorragender Weise, auf der Basis stichhaltiger Argumente für eine Sache einzutreten; sie lernen aber auch, in der Gruppe gemeinsam Argumente zu suchen und sich auf eine „Strategie" zu einigen – ein wichtiger Aspekt der Team-Arbeit.

Diskussion verschiedener Perspektiven

Ähnlich der „Pro-Kontra-Diskussion" kann die Diskussion verschiedener Perspektiven helfen, Entscheidungen vorzubereiten, sie dient aber zunächst einmal der Ausleuchtung eines Themenbereiches in allen seinen Facetten und im Hinblick auf die verschiedensten Sichtweisen, aus denen eine Fragestellung angegangen werden kann.

Ziel ist also nicht das klare „Ja" oder „Nein" (obwohl dies von der Sache her durchaus möglich wäre), sondern die Vielfalt der Argumente, die sich ergibt, wenn ein Thema aus unterschiedlichen Perspektiven betrachtet wird. Diese Perspektiven werden in der Entscheidungsrealität im Beruf oftmals durch Vertreter verschiedener Positionen repräsentiert, so etwa durch die einzelnen Positionsinhaber im Krankenhaus (Pflegedienstleitung, Stationsschwester, Stationsarzt, Patient, Angehörige, Physiotherapeutin, Chefarzt, Verwaltungsleiter, Seelsorger, Oberarzt, Sozialarbeiter…).

Typische Fragestellungen, die in dieser Weise angegangen werden können, wären etwa:
- Ist die Einführung einer Überleitungspflege im Krankenhaus X sinnvoll?
- Wie ist die Einrichtung von ambulanten Rehabilitationszentren zu bewerten?
- Soll der praktische Teil der Ausbildung im Block oder an regelmäßigen Praxistagen stattfinden?
- Sollten „Risikopatienten" (Raucher, Übergewichtige, Alkoholiker) zu höheren Krankenkassenbeiträgen herangezogen werden?

Die Beispiele zeigen, dass natürlich auch bei diesen Fragestellungen rasch zu „Ja"- oder „Nein"-Antworten gefunden werden kann, Funktion der Gesprächsform ist aber nicht so sehr das gebündelte Präsentieren gegensätzlicher Argumente, sondern das differenzierte Aufzeigen verschiedenster, begründeter und jeweils für sich durchaus sinnhafter Positionen zu einer Thematik.

Das Thema wird also in einen Bezugsrahmen von Argumenten und Kriterien, in der Regel vertreten durch bestimmte Personen als Positionsinhaber, gestellt („frame of reference"), der die Basis für eine anschließende Bewertung schafft.

Folgende Aspekte sollten bei der Gestaltung dieser Gesprächsform beachtet werden (vgl. hierzu auch Becker, 1998, S. 215–217):
- dem Thema (z. B. an der Tafel) einen Bezugsrahmen zuordnen, indem die verschiedenen Positionen (Personen), aus deren Perspektive diskutiert werden kann, das Thema „umrahmen" (Positionen sollten von den Schülern genannt werden),
- einzelne Schüler übernehmen Positionen und haben die Möglichkeit, sich auf ihre „Rolle" vorzubereiten (kann in Einzel-, Partner- oder Kleingruppenarbeit, je nach Anzahl der Positionsinhaber, geschehen), Lehrer übernimmt ggf. beratende Funktion,
- auch bei dieser Gesprächsform sollte auf eine gewisse Gesprächsdisziplin geachtet werden,
- der Lehrer sollte dafür Sorge tragen, dass alle Positionsinhaber „zum Zuge" kommen.

Ist die eigentliche Phase des Perspektiven-Austauschens vorbei (20–30 Minuten), kann diese Gesprächsform, ähnlich der „Pro-Kontra-Diskussion" in ein Beurteilungsgespräch einmünden.

Mit dem methodischen Element der Diskussion verschiedener Perspektiven kann Schülern die Einsicht nahe gebracht werden, dass vorschnelle Schlüsse oftmals wichtige Aspekte einer begründeten Entscheidung außer Acht lassen (müssen).

Beide Diskussionsformen, „Pro-Kontra" und die Diskussion verschiedener Perspektiven, können Schülern in dieser Hinsicht exzellentes Erfahrungslernen bieten. Diese Chance spricht deutlich „pro" Berücksichtigung dieser zeitintensiven Unterrichtsgespräche, die kaum in einen 45-Minuten-Unterricht sinnvoll integriert werden können, sondern zumindest des zeitlichen Rahmens einer Doppelstunde bedürfen, in der sie dann (mit sich anschließendem Beurteilungsgespräch) den Schwerpunkt bilden.

7.4.4 Beurteilung von Sachverhalten im Gespräch

Diese Gesprächsform bzw. dieses Gesprächsmodul ist sicherlich die in kognitiver Hinsicht anspruchsvollste der bisher beschriebenen. Es handelt sich dabei um Denkleistungen auf der Stufe 6 (Beurteilung) der Taxonomie nach Bloom. Über das Aufzeigen und Diskutieren von Argumenten und Perspektiven hinaus geht es nun um die eigene begründete, also kriterienorientierte Beurteilung eines Sachverhaltes, eines Ereignisses oder einer Person.

Hierbei können die aufgezeigten Diskussionsformen mit ihren Lernleistungen auf den Taxonomiestufen 4 und 5 (Analyse und Synthese) eine sehr wertvolle Hilfe sein, sie ersetzen aber nicht das eigene Urteil, das in konkreten Entscheidungssituationen gerade auch in den Pflegeberufen immer wieder notwendig ist:
- Sollen bei einem bestimmten, seit Wochen im Koma liegenden Patienten weiter regelmäßig prophylaktische Pflegemaßnahmen durchgeführt werden?
- Kann ein bestimmter Patient aus pflegerischer Sicht entlassen werden, weil er oder seine Angehörigen dies sehr nachdrücklich fordern, obwohl weiterhin regelmäßige pflegerische Maßnahmen indiziert sind und die ambulante Versorgung nicht gewährleistet erscheint?
- Soll ein neues Dokumentationssystem eingeführt werden, das medizinische, therapeutische und pflegerische Daten zusammenführt?

Ergänzend können viele der Fragestellungen angeführt werden, die bei den Diskussionsformen genannt wurden, allerdings müssten sie nun bis zu einer persönlichen Entscheidung (in einer professionellen Funktion) „weitergedacht" werden.

Becker (1998, S. 203) macht deutlich, dass das Benennen bzw. Entwickeln von Beurteilungskriterien

(Normen, Wertvorstellungen) für diese Gesprächsform zentral ist. Sie leiten das persönliche Durchdenken und Abwägen der einzelnen Aspekte – bis hin zu einer Entscheidung. Dass diese nicht immer leicht fällt, gar nicht leicht fallen kann aufgrund der Vielzahl der abzuwägenden Aspekte und Argumente, gehört mit zu den intendierten Zielen dieser Gesprächsform, die damit – ähnlich den beschriebenen Diskussionsformen – davor „warnen" will, Entscheidungen ohne begründete, kriterienorientierte Reflexion zu treffen.

Hilfen für die Gestaltung. Folgende Hilfen für die Gestaltung sind zu nennen:
- den Schülern muss deutlich gemacht werden, dass es in dieser Gesprächsform nicht darum gehen kann, „aus dem Bauch heraus" zu Entscheidungen zu kommen,
- der zu beurteilende Sachverhalt etc. muss ausführlich beleuchtet werden (manchmal auch sehr zeitintensiv mit Zusatzinformationen), das kann z. B. durch eine der genannten Diskussionsformen vorbereitet werden,
- die heranzuziehenden Beurteilungskriterien müssen explizit benannt und begründet werden (z. B. Gesetze, Verordnungen, Berufsordnungen, ethische Grundsätze und Normen) und ggf. auch kritisch hinterfragt werden,
- bei der sich anschließenden Beurteilung sollte immer wieder auf eine begründete Vorgehensweise (Kriterien!) geachtet werden.

Der hohe Grad des kognitiven Anforderungsniveaus dieser Gesprächsform sowie der relativ große Zeitaufwand machen deutlich, dass Beurteilungsgespräche nicht in jeder Unterrichtsstunde stattfinden können. Deshalb ganz auf sie zu verzichten, wäre allerdings mehr als kurzsichtig. Denn: Wie sollen Schüler an eine fundierte Entscheidungskompetenz herangeführt werden, wenn die Ausbildung hier kein „Übungsfeld" bietet? Wird diese Chance, aus welchen Gründen auch immer, vertan, bedeutet das in der Regel ein Weniger an Sozial- und Persönlichkeitskompetenz, ein Weniger an kriterienorientierter Begründungsfähigkeit und ethischer Verantwortlichkeit – kurz: einen Verlust an Qualitätssicherung und Professionalität im Beruf (vgl. auch Kap. 5, S. 39).

Diese Folgen sollten vor allem immer dann bedacht werden, wenn das „dazu haben wir keine Zeit" schon „auf der Zunge liegt".

7.4.5 Metakommunikation

Neben den Gesprächen im Unterricht muss auch manchmal über den Unterricht gesprochen werden, wenn Probleme im Miteinander auftauchen oder auch nur, um Schüler z. B. in inhaltliche Planungsüberlegungen miteinzubeziehen oder um gemeinsam zu überlegen, wie methodisch weiter verfahren werden soll.

Letzteres, also das Einbeziehen von Schülern in Planungs- und Gestaltungsüberlegungen, sollte so oft wie möglich in Erwägung gezogen und umgesetzt werden. Bei erwachsenen oder zumindest nahezu erwachsenen Schülerinnen und Schülern, wie an den Ausbildungsstätten für Pflegeberufe, ist dies auch von der Sache her weitaus leichter und „risikoloser" möglich als bei jüngeren Schülern.

Dennoch, gerade im Hinblick auf inhaltliche Entscheidungen, sollten Lehrerin und Lehrer sehr sensibel mit dem Spannungsfeld des Entscheiden-Wollens und des Entscheiden-Könnens bei Schülern umgehen. Herrscht zwischen den Kursmitgliedern und der Lehrkraft ein gutes und vertrauensvolles Verhältnis, das auf gegenseitiger Achtung und Akzeptanz der Kompetenzunterschiede beruht, sind die sich aus dem benannten Spannungsfeld ergebenden Schwierigkeiten in der Regel unkompliziert zu lösen.

Problematisch kann es allerdings werden, wenn es zu echten Konflikten zwischen Lehrer und Lerngruppe oder innerhalb der Lerngruppe kommt. In diesem Fall sollte der Lehrer in der Lage sein, pädagogisch postulierte Ziele, wie Kooperation, Kritikfähigkeit und Toleranz auch mit seiner eigenen Person einzulösen, d. h. Konflikte nicht durch (pseudo-) autoritäres Verhalten (manchmal auch versteckt hinter vermeintlicher „Schülerfreundlichkeit") zu ignorieren bzw. „abzuwürgen", sondern bereit sein, den Schülern und ihrer Kritik zunächst einmal zuzuhören, das eigene Verhalten ggf. „offen" zu überdenken bzw. zwischen den Schülern zu vermitteln.

In „dringenden" Fällen sollte dies unmittelbar geschehen, im Sinne der Regel „Störungen haben Vorrang" der themenzentrierten Interaktion nach R. Cohn; allerdings kann nicht jeder „kleinste" Konflikt dazu führen, dass das gesamte Unterrichtsprogramm aufgegeben wird – hier sind Verweise auf bzw. die Einrichtung von „Metakommunikationsstunden" in institutionalisierter Regelmäßigkeit sinnvoll.

Ein „Sonderfall" der Metakommunikation ist das individuelle Beratungsgespräch. Anlass hierfür können verschiedenste Gründe sein: offensichtliche Leistungsprobleme; Probleme mit den Mitschülern („Außenseiter-Phänomen"); häusliche oder psychische Probleme.

Grundsätzlich gilt, dass zur Beratung nicht verpflichtet, dass Ratschläge und Lösungen nicht „verordnet" werden können, sondern dass wie H. Gudjons (1991) es in Anlehnung an Alexander Mitscherlich formuliert „um ‚die Solidarität in der Suchhaltung'geht" (S. 11).

Nicht nur im Hinblick auf Konflikte von Jugendlichen und jungen Erwachsenen sind Kenntnisse der persönlichkeitspsychologischen Entwicklung, der Sozialisation sowie Grundlagen der Gesprächstherapie von wesentlicher Bedeutung. Die sich anschließenden Literaturhinweise zu den Gesprächsarten im Unterricht können hier ggf. weiterhelfen.

Weiterführende Literatur

Handlungskompetenzen im Gesprächsbereich
Becker, G. E.: Durchführung von Unterricht. Handlungsorientierte Didaktik Teil II. 8. Aufl. Beltz, Weinheim 1998 (insb. S. 182–228)

Lernpsychologische Schwerpunkte
Gage, N., D. Berliner: Pädagogische Psychologie. 5. Aufl. Psychologie-Verlags-Union, Weinheim 1996 (insb. S. 432-456)

Kommunikation allgemein
Schulz von Thun, F.: Miteinander reden: Störungen und Klärungen. Rowohlt, Reinbek 2005

7.5 Demonstration und Simulation („Skill-Training", Lernen an Stationen)

Demonstration und Simulation gehören gerade im praktischen Unterricht in der Ausbildung der Pflegeberufe zu den zentralen Vermittlungs- und Arbeitsformen. Immer, wenn das Lernen bestimmter Pflegetechniken und -maßnahmen (z. B. das Legen eines Katheters oder einer Sonde, die Durchführung des Blutdruckmessens, die Lagerung von Patienten, der Einsatz atemstimulierender Maßnahmen) – die Reihe ließe sich beliebig fortsetzen – Ziel des Unterrichts ist, kann auf diese methodische Komponente kaum verzichtet werden.

Demonstration und Simulation zielen daher unmittelbar auf den Kern handlungsorientierten Kompetenzerwerbs, indem es zunächst gilt, Handlungslogiken durch die Beschreibung von Arbeitsprozesswissen zu identifizieren (Objektseite der Handlungsorientierung), um diese dann möglichst selbständig, erfahrungsbezogen und „handelnd" zu erschließen und einzuüben (Subjektseite der Handlungsorientierung). Demonstration und Simulation sind also nicht als isoliertes Fertigkeitentraining zu betrachten, sondern sind als solches immer eingebunden in sachlogische (theoretische) Bezüge (vgl. Kap. 2 und 3). Nur vor diesem Hintergrund, aber gerade auch deswegen macht es Sinn, Demonstration und Simulation als ein methodisches Element für den praktischen Unterricht einzuplanen und zu gestalten.

M *Demonstration und Simulation dienen der präzisen Einübung von Fähigkeiten und Fertigkeiten im Rahmen eines relativ festen Handlungsverlaufs. Dabei handelt es sich in der Regel um vorgegebene Verhaltensmuster, die nicht bzw. nur kriterienorientiert-situationsabhängig variabel sind.*

Dies unterscheidet Demonstration und Simulation vom klassischen Rollenspiel, in dem zwar auch bestimmte Verhaltensweisen simuliert werden, allerdings wesentlich flexibler und mit dem eindeutigen Schwerpunkt auf dem Interaktionsverhalten der Rollenspieler.

Beide Zielsetzungen sind für die Ausbildung der Pflegeberufe von hervorgehobener Bedeutung, daher sollen sie auch in ihrer methodischen Gestaltung differenziert behandelt werden. Dies kann am wirkungsvollsten geschehen, wenn Demonstration und Simulation auf der einen und das „klassische" Rollenspiel als szenisches Interaktionsspiel auf der anderen Seite als jeweils eigenständige methodische Formen betrachtet werden.

Nach diesen notwendigen Definitions- und Abgrenzungsüberlegungen nun zum Schwerpunkt dieses Kapitels.

Die Demonstration bestimmter Handlungsabläufe durch den Lehrer und die sich anschließende Simulation der gezeigten Technik oder Maßnahme durch die Schüler bereiten die praktische Arbeit am Patienten vor, dienen aber auch der konzentrierten, zunächst „situationsunabhängigen" Vorbereitung einer Anleitung des Schülers durch Lehrer oder Praxisanleiter am Patienten. Demonstration und Simulation sind somit immer bewusste Fokussierungen typischer Pflegehandlungen hin auf den Schwerpunkt der fachlich und methodisch korrekten Ausführung. Zentral ist dabei die Handlungsorientierung, -anleitung, und -sicherheit des Lernenden im Sinne eines echten Trainings der einzuübenden Fertigkeiten (Skills). Natürlich geschieht dies nicht ohne den Bezug zur Fachtheorie und auch nicht ohne Berücksichtigung sozioemotionaler Aspekte im Umgang mit dem Patienten.

Gerade vor dem Hintergrund dieser ganzheitlichen Sichtweise ist es aber notwendig, in jeweils einzelnen Unterrichtssequenzen schwerpunktbezogen vorzugehen – erst so ist ein wirkliches Erfassen und schließliches Zusammenführen der verschiedenen Aspekte durch den Lernenden möglich. Methodisch könnte dies etwa bezogen auf eine bestimmte zu erlernende Maßnahme so geschehen, dass theoretische Grundlagen in einem Lehrervortrag, einem Unterrichtsgespräch, einer Kleingruppenarbeit oder einer Kombination der genannten Elemente vermittelt werden, die „technische Seite", also die praktische Durchführung der Maßnahme durch (theoriebezogene) Demonstration durch den Lehrer und anschließende Simulationsübungen der Schüler erlernt wird und das Interaktionsverhalten des Schülers gegenüber dem Patienten schließlich in einem Rollenspiel. Die „Ganzheitlichkeit" der konkreten und komplexen Anleitungs- oder Arbeitssituation wird so hervorragend vorbereitet, dabei kann der Schüler sich aber wesentlich gezielter und effektiver mit den Handlungskomponenten auseinandersetzen, als wenn er sofort mit der situationsbezogenen Komplexität einer „Realsituation" auf Station konfrontiert würde, in der er dann – aufgrund seiner Unwissenheit und Unsicherheit – „seine" Schwerpunkte setzt, die oftmals nicht anders aussehen können, als die Situation „irgendwie" zu bewältigen.

„Skills-Lab"-Modell. Die Schule kann im Rahmen des praktischen Unterrichts hier entscheidende Grundlagen schaffen, die dann in der Anleitung am Patienten optimiert werden.

Diese Intention basiert auf den Grundannahmen und Zielsetzungen des so genannten „Skills-Lab-Modells" (Kap. 3, S. 19). In der ursprünglichen, angelsächsischen Version dieses Ansatzes geht es um ein flexibel einsetzbares Trainingskonzept in so genannten Trainingslaboren, die den Schulen angeschlossen sind und deren Nutzung durch die Lernenden verbindlicher Bestandteil der Ausbildung ist. Die Lernenden erhalten gezielte Übungsaufträge, Mentoren unterstützen bei der Ausführung an Modellen, Demopuppen oder auch am Mitschüler. Zusätzlich halten die Laboratorien umfangreiches Lernmaterial in schriftlicher und bildlicher Form (Videos etc.) vor, ebenso stehen PC-Trainingsprogramme zur Verfügung. Diese Angebote haben, ursprünglich ausgehend von der Medizinerausbildung, inzwischen Eingang gerade auch in pflegerische Ausbildungsgänge gefunden, dies gilt in Europa insbesondere für den skandinavischen Bereich, die Benelux-Länder und die Schweiz.

Wenngleich die Ausstattungsbedingungen deutscher Pflegeschulen zur Zeit nicht unbedingt einen idealen Rahmen für die Umsetzung des Skills-Lab-Modells bieten, werden die ihm immanenten methodischen Konzeptbestandteile doch zunehmend intensiv in der pflegepädagogischen Fachöffentlichkeit in Deutschland diskutiert (vgl. etwa Lauber, 2002; Schewior-Popp/Lauber, 2003; Darmann, 2004; Ministerium für Arbeit, Soziales, Familie und Gesundheit, Rheinland-Pfalz 2005).

Durch die „neuen" gesetzlichen Regelungen in den Pflegeberufen, die letztlich das Lernfeldkonzept adaptieren, wird die Notwendigkeit der Integration gezielter Trainingsangebote in den schulischen Unterricht noch verstärkt. Dies geschieht in der fachdidaktischen Diskussion vielfach unter Bezug auf die Vermittlung so genannter „konkreter Kompetenzen" (Darmann, 2004), die eine Umsetzung von Fähigkeitendispositionen in konkret beschreibbares Handeln gewährleisten sollen. Diese Diskussion stellt in gewisser Weise eine „Renaissance" des Operationalisierungskonzepts von Lehr-Lern-Zielen dar (Kap. 6, S. 52), fragt also nach der Beschreibbarkeit einzelner Handlungsschritte bzw. -komponenten auf der Ebene der Umsetzung. Lernpsychologisch geht es dabei um die Problematik des Weges von der Handlungskompetenz hin zur Performanz, also auch um die Frage nach den personen- und situationsbezogenen Bedingungen der Umsetzungsqualität.

Diese Bedingungen sind „von Außen" nur bedingt beeinflussbar, vor allem die personenbezogenen. Was Lehrende aber auf jeden Fall tun können, lässt sich in **drei Interventionsschritten** zusammenfassen:
1. die vorhandenen Möglichkeiten des praktischen Trainings unmittelbar effektiv nutzen (z. B. Demoräume und -materialien) und versuchen, diese mittelfristig zu verbessern,
2. in den vorhandenen Rahmenbedingungen Sorge zu tragen für ein lernintensives Setting,
3. methodische Elemente des Skill-Trainings, vor allem die Orientierung des Unterrichts an Handlungsplänen einzuführen bzw. zu gewährleisten.

Handlungsplan. Der Begriff des „Handlungsplans" bedarf an dieser Stelle einer Erläuterung: Handlungspläne „zerlegen" die jeweilige komplexe pflegerische Handlung in einzelne Schritte. Diese Schritte repräsentieren eine „Standardqualität" des Handlungsverlaufs. Sie beschreiben ihn damit als konkrete Kompetenz. Diese konkrete Kompetenz ist die Basis einer situationsbezogenen, patientenindividuellen Umsetzung und Variation, die dann in der konkreten Pflegesituation am Patienten natürlich angemessen moduliert werden muss.

Handlungspläne lassen sich nach dem in **Abb. 7.9** dargestellten Muster erstellen bzw. anwenden.

Solchermaßen erstellte Handlungspläne sind zudem ein hervorragendes Kommunikationsinstrument zwischen Schule und Praxis, denn sie beschreiben die in der Schule angebahnte pflegerische Handlung und sind gleichzeitig ebenfalls eine unmittelbar handhabbare Basis für ein kriterienorientiertes Feedback (vgl. Kap. 9, S. 189).

Das Nachahmen, Üben und Vervollkommnen praktischer Fähigkeiten kann, wie in Kapitel 6.1.2 (S. 61) beschrieben, mit Hilfe der Taxonomie psychomotorischer Lernziele nach Dave hervorragend strukturiert werden. Dabei entwickelt der Schüler Handlungskorrektheit, -präzision, -sicherheit und -flexibilität über die Stufen Imitation, Manipulation, Präzision, Handlungsgliederung und Naturalisierung. Die Stufen 1–3 und bedingt auch 4 können durch entsprechend gestaltete Übungssequenzen im praktischen Unterricht erarbeitet werden, die umfassende Handlungsgliederung und schließlich die Naturalisierung bedürfen des unmittelbaren Einsatzes am Patienten. Es sei an dieser Stelle auf die konkreten Beispiele in Kapitel 6.1.2 verwiesen, mit Hilfe derer entsprechende „Lernwege" nachzuvollziehen sind.

Hinweise zur Durchführung. Folgende „Regeln" sollten bei der Durchführung von Demonstration und Simulation beachtet werden:
- Voraussetzung sind räumliche Verhältnisse, die es den Schülern einerseits erlauben, einer Demonstration auch wirklich visuell folgen zu können,

---

Handlungsplan Atmung

Atemvertiefende Maßnahmen: Bauchatmung

Allgemeines

Bauchatmung als atemvertiefende Maßnahme folgt dem Prinzip der Kontaktatmung.

Handkontakte können während der Ein- und Ausatmung gegeben werden.

Atembewegungen des Thorax, Bauches und der Flanken werden vertieft durch das Auflegen der Hände. Die Hände der Pflegenden versuchen, sich dabei:
- dem Atemrhythmus des Pflegebedürftigen anzupassen,
- in die Atembewegungen einzufühlen,
- dem Pflegebedürftigen dadurch seine Atmung erfahrbar zu machen.

Meist stellt sich nach einigen Atemzügen eine abdominelle Atmung mit Heben und Senken der Bauchdecke ein.

Der Atemstrom beruhigt und vertieft sich. Es tritt eine Verbesserung der Atemqualität ein.

Die gleiche Technik kann als Flanken- bzw. Thoraxatmung durchgeführt werden. Die Hände werden entsprechen auf den Rücken bzw. seitlich am Thorax aufgelegt.

Handlungsplanung

Ich...
01. führe die hygienische Händedesinfektion durch
02. informiere die Person alters- und situationsgerecht über Zweck und Vorgehensweise
03. nutze die Möglichkeiten der rückenschonenden Arbeitsweise
04. lagere den Pflegebedürftigen entsprechend der geplanten Maßnahme
    - Pflegebedürftiger liegt mit leicht erhöhtem Oberkörper
    - Pflegebedürftiger liegt in leichter Dehnlage
05. lege eine, ggf. beide Hände, bei Säuglingen 2 Finger auf den Bauch im Bereich des Nabels
06. hebe meine Hand mit der Einatmung des Pflegebedürftigen ohne sie gänzlich von der Bauchdecke zu entfernen
07. senke während der Ausatmungsphase die Hand/Hände/Finger, wobei meine Hand/Hände einen leichten zunehmenden Druck ausüben
08. passe Heben und Senken meiner Hand/Hände/Finger dem vom Pflegebedürftigen vorgegebenen Rhythmus an
09. nehme den bei der Ausatmung ausgeübten sanften Druck wieder zurück, sobald sich die abdominelle Atmung eingestellt hat
10. lasse meine Hand/Hände/Finger passiv die Hebung und Senkung der Bauchdecke nachvollziehen
11. sorge für die Umgebung des Pflegebedürftigen
12. führe die hygienische Händedesinfektion durch
13. dokumentiere die Maßnahme

Abb. 7.9 • Handlungsplan: Atemvertiefende Maßnahmen – Bauchatmung.

und die andererseits genügend Platz und Ausstattungskapazität für die Simulation bereithalten (Improvisation ist dennoch nicht verboten),
- erforderliche Demonstrations- und Simulationshilfsmittel, -materialien, -geräte etc. sollten bereit liegen bzw. vorhanden sein,
- die demonstrierende Person (in der Regel Lehrerin oder Lehrer) erläutert und begründet die einzelnen Handlungsschritte (Theoriebezug),
- sie geht dabei sequenziert vor, lässt Zeit für Nachfragen, zeigt einzelne Schritte ggf. mehrmals, bedient sich entsprechender Medien,
- die Schüler erstellen aufgrund der Demonstration und der diesbezüglichen Erläuterungen des Lehrers einen „Handlungsplan" (kann bzw. muss vor allem aus Zeitgründen durch Lehrer vorbereitet werden), dieser enthält die wesentlichen Schritte bzw. Qualitätskriterien der Handlung (Pflegestandards können hier eine wichtige Orientierungshilfe sein),
- die Schüler haben die Möglichkeit, zunächst sequenziert, d. h. in Teilschritten zu üben,
- das Üben kann am Phantom/Modell und/oder am Mitschüler geschehen, im Hinblick auf Stufe 4 der Taxonomie nach Dave (Handlungsgliederung) sollte auf einen Partnerwechsel geachtet werden,
- der Lehrer betreut die einzelnen Übungssituationen, korrigiert, demonstriert ggf. nochmals Teilschritte bis hin zur vollständigen Simulation der Technik/Maßnahme,
- der Bezug zur realen Pflegesituation wird hergestellt, Variationsmöglichkeiten benannt, Besonderheiten „des Hauses" angesprochen,
- Lehrer und Schüler integrieren die geübte Maßnahme in den persönlichen „Lehr-Lern-Katalog" (ein Rollenspiel zur Sensibilisierung des Interaktionsverhaltens in der entsprechenden Pflegesituation wird geplant, die Praxisanleitung auf Station vereinbart etc.).

Die vorstehenden „Regeln" in Verbindung mit der Taxonomie nach Dave können wesentliche Handlungshilfen für die Planung von Demonstrations- und Simulationsphasen im Rahmen des praktischen Unterrichts sein. Geachtet werden sollte auf jeden Fall auf eine kognitive Vorbereitung der Schüler sowie auf eine Reflexionsmöglichkeit insbesondere im Hinblick auf das Erkennen von Lernschwierigkeiten. Dabei haben Demonstration und Simulation durch ihre Praxisrelevanz und die Möglichkeit des unmittelbaren Feedbacks hohen Motivationswert.

Ergänzend hinzuweisen ist an dieser Stelle auf die – aus systematischen Gründen – in Kapitel 8 zu behandelnden Aspekte des sozial-kognitiven Lernens (Lernen am Modell, S. 167), die ihre Relevanz zwar vornehmlich für die praktische Anleitungssituation haben, aber ebenso aufschlussreich sein können im Hinblick auf Demonstration und Simulation. Leserin und Leser mögen also in diesem Punkt wiederum einmal „quer lesen".

Lernen an Stationen bzw. im Lernzirkel. Eine Variation bzw. Modifikation von Demonstration und Simulation im Rahmen des Skills-Lab-Ansatzes stellt das Lernen an Stationen bzw. im Lernzirkel dar. Hierbei werden im Rahmen des thematisch vorgegebenen Handlungszusammenhangs des Unterrichts verschiedene „Lernstationen" aufgebaut, die von den Schülerinnen und Schülern entweder nach einem festen Ablaufplan oder „offen" aufgesucht und durchlaufen werden. An den einzelnen Stationen wird die Aufgabe der Demonstration ggf. durch Lehr-Lern-Videos „übernommen", wie sie bspw. Bestandteil des Lehrbuches Thiemes Pflege (2004) sind. Die Lernenden können je nach individuellem Anschauungs- und Zeitbedarf die Videos stoppen, wiederholen, sequenzieren etc. Ebenso ist eine Demonstration mittels einer Fotoserie denkbar, aber, falls personell möglich, natürlich auch durch „echte" Demonstranten. Idealerweise stehen an den einzelnen Stationen zusätzliche Informationsmaterialien, zumeist in schriftlicher Form, zur Verfügung. Dazu zählen z. B. auch vorgefertigte Handlungspläne.

Wesentlich bei der Arbeit an Stationen ist ebenso wie bei der Großgruppen-bezogenen Instruktion die Unterstützung der Ergebnissicherung durch die Lehrenden. Dies kann in Form von Schülerpräsentationen im Anschluss an die Stationenarbeit erfolgen, aber auch durch ein unmittelbares Feedback und eine Erfolgskontrolle an den Stationen (Letzteres setzt wiederum in der Regel die Verfügbarkeit mehrerer Lehrender voraus).

Generell gilt, dass die Methode des Lernens an Stationen zwar vornehmlich für den praktischen Unterricht ein ideales Einsatzfeld bietet, aber natürlich prinzipiell auch zur eigenständigen Erarbeitung einzelner „theoretischer" Aspekte eines Themenschwerpunktes genutzt werden kann oder aber auch als „Wiederholungszirkel" z. B. zum Abschluss eines Lernmoduls. Wesentlich ist immer die richtige „Dosierung" der Lernerfordernisse an den einzelnen Stationen, damit die individuellen kognitiven und zeitlichen Lernfähigkeiten und -bedürfnisse der Lernenden angemessene Berücksichtigung finden.

Demonstration und Simulation, Skills-Lab-Modell und das Lernen an Stationen basieren letztlich auf den Erkenntnissen einer effizienten Lernförderung, die das Beherrschen konkret-praktischer Fähigkeiten Ernst nimmt in seiner Bedeutung für die unmittelbare Pflegequalität, dies aber nur in Korrespondenz mit einem pflegewissenschaftlich erwiesenen Begründungszusammenhang. Praktisches Lehren und Lernen in diesem Sinne ist eine sehr anspruchsvolle Herausforderung für alle Beteiligten und nicht ausschließlich das unreflektierte „Nachmachen" von Handlungen im Sinne einer rezeptiv zu handhabenden „Rezeptesammlung". Diese Erkenntnis mag manche Leserin und manchen Leser verwundern, sofern er sich ausschließlich das bisweilen so „einfach" aussehende Ergebnis anschaut. Deutlich wird die Intention eines solchen Vorgehens aber spätestens dann, wenn Präzision im Handeln (nicht zu verwechseln mit Routine) zur unabdingbaren Basis eines insgesamt komplexen und in seiner Summe nicht vorhersehbaren Pflegegeschehens wird.

Weiterführende Literatur

Darmann, I.: Theorie-Praxis-Transfer in der Pflegeausbildung. In: PR-Internet 4 (2004) 197-203

Lauber, A.: Skills und Handlungsprinzipien in der Pflege – Konsequenzen für die Ausbildung. In: Meyer, G., J. Lutterbeck (Hrsg.): Pflegebildung – Quo vadis? Fachbuch Richter, Münster 2002

Muijers, P.: Fertigkeitenunterricht für Pflege- und Gesundheitsberufe. Das „Skills-Lab-Modell". Ullstein Mosby, Berlin, Wiesbaden 1997

7.6 Rollenspiel, Szenisches Spiel und andere „Spielformen" im Unterricht

Während Demonstration und Simulation sich auf das Training im wesentlich feststehender Handlungsabläufe beziehen, also regelgeleitet verfahren, gibt es zahlreiche eher szenische methodische Elemente, die potenzielle Alltagssituationen im Sinne von „Als-Ob-Situationen" in den Unterricht holen. Hierbei geht es nicht um das Einüben von Techniken und Maßnahmen, sondern hauptsächlich um das Erleben kommunikativer und emotionaler Aspekte des Handelns. „Spielen" in dieser Diktion ist insofern eine relativ ernste Angelegenheit, als es dabei um ein Sich-Hineinversetzen und Agieren in potenziell schwierigen und/oder konflikthaften Situationen geht, „Spielen" ist aber insofern auch ein sehr offenes methodisches Element, weil es eben einen großen Spielraum des Gestaltens einer solchen Situation gibt und weil das Agieren im Spiel keine tatsächlichen Folgen im Alltag hat, es also möglich ist, verschiedene Aktionspotentiale relativ „gefahrlos" auszuprobieren.

Im Zentrum des pädagogisch eingesetzten Spiels stehen immer Selbstreflexion, verbale und nonverbale Kommunikationsfähigkeit und -bereitschaft, Wahrnehmungsfähigkeit sowie das Umsetzen gedanklicher und emotionaler Prozesse in spielerische Aktion. Bezogen auf den pflegerischen Handlungsbereich bieten sich zahlreiche Personenkonstellationen und Themen an, deren unterrichtliche Bearbeitung im pädagogischen Spiel geeignet erscheint. Zu denken ist an Kommunikationssituationen im intra- und interdiziplinären Team, mit Patienten, Angehörigen und anderen Bezugsgruppen, zu denken ist auch an das berufliche Handeln in emotional belastenden bzw. konflikthaften Situationen, wobei sich diese Konflikte sowohl innerhalb der eigenen Person (z. B. Zeitmangel vs. Qualitätsanspruch) manifestieren können, aber auch zwischen einzelnen Personen. Ein wesentliches Ziel der pädagogischen Bearbeitung entsprechender Konstellationen im Spiel ist der handelnd-konstruktive Umgang mit belastenden emotionalen Erlebnisinhalten. Dies kann sowohl retrospektiv geschehen, indem eine bereits geschehene und „gescheiterte" Situation bearbeitet wird, oder aber auch prospektiv durch die Vorwegnahme mit ziemlicher Wahrscheinlichkeit eintretender Situationskonstellationen.

Doris Eberhardt (2004) hält u. a. die folgenden Arten des Spiels für geeignet im Hinblick auf Bildungsprozesse in der Pflege:
- das Improvisationstheater,
- das szenische Spiel,
- das Bilder- oder Statuentheater.

Darüber hinaus benennt sie das so genannte „Forumtheater" als weitere mögliche Spielform. Es lebt vom Verschwinden der Grenze zwischen den eigentlichen Spielern und dem Publikum, erfordert aber einen für den schulischen Unterricht relativ großen Vorbereitungsaufwand und wird daher hier nicht näher behandelt. Gemeinsam mit dem Bilder- oder Statuentheater basiert das Forumtheater auf dem ursprünglich politisch motivierten Einsatz von Theater als Mittel gegen Unterdrückung und Repression (vgl. ausführlich Boal, 1989; Neuroth, 1994).

Bilder- oder Statuentheater

Das Bilder- oder Statuentheater lebt von seiner verbalen Sprachlosigkeit und damit von der Stärke des bildlichen Ausdrucks. Eberhardt (2004) beschreibt vier Phasen der Vorgehensweise:
1. Ein Begriff oder Thema wird mit Hilfe des eigenen oder eines fremden Körpers „geformt". Das geschieht ohne Worte; alles, was es gilt auszusagen, wird in Haltung und Mimik ausgedrückt, aber eben statuenhaft, also starr.
2. Nach Abschluss von Phase (1) haben alle Schülerinnen und Schüler die Möglichkeit, das „Bild" so zu verändern, bis es der allgemeinen Meinung nach möglichst realistisch ist. Es entsteht das „Realbild".
3. In dieser Phase geht es um die Entwicklung des /der Wunschbildes/r. Das Realbild wird entsprechend umgeformt, bis das „Idealbild" entsteht.
4. Ziel dieser Phase ist es, bildlich nach Übergangsformen vom realen zum idealen Bild zu suchen. Die Stationen einer solchen Entwicklung entstehen durch das Agieren der ursprünglich starren Standbilder miteinander. So wird es möglich, konkrete, schrittweise oder partielle Veränderungen vorzunehmen.

Das Statuentheater ist eine zeitliche und vom Aufwand her relativ einfache Form des pädagogischen Spiels. Es bedarf keiner besonderen Räumlichkeiten und auch keines szenischen Settings. Zudem ist sein Einsatz innerhalb einer „normalen" Doppel- oder auch Einzelstunde durchaus denk- und zeitlich umsetzbar. Thematisch sind grundsätzlich alle Inhaltsbereiche als Ausgangspunkt möglich, die emotional besetzte Situationen repräsentieren, wie bspw. Ängste im Kontext bestimmter Pflegehandlungen, Ratlosigkeit, Unsicherheit, Resignation, aber auch Stress, Übereifer, Arroganz, um nur einige Varianten zu nennen. Phase (3) und (4) schaffen dann die Möglichkeit, nach „Verbesserungen" zu suchen und diese, soweit machbar, in konkrete Veränderungsschritte umzusetzen. Eberhardt macht diesbezüglich Vorschläge im thematischen Kontext von Team und Gruppe, Gewalt in der Pflege und Mobbing (Eberhardt, 2004).

Das Statuentheater hat seine Wurzeln in der so genannten „Pädagogik der Unterdrückten" Paolo Freires. Dabei ging es ursprünglich um Möglichkeiten des Umgangs mit politischer Repression. Die Kenntnis dieser Genese verdeutlicht die historische Intention dieser Spielform und damit auch seine methodische Stärke: aus der Konfrontation mit einer negativ erlebten Realität entsteht die Möglichkeit der Veränderung durch das Zulassen und quasi stellvertretende Gestalten eines positiv besetzten Wunschbildes. In der Interaktion aller Beteiligter wird es möglich, nach Wegen der Verbesserung zu suchen und diese im Spiel zu erleben. Dieses Erleben an sich verleiht Handlungssicherheit und Mut, auch in der Realität andere und verändernde Wege zu beschreiten.

Das pädagogische Rollenspiel

Das pädagogische Rollenspiel ist neben Gestentheater (Theater in Pantominenform), Geschichtenspielen (erzählte oder vorgelesene Geschichten werden nachgespielt), Steggreifspielen (hohes Maß an Improvisation, ohne „Drehbuch") und Sketchen (es soll/ darf gelacht werden) eine pädagogisch „aufbereitete" Form des so genannten Improvisationstheaters (Eberhardt, 2004). Improvisationstheater generell intendiert – wie der Name es ausdrückt – ein hohes Maß an Spontaneität und Kreativität, eben Improvisation. Es kommt dabei in aller Regel ohne große szenische Vorbereitungen aus, muss sogar ohne dieses auskommen, weil sonst das eigentliche Ziel, nämlich die Offenheit einer Situation und deren Gestaltung verpasst würde.

Das pädagogische Rollenspiel stellt insofern einen Kompromiss dar, als es einerseits zwar auf, wenngleich inhaltlich sehr offene, Zielsetzungen nicht verzichten kann, andererseits aber einen größtmöglichen Spielraum an Kreativität in der Gestaltung durch die Schülerinnen und Schüler ermöglicht. Daher soll ihm hier ein besonderer Stellenwert im Hinblick auf den Einsatz von Spielformen in der Gestaltung von Lernsituationen eingeräumt werden.

Das Innehaben von Rollen ist konstitutiver Bestandteil des beruflichen und privaten Miteinanders von Menschen. Dabei verfügen Menschen in der Regel über mehrere Rollen, und das führt oftmals zu Konflikten entweder mit anderen Personen, die ihre Rollenerwartungen an die betreffende Person nicht erfüllt sehen, oder aber innerhalb der Erlebnis- und Gefühlswelt der eigenen Person.

Der Rollenbegriff ist eine zentrale soziologische Kategorie. Lothar Krappmann (1989) definiert ihn in Anlehnung an Ralf Dahrendorf (1977) folgendermaßen: *„Unter einer sozialen Rolle verstehen Soziologen gebündelte Erwartungen an Verhalten und an Eigenschaften des Inhabers einer Position im sozialen System (…Vater, Lehrerin, Abgeordneter), die Verbindlichkeit unterschiedlichen Grades haben und deren Einhaltung positiv (durch Anerkennung, Einfluß, materielle Güter) bewertet, deren Übertretung auf verschiedene Weise (durch Achselzucken bis zur sozialen Ächtung) bestraft wird. Die Erwartungen werden von der Gesellschaft ins-*

gesamt, vor allem aber von sozialen Gruppen (Bezugsgruppen) aufgestellt. ... Rollen werden in der Gesellschaft ausgeprägt, um die Erfüllung von Aufgaben, die für ihren Erhalt wichtig sind, sicherzustellen. Sie verteilen Zuständigkeit und Verantwortlichkeit; sie machen Verhalten vorhersehbar und erleichtern auf diese Weise soziale Kooperation" (S. 1314).

Jedes Krankenhaus, jede Schule für Pflege- oder andere Gesundheitsberufe, jedes Altenheim und jeder ambulante Pflegedienst ist in das System gesamtgesellschaftlicher Rollenerwartungen eingebunden und formuliert als gesellschaftliches Subsystem eigene Rollenerwartungen an Mitarbeiter, Schüler, Lehrer und andere involvierte Personen. Die Übernahme der jeweiligen Rollen durch die verschiedenen Positionsinhaber soll den Erhalt und damit das „Funktionieren" der betreffenden Institution sichern. Dazu bedarf es des „role-taking" der einzelnen Positionsinhaber, das aber ohne ein „role-making", also das Interpretieren der Rolle, das Erstellen von eigenen Handlungsentwürfen nicht denkbar ist. Die Begriffe „role-taking" und „role-making" stammen ursprünglich von G. H. Mead und beschreiben Grundbedingungen menschlicher Sozialisation (vgl. umfassend Tillmann, 2000).

Im Zusammentreffen von Rollenerwartungen auf der einen und jenem „role-taking" und „role-making" auf der anderen Seite liegt die (praktisch nicht vermeidbare) Ursache der eingangs bereits angesprochenen Rollenkonflikte.

Diese Rollenkonflikte können grundsätzlich unterschieden werden in:

- **Intrarollenkonflikte:** Innerhalb einer Rolle wird eine Person mit unterschiedlichen Erwartungen konfrontiert, so etwa die Krankenpflegeschülerin, von der die Stationsschwester ein reibungsloses Einfügen in die Stationsroutine erwartet, während die Praxisanleiterin ein zeitweiliges Konzentrieren auf bestimmte Pflegehandlungen empfiehlt, und die für die Station zuständige Physiotherapeutin die Möglichkeit anbietet, bei der korrekten Lagerung eines Patienten zuzusehen, um dies dann in das eigene Pflegehandeln integrieren zu können – die Schülerin ist mit verschiedenen Erwartungen an ihre Rolle als Schülerin konfrontiert.
- **Interrollenkonflikte:** Sie zielen darauf, dass jede Person in der Regel mehrere Positionen innehat, die ggf. miteinander in Konflikt stehen können. Dazu gehören Berufsrolle, familiäre Rolle, Rolle in einer Partei, Berufsverband, Verein etc.

Die genannten „Konfliktarten" sind oftmals Ausgangspunkt für Überlegungen hinsichtlich des schulischen Einsatzes des Rollenspiels, denn genau hier liegen die „Stärken" dieser Methode. Van Ments (1998) nennt in diesem Zusammenhang die „Behandlung von Haltungen/Einstellungen und Gefühlen" (S. 21), die „enge Verbindung zur Außenwelt" (S. 23) sowie den hohen Motivationsgehalt (S. 23).

G. E. Becker (1987, S. 2) sieht als wesentliches Lernziel für den Einsatz des Rollenspiels im berufsbildenden Unterricht die Reflexion der eigenen Berufsrolle sowie der an sie gerichteten Erwartungen und nennt als weitere Lernziele: „...

- *die Erwartungen anderer Rollenträger erkennen und berücksichtigen,*
- *deren Gedanken nachvollziehen und diese verbalisieren,*
- *Gefühle nachempfinden und umschreiben (Empathie),*
- *sich in die Lage anderer Personen hineinversetzen (Perspektivenwechsel),*
- *sich mit der Rolle identifizieren, einen Standpunkt vertreten und diesen verteidigen (Rollenübernahme),*
- *von der eigenen Rolle abstrahieren (Rollendistanz),*
- *typische Interaktionsmuster durchschauen,*
- *die Variationsbreite möglicher Lösungen einschätzen,*
- *die imaginativen oder kreativen Kräfte aktivieren,*
- *im interaktiven Spiel eine gewisse Handlungssicherheit gewinnen und*
- *rigide Handlungsmuster durchbrechen lernen"*
(S. 2).

Zum Erreichen dieser Lernziele lassen sich zum einen eine eher gebundene Form des Rollenspiels, die typische Erwartungs- und Konfliktkonstellationen im Rahmen fiktiver Situationssetzungen (z. B. Schülerin – examinierte Pflegekraft, Pflegeperson – Physiotherapeutin im Hinblick auf einen bestimmten Patienten, Krankenpflegeschülerin – Stationsschwester, Stationsschwester – Stationsarzt etc.) sowie eine freiere Form, in der unmittelbare, konkrete Probleme, die Schüler beispielsweise im praktischen Einsatz erleben, aufgearbeitet werden können.

Beide Formen des Rollenspiels ermöglichen ein Schulen, Überdenken und ggf. Revidieren des eigenen Interaktionsverhaltens und können damit helfen, aktuelle, aber auch zukünftige berufliche Anforderungen im Spiel erfahr- und bewältigbar werden zu lassen. Dabei erkennen Schülerin und Schüler eigene Stärken und Schwächen, Vorurteile, Konfliktpotentiale, Selbstüber- und -unterschätzungen sowie das Wirken des eigenen Interaktionsverhaltens auf „Patienten", „Kollegen" oder „Vorgesetzte" im Spiel ihrer fiktiven oder realen Rolle.

„Rollenspiel-Autoren" unterscheiden im Hinblick auf den praktischen Einsatz des Rollenspiels im Unterricht grundsätzlich eine Vorbereitungs-, die Durchführungs- sowie eine Auswertungsphase (vgl. etwa Becker, 1987; van Ments, 1998).

Wesentliche Lehrhandlungen im Hinblick auf die einzelnen Phasen können sein:

Vorbereitung
Die Vorbereitungsphase umfasst:
- Spielthema bzw. -situation benennen, aufgreifen,
- an Rollenspielregeln erinnern bzw. diese nennen und/oder erarbeiten (gespielte Rolle und spielende Person sind zu unterscheiden; keine persönlichen Angriffe bzw. Bewertungen; Wahren der Selbstdisziplin; Lehrer und Rollenspieler haben das Recht (begründet!) abzubrechen etc.),
- Spielszenario umschreiben, diskutieren, festlegen (soweit möglich und wünschenswert),
- Rollenbeschreibungen (Gedanken, Gefühle, Erwartungen, Probleme, Eigenarten etc.) vornehmen,
- Rollenspieler „suchen", zur Rollenübernahme aufmuntern, ggf. Ängste abbauen, Aufgaben umschreiben,
- über Beobachtungsaufträge sprechen und diese festlegen (mit schriftlichen Notizen und ggf. arbeitsteilig bezogen auf eine bestimmte Rolle bzw. mit bestimmten Zielsetzungen),
- ggf. minimale Requisiten zur Verfügung stellen, z. B. Stethoskop, fiktives Patientenblatt, Taschenrechner etc., um die Rolle auch „sichtbar" mit einem visuellen Zeichen zu versehen.

Durchführung
Die Lehrhandlungen während der Durchführung beschränken sich auf folgende Aspekte:
- Lehrer wahrt bei „normalem" Verlauf äußerste Zurückhaltung,
- er/sie gibt ggf. minimale Spielhilfen (zu Beginn; wenn das Spiel ins Stocken gerät),
- unterbricht in dafür angezeigten Situationen (Regel-Verletzungen!),
- erinnert Beobachter ggf. an ihre Aufgabe(n).

Auswertung
Die Auswertung des Rollenspiels umfasst:
- erst Spieler, dann Beobachter berichten lassen,
- Raum für spontane Äußerungen schaffen,
- Eindrücke von Spielern und Beobachtern nicht „zensieren", jedoch auf Fairness achten,
- über Probleme, Alternativen etc. diskutieren,
- ggf. andere „Spielwege" nochmals spielerisch angehen (auch einzelne Sequenzen),
- grundlegende Bezüge zu Schüler- bzw. Berufsrolle(n) herstellen (Transfer!).

Die genannten zentralen Lehrhandlungen sind als Leitfaden für das Vorgehen zu verstehen und müssen in der konkreten Spielsituation ggf. variabel gehandhabt werden. Deutlich wird, dass das Rollenspiel zwar eine sehr effektive Methode im Hinblick auf die Entwicklung insbesondere kommunikativer Handlungskompetenz sein kann, zumal dies hier nicht theoretisch-abstrakt, sondern situationsgebunden geschieht, dass diese Methode aber auch einer sehr intensiven Vorbereitung und hoher Durchführungs- und Auswertungskompetenz beim Lehrenden bedarf. Weiterhin ist es evident, dass das Rollenspiel schwerlich in einen 45-Minuten-Takt eingebunden werden kann. Seine Vorbereitung, Durchführung und Auswertung brauchen Zeit. Empfehlenswert ist also ein Einsatz der Methode immer nur dann, wenn ein gewisser zeitlicher Spielraum besteht. Je nach Komplexität der Thematik, und dabei vor allem von Vorbereitung und Auswertung (das eigentliche Rollenspiel bedarf meistens nur weniger Minuten), kann das Rollenspiel Bestandteil einer Doppelstunde sein, sich aber vom Gesamt des Unterrichts her auch über einen längeren Zeitraum erstrecken.

Wer im Unterricht den Einsatz von Rollenspielen plant, sollte sich möglichst nochmals vertiefend mit der Methode befassen. Literaturangaben finden sich am Ende des Kapitels.

Szenisches Spiel

Das szenische Spiel greift (berufliche) Alltagssituationen auf und versucht diese hinsichtlich verschiedenster Mechanismen des Umgangs mit ihnen aufzuschlüsseln, zu verstehen und zu interpretieren. Dabei werden konkret erlebte Situationen aufgegriffen und in einer oder mehreren Szenen so „nachgespielt", wie der/die Akteur/e es als real erinnern. Im Unterschied zum Rollenspiel erfolgt die „Auswertung" der erlebten Szenen nicht ausschließlich am Ende des Spiels, sondern begleitet das Spiel durch verschiedene Aktions- und Interventionselemente.

Im szenischen Spiel sind alle Schülerinnen und Schüler Akteure, dabei wechseln sie von der Rolle der Spieler in die der Beobachter und umgekehrt. Szenisches Spiel kann sowohl in einer Art Partnerarbeit geschehen als auch in Kleingruppen und in der Großgruppe. Ein Spielleiter, in der Regel Lehrerin oder Lehrer, übernimmt eine initiierende und „helfende" Rolle, indem er Themen und Spielformen anregt, aber auch beim Hineinfinden in eine Szene unterstützt und natürlich auch die Reflexion durch Impulse begleitet.

Im Szenischen Spiel agieren die Lernenden immer miteinander, gleich in welcher Sozialform. Damit unterstützt diese Methode auch eine „demokratische Sozialerziehung" in der Diktion, wie Wolfgang Klafki (1999, S. 16) sie beschreibt: Schülerinnen und Schüler gehen Beziehungen ein, die in der Aktion des Spiels in gewisser Weise einen „Probier- und Schutzraum" finden. Sie interagieren zunächst über das Spiel, nicht als reale Schülerin A und Schülerin B. Auf diesem Weg erleben sie gemeinsam konflikthafte, unklare, bedrohliche, erfreuliche Situationen bzw. setzen sich mit entsprechenden, inneren und äußeren, Haltungen und Empfindungen auseinander. Der „Probier- und Schutzraum" Spiel wird damit zum Übungsfeld sozialer Beziehungen.

Mit Scheller (2003) und Oelke et al. (2000) und in der sehr nachvollziehbaren Gewichtung von Eberhardt (2004) lassen sich folgende Elemente unterscheiden:

- *Wahrnehmungsübungen:* Hier geht es vornehmlich um das Bewusstmachen verschiedener Sinneswahrnehmungen in komplexer oder isolierter Form, die im Zusammenhang mit der erlebten Situation stehen, z. B. optische und auditive „Signale" auf einer Intensivstation. Entsprechende Übungen dienen der Sensibilisierung, Vertiefung und auch dem Bewusstmachen bestimmter Empfindungen in einer Situation, die so bislang nicht wahrgenommen wurden, aber in unmittelbarem Zusammenhang mit der erlebten Qualität der Situation stehen.
- *Vorstellungsübungen:* Durch bewusst von Außen gesetzte Reize im Sinne einer Fokussierung auf ganz bestimmte, mit einer konkreten Situation verbundene Vorstellungen, Empfindungen, Gefühle etc. wird die erlebte Situation mit Leben erfüllt. Eine solche Fokussierung kann sich z. B. auf Gerüche und Geräusche, aber bspw. auch auf Kleidungsstücke, Bilder, Musik etc. beziehen. Bislang eher unbewusste Erlebenselemente werden aktualisiert bzw. überhaupt erst aktiviert. Damit kommt es zu einer vertieften Empfindung der Situation, die wiederum Basis sein kann für eine weitere szenische Bearbeitung.
- *Körperübungen:* Das bewusst körperliche Empfinden einer Situation, die Konzentration auf einzelne Phänomene, wie bspw. das, wenngleich nur partielle, Nachempfinden von Einschränkungen bei einer Lähmung bestimmter Körperregionen oder das gezielte Einnehmen bestimmter Haltungen, einschließlich Mimik und Gestik unterstützen die Erlebnistiefe einer Situation oder eines Vorgangs. Sie ermöglichen das Hineinversetzen in das Empfindensspektrum anderer Menschen ebenso, wie eine Sensibilisierung für die Bedeutung eigener körperlicher Ausdrucks- und Haltungsphänomene.
- *Sprechübungen:* Die Modulation der Sprache wirkt in einer Situation sowohl auf das Gegenüber als auch auf den Sprecher selbst. Lautstärke, Tonfall, Wortwahl etc. dienen nicht ausschließlich der Sachinformation, sie sind immer personal und sozial bezogen. Spätestens seit den Forschungen Paul Watzlawicks (2000) zu den Intentionen und Wirkungen menschlicher Kommunikation hat diese Erkenntnis Eingang gefunden in die verschiedensten, auch pädagogischen Überlegungen zur Bedeutung des gesprochenen Wortes und nonverbaler Signale. Das Bewusstmachen der Wirkungen des eigenen Sprechens auf sich selbst und den anderen kann manchmal zu verblüffenden Erkenntnissen führen. Schülerinnen und Schüler können sich gegenseitig informieren über die ursprüngliche Intention einer Aussage, vielleicht die versteckte beziehungsbezogene Intention, und die Wirkung, die diese Aussage beim anderen verursacht. Dabei können bewusst verschiedene Modulationen in Lautstärke, Stimmhöhe, Betonung und Intentionen „produziert" werden, um die entsprechende Sensibilisierung zu fördern. Gleiches gilt für einen Wechsel der „Gesprächspartner", der Empfindungsunterschiedlichkeiten auf Grund eigenen Erlebens offenbart.
- *Rollenschreiben und Rollengespräche:* Das Schreiben (fiktiver) Briefe, Tagebuchausschnitte, Lebensläufe, Erlebnisschilderungen etc. in der Ich-Form ermöglicht es den Schülerinnen und Schülern, sich entweder nochmals intensiv mit einer erlebten Situation auseinanderzusetzen oder sich bewusst in die Rolle eines anderen Menschen, z. B. eines Patienten oder eines Mitglieds des Pflegeteams hineinzuversetzen. Gleiches gilt für Rollengespräche (nicht zu verwechseln mit Rollenspiel!), die ohne Vorbereitung und spontan improvisiert werden, um sich selbst der eigenen Rolle bewusst zu werden und auch die Rollengebundenheit des Anderen zu erkennen.
- *Standbilder:* Sie entsprechen in ihrem Ausgangspunkt dem Bilder- oder Statuentheater, folgen aber nicht wie dieses einer festen Gestaltungsabfolge. Standbilder dienen der bewussten Fokussierung auf ein Situationselement, das Geschehen wird quasi angehalten oder auch bewusst modifiziert durch das Einnehmen einer „anderen" Haltung. Standbilder ermöglichen das Spiegeln eingenommener Haltungen, das Verbalisieren der begleitenden Empfindungen, das Einholen von Informationen von außen über Intention und haltungsbegleitende Empfindenslage.
- *Szenische Improvisation:* Aus der Situation heraus und ohne Vorgaben beginnen einzelne Schüle-

rinnen und Schüler eine Szene zu spielen. Die szenische Improvisation hat dabei vornehmlich Erprobungscharakter: Wie ist es, wenn ich so oder so oder so agiere? Was geht in mir vor, über was denke ich nach, was will ich vom anderen?

Es wird deutlich, dass es *das* szenische Spiel eigentlich nicht gibt, sondern dass es sich hierbei quasi um einen Sammelbegriff für verschiedenste Möglichkeiten des Bewusstmachens, Erinnerns, der Vertiefung, Analyse und Interpretation situativen Erlebens handelt. So offen und spontan die verschiedenen Spielvariationen auf den ersten Blick erscheinen, so komplex, anspruchsvoll und vorbereitungsintensiv sind sie in der Umsetzung. Lehrende sollten sich möglichst mit einem entsprechenden Trainingsseminar auf den schulischen Umgang mit dem Szenischen Spiel vorbereiten, zumal die damit verbundenen Intentionen immer auch „Risiken" in sich bergen, die nicht ausschließlich in der „Technik" der Durchführung liegen, sondern vielmehr besonders im besonnenen Umgang mit diesen methodischen Elementen. Dabei sollte schulische Ausbildung nicht als falsch verstandene Therapie gestaltet werden!

Weiterführende Literatur

Rollenspiel
Van Ments, M.: Rollenspiel effektiv. Ein Leitfaden für Lehrer, Erzieher, Ausbilder und Gruppenleiter. 3. Aufl. Oldenbourg, München 1998
Eberhardt, D.: Theaterpädagogik in der Pflege, Thieme, Stuttgart 2005

Szenisches Spiel
Oelke, U. et al.: Tabuthemen als Gegenstand szenischen Lernens in der Pflege. Theorie und Praxis eines neuen pflegedidaktischen Ansatzes. Huber, Bern 2000
Scheller, I.: Szenisches Spiel. Handbuch für die pädagogische Praxis. Cornelsen Scriptor, Berlin 1998

7.7 Fallbezogener Unterricht – Problemorientiertes Lernen als Konzept und Methode

Der Einsatz von „Fällen" im Pflegeunterricht ist nicht neu. Er liegt zunächst auch insofern nahe, als Pflegebedürftige in ihrem individuellen Krankheitsgeschehen und Pflegebedarf jeweils ein in sich geschlossenes Diagnose- und Versorgungs-„Bild" darstellen, das zwar im Verlauf bspw. eines stationären Aufenthaltes variiert, in sich aber insofern konsistent bleibt, als es sich immer um den selben Pflegebedürftigen handelt.

Fälle können unterschiedlich konzipiert sein bzw. im Unterricht eingesetzt werden. Grundsätzlich lassen sich zwei Varianten unterscheiden:

1. Die Fälle beschreiben eine (vollständige) „Krankengeschichte", ggf. einschließlich Diagnosen und Interventionen. Anhand solcher Fälle lassen sich Behandlungsabläufe relativ wirklichkeitsnah darstellen. Für die Lernenden bedeutet dies, entweder „fertige" Prozesse nachzuvollziehen, um ggf. ein sinnhaft verstehendes Lernen (vgl. auch Klafki, 1999) zu ermöglichen; dabei bleibt der Anteil der Eigenständigkeit für die Lernenden relativ gering, sie müssen keine „Probleme" lösen, da diese Lösung bereits vollzogen wurde. Möglich ist aber auch, dass etwaige „unvollständige" Teile einer Krankengeschichte, wie bspw. das Erkennen spezieller Pflegeprobleme zum Unterrichtsgegenstand werden, wobei der Lehrer den Lernweg durch die Strukturierung des Unterrichts vorgibt.

2. Die Fälle beschreiben eine „unvollständige" Pflegesituation, indem zwar wesentliche Informationen zum Pflegebedarf formuliert sind, die „Lösung" aber nicht vorgegeben ist, sondern von den Schülern erarbeitet werden muss. Der Anteil eigenständiger Lernleistungen der Lernenden ist hier relativ hoch.

Variante (1) kann durchaus sinnvoll im Unterricht eingesetzt werden, indem den Lernenden bestimmte Grundzusammenhänge bzw. Prinzipien anschaulich verdeutlicht werden. Dies kann bspw. in Form einer medienunterstützten Präsentation als Vortrag geschehen. Dabei kann von der Variante auch insofern abgewichen werden, als nur Teilbereiche des „Gesamtfalls" herausgegriffen werden, um anhand derer ganz bestimmte Aspekte zu fokussieren.

Wird nach Variante (1) verfahren, stellt der Fallbezug im Wesentlichen ein methodisches Element dar, das hauptsächlich der Anschaulichkeit und Realitätsnähe dient. Sie kann bspw. in der Vermittlung notwendigen Zusammenhangswissens (vgl. die Ausführungen zur Kompetenzentwicklung in Kap. 3, S. 16) eingesetzt werden, indem regelgeleitetes Handeln in seinem theoretischen Zusammenhang den Schwerpunkt bildet, von dem ausgehend dann die konkrete, individuelle Pflegesituation mit ihrem Handlungsbedarf in den Blick genommen werden kann. Es handelt sich hierbei zwar nicht um Problemorientiertes Lernen im eigentlichen Sinne, dennoch macht eine solche fallbezogene Veranschaulichung der Lerninhalte unter handlungsorientierten Gesichtspunkten natürlich Sinn.

Variante (2) geht von einem Fallbezug aus, wie er in Kap. 3 bereits in der didaktischen Genese des Problemorientierten Lernens (POL) aufgezeigt wurde. Diese Sichtweise basiert auf dem Grundsatz einer handlungsorientierten Kompetenzentwicklung, wie sie das Lernfeldkonzept vorsieht. Es berücksichtigt sowohl die Objektseite des Handelns (Lernen für Handeln) als auch die Subjektseite (Lernen durch Handeln). Dabei entspricht es einem Lernkonzept, das ein (möglichst) selbständiges und erfahrungsbezogenes Erschließen der Handlungslogiken einschließlich der sachlogischen Komponenten ermöglicht.

Das Problemorientierte Lernen wurde als „Problem-based-Learning" ursprünglich an der kanadischen McMaster University in Hamilton für die Medizinerausbildung entwickelt. In Europa wurde das Konzept erstmals 1979 an der Rijksuniversiteit Limburg in Maastricht, ebenfalls zunächst auf die Medizinerausbildung bezogen, eingeführt. Mittlerweile hat das Konzept weltweit Eingang sowohl in Mediziner- als auch Pflegeausbildung gefunden. In Deutschland gilt dies allerdings bislang nur für einige Standorte medizinischer Fakultäten; in den Pflegeausbildungen wird das Konzept bislang eher partiell als methodisches Element eingesetzt. Anders sieht dies an zahlreichen Ausbildungsstätten in der Schweiz aus, wo das POL als fester Konzeptbaustein in der Pflegeausbildung gilt. Dabei gehört zum Kontext des POL immer auch das „Skill-Training" (Kap. 7.5, S. 148), denn eine Problemlöse-Fähigkeit auf der Ebene der pflegerischen Intervention ohne entsprechend korrespondierende praktische Handlungsfähigkeit gibt es nicht.

Auch über den Bereich der Mediziner- und Pflegeausbildungen hinaus haben problemorientierte Lernarrangements mittlerweile an Bedeutung gewonnen, das gilt für die Berufsbildung generell ebenso wie für Konzeptentwicklungen für das allgemeinbildende Schulwesen. So hat bspw. B. Kohler intensiv geforscht zur problemorientierten Gestaltung von Lernumgebungen generell und speziell zur entsprechenden Gestaltung von Lerntexten (vgl. Kohler, 1998). Dabei ging es ihr vornehmlich um die Verknüpfung von Kenntnisvermittlung auf der einen und die Induktion flexibel anwendbaren Wissens auf der anderen Seite. Ihre empirischen Ergebnisse zeigen, „..., daß die Überlegenheit des problemorientiert gestalteten Textes in den Bereichen Problemlöseaufgaben, Interessenförderung und Akzeptanz mit keiner Untergelegenheit im Bereich Kenntniserwerb ‚erkauft' werden mußte. Auch ergaben sich keine Einschränkungen im Hinblick auf Personen eines bestimmten Orientierungsstils. Der problemorientiert gestaltete Text kann damit in uneingeschränkter Weise als der überlegene Text bezeichnet werden" (1998, S. 247).

Ziele des Problemorientierten Lernens

Auf der Basis einer ausführlichen einschlägigen Literaturanalyse formuliert Renate Fischer in ihrer im Übrigen sehr instruktiven Veröffentlichung über Grundlagen und Einsatzmöglichkeiten des Problemorientierten Lernens (das Buch entstand auf der Basis einer von mir betreuten Diplomarbeit an der Katholischen Fachhochschule Mainz) die folgenden übergeordneten Ziele des Problemorientierten Lernens: *„Die Lernenden…*

- *eignen sich Fähigkeiten und Motivation zu lebenslangem Lernen an,*
- *erwerben transferfähiges Wissen,*
- *erarbeiten sich eine breite Wissensbasis,*
- *werden durch den Anwendungsbezug zum Lernen motiviert,*
- *erlangen eine wissenschaftliche Denkweise,*
- *profitieren innerhalb der Lerngruppe voneinander,*
- *werden geschult in Kommunikation, Teamarbeit und Selbstdisziplin,*
- *erlangen Problemlösefähigkeit,*
- *eignen sich Fähigkeiten zur Selbstreflexion an"* (Fischer, 2004, S. 27).

Wie funktioniert nun das Problemorientierte Lernen in seinem Gesamtablauf?

1. Entsprechend der curricularen Möglichkeit und Notwendigkeit wird vom Lehrenden zunächst ein **thematischer Bereich** abgegrenzt, in dessen Rahmen Handlungskompetenzen erworben werden sollen. Die angestrebten Handlungskompetenzen beziehen sich dabei grundsätzlich auf die Komponenten von Fach-, Personal-, Sozial- sowie Methoden- und Lernkompetenz.

2. In Abhängigkeit von der curricularen Verankerung (der Rahmenlehrplan des Landes Rheinland-Pfalz für die Kranken- und Kinderkrankenpflege (2005) sieht bspw. eine problemorientierte Vorgehensweise bezogen auf bestimmte Module bzw. Lernsituationen verbindlich vor) werden von den Lehrenden **übergeordnete Lernziele** formuliert, die von den Lernenden mit der Bearbeitung eines Falles erreicht werden sollen.

3. Auf der Basis dieser Lernziele, die *nicht* den Weg des Erarbeitens vorgeben, wird ein entsprechender **Fall** konstruiert.
4. Die Lernenden erarbeiten auf der Basis des Falls eine **„Lösung"**. Dabei formulieren sich eigene Lernziele (die Ziele, auf denen die Fallkonstruktion beruht, sind ihnen nicht bekannt, sie dienen ausschließlich dem Lehrenden als Konstruktionshilfe).
5. Die jeweilige Fallbearbeitung (in der Regel in Kleingruppen) wird in der Großgruppe **präsentiert** und diskutiert.
6. Gemeinsam stellen Lernende und Lehrende notwendige theoretische und praktische Bezüge her, zeigen **Transfers** auf und einigen sich ggf. auf eine weiterführende Bearbeitung.

Aufgabenarten. Moust et a. (1999) unterscheiden verschiedene Aufgabenarten, die jeweils unterschiedliche Schwerpunkte in der Bearbeitung setzen. Dazu gehören:
- Problemaufgabe,
- Diskussionsaufgabe,
- Strategieaufgabe,
- Studienaufgabe,
- Anwendungsaufgabe.

Dabei gilt die Problemaufgabe als der „Klassiker" des POL. Hier wird die „Lösung" für einen echten oder konstruierten Fall gesucht, wobei die echten Fälle, die sich bspw. auf einen Patienten auf einer bestimmten Station beziehen, in der Regel den höheren Motivationswert haben. Allerdings müssen auch diese „echten" Fälle oftmals in Teilen moduliert werden, um die Basis für ein Erreichen der Lernziele zu schaffen.

Verbreitet ist auch die Anwendungsaufgabe. Hier verfügen die Lernenden bereits über ein Grundlagenwissen, auf dem aufbauend sie nun nach Lösungen suchen. Die Diskussionsaufgabe stellt den inhaltlichen Diskurs der Schülerinnen und Schüler miteinander in den Mittelpunkt, die Strategieaufgabe fokussiert die Entwicklung und Begründung bestimmter Vorgehensweisen und Interventionen, die Studienaufgabe schließlich legt ihren Schwerpunkt auf die Entwicklung methodischer Fähigkeiten hauptsächlich im Umgang mit Literatur.

In der Praxis, das räumen auch Moust et al. (1999) ein, werden sich kaum Aufgabenarten in „Reinform" finden bzw. erscheint es nicht unbedingt sinnvoll, sie zu konstruieren, da die Fallbezogenheit immer dann, wenn sie Realitätsnähe aufweisen soll, in aller Regel zumindest Problem- und Anwendungsanteile enthält, aber es geht eigentlich auch nie ohne ein Eigenstudium, ohne das Überdenken von Strategien und ohne die Diskussion möglicher Varianten in der Lerngruppe. Für den Anwender erscheint es daher aus meiner Sicht weniger wichtig, um welche Aufgabenform es sich handelt bzw. die Aufgabenformen möglichst klar voneinander abzugrenzen, sondern entscheidend ist der Aufforderungscharakter des Falls im Sinne einer handlungsorientierten Herangehensweise an die „Lösung".

Wie wird ein Fall konstruiert?

Für die Fallkonstruktion eignet sich folgender Handlungsplan, der die wichtigsten Schritte abbildet. Dass hierbei im Einzelfall variiert werden muss, ist selbstverständlich.

Handlungsplan „Fallkonstruktion"

Die Erstellung eines Handlungsplans umfasst folgende Punkte:
- zu bearbeitende Lernsituation (Handlungs- und Sachschwerpunkt/e) eruieren,
- Entscheidung für spezifische Lernsituation/Unterrichtseinheit treffen,
- Lernziele, die erreicht werden sollen, benennen,
- Rahmenbedingungen prüfen, ggf. Lernziele modifizieren (z. B. in Abhängigkeit von der Literatur, die zur Verfügung steht),
- Entscheidung für geeignete Aufgabenart (in der Regel Mischform) treffen,
- Aufgabe (Fall) unter Berücksichtigung folgender Aspekte formulieren:
  - echtes Problem (kognitive Dissonanz bei den Lernenden),
  - realistische und authentische Information,
  - Lernniveau der Schüler/innen,
  - Informationen des Falls führen implizit auf die Lernziele hin, d. h. Problemlösung bedeutet Zielerreichung,
- entsprechendes Setting schaffen (räumlich für Kleingruppen, Literatur, ggf. Internet-Zugang, ggf. Experten für bestimmte Sachfragen).

Ein nach diesem „Muster" konstruierter Fall, einschließlich der Lernziele, die aus Sicht des Lehrenden erreicht werden sollen, könnte folgendermaßen aussehen (Achtung! Die Ziele werden **nicht** mit dem Fall an die Lernenden ausgegeben, sie dienen dem Lehrenden als Basis für die Fallkonstruktion.)

Lernsituation: Pflegehandeln rehabilitationsrelevant gestalten
Schwerpunkte: Institutionsübergreifendes Handeln und Patienteninformation

Ziele
Die Lernenden:
- kennen und verstehen mögliche Folgesymptome eines apoplektischen Insults einschließlich ihrer neurophysiologischen Grundlagen,
- verstehen die Grundprinzipien des Bobath-Konzeptes und begründen krankheitsbildbezogene Anwendungsbereiche,
- beschreiben Rehabilitationsmöglichkeiten im Anschluss an den Aufenthalt im Akutkrankenhaus,
- verstehen, dass die Mitarbeit (Compliance) eines pflegebedürftigen Menschen in Abhängigkeit von seinem individuellen Informationsbedarf interpretiert werden muss,
- beschreiben die Grundprinzipien einer angemessenen und zielgerichteten Patienteninformation und wenden diese an,
- konzipieren und begründen eine mögliche Strategie zur Problemlösung.

Der Fall
Herr Pudel, 74 Jahre alt und pensionierter Postbeamter, lebt mit seiner Frau in einem kleinen Häuschen am Stadtrand. Zum Haus gehört ein großer Zier- und Nutzgarten. Insbesondere seit seiner Pensionierung zählt Herr Pudel zu den begeisterten Hobbygärtnern und ist auch stellvertretender Vorsitzender des örtlichen Gartenbauvereins. Erst vor kurzem hat er einen kleinen Gartenteich angelegt, als nächstes plant er den Bau einer neuen Pergola.

Vor 10 Tagen erlitt Herr Pudel, für ihn vollkommen überraschend, während der Gartenarbeit einen apoplektischen Insult mit der Folge einer linksseitigen Hemiparese. Im Laufe seines Klinikaufenthaltes (Herr Pudel wurde unmittelbar in ein Haus mit Stroke Unit eingewiesen), hat sich sein Zustand insgesamt sehr positiv entwickelt, darüber ist Herr Pudel sehr froh. Da er Rechtshänder ist, fühlt er sich zunehmend weniger eingeschränkt, möchte so schnell wie möglich nach Hause und steht auch einer von der Klinik empfohlenen Reha-Maßnahme eher skeptisch gegenüber.

Kein Verständnis hat er für das Bestreben von Pflegepersonen und Therapeuten, insbesondere seine linksseitigen Aktivitäten zu fördern und zu trainieren. Am meisten stört ihn, dass der Nachtschrank an die linke Bettseite gestellt und die Wandhalterung des Fernsehers so justiert wurde, dass er sich immer auf die linke Seite drehen muss, um fernzusehen.

Als er Schwester Hannelore Bergmann darauf anspricht und darum bittet, Nachtschrank und Fernseher wieder umzustellen, weil er doch mit seiner rechten Hand dann viel besser an seine Sachen käme, antwortet diese: „Das darf nicht geändert werden, das gehört zum Bobath-Konzept, das müssen Sie schon so akzeptieren!" Sie verlässt das Zimmer, ehe Herr Pudel noch einmal genauer nachfragen kann.

Als seine Frau ihn am Nachmittag besucht, findet sie ihn sehr bedrückt vor. Er erzählt ihr von seiner Bitte an die Schwester und deren Reaktion. Morgen früh bei der Visite wolle er mit Stationsarzt und Stationsschwester sprechen und ihnen sagen, dass er nach Hause wolle und nicht, wie ursprünglich geplant, noch für 3 Wochen in die Reha, denn sonst werde er womöglich noch unselbständiger. Alles würde schon von selbst besser, wenn er erst wieder in seinem Garten arbeiten könne.

Wie gehen die Lernenden bei der Bearbeitung des Falls vor?

Bewährt für die Fallbearbeitung hat sich ein Vorgehen nach dem so genannten „Siebensprung" (vgl. Moust et al., 1999). Dabei orientieren sich die Lernenden an einem schrittweisen Muster der Bearbeitung. Die verschiedenen Schritte bauen aufeinander auf, sie werden in der Regel in der Kleingruppe bearbeitet, aber im Zuge der Bearbeitung sind auch andere Sozialformen möglich, vor allem die Einzelarbeit zum Zweck eines – arbeitsgleichen oder arbeitsteiligen – Studiums von Literatur. Ebenso kann es zu Expertenbefragungen kommen oder vielleicht auch zur teilnehmenden Beobachtung bestimmter Pflegehandlungen. Der „Siebensprung" folgt dem Muster in **Abb. 7.10**.

Die nachstehenden Erläuterungen können helfen, die einzelnen Schritte zu gestalten. Dabei ist es selbstverständlich, dass die Lernenden eine grundlegende Einführung in das Konzept und die Vorgehensweise des POL erhalten.

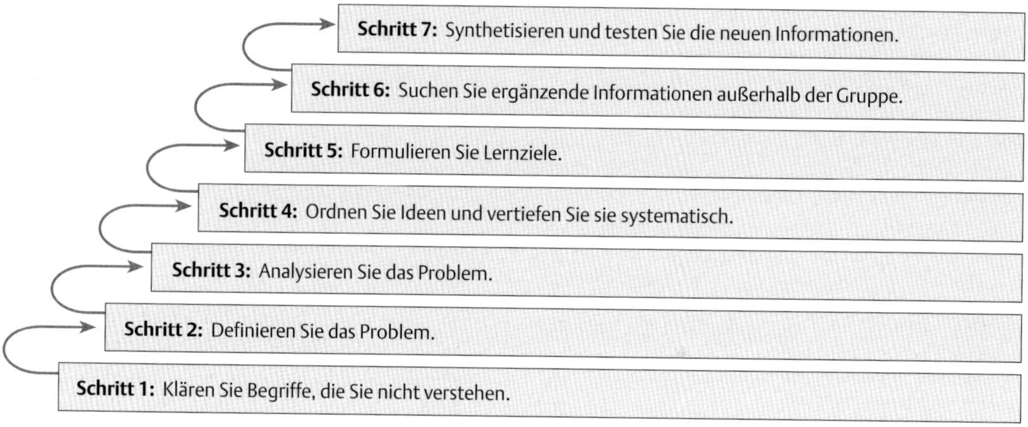

Schritt 7: Synthetisieren und testen Sie die neuen Informationen.

Schritt 6: Suchen Sie ergänzende Informationen außerhalb der Gruppe.

Schritt 5: Formulieren Sie Lernziele.

Schritt 4: Ordnen Sie Ideen und vertiefen Sie sie systematisch.

Schritt 3: Analysieren Sie das Problem.

Schritt 2: Definieren Sie das Problem.

Schritt 1: Klären Sie Begriffe, die Sie nicht verstehen.

Abb. 7.10 • Problembearbeitung nach dem „Siebensprung" (nach Moust et al., 1999).

1. *Unbekannte Begriffe klären*: Die Lernenden überprüfen zunächst, ob ihnen alle im Fall vorkommenden (Fach-)Begriffe bekannt sind, überprüfen gegenseitig „vorhandene" Definitionen und beschaffen sich solche für bislang unbekannte Begriffe.
2. *Problem definieren*: Die Lernenden sammeln Fragen, die sich zur Problemstellung ergeben. Sie gruppieren diese Fragen ggf. thematisch.
3. *Problem analysieren*: Die Lernenden denken über die formulierten Fragen nach, sie überlegen, was sie bereits dazu wissen bzw. stellen erste Vermutungen an.
4. *Ideen diskutieren und systematisieren*: Die einzelnen Ideen werden zu Themenbereichen zusammengefasst und geordnet.
5. *Lernziele formulieren*: Die Lernenden formulieren *ihre eigenen* Lernziele, indem sie darüber nachdenken, was sie an zusätzlichen Informationen brauchen.
6. *Informationen außerhalb der Gruppe recherchieren*: Die Lernenden machen sich „auf die Suche" nach den notwendigen ergänzenden Informationen. Dabei benutzten sie Fachliteratur, befragen Experten, beobachten in Institutionen, nutzen das Internet etc.
7. *Neue Informationen synthetisieren und testen*: Die Ergebnisse der Informationsrecherche werden ausgetauscht, diskutiert und gewichtet. Die einzelnen Kleingruppen kommen in der Gesamtlerngruppe zusammen, die Ergebnisse werden vorgestellt.

Im Anschluss an diese Vorgehensweise ergeben sich zwei Möglichkeiten: entweder stellen sich die erarbeiteten „Lösungen" in der Großgruppe als befriedigend heraus, dann gilt es für eine Ergebnissicherung sowie ggf. weitere Transferhinweise Sorge zu tragen oder aber es wird deutlich, dass noch keine zufrieden stellende Lösung gefunden werden konnte, dann müssen ggf. einzelne Schritte, vor allem die Informationssuche nochmals angegangen werden.

Das Problemorientierte Lernen kann auf verschiedenen Stufen des Kompetenzerwerbs Anwendung finden. In Anlehnung an das Kompetententwicklungsmodell nach Rauner (1999, vgl. Kap. 3, S. 16) am ehesten auf den Stufen drei und vier, also Detail- und Funktionswissen bzw. Vertiefungswissen, aber auch partiell, bei weniger komplexen Fallkonstruktionen, auf der Stufe zwei: Zusammenhangswissen. Wesentlich ist es dabei, das POL nicht einfach als Methode zu verstehen, sondern eben als ein Konzept, das handlungsorientiertes, selbständiges Erarbeiten intendiert. Daher sollten die Lehrenden zwar ihre Schülerinnen und Schüler zu einer zielführenden „Suchhaltung" motivieren, ihnen dann aber auch auf dem Weg der Erarbeitung größtmöglichen Freiraum ermöglichen.

Wird diese Grundhaltung Ernst genommen, ist das POL eine hervorragende Hinführung zu eigenverantwortlichem und kompetenten Pflegehandeln.

Weiterführende Literatur:

Eine ausführliche und zugleich sehr praxisbezogene (mit vielen Beispielen) Einführung ist:
Fischer, R.: Problemorientiertes Lernen in Theorie und Praxis. Leitfaden für Gesundheitsberufe. Kohlhammer, Stuttgart 2004

Darüber hinaus grundlegend sind:

Bögemann-Großheim, E. et al.: Problem-based Learning – Eine pädagogische Antwort auf neue Herausforderungen in der Krankenpflege. In: Pflegepädagogik 2 (1999) 4–11

Glen, S., K. Wilkie (Hrsg.): Problemorientiertes Lernen für Pflegende und Hebammen. Huber, Bern 2001

Moust, J. et al.: Problemorientiertes Lernen. Ullstein Medical, Wiesbaden 1999

Schwarz-Govaers, R.: Problemorientiertes Lernen in der Pflegeausbildung. In: Pflegepädagogik/PR-Internet 2 (2002) 30–45

7.8 Projekt-Methode/Projekt-Unterricht

„Projekt" – dieses Wort steht im allgemeinen pädagogischen Verständnis für eine moderne, offene, schülerorientierte Gestaltung von Unterricht bzw. bestimmter Unterrichtszeiten. Dabei kann diese Methode auf eine mehr als hundertjährige Tradition zurückblicken.

Wichtige Stationen waren die Reformpädagogik in Deutschland (Georg Kerschensteiner, Hermann Lietz, Hugo Gaudig, Peter Petersen, Adolf Reichwein u. v. a. m.), der Pragmatismus in den USA (John Dewey, William H. Kilpatrick) und die Arbeitsschulkonzepte in Russland (Pavel P. Blonskij, Anton S. Makarenko). Aber auch „alternative" Schulkonzepte der Gegenwart, wie etwa die „Bielefelder Laborschule" (Hartmut v. Hentig), sind in diesem Zusammenhang zu nennen.

So unterschiedlich die einzelnen Konzepte auch sind, Kernstück war und ist immer die Überwindung der Distanz zwischen Schule und (Arbeits-) Welt, das „Hineinholen" praktischer, technischer, handwerklicher, also alltagsrelevanter Aktivitäten in die Schule sowie der Erwerb von „Bildung" im Handeln.

Karl Frey (2002), bei dem übrigens die Geschichte der Projektmethode sehr ausführlich und anschaulich nachzulesen ist, drückt das folgendermaßen aus: *„Entscheidend dabei [bei der Projektmethode] ist, dass sich die Lernenden ein Betätigungsfeld vornehmen, sich darin über die geplanten Betätigungen verständigen, das Betätigungsgebiet entwickeln und die dann folgenden verstärkten Aktivitäten im Betätigungsgebiet zu einem sinnvollen Ende führen. Oft entsteht ein vorzeigbares Produkt"* (S. 14).

Es ist an dieser Stelle im Rahmen einer Überblicksdarstellung unmöglich, detailliert auf die verschiedenen definitorischen Abgrenzungen rund um den Begriff Projekt einzugehen. Hinzuweisen ist aber doch darauf, dass die eigentliche Projekt-Methode über den Rahmen schulisch institutionalisierten Lernens hinausgeht, da sie genau genommen keine Gestaltungs-Methode, sondern eine Methode des Curriculumprozesses ist: „Alles" kann dabei zur Bildung werden, ausgehend von der Projektinitiative, die den Beginn dieses Prozesses markiert.

Da dieses „Alles" in der Praxis der Projektarbeit an allgemein- und berufsbildenden Schulen in der Regel zumindest stark eingeschränkt ist (durch thematische, zeitliche, räumliche Vorgaben), erscheint die Benutzung des Begriffs „Projekt-Unterricht" oder aber, wie Frey (2002) es nennt, *„projektartiges Lernen"* (S. 15) eher angemessen.

J. Bastian (1993, S. 8) schlägt folgende Definition für den Begriff des Projektunterrichts vor, der sich dieses Lehrbuch anschließt:

D *„Projektunterricht versteht sich als besondere Unterrichtsform, in der sich Lehrer und Schüler einem gemeinsam formulierten Thema/Problem zuwenden, zu dessen Bearbeitung einen Plan entwickeln, sich arbeitsteilig mit der Lösung beschäftigen und die Lösungsversuche anderen vermitteln bzw. in einem gemeinsamen Produkt präsentieren. Im Projektunterricht besorgen sich die Schüler die notwendigen Arbeitsmittel und Informationen zur Lösung des Problems soweit wie möglich selbst; dabei arbeiten sie arbeitsteilig, handlungs- und produktbezogen in kleinen Gruppen über einen längeren Zeitraum. Im Projektunterricht übernehmen die Schüler gemeinsam mit dem Lehrer für den gesamten Arbeitsprozeß die Rolle der Unterrichtsplaner. Dieser Rollenwechsel steht in enger Verbindung mit dem demokratischen Anspruch des Projektunterrichts und wird deshalb als Herzstück des Projektunterrichts bezeichnet. Projektunterricht ist dabei sowohl am Lehrplan, als auch an den Fragen und Interessen der Beteiligten orientiert."*

Die Definition des Projektunterrichts macht deutlich, dass es sich hierbei um eine für Lehrer und Schüler sehr anspruchsvolle methodische Form handelt, deren Gelingen sowohl ein entsprechendes Menschenbild und die Bereitschaft zu dessen Umsetzung im Lehr-Lern-Prozess als auch ein gewisses „Geübtsein" in offenen, aber dennoch zielgerichteten Arbeitsformen voraussetzt.

Empfehlenswert ist es daher, nicht unmittelbar mit Wochenprojekten in die Projektarbeit „einzusteigen", sondern sich zunächst auf Kleinprojekte von einigen Unterrichtsstunden (z. B. ein Vormittag oder ein ganzer Unterrichtstag) bzw. sogar auf einzelne Komponenten zu beschränken.

An einem solchen Projekttag könnten Schüler beispielsweise Patienten und Mitarbeiter verschiedener

Stationen im Hinblick auf ihre Wünsche, Anregungen, Kritik etc. befragen (natürlich in geplanter, strukturierter Form) und daraus einen „Reform-Plan" entwickeln (Ähnliches lässt sich auch für andere Institutionen im Gesundheitswesen denken); Schüler könnten auch ihre individuelle und interpersonelle Wahrnehmung zum Thema machen, indem sie im Zuge von zu planenden Selbsterfahrungssequenzen verschiedene körperliche Einschränkungen, aber auch Pflegehandlungen für sich erlebbar machen, um diese Erfahrungen dann in den beruflichen Alltag zu transferieren (Einsatzmöglichkeiten für Szenisches Spiel, speziell Wahrnehmungs- und Körperübungen); denkbar ist auch jegliche Form der Gestaltung von Räumen, Wänden etc., ein Projekt „Kurs- oder Semesterfahrt" oder das „Erfinden" und Herstellen von „Hilfsmitteln" für die Patientenversorgung im engeren und weiteren Sinne.

Die Beispiele ließen sich beliebig fortführen und sind natürlich auch inhaltlich und zeitlich erweiterbar. Wichtig ist, dass solche Projekt-Elemente regelmäßiger Bestandteil des schulischen Lernens sind, die Projektwoche einmal im Jahr, wie vielfach an allgemein bildenden Schulen praktiziert, kann diese Regelmäßigkeit nicht ersetzen. Vielmehr scheint sie oftmals nur als Alibi für ein ansonsten fremdbestimmtes und unselbständiges Lernen zu stehen (dies soll keine Generalkritik an den so genannten „Projektwochen" sein, die sicherlich dennoch viele kreative und sinnvolle Aktivitäten hervorbringen).

Die Projektmethode kann sehr gewinnbringend auch im Rahmen eines Problemorientierten Unterrichts (Kap. 7.7, S. 156) angewandt werden, und zwar immer dort, wo Lernende zum Ende oder im Anschluss an den fallbezogenen Lernprozess konkrete Lösungen versuchen abzuleiten bzw. umzusetzen, so etwa in der kreativen „Konstruktion" von als sinnvoll erarbeiteten pflegerischen Hilfsmitteln oder bezüglich der konkreten und selbständigen Umsetzung von Ausstattungs- und Gestaltungsideen hinsichtlich einer rehabilitativ fördernden Betreuungsumgebung für einen oder mehrere Pflegebedürftige.

Die Selbständigkeit im Lernprozess zählt gerade im berufsbildenden Bereich zu den hervorgehobenen Lernzielen des Projektunterrichts. Hinzu kommt die Zielgerichtetheit des Handelns, die damit selbst zum Lernziel wird, die Produktorientierung im Sinne des „Etwas-geschafft-Habens", das Einbeziehen vieler Sinne („Kopf, Herz und Hand" bei Pestalozzi, modern eher als „Ganzheitlichkeit" bezeichnet), das soziale Lernen sowie die Erfahrung der Interdisziplinarität (vgl. auch Bastian u. Gudjons, 1998).

Durchführung von Projekten

Im Hinblick auf die Durchführung von Projekten schlägt Frey (2002, S. 54 ff.) folgendes Grundmuster vor, das hier wegen seiner Allgemeingültigkeit und als Strukturierungshilfe für praktische Projektarbeit dargestellt und erläutert werden soll:

- *Die Projektinitiative* (**Komponente 1**): Ein Projekt wird von einem Mitglied der Lehr-Lern-Gruppe (Schüler und Lehrer) oder auch von einem Außenstehenden angeregt, und zwar im Sinne eines Angebotes. Dabei sind potentiell alle Themen „initiativefähig"; in der Schulpraxis ist das Themenspektrum aber meistens eingeschränkt (insbesondere bei „geplanten", im Stundenplan vorgesehenen Projekttagen/-wochen), dennoch sind auch dort „spontane" Projektinitiativen denkbar, etwa aufgrund eines unmittelbaren Erlebnisses oder Problems, z. B. im praktischen Einsatz der Schüler.
- *Die Auseinandersetzung mit der Projektinitiative* (**Komponente 2**): Sie geschieht innerhalb eines zuvor vereinbarten Rahmens (zeitlich, Arbeitsform). Um zu einem Ergebnis zu gelangen, ist oftmals das Einholen weiterer Informationen im Hinblick auf die Machbarkeit des Projekts generell (z. B. die Zustimmung oder Ablehnung der PDL oder des Verwaltungsleiters etc. bei Aktivitäten im Krankenhaus) notwendig oder auch das Befragen von „Experten". Hierzu gehört auch ein erstes Abklären finanzieller oder zeitlicher Bedingungsfaktoren. Wichtig ist ebenso die Auseinandersetzung über Vereinbarungen zu Verfahrensregeln, über Zeitlimits, über Argumentationsregeln wie über den Umgang miteinander und den möglichen konkreten Projektanfang.

Kommt diese Auseinandersetzung zu einem „positiven" Ergebnis, steht am Ende dieser Phase eine erste Projektskizze, ansonsten kommt es zum Abbruch der Initiative.
- *Gemeinsame Entwicklung des Betätigungsgebietes – Projektplan* (**Komponente 3**): In dieser Phase geht es darum, konkret auszuleuchten, was gemacht werden kann, also ggf. auch um eine Reduzierung der in Phase 2 erzeugten Ideenkomplexität: *„Entscheidend ist also, dass die Teilnehmer/innen der Projektinitiative ihre persönlichen Konturen verleihen, indem sie sagen, was sie tun möchten, und feststellen, was zu tun ist. Dabei sind Form und Qualität des Tuns ausschlaggebend … Um dies zu erreichen, äußern die Teilnehmer ihre Gestaltungswünsche, ihre kritische Sicht, ihre negativen Erfahrungen von früher. Sie entwickeln Vorformen des künftigen Tuns.*

Sie probieren etwas aus oder simulieren künftige Abläufe. Sie stellen fehlendes Vorwissen fest und eignen es sich gegebenenfalls an. Sie beschäftigen sich konkretisierend und planend mit der Initiative, sodass sich allmählich herausschält, was die Teilnehmer intensiver tun werden" (S. 57 f.).

Die Projektplanung ist damit ein wesentlicher Bestandteil des Projekts insgesamt und hat in der Auseinandersetzung über das zukünftige Tun an sich bereits Bildungswert. Scheitert diese Auseinandersetzung (möglicherweise durch Nicht-Einhalten der Umgangs- und Argumentationsregeln oder durch ursprüngliches Überschätzen der eigenen Möglichkeiten) kommt die Projektinitiative zum Abbruch.

- *Projektdurchführung* (**Komponente 4**): Dies kann in größeren oder kleineren Gruppen geschehen, meistens mit arbeitsteiligen Phasen. Orientierung ist der Projektplan, ggf. sind geeignete Dokumentationsformen einzusetzen. Es geht nun um das zielgerichtete, möglichst selbständige Handeln im Hinblick auf die Projektierung; das „Produkt" entsteht.
- *Projektabschluss* (**Komponente 5**): Drei Möglichkeiten bieten sich:
  – das bewusste Beenden („Produkt" ist erstellt und kann präsentiert werden),
  – die Rückkoppelung zur Projektinitiative (was war ursprünglich die Idee, wie ist es „gelaufen"? – also Reflexion) und
  – das Auslaufen lassen (im Sinne der Integration des Gelernten in das Alltagshandeln).

Natürlich ist auch eine Verbindung der drei Varianten denkbar und sinnvoll, denn über Produktpräsentation, Reflexion und Alltagsintegration können beachtliche Transferleistungen erbracht werden (z. B. kann das eigene Erleben innerhalb des eingangs benannten „Wahrnehmungsschulungs-Projekts" präsentiert werden, der Bezug zu den ursprünglichen Erfahrungen und den beabsichtigten Ideen hergestellt und die Bedeutung des Erlebten in das alltägliche Pflegehandeln integriert werden).

Zwei weitere Komponenten sind für das Gelingen des Projektvorhabens hilfreich: Fixpunkte und Metainteraktionen.

- *Fixpunkte* (**Komponente 6**): Sie sind gerade bei längeren Projekten (mehrere Tage) unumgängliche Organisationselemente. Sie können zeitlich vorher festgelegt (jeden Morgen um 9.00 Uhr) oder auch bei Orientierungsbedarf eingeschoben werden und dienen der Absprache, ggf. Planungsmodifikation, aber auch dem Erhalt der Zielgerichtetheit im Projekt.
- *Metainteraktionen* (**Komponente 7**): Sie regeln das Miteinander innerhalb der Projektgruppe (oder auch in den Untergruppen), und zwar sowohl in inhaltlichen wie in Fragen des sozialen Umgangs. Sie sind insbesondere bei Konflikten bzw. zur Konfliktprophylaxe angezeigt.

Die genannten Komponenten stellen zugleich den Kern als auch die Voraussetzung sinnvoller Projektarbeit dar, denn es kann bei dieser Methode nicht darum gehen, irgendetwas irgendwie zu tun – das würde ihrer pädagogischen Intention widersprechen.

Vielmehr kann Projektunterricht vorbereiten auf komplexes, selbständiges, teambezogenes und zielgerichtetes berufliches Handeln. Dabei geht es auch um Strukturen, Planungen und begründete Entscheidungen. Dieses zentrale Feld pflegerischen Handelns, gekoppelt mit Kreativität und Flexibilität, kann mit Hilfe des Projektunterrichts, neben oder in Kombination mit anderen methodischen Elementen, hervorragend erschlossen werden. Dabei findet der Kern eines handlungsorientierten Kompetenzerwerbs, also das Lernen für und durch Handeln seine fast ideale Entsprechung. Das Aufzeigen dessen war Ziel dieses Kapitels, die folgenden Literaturhinweise können helfen, in diesem Bereich angemessene berufliche Lehr(handlungs-)kompetenzen zu erwerben.

Weiterführende Literatur

Bastian, J., H. Gudjons (Hrsg.): Das Projektbuch. Theorie – Praxisbeispiele – Erfahrungen. 3. Aufl. Bergmann und Helbig, Hamburg 1998
Frey, K.: Die Projektmethode. „Der Weg zum bildenden Tun". 9. Aufl. Beltz, Weinheim 2002
Gugel, G.: Methoden Manual I: „Neues Lernen". 4. Aufl. Beltz, Weinheim 2004
Hänsel, D. (Hrsg.): Handbuch Projektunterricht. Beltz, Weinheim 1997

8 Lernort Praxis: Klinischer Unterricht und praktische Anleitung

Überblick

8.1 Kooperation der Lernorte Schule und Praxis · 165

8.2 Klinischer Unterricht und Praxisanleitung · 166

8.3 Konzepte „praktischen" Lernens · 167
8.3.1 Das sozial-kognitive Lernen oder „Lernen am Modell" · 167
8.3.2 Das Konzept des „Cognitive-Apprenticeship" · 170

8.4 Die „Kunst" des Verknüpfens · 171

8.5 Strukturierungsleitfaden für eine differenzierte Anleitungssituation · 172

8.6 Lehrstationen und interdisziplinäres Lernen am Lernort Praxis · 173

8.1 Kooperation der Lernorte Schule und Praxis

Schulen sind Institutionen, die qua definitionem dem Zweck des Lernens und damit auch des Lehrens dienen. Ihre gesamte Organisationsstruktur, ihre personelle und sächliche Ausstattung weisen eindeutig auf diesen Zweck hin. Am Lernort Praxis sieht das ganz anders aus: er ist von seinem Selbstverständnis zunächst kein Lernort, sondern ein „Arbeitsort", an dem die Versorgung von Patienten bzw. Pflegebedürftigen gewährleistet werden soll. Eine Funktion als Lernort ist dabei ursprünglich so wenig vorgesehen wie entsprechende Rahmenbedingungen es sind. Andererseits sehen die pflegebezogenen Ausbildungsordnungen eine praktische Ausbildung im Betrieb als feste Bestandteile vor, und zwar jeweils mit 2500 Stunden von insgesamt 4600 Stunden Gesamtausbildungszeit. Allein die Quantität der betrieblichen Ausbildungsanteile macht somit ihre vom Gesetzgeber intendierte Bedeutung für die Ausbildung in einem Pflegeberuf deutlich. Andererseits bleibt die Tatsache, dass der Lernort Praxis nicht als solcher gedacht ist, sondern sein eigentlicher Zweck die Gewährleistung einer optimalen Patientenversorgung ist.

Allerdings steckt gerade in dieser „eigentlichen" Zweckbestimmung auch seine große Chance als Lernort: er repräsentiert die „Wirklichkeit" von Beruf und beruflichem Handeln, und er ermöglicht Erfahrung im „Echtzeithandeln". Seres-Hottinger und Holenstein formulieren Chancen und Risiken des Lernortes Praxis folgendermaßen: „*Der Erwerb von Wissen und Kompetenzen kann – genau so wie Qualität von Dienstleistungen des Betriebs – nicht erzwungen oder verordnet, sondern nur intendiert werden. Das Lernpotential, welches die Praxis zu bieten hätte, wird vielerorts nicht optimal genutzt. Zwischen Effizienz und Effektivität von Lernprozessen einzelner Lernender und den Rahmenbedingungen am Praktikumsort, wo Lernen stattfindet, besteht eine Interdependenz. Lernprozesse sind abhängig vom Lernklima einer Organisation. Praktika sind insbesondere dann lernfördernd, wenn sie durch entsprechende Rahmenbedingungen und Lernbegleitung flankiert sind*" (2003, S. 49).

Diese für die Ausbildungssituation in der Schweiz getroffene Situationsbeschreibung eignet sich hervorragend, um die generelle Problematik aufzugreifen. Das bildungsbezogene Selbstverständnis einer Institution bzw. einer Abteilung beeinflusst unmittelbar die Lernbedingungen der Auszubildenden: Lernen als Chance oder als Belastung – nicht nur bezogen auf Schülerinnen und Schüler, sondern auch auf das Selbstverständnis der bereits examinierten Pflegekräfte. Versteht sich eine Institution als „lernende Organisation" oder wehrt sie sich gegen mit dem

Lernen möglicherweise verbundene Veränderungen? Die ökonomische „Zwangslage" in vielen Betrieben macht diese Situation nicht unbedingt besser, zumal wenn Veränderungsprozesse ursächlich auf betriebswirtschaftlichen Notwendigkeiten beruhen und bereits hierdurch sehr viele personelle und ablaufbezogene Energien gebunden sind.

Ohne an dieser Stelle auf die „Vorteile" eines betrieblichen Selbstverständnisses im Sinne einer „lernenden Organisation" einzugehen (vgl. hierzu Kap. 10, S. 195), möchte ich auf die in der Tat große Chance hinweisen, die sich aus einem gemeinsamen Grundverständnis von Arbeits- und Lernort Praxis bzw. der Lernorte Schule und Praxis ergeben. Diese Sichtweise wird auch durch einen weiteren Verweis auf die Ausführungen von Seres-Hottinger und Holenstein unterstützt: *„Die Transferwirksamkeit von Lernprozessen kann erhöht werden durch organisatorische und konzeptionelle Maßnahmen. Dies kann zur Folge haben, dass Lernprozesse an den verschiedenen Lernorten zu einem kohärenten und vernetzten Ganzen werden. Dadurch werden Aus- und Weiterbildung Teil der Institution, welche sich als lernende Organisation versteht"* (ebd.). Der Lernort Praxis ist damit nicht nur ein Lernort für die Auszubildenden, sondern wird ein ebensolcher für die „Praktiker". Was zum Gegenstand der Lernprozesse wird, ergibt sich gleichermaßen aus curricularer Notwendigkeit und „Angebotsstruktur" der Praxis. Gemeinsamer und primärer Bezug ist dabei der Patient mit seiner spezifischen Bedarfslage. Auszubildende und Examinierte haben somit eine gemeinsame Basisintention, nämlich die professionelle Gestaltung des jeweiligen Pflegeprozesses einschließlich der hierzu erforderlichen „theoretischen" und praktischen Handlungskompetenzen.

Die Intentions- und Angebotsstruktur der betrieblichen Ausbildungsanteile repräsentiert also den Grundgedanken des handlungsorientierten Kompetenzerwerbs in ganz besonderer Weise, indem das Lernen für Handeln und das Lernen durch Handeln systematisch miteinander verwoben sind. Soll hierbei die jeweilig notwendige Rückkoppelung zwischen Schule und Praxis im Sinne einer Theorie-Praxis-Theorie Vernetzung funktionieren, bedarf es einer formal-institutionalisierten und einer informell-persönlichen Kooperation der Lernorte Schule und Betrieb. Gelingt dies (die in der APrV vorgesehenen Praxisbegleiter können hier eine wichtige „Scharnierfunktion" einnehmen), wird dem Negativimage der so genannten „Theorie-Praxis-Diskrepanz" die argumentative Grundlage entzogen, denn Diskrepanzen in diesem Sinne sind dann keine trennenden Hürden mehr, sondern werden zu Lernanlässen für Schule und Praxis. Dabei werden unterschiedliche Fokussierungen nicht als hinderlich betrachtet, vielmehr wird durch sie erst das Spektrum der Handlungsmöglichkeiten bzw. der Problemlösungen eröffnet. G. Pätzold (2004) stellt daher in seinen Überlegungen zur Lernortkooperation zutreffend fest: *„Es kann bei dem Thema ‚Lernortkooperation' nicht um eine vollständige Abstimmung der einzelnen Lernorte gehen, dies wäre sowohl eine Illusion als auch für pädagogische Entwicklungsprozesse riskant. Es kann nur um lernförderliche Übergänge zwischen den verschiedenen Mikrosystemen der einzelnen Lernorte gehen, und zwar durch subjektbezogene Vernetzungen. Die Erfahrungen und das Erleben in den einzelnen Lernorten müssen von den Auszubildenden im Rahmen einer subjektiven Leistung synthetisiert werden können und dieser Prozess muss pädagogisch begleitet werden"* (S. 13).

8.2 Klinischer Unterricht und Praxisanleitung

Hinsichtlich des pädagogischen Aspekts der praktischen Ausbildungsanteile muss zwischen klinischem Unterricht (Praxisbegleitung) auf der einen und der praktischen Anleitung auf der anderen Seite unterschieden werden. Dies tut auch der Gesetzgeber, indem er im § 3 der KrPflAPrV festlegt:

1. *„Während der praktischen Ausbildung … sind die Kenntnisse und Fähigkeiten zu vermitteln, die nach § 3 des Krankenpflegegesetzes erforderlich sind. Es ist Gelegenheit zu geben, die im Unterricht erworbenen Kenntnisse zu vertiefen und zu lernen, sie bei der späteren beruflichen Tätigkeit anzuwenden."*
2. *„Die Einrichtungen der praktischen Ausbildung stellen die Praxisanleitung der Schülerinnen und Schüler … durch geeignete Fachkräfte sicher. Aufgabe der Praxisanleitung ist es, die Schülerinnen und Schüler schrittweise an die eigenständige Wahrnehmung der beruflichen Aufgaben heranzuführen und die Verbindung mit der Schule zu gewährleisten …"*
3. *„Die Schulen stellen die Praxisbegleitung der Schülerinnen und Schüler in den Einrichtungen der praktischen Ausbildung … sicher. Aufgabe der Lehrkräfte der Schulen ist es, die Schülerinnen und Schüler in den Einrichtungen zu betreuen und die für die Praxisanleitung zuständigen Fachkräfte zu beraten. Dies ist auch durch regelmäßige persönliche Anwesenheit in den Einrichtungen zu gewährleisten."*

Das vorstehende, sehr ausführliche Zitat der APrV macht die grundsätzliche Intention von Praxisbegleitung und Praxisanleitung deutlich, und es macht auch deutlich, dass die Wahrnehmung dieser Aufgaben jeweils durch einen anderen Personenkreis geschieht. In Kap. 4 dieses Buches (S. 35) wurde bereits auf die Zielsetzungen beider „Variationen" der praktischen Ausbildung Bezug genommen, wie sie vom Deutschen Bildungsrat für Pflegeberufe (2004) formuliert wurden.

In ihren „Denkanstößen für die praktische Ausbildung" (2003) differenzieren die Katholischen Pflegeverbände zudem sehr detailliert Ziele, Methoden und auch Rahmenbedingungen der jeweiligen Lernarrangements. Dabei wird deutlich, dass Klinischer Unterricht in der Tat in erster Linie Unterricht ist, zwar in einer methodisch sehr variablen Form und am Lernort Praxis, aber mit der klaren Option einer Konstruktion spezifischer Lernsituationen, die den „realen Fall" als Basis haben, ihn aber für das spezifische Lernanliegen, das in der Regel curricular formuliert ist, im Sinne von Lernarrangements „aufbereiten". Das heißt, dass komplexe Pflegebedarfssituationen ggf. bewusst nur partiell zur Grundlage gemacht werden, um bestimmte Handlungsaspekte zu vertiefen oder aber auch, dass Pflegebedarfssituationen in einer ganz bestimmten Reihenfolge, Anzahl und Gewichtung zur Basis des klinischen Unterrichts werden, um auf bestimmte, ggf. „neue" Aspekte hinzuweisen. Klinischer Unterricht bildet insofern nicht die „Echtzeit" pflegerischen Handelns bezogen auf eine bestimmte Station und einen bestimmten Zeitrahmen ab, sondern sie nimmt sich die Realität quasi als Fundus gezielten Auswählens und Vermittelns. Dabei ist die Perspektive der Lehrenden in erster Linie die der Kompetenzentwicklung, die Perspektive der Lernenden ist die der Schülerin und des Schülers und nicht so sehr die des in einen Funktions-(Arbeits-)ablauf eingebundenen Auszubildenden. Letzteres macht die Situation des klinischen Unterrichts für die Lernenden, aber auch für die Lehrenden nicht unbedingt einfach, denn Rollenkonflikte sind zumindest vorprogrammiert.

Die praktische Anleitung hingegen geschieht in der „Echtzeit Pflege", sie ist eingebunden in den regulären Stationsablauf, das Pendel zwischen Arbeitsort und Lernort weist deutlich in Richtung Arbeitsort, im Zweifel gibt immer der pflegebedürftige Mensch das „Timing" vor. Während im klinischen Unterricht im Wesentlichen die methodischen Prinzipien und Möglichkeiten gelten, die auch in der Schule einsetzbar sind, wenngleich Phasen der Einzelbetreuung sicherlich dominieren, muss die praktische Anleitung das pädagogisch Intendierte immer abgleichen mit den situativen Notwendigkeiten, das bedeutet auch ein hohes Maß an Unkalkulierbarkeit und Flexibilität. Aber gerade in diesen aus pädagogischer Sicht zunächst problematischen Gegebenheiten steckt die Chance der praktischen Anleitung: *„Das Lernen in der Praxis wird in realen Situationen konkretisiert und organisiert, der Lernzuwachs unmittelbar handelnd erkannt und erfahrbar"* („Denkanstöße", 2003, S. 58). Diese Lernsituation ist damit der ideale Ort des Erwerbs von komplexem Arbeitsprozesswissen, das natürlich eines theorie- bzw. regelgeleiteten Fundaments bedarf.

Hinsichtlich grundlegender Mechanismen und Abläufe, die im Lernen „by Job" gelten, können verschiedene lernpsychologische Konzepte hilfreich sein, die Phasen, Probleme und Chancen dieses Lernens beschreiben. Am aussagekräftigsten sind diesbezüglich zum einen das so genannte „Lernen am Modell" und zum anderen die Erkenntnisse des „Cognitive Apprenticeship". Beide Ansätze sollen im Folgenden kurz skizziert werden.

8.3 Konzepte „praktischen" Lernens

8.3.1 Das sozial-kognitive Lernen oder „Lernen am Modell"

Handlungslernen generell enthält neben der für die Pflegeberufe so wesentlichen psychomotorischen Dimension immer auch kognitive und sozio-emotionale (affektive) Lernaspekte. Erstere ermöglichen die bewusste Auswahl und Koordination der einzelnen Handlungsschritte und bilden damit die Basis für schließlich gegliedertes und naturalisiertes Handeln (Stufen 4 und 5 nach Dave, S. 61); letztere prägen Einstellung und Haltung zum und im Handeln.

Die sozial-kognitive Lerntheorie Albert Banduras (1976) beschreibt Handlungslernen als soziales Lernen, d. h. als Lernen durch Beobachtung, und stellt dabei die kognitive Komponente, also die Aufnahme- und Verarbeitungsprozesse, heraus. Bandura löst sich damit vom rein verstärkungsbezogenen Lernen („instrumentelles Lernen" – Behaviorismus), bei dem der Lernende durch positive oder negative Verstärkung (Lob, Belohnung, Tadel, Strafe) eigentlich „von außen" geformt wird, betont aber dennoch die verhaltensformende Bedeutung von Verstärkern und Konsequenzen im Zusammenspiel mit kognitiven und einstellungsbezogenen Prozessen beim Lernenden (Motivation, Lernbereitschaft und -fähigkeit). Dabei handelt es sich sowohl um Erwartungshaltungen als auch um sich-selbst-regelnde Prozesse.

Komplexe Fähigkeiten wie Autofahren, Schwimmen oder Sprechen entstehen auf diese Weise, ähnlich verhält es sich mit Pflegehandlungen: Beinahe „automatisch" werden bestimmte Stationsrituale gelernt, das „Lernen am Modell" kann aber auch gezielt zur Sequenzierung und Gestaltung von Lernprozessen eingesetzt werden. Zentral ist hierbei der Begriff der „Modellierung" eines Verhaltens, das durch folgende Lerneffekte gekennzeichnet sein kann:
- Lerneffekte durch direkte Beobachtung,
- Hemmungseffekte (wenn der Beobachter „sieht", dass das Verhalten des Modells „bestraft" wird, d. h. auch, nicht erfolgreich ist),
- Enthemmungseffekte (Lob oder Erfolg des Modells fördern das Ausführen eines bestimmten Verhaltens beim Beobachter),
- Auslösungseffekte (Menschen beginnen z. B. im Theater zu applaudieren, wenn andere „Modelle" dies auch tun).

Bandura beschreibt sozial-kognitives Lernen in vier Teilprozessen:

1. Die Aufmerksamkeitsprozesse

Welches Verhalten wird zum „Modell"-Verhalten? Von welchen Personen wird überhaupt gelernt? Bandura schreibt dazu: *„Die Menschen, mit denen man häufig umgeht, bestimmen, welche Verhaltenstypen man häufig beobachten kann und demzufolge am genauesten lernen wird"* (1976, S. 24) – eine vernichtende Erkenntnis im Hinblick auf das – schulischerseits nicht unbedingt erwünschte – Aneignen bestimmter ritualisierter Verhaltensweisen z. B. im Stationsalltag. Aber: Die Prinzipien des sozial-kognitiven Lernens können auch gezielt und geplant in Lern- und Anleitungssituationen eingesetzt werden, denn Lehrer oder Anleiter haben zunächst einmal bereits aufgrund ihrer Position beste Chancen, die Aufmerksamkeit ihrer Schüler zu erfahren.

Hinzu müssen aber noch einige andere Aspekte kommen:
- Der Anleiter muss als Modell in seiner Fach- und Persönlichkeitskompetenz akzeptiert sein, zudem muss die Lernatmosphäre „stimmen" (affektive Valenz).
- Das Lernangebot sollte angemessen ausgewählt sein sowohl im Hinblick auf Differenziertheit als auch auf Komplexität (es muss in seiner Struktur erkennbar sein und ein schülerbezogenes Anforderungsniveau haben).
- Die Notwendigkeit und Sinnhaftigkeit des zu Erlernenden muss für den Lerner nachvollziehbar sein bzw. ihm entsprechend verdeutlicht werden (funktioneller Wert).
- Natürlich sind auch die sensorischen Fähigkeiten, die Wahrnehmungshaltung sowie die Motivationslage und bisherige Erfahrungen (z. B. mit einem bestimmten Anleiter) auf Seiten des Lernenden wesentliche Faktoren.

Bezogen auf alle genannten Aspekte hat der Anleiter die Möglichkeit, steuernd und gestaltend bzw. wahrnehmungs-sensibel zu verfahren. Allein die angemessene Berücksichtigung der Rahmenbedingungen, das Schaffen einer ruhigen und ernsthaften Lernatmosphäre sowie die strukturierte Auswahl und „Präsentation" des Lernangebotes beeinflussen die Motivation und damit die Aufmerksamkeitsprozesse wesentlich. Ein authentisches, engagiertes und kompetentes Lehr-Verhalten seitens des Anleiters vermag ein Übriges zu tun.

2. Die Gedächtnisprozesse

Ist die Aufmerksamkeit des Lernenden hergestellt, kommt es darauf an, die Behaltwerte zu optimieren, also das beobachtete Verhalten kognitiv zu organisieren, es in die vorhandene „kognitive Landkarte" zu integrieren bzw. es ihr anzufügen.

Dieses kann nur geschehen über eine symbolische Repräsentation des erwünschten Verhaltens im Langzeitgedächtnis. Bandura (1976) sagt dazu: *„Beobachter, die Modellverhalten in Worte, kategoriale Begriffe oder bildhafte Vorstellungen verschlüsseln, lernen und behalten ein bestimmtes Verhalten besser als jene, die nur beobachten oder während des Zuschauens mit anderen Dingen beschäftigt sind"* (S. 24).

Notwendig sind also verbale und/oder visuelle Gedächtnishilfen und Schemata, die möglichst im Lernprozess entwickelt werden (Regeln, Schaubilder etc.). Diese verbalen oder visuellen Schemata, diese gedächtnisunterstützenden Codes, können später abgerufen werden, wenn neu gelerntes Verhalten reflektiert in die Tat umgesetzt werden soll. Es handelt sich quasi um einen inneren Fahrplan, der es auch ermöglicht, in Gedanken komplexe Handlungsabläufe zu durchdenken.

Sinnvoll sind in dieser Phase zudem symbolische gedankliche Wiederholungen, um das Gelernte mit Hilfe der gedächtnisunterstützenden Codes kognitiv verfügbar zu machen (z. B. durch das Wiederholen bestimmter Regeln). Wichtig dabei ist, dass der Lernende sich selbst mit dem Neuen auseinandersetzt, dass er sich etwa Wesentliches notiert oder aufzeichnet. Vorgegebene Gedächtnishilfen sind weniger effektiv.

Das in dieser Phase stattfindende kognitive Durchdringen einer Handlung in ihren Strukturzusammenhängen ist unabdingbare Voraussetzung für ein anschließendes reflektiertes, eigenes Handeln des Lernenden. Wird diese Phase übersprungen, also der direkte Weg von der Demonstration zum „Machen" angezielt, kann dieses Machen nur rein reproduktiv sein, ohne eigentliches Verstehen. Damit ist auch der Schritt hin zum durchdachten und flexiblen Umgang mit dem Gelernten verunmöglicht, eine „Handlungsgliederung" im Sinne Daves kann nicht eigenständig erreicht werden.

3. Die Reproduktionsprozesse

Bei diesen Prozessen handelt es sich um ein möglichst rasches Umsetzen und Erproben des Gelernten, wobei die zeitliche Nähe zum Modellverhalten (aber mit zwischengeschalteten Gedächtnisprozessen) wesentlich ist. In dieser Phase ist der Lehrer oder Anleiter als Korrektor gefragt, der im Sinne eines konstruktiven Feedbacks verfährt. Notwendig ist möglicherweise ein gestuftes Vorgehen, gerade bei komplexen Handlungsstrukturen.

Die Präzision der Handlungsausführung ist dabei abhängig von den manuellen bzw. körperlichen Fähigkeiten des Lernenden, seiner Bereitschaft und Fähigkeit zur Selbstbeobachtung bzw. -reflexion, seiner Motivationslage sowie der kognitiven Verfügbarkeit der einzelnen Handlungsschritte. Dem Anleiter kommt in dieser Phase wesentlich die Funktion des „Feedbacks der Genauigkeit" (Bandura, 1976, S. 31) zu, d. h. er muss möglichst unmittelbar das gezeigte Handeln auf seine Korrektheit hin überprüfen und dem Lernenden eine rasche, sachbezogene also kriterienorientierte Rückmeldung geben. Aussagen wie „Das war gut/schlecht" nützen hier nur wenig, denn sie sagen nichts darüber aus, was „gut/schlecht" war. Eine Orientierung an den im praktischen/klinischen Unterricht jeweils eingeführten Handlungsplänen, die den „Handlungsstandard" abbilden, kann hier sehr hilfreich sein.

In der Regel wird der Anleiter dem Schüler in dieser Phase gezielte Hinweise zur Weiterentwicklung seiner Handlungskompetenz geben, und zwar qualitativ und quantitativ am Lernstand des Schülers orientiert. Die Hinweise sollten mit konkreten Arbeitsaufträgen verbunden sein, deren Ausführung unmittelbar oder in folgenden Handlungssituationen wiederum Gegenstand der Anleitung sind. Dabei ist es wichtig, sowohl sequenziert vorzugehen, also gezielt einzelne Handlungsschritte in der Präzision ihrer Ausführung zu üben, als auch das Ganze einer Pflegehandlung nicht aus dem Auge zu verlieren und in seiner Komplexität zu „trainieren".

4. Die Motivationsprozesse

In der letzten Phase geht es schließlich darum, das, was einmal gelernt wurde, auch dauerhaft zu erhalten. Dies kann nur geschehen, wenn der betroffene Mensch erfährt, dass sich sein Verhalten lohnt. „Lohnen" durchaus auch im materiellen Sinne gemeint, aber ebenso als soziale Verstärkung, wobei die Wirksamkeit der Verstärkung entscheidend vom Selbstkonzept des Lernenden abhängt, also von seinen bisherigen Erfahrungen, seinem persönlichen Gütemaßstab, seinem beruflichen Selbstverständnis.

Allerdings muss das Selbstkonzept des Lernenden nicht statisch bleiben; es kann im Gesamt-Ausbildungsprozess durchaus im Sinne einer verantwortungsbewussten Berufsausübung „beeinflusst" werden – eben gerade auch durch das „Modellverhalten" der Lehrer und Anleiter. Bezogen auf die Bedeutung der Verstärker betont Bandura, dass sie zwar nicht unabdingbar, aber doch sehr förderlich sind im Hinblick auf die Etablierung eines dauerhaften Lernerfolgs.

Er unterscheidet dabei drei Arten von Verstärkung in dieser Phase:
- die Fremdverstärkung (z. B. durch das „Modell" oder andere Personen),
- die stellvertretende Verstärkung (die positiven Folgen des zu lernenden Handelns werden bei anderen Personen, die sich entsprechend verhalten, beobachtet),
- die Selbstverstärkung (durch das Sich-Messen am individuellen Gütemaßstab bzw. Anspruchsniveau).

Die Phasen und Prinzipien des „Lernens am Modell" sind nicht nur für psychomotorische Lernprozesse bedeutsam, sondern ohne weiteres auch auf den Bereich affektiver (psycho-sozialer) Lernziele übertragbar. Sie können das Bemühen um Systematik in der praktischen Anleitung erheblich unterstützen, indem sie einen Lernweg beschreiben, der quasi spiralig in immer neuen und komplexeren „Durchläufen" der einzelnen Phasen bzw. Prozesse die Handlungsebene beruflicher Kompetenz entwickelt, und zwar in Interdependenz kognitiver, psychomotorischer und affektiver Lernprozesse. Ziel ist die Förderung einer zunehmend selbständigen Handlungsplanung und damit letztlich die Fähigkeit zu Flexibilität und „Ganzheitlichkeit".

8.3.2 Das Konzept des „Cognitive-Apprenticeship"

Das Konzept des „Cognitive-Apprenticeship" (kognitive Berufslehre) basiert auf den Forschungen und Erkenntnissen von Collins, Brown und Newman hinsichtlich der mangelnden Effektivität schulisch-konvergenter Wissensvermittlung in der beruflichen Ausbildung. Die Autoren rekurieren in ihrem berufspädagogischen Ansatz auf die Prinzipien der traditionellen Handwerkslehre und entwickeln daraus ein phasenbezogenes Instruktionsmodell für die praktischen beruflichen Ausbildungsanteile (vgl. Kohler, 1998; Seres-Hottinger/Holenstein, 2003). Auch in diesem Ansatz nimmt der Lehrer oder Anleiter für die Lernenden eine Art Vorbildfunktion ein, wird also zum „Modell". In Ergänzung zum Konzept des „Lernens am Modell" beschreibt das „Cognitive-Apprenticeship" nicht nur bestimmte Lernvorgänge aus lernpsychologischer Sicht, die in den verschiedensten Berufs- und Lebenssituationen „passieren", sondern es bietet einen unmittelbaren Leitfaden zur Gestaltung berufsbezogener Lernsituationen an, der vom Lehrer oder Anleiter bewusst und geplant umgesetzt werden kann. Lernpsychologisch liegt der Schwerpunkt dabei auf der Verknüpfung von kognitiven und „praktischen" Lernvorgängen, also auf einem handlungsorientierten und theoriegeleitetem Lernen, so wie es das Konzept der handlungsorientierten Kompetenzentwicklung vorsieht.

Lernen nach dem Modell der kognitiven Berufslehre basiert auf insgesamt sechs Schritten der Vermittlung bzw. Anleitung:

1. Modeling

- *Lehrer/Anleiter:*
  - erläutert die Denkweise und die einzelnen Schritte bei der Lösung einer Aufgabe/eines Problems, indem er/sie dezidiert die eigenen kognitiven Prozesse verbalisiert und die jeweiligen Schritte begründet.
- *Schüler/in:*
  - hört genau zu und beobachtet,
  - entwickelt so ein inneres Bild/Modell vom Weg der Aufgaben-/Problemlösung und leitet daraus für sich selbst eine Art Handlungsleitfaden ab.

2. Coaching

- *Lehrer/Anleiter:*
  - unterstützt die Lernenden bei der Lösung einer ausgewählten Aufgabe/eines Problems,
  - beobachtet dabei die Lernenden kontinuierlich in ihrem Handeln und spricht mit ihnen über die gewählte Art der Aufgabenbewältigung,
  - bietet individuelles Feedback an.
- *Schüler/in:*
  - denkt über Vorwissen und dessen Brauchbarkeit für eine bestimmte Aufgabe nach,
  - versucht sich im Lösen einer bestimmten Aufgabe,
  - nimmt die Hilfestellung des Lehrers/Anleiters zur Lösung der Aufgabe an.

3. Scaffolding und Fading

- *Lehrer/Anleiter:*
  - macht Vorschläge zur Lösung einer Aufgabe,
  - erklärt ggf. nochmals einzelne Teilschritte bzw. macht diese vor,
  - bietet Regeln, Leitfäden etc. für eine systematische Aufgabenlösung an,
  - zieht sich kontinuierlich immer mehr aus der Rolle des Instruktors zurück.
- *Schüler/in:*
  - üben sich zunehmend selbständig in der Aufgabenlösung,
  - erkennen eigene „Lücken" und fordern entsprechend Hilfe an,
  - sind zunehmend in der Lage, Leitfäden, Handlungspläne etc selbständig zu nutzen.

4. Articulation

- *Lehrer/Anleiter:*
  - fordert die Lernenden zu einer vollständigen Beschreibung, Erläuterung und Begründung der Aufgabenbewältigung auf,
  - kommentiert und bewertet die Beschreibungen.
- *Schüler/in:*
  - kann den Weg der Aufgabenbewältigung vollständig beschreiben und begründen,
  - denkt nach über und benennt mögliche Lösungsvariationen.

5. Reflection

- *Lehrer/Anleiter:*
  - hilft den Reflexionsprozess zu strukturieren,
  - stellt ggf. Materialien/Informationen zur Verfügung, die im Reflexionsprozess hilfreich sein können,
  - gibt Hinweise zur weiteren „Verbesserung" des Handelns, nennt z. B. weitere Lernangebote,
  - bewertet das Handeln der Schülerinnen und Schüler kriterienorientiert.
- *Schüler/in:*
  - reflektiert gemeinsam mit den anderen Lernenden die eingeschlagenen Lösungswege,
  - bedenkt Kritik und alternative Vorschläge,
  - formuliert Konsequenzen.

6. Exploration

- *Lehrer/Anleiter:*
  - gibt Hilfen in Form von Qualitätskriterien, Normen, Zielsetzungen für das weitere – selbständige – Arbeiten der Schülerinnen und Schüler an ausgesuchten Aufgaben-/Problemstellungen,
  - sorgt für/stellt die entsprechenden Rahmenbedingungen sicher.
- *Schüler/in:*
  - übernimmt Verantwortung für das eigene Lernen,
  - tut dies in Absprache und Abstimmung mit dem gesamten Lernteam,
  - sucht nach Wegen (und beschreibt diese dann auch), das eigene Handlungsrepertoire qualitätsbewusst zu verbessern bzw. zu trainieren,
  - geht selbstkritisch mit dem eigenen Lernprozess um, fragt ggf. Hilfe, Korrektur, Unterstützung an.

Denjenigen Leserinnen und Leser, die auch die anderen Kapitel dieses Buches bereits gelesen haben, fallen sicherlich erhebliche Ähnlichkeiten des „Cognitive-Apprenticeships" nicht nur mit dem „Lernen am Modell" (S. 167), sondern insbesondere auch zu den Überlegungen hinsichtlich psychomotorischer Lernziele (Taxonomie nach Dave, S. 61) und den Fragen zur Gestaltung von Demonstration und Simulation einschließlich „Skill-Training" in Kap. 7 (S. 148) auf.

Das dies so ist, liegt zum einen an der inhaltlichen und methodischen Nähe der benannten Vermittlungsformen, zum anderen aber im besonderen an dem Grundproblem, welches in all diesen Vermittlungen und Anleitungen zu lösen ist, nämlich der unverzichtbaren und für den „Erfolg" essentiellen Verknüpfung kognitiver, praktischer und natürlich auch affektiver Lernleistungen.

8.4 Die „Kunst" des Verknüpfens

„Gute" Pflege zeichnet sich durch eine Vielzahl von Verknüpfungsleistungen beim Handelnden aus, diese beziehen sich auf Kausalitäten und Interdependenzen von kognitiven, psychomotorischen und affektiv-motivationalen Handlungskomponenten. So entsteht das individuelle, im Optimalfall „maßgeschneiderte" Konzept für den jeweiligen Patienten.

Die benannten Verknüpfungsleistungen beziehen sich sowohl auf die Auswahl der „richtigen" Puzzlestücke als auch auf deren Verbindung. Erfahrene Pflegende greifen hierbei einerseits auf ihr breites fachlich-methodisches Repertoire zurück, verfügen aber auch über ein großes Erfahrungswissen im Hinblick auf einzelne Pflegesituationen.

Lernende haben diese Möglichkeit so nicht, sie stehen erst am Anfang ihres Weges hin zum „Experten". Um ihnen aber den Einstieg in die Kunst des Verknüpfens überhaupt zu ermöglichen, müssen Anleiter in Teilbereichen exemplarisch die jeweiligen Verknüpfungsleistungen „zur Sprache" bringen. Dies kann nur durch kommentiertes Handeln geschehen, wobei schriftliche Planung und Dokumentation wichtige Hilfen darstellen. Dieses lernfördernd unumgängliche Prinzip der Verbalisierung und Begründung einzelner Handlungsschritte seitens der Lehrer und Anleiter findet sich sowohl in den Grundzügen des „Skill-Trainings", beim Umgang mit Handlungsplänen, im „Lernen am Modell", in den Grundlagen Problemorientierten Lernens und beim „Cognitive-Apprenticeship". Aber auch die Schüler können ein bestimmtes Handlungsrepertoire nur nachhaltig erwerben, wenn sie ihre Reflexions- und Transferfähigkeiten in der Weise verbessern und trainieren, dass sie ebenfalls in den Anleitungssituationen (oder in bestimmten Situationen mit Rücksicht auf den Patienten unmittelbar danach) kognitive, psychomotorische und affektiv-motivationale Verknüpfungsleistungen nicht nur herstellen, sondern auch verbalisieren und begründen.

Lernende lernen nicht am „Ergebnis" guter Pflege, jenes können sie höchstens bewundern; Lernende lernen an den zahlreichen Gabelungen auf dem

Weg hin zum Ergebnis. Hier brauchen sie zunächst eindeutige Wegweiser, um sich zwischen den Alternativen entscheiden zu können bzw. diese überhaupt als Alternativen zu erkennen. Fehlen diese Wegweiser, werden die Schüler die Pflege-„Strecke" nie selbständig und zielgerichtet, das heißt auch ohne unnötige Umwege (es gibt auch unumgängliche) zurücklegen können. Lernende brauchen also entsprechende „Übungs-Parcours", um ihre Fähigkeiten zu trainieren. Gute Lernbegleitung und Anleitung am Lernort Praxis ergänzt durch diesbezüglichen praktischen Unterricht kann ein solcher Übungs-Parcour sein.

8.5 Strukturierungsleitfaden für eine differenzierte Anleitungssituation

Der folgende Leitfaden soll eine Orientierungshilfe für die Planung und Gestaltung von Anleitungssituationen am Lernort Praxis sein. „Anleitungssituationen" in diesem Verständnis sind geplante und strukturierte pädagogische Prozesse zur Vermittlung und Entwicklung von pflegerischen Handlungskompetenzen, in deren Mittelpunkt eine reale Pflegebedarfssituation, also ein pflegebedürftiger Mensch steht. Dabei ist es in diesem Zusammenhang hinsichtlich der Struktur zunächst zweitrangig, ob eine solche Anleitung von einem Lernbegleiter oder von einem Praxisanleiter (jeweils im Sinne der KrPflAPrV) durchgeführt wird.

Die folgenden Strukturierungsschritte berücksichtigen die in diesem und anderen Kapiteln dieses Buches aufgezeigten Bedingungen beruflichen Lernens, sind aber insofern natürlich situationsabhängig variationsbedürftig, als je nach Lernbedarf und Rahmenbedingungen ggf. unterschiedliche Akzentuierungen gesetzt oder einzelne Schritte neu gewichtet werden müssen.

Vorbereitung

Die Vorbereitung beinhaltet folgende Aspekte:
- *Analyse der Situationsdimension* mit:
  - Rahmenbedingungen (Station als Arbeitsfeld und Lernort),
  - Lernvoraussetzungen und -zielen des jeweiligen Schülers (Vorkenntnisse, Defizite, Schwierigkeiten etc.).
- *Auswahl des Patienten* (kann durch Schüler initiiert sein) mit:
  - Analyse des Pflegebedarfs unter Zuhilfenahme von Pflegeplanung und Dokumentation,
  - ggf. Auswahl einer spezifischen Pflegesituation (falls dies nicht bereits Teil der „Anleitung" im Sinne einer prozessbezogenen Entscheidungsleistung eines „fortgeschrittenen" Schülers ist).
- *Vorbesprechung mit dem Schüler* (nicht im Patientenzimmer) bezüglich:
  - Zeitabsprachen,
  - „Fall-Analyse,
  - Vorgehensweise,
  - kriterienorientierter Erwartungen des Anleiters, ggf. mit Bezug auf „Zielkatalog" bzw. Handlungspläne,
  - unmittelbar geäußerte Probleme, Wünsche, Ängste des Schülers etc.,
  - Vereinbarungen über Umgang miteinander „vor" dem Patienten.

Durchführung

Die Durchführung der Anleitungssituation am Lernort Praxis richtet sich nach folgenden Kriterien:
- *Begrüßung und Information des Patienten* durch Anleiter/Schüler (Vorstellen, Verdeutlichen der spezifischen Situation, Sicherheit für Patienten),
- *Einhalten des Prinzips „Vorrang von Pflege vor Anleitung"*,
- *je nach Ausbildungsstand* des Schülers:
  - Anleiter erläutert Schüler und Patient Ziel und Vorgehensweise seines Handelns, lässt den Schüler in patientenorientierten Grenzen „üben", führt die Pflegehandlung ggf. selbst durch bzw. zum Abschluss,
  - Anleiter hält sich (bei fortgeschrittenem Ausbildungsstand) weitmöglichst zurück, aber nicht „auf Kosten" der Qualität für den Patienten, greift ggf. ein,
  - das eigentliche Feedback findet nicht „vor" dem Patienten statt, um Verunsicherungen zu vermeiden, aber: Das Vermeiden von „Pflegefehlern" steht vor dem „Schutz" der Schüler,
- *Anleiter beobachtet und dokumentiert kriterienorientiert* (Bezug zur Pflegeplanung, Einsatz von „Handlungsbewertungslisten").

Auswertung

Die Auswertung am Ende der Anleitungssituation ist besonders wichtig. Hierzu gehören folgende Aspekte:

- eine *differenzierte Reflexion* durch den Schüler wird eingefordert,
- *Anleiter erläutert* kriterienorientiert anhand seiner Beobachtungen (Protokoll, „Handlungsbewertungslisten") seine *qualitative Einschätzung* des Handelns und der Dokumentation des Schülers (Pflegeplanung, Ausbildungsziele),
- *Schüler und Anleiter setzen sich ggf. weitere Ziele,* vereinbaren eine neue Anleitungssituation.

Die vorstehenden Handlungsindikatoren beschreiben das Raster einer Grundstruktur, das je nach Ausbildungsstand der Schüler, Zielsetzung der Anleitung, Spezifität der Rahmenbedingungen und Konzept der Schule ausgestaltet, differenziert und variiert werden kann und muss. Zentral ist hierbei sicherlich die jeweilige Zielsetzung der Anleitung, wobei nicht nur die psychomotorische, sondern ebenso kognitive und sozio-emotionale (affektive) Zieldimensionen Berücksichtigung finden sollten.

Gerade auf letztere bezogen ist die Orientierung an (beobachtbaren) Kriterien wesentlich, damit dieser Bereich nicht „im Ganzheitlichen verschwimmt", denn „Freundlichkeit" und „Verantwortungsbewusstsein" sind für Patienten nur relevant, wenn sie im unmittelbaren Handeln zum Tragen kommen (vgl. hierzu Kapitel 9 zur Leistungsmessung, S. 175).

Insgesamt gilt für jede Anleitungssituation, dass sie die Handlungs- und diesbezügliche Sachlogik der einzelnen Pflegesituation adaptieren bzw. integrieren muss. Geschieht dies nicht, wird das eigentliche Ziel der Anleitung, nämlich eine patientenorientierte, fachlich-reflektierte und sozial-kompetente Pflege des Patienten verfehlt.

8.6 Lehrstationen und interdisziplinäres Lernen am Lernort Praxis

Seres-Hottinger und Holenstein (2003) beschreiben das Konzept von Lehrstationen folgendermaßen: *„In ‚Lehrstationen' haben Pflegen und Lernen denselben Stellenwert. Die Organisation der ‚Lehrstation' ermöglicht einer großen Anzahl Lernender (als Richtgröße eine Lernende pro zwei Patienten …) gleichzeitig unter fachkundiger Anleitung pflegen zu lernen. Grundsätzlich ist die ‚Lehrstation' ein Ausbildungsort, der sich von der Aufgabenstellung und den Zielsetzungen der Pflege her möglichst wenig vom realen Arbeitsalltag einer anderen vergleichbaren Station, die keine ‚Lehrstation' ist, unterscheidet"* (S. 59).

Das Konzept der „Lehrstation" wird mittlerweile auch in Deutschland hinsichtlich seiner Effektivität für praktische Ausbildung, aber natürlich auch hinsichtlich der (betriebswirtschaftlichen und rechtlichen) Konsequenzen für den Ausbildungsträger bzw. das entsprechende Krankenhaus diskutiert. Lehrstationen versuchen die Zweigleisigkeit von Arbeits- und Lernort Praxis zu transformieren in ein integriertes Arbeits- und Lernmodell, in dem Arbeiten und Lernen von gleicher Bedeutung und Wertigkeit sind, ohne allerdings die Verantwortung für die Qualität der Patientenversorgung aus dem Auge zu verlieren. Daher gehört neben der Stationsleitung und einer pädagogischen Fachkraft immer auch mindestens eine examinierte Pflegefachkraft mit zum Personalstamm einer solchen Station.

Zweifelsohne bedeutet das Arbeiten, Lehren und Lernen auf einer Lehrstation eine große Herausforderung für alle Beteiligten, denn nicht nur das unmittelbare Anforderungsspektrum ist ausgeweitet, sondern auch die jeweilige Verantwortung für Pflege- und Lernprozesse. Aus diesem Grunde wäre es illusionär, die Einführung von Lehrstationen im großen Maßstab zu fordern bzw. anzustreben, eine partielle Einführung erscheint jedoch durchaus erstrebenswert, z. B. in der Weise, dass jeder Ausbildungsträger ab einer bestimmten Größe eine seiner Stationen in eine Lehr-Lernstation umwandelt.

Was sind die **Vorteile einer solchen Station**? Wesentlich erscheinen die folgenden Aspekte:

- lernen im Team,
- planen und gestalten „vollständiger" Pflegesituationen,
- höhere Verantwortlichkeit (nicht juristisch gemeint!) für das eigene Handeln und dessen Folgen,
- Erweiterung der Arbeits- und damit Lernbereiche (z. B. Einsatzplanung, Qualitätsmanagement)
- niedrigere „Schwellenwerte" für die Einführung bzw. Umsetzung „neuer" Verfahren/Maßnahmen,
- Verbesserung der Pflegequalität durch bewusst theoriegeleitetes Pflegehandeln,
- modellhafte Innovationswirkungen werden erprob- und beschreibbar, dadurch erhöht sich deren Chance auf generelle Akzeptanz und Einführung,
- Arbeitsprozesswissen (vgl. Kap. 2, S. 6) wird in realen Kontexten mit realer Anforderungsstruktur erworben und ist daher besonders nachhaltig,

Die Reihe der Vorteile ließe sich fortsetzen.

Natürlich darf an dieser Stelle auch nicht verschwiegen werden, dass die Etablierung einer Lehrstation einiges an Umstrukturierungen und Innovationsbereitschaft bei den Verantwortlichen in Pflegeleitung und Verwaltung, aber natürlich auch bei den anderen Berufsgruppen, vor allem dem ärztlichen Dienst erfordert. Unerwähnt sollte ebenso nicht bleiben, dass im Vordergrund auch einer solchen Station immer das Wohl der Patienten bzw. Pflegebedürftigen steht. Damit dies gewährleistet ist, sind insbesondere Stationsleitung und pflegerische bzw. pädagogische Fachkraft in besonderer Weise gefordert. Die Arbeit auf einer Lehrstation stellt insofern nicht nur für Lernende, sondern mindestens gleichermaßen für die involvierten Fachkräfte eine große Herausforderung dar.

Nicht nur auf Lehrstationen, sondern auch an „normalen" Lernorten in der Praxis besteht die Möglichkeit und Chance, interdisziplinäres Denken und Handeln zu erproben und einzuüben. „Integrierte Versorgung" und „Case Management" – um nur zwei Herausforderungen der Zukunft (und natürlich auch der Gegenwart) zu nennen- sind nicht zu denken ohne Interdisziplinarität. In der Schule kann deren Bedeutung zwar benannt werden, praktische Notwendigkeit, Erfordernisse und Chancen werden aber erst in der Praxis unmittelbar patientenbezogen deutlich. Interdisziplinäre Lernprojekte in der Praxis sind bislang noch die Ausnahme, dort wo sie aber durchgeführt werden, ist unmittelbar ein großer Gewinn für die Lernenden der beteiligten Berufe zu beobachten (vgl. z. B. Berlepsch-Schreiner/Müller, 2000).

Schnittstellen des Handelns liegen in vielerlei Hinsicht auf der Hand, wesentlich ist dabei, dass aus den Schnittstellen keine Trennlinien, sondern Schnittmengen werden: *„Entscheidend für das Gelingen interdisziplinärer Kooperation ist nicht so sehr die Kompetenzenabgrenzung, sondern vielmehr die Identifikation von Schnittstellen und deren Gestaltung als patientenbezogene Schnittmengen ... Interdisziplinäre Zusammenarbeit kann nur dann auch von der Sache her effektiv sein, wenn Grenzkompetenzen des eigenen Berufes, die zugleich Kernkompetenzen des anderen sind, als solche identifiziert, akzeptiert und in Bezug auf die eigene Qualifikation und die des jeweilig anderen Berufes zutreffend gewichtet werden"* (Schewior-Popp, 2004, S. 123).

Solche Schnittstellen bzw. Schnittmengen gibt es in vielfältiger Art und Weise, so z. B. bei Schluck- und Sprachstörungen, im Pflege- und Behandlungskontext des Bobath-Konzepts, in der Adaptation von Hilfsmitteln oder im Zusammenhang verschiedener Prophylaxen. Am Lernort Praxis haben die Schülerinnen und Schüler die Chance, die „Wirkungen" gelingender und natürlich auch misslingender Interdisziplinarität unmittelbar zu erleben. Für alle beteiligten Berufe wäre es sicherlich erstrebenswert, wenn dieses Lernen zumindest in Teilen gemeinsam geschähe, denn nur dann sind auch die Wirkungen gemeinsam und nachhaltig zu beeinflussen. Lohnend im Interesse der Patienten ist es auf jeden Fall, entsprechende Projekte zu initiieren.

9 Leistungen erfassen und bewerten

Überblick

9.1 **Schriftliche Leistungsmessungen** • 178
9.1.1 Vorbereitung und Durchführung • 178
9.1.2 Aufgabenarten und -gestaltung • 180
9.1.3 Fallbezogene Erfolgskontrollen und Leistungsmessungen • 182
9.1.4 Korrektur und Bewertung • 184
9.1.5 Rückgabe schriftlicher Leistungsmessungen • 187

9.2 **Mündliche Leistungsmessung** • 187

9.3 **Beurteilung im klinischen Unterricht und in der praktischen Anleitung** • 189
9.3.1 Beobachtungs- und Beurteilungsinstrumente • 189
9.3.2 Die Gestaltung des „Feedbacks" • 193

Der Handlungsbereich der Leistungsmessung gehört für Lehrende, gleich welcher Schulart, sicher nicht zu den innovativsten Fragen von Pädagogik und Didaktik und auch Lernende und diejenigen, die es einmal waren, entwickeln zum Teil eher negativ besetze Assoziationen, wenn sie mit dem Begriff der Leistungsmessung konfrontiert werden. Diese negativen Reaktionen beruhen in der Regel auf eigenen Erfahrungen mit Situationen der Leistungsmessung, die als belastend, angstbesetzt und ggf. auch als „entlarvend" und entwürdigend empfunden wurden. Eine, eher kurzsichtige, Konsequenz dieser Erfahrungen wäre es – und das geschieht ja auch in der Tat häufig- Leistungsmessungen grundsätzlich mit dem Hinweis abzulehnen, diese würden auf Grund ihrer unangenehmen „Begleiterscheinungen" ohnehin nicht den realen Leistungsstand von Schülern abbilden und daher eher zu Demotivation als zu Motivation führen. Gerade junge Lehrerinnen und Lehrer argumentieren häufig in diese Richtung, zumal die Situationen eigener Prüfungen noch sehr zeitnah vor Augen sind und sie sich daher oftmals schwer tun mit einem Rollenverständnis, das nun die „Seite" des Prüfers und nicht mehr des Geprüften repräsentieren soll.

Andererseits ist „auf breiter pädagogischer Basis" der Ruf nach Bildungsstandards, die einen gewissen Leistungsstand der Schülerinnen und Schüler gewährleisten sollen, nicht zu überhören. Die Ergebnisse der PISA-Studien werden in diesem Zusammenhang zur laut vernehmlichen Argumentationshilfe, und in der Tat stellen sich zahlreiche Fragen nach den Gründen der Skalierung einzelner Staaten in diesem Ranking von Bildung. Natürlich könnte man an dieser Stelle nun in eine ausführliche bildungspolitische Debatte einsteigen, die Gründe für „Erfolg" und „Scheitern" benennen und natürlich auch nach den berühmten Schuldigen sucht. Das ist aber nicht Aufgabe dieses Lehrbuchs zur Planung und Gestaltung von Lernsituationen in der Pflegeausbildung. Dennoch kann das Thema nicht ganz unberücksichtigt bleiben, denn es weist hin auf die Notwendigkeit der Qualitätssicherung auch an den Ausbildungsstätten. Qualifizierte Berufsarbeit ist nicht denkbar ohne eine entsprechende Qualität der Ausbildung, und diese Qualität bezieht sich zum einen auf die Lehr- und zum anderen auf die Lernqualität, wobei die Lernqualität natürlich ursächlich mit der Lehrqualität zusammenhängt, aber auch auf schülerindividuellen Faktoren beruht. Zur Lehrqualität gehört nicht nur eine professionelle Unterrichtsplanung und -gestaltung, sondern ebenso sehr eine angemessene Kultur und Form der Überprüfung zu erbringender Lernleistungen.

In der Berufsbildung findet die gleichsam „berufsqualifizierende" Überprüfung der Lernleistungen im Kontext der Abschlussprüfungen statt oder, noch präziser ausgedrückt, die Abschlussprüfungen repräsentieren die berufsqualifizierende Überprüfung im Sinne einer Erteilung oder Verweigerung derselben. Auf Grund dieses hohen Stellenwertes der Abschlussprüfungen formulieren die entsprechenden gesetzlichen Grundlagen der jeweiligen Ausbildungen Prüfungsstandards. In den Pflegeberufen geschieht dies in den

Ausbildungs- und Prüfungsverordnungen, und zwar jeweils für den schriftlichen, den mündlichen und den praktischen Teil der Prüfungen.

Aber nicht nur im Kontext der Abschlussprüfungen findet Leistungsmessung statt, sie ist kontinuierlicher Bestandteil der Ausbildung, oder sollte dies zumindest sein, auch wenn es hier keine expliziten gesetzlichen Vorgaben gibt. Aus diesem Grunde ist die Auseinandersetzung mit Fragen der ausbildunggsbegleitenden und abschließenden Leistungserfassung und -messung ein unverzichtbarer Aufgabenbereich qualifizierter Ausbildungsgestaltung und daher ein Thema nicht nur für jede Schule, sondern auch für jeden einzelnen Lehrenden.

Die folgenden Ausführungen nehmen daher zentrale Fragen von Leistungserfassung und -messung in den Blick und berücksichtigen dabei sowohl ausbildungsbegleitende als auch abschließende Anlässe und Gestaltungselemente. Dabei handelt es sich um eine bewusste und in gewisser Weise auch pragmatische Reduktion der Gesamtproblematik im Sinne eines Überblicks über dieses pädagogische Handlungsfeld. Allerdings soll hier einführend doch auf eine spezifische Fragestellung eingegangen werden, die sich automatisch stellt im Kontext intendierter zunehmend eigenständiger Lernweisen der Schülerinnen und Schüler.

„Offenere" Unterrichtsformen, wie sie z. B. durch Projektunterricht oder auch das Konzept des Problemorientierten Lernens repräsentiert werden, erscheinen auf den ersten Blick wenig geeignet für „klassische" Formen der Leistungsmessung und –so könnte man zusätzlich argumentieren- Leistungsmessungen sind hier auch konzeptionell gar nicht intendiert. Dieses Argument mag zwar auf den ersten Blick schlüssig erscheinen, zumal wenn angeführt wird, dass es bei diesen Lernformen zentral auch um übergeordnetes, „schlüsselqualifizierendes" Wissen gehe, um die Entwicklung von Problemlösefähigkeit, Strategiedenken und Kreativität. Mag man für den Bereich der allgemeinbildenden Schulen z. T. auch so argumentieren können, in der Berufsbildung trifft das Argument nicht zu, und zwar aus zweierlei Gründen: zum einen ist berufsbildender Unterricht immer auch produktorientiert, denn es geht um die Qualifizierung für einen spezifischen Beruf, das gilt auch für Selbständigkeit fördernde Konzepte, wie etwa das Problemorientierte Lernen. Problemlösung in dieser Diktion ist damit auch Produkt des Lernens, das gilt sowohl für das Ergebnis, die „Lösung", als auch für den Prozess, also die Methode und Strategie. Zum anderen besteht für die Lehrenden und insbesondere für die Schulleitungen geradezu die Verpflichtung, die Entwicklung der Berufsfähigkeit der Lernenden im Ausbildungsprozess durch geeignete Instrumente der Erfolgskontrolle und Leistungsmessung zu begleiten, um entsprechendes Feedback und Lernhilfen geben zu können. Bei der Auswahl und Zusammenstellung einzelner Unterrichtssequenzen zu Lernarrangements muss dieses immer mitbedacht werden. Mit anderen Worten: Selbständigkeit im Lernen um der Selbständigkeit willen macht in der Berufsbildung wenig Sinn. Sinn macht sie aber immer dann, wenn sie zum Methoden- und Strategiewissen des Berufs gehört. Pflegende müssen in der Lage sein, selbständig Pflegeplanungen zu erstellen, nach ihnen zu handeln, sie ggf. zu modifizieren, das Ergebnis zu bewerten, daraus Schlüsse zu ziehen und diese entsprechend einzuleiten. Hierzu braucht es eine Menge deklaratives Wissen (Faktenwissen), aber auch prozedurales Wissen (Verfahrenswissen). Prozedurales Wissen ist ohne deklaratives Wissen nicht zu denken, ordnet dies aber, strukturiert es und führt es zu geplantem Handeln zusammen. Dabei hat prozedurales Wissen immer auch eine deklarative Basis, denn auch eine erfolgreiche Managementstrategie kommt nicht ohne Faktenwissen aus.

Eine handlungsorientierte Kompetenzentwicklung, wie sie das Lernfeldkonzept vorsieht, wird entsprechende Vermittlungs- und Erschließungsformen anbieten, sie wird aber auch dafür Sorge tragen, dass Ergebnissicherungen in Form von Erfolgskontrollen und Leistungsmessungen erfolgen, die Lernenden und Lehrenden Auskunft geben über den jeweiligen Grad der Qualifizierung. Dabei müssen natürlich angemessene Instrumente, also Aufgabenformen gefunden werden, die solche Überprüfungen ermöglichen. Diese sollten nicht nur produkt-, also kriterienorientiert geschehen, sondern ebenso das angezielte Leistungsniveau berücksichtigen. Im kognitiven Leistungsbereich können hier die einzelnen Stufen der entsprechenden Taxonomie nach Bloom (vgl. Kap. 6, S. 56) eine wichtige Hilfe sein.

Bevor allerdings der konkrete „Einstieg" in die einzelnen Formen der Leistungsmessung erfolgt, soll zunächst ein Überblick über Funktionen von Leistungsmessungen generell, Normen der Beurteilung sowie Beurteilungsfehler gegeben werden.

Funktionen von Leistungsmessungen

Das Messen und Bewerten von Leistungen dient der Erfüllung verschiedener Funktionen im Gesamtkontext eines Schul- oder Ausbildungsganges. In der Literatur werden im Wesentlichen folgende Funktionen benannt (Dohse, 1995; Becker, 2002):

- *Rückmeldefunktion* für Lehrer und Schüler (hinsichtlich des Leistungsstandes),

- *Berichtsfunktion* (für Eltern, potenzielle Arbeitgeber etc.),
- *prognostische Funktion* (im Hinblick auf Schul-, Ausbildungs-, Berufserfolg),
- *Disziplinierungs- und Sozialisierungsfunktion* (Noten als „Erziehungsmittel"),
- *Motivationsfunktion* (Noten als Anreiz für intensives Arbeiten),
- *Selektions-, Klassifizierungs- und Zuteilungsfunktion* (mit Hilfe von Noten werden Schüler bestimmten Leistungs-„Klassen" zugeordnet, Berufs- und damit auch Lebenschancen werden zugeteilt),
- *Kontrollfunktion* (für übergeordnete Behörden, z. B. Schulamt oder Bezirksregierung).

Wenngleich diese verschiedenen Funktionen von Leistungsmessungen vielen Lehrern sicherlich gar nicht bewusst sind, „entscheiden" sie sich im Prozess der Leistungsbewertung oftmals direkt oder indirekt für die bevorzugte Berücksichtigung einer oder mehrerer Funktionen. Dies hat wesentlichen Einfluss auf die Vergleichbarkeit von Bewertungen hinsichtlich ihrer Aussagefähigkeit über den tatsächlichen Leistungsstand eines Schülers.

Beurteilungsnormen

Einer konkreten Leistungsbewertung können verschiedene Beurteilungsnormen zugrunde liegen. So z. B.:
- *eine vorgegebene oder abgesprochene Norm* (die einzelnen Noten sollen immer von einer festgelegten Prozentzahl der Schüler erreicht werden, z. B. 5 % eine Eins, 15 % eine Zwei usw., oder: bei einer bestimmten Fehlerquote gibt es immer die gleiche Note, oder: seitens einer übergeordneten Institution/Behörde wird ein bestimmter Punkte- bzw. Notenschlüssel vorgegeben, oder: alle Schüler bekommen eine Zwei etc.),
- *eine gruppenbezogene Norm* (die Leistung des einzelnen Schülers wird immer in Relation zur Gesamtgruppe bewertet, d. h. die relativ beste Leistung ist immer eine Eins usw., unabhängig von der tatsächlichen fachlichen Leistung eines Schülers),
- *eine individuelle Norm* (die Leistung des Einzelnen wird im Vergleich zu seiner bisherigen Leistung bewertet),
- *eine kriterienorientierte Norm* (durch die Benennung konkreter Lernziele im Sinne des Weges einer Kompetenzanbahnung werden vor der Leistungsmessung die erwarteten Leistungen genau definiert und somit entsprechende Beurteilungskriterien festgelegt),
- *eine pädagogische Norm*, die auch situative und individuelle Aspekte berücksichtigt (vgl. Becker, 2002).

Beurteilungsnormen, das zeigen die genannten Beispiele, sind entscheidende Einflussfaktoren bezüglich der Note, die letztendlich für eine konkrete Lernleistung erteilt wird. Im berufsbildenden Bereich wird die Beachtung einer kriterienorientierten Norm sicher im Vordergrund stehen (müssen), wenn das Erreichen eines bestimmten Ausbildungsstandes garantiert werden soll. Dennoch ist es auch hier, je nach Art der Leistungsmessung, möglich, verstärkt individuelle und situationsbezogene Aspekte zu berücksichtigen. Unbedingt reflexionsbedürftig sind auf jeden Fall abgesprochene Normen, und auch bei den vorgegebenen, erscheinen sie unsinnig, ist der Versuch einer Veränderung zumindest ernsthaft anzustreben (manchmal sind auch Behörden bzw. die entsprechende Schulaufsicht in ihren Entscheidungen revisionswillig und -fähig).

Beurteilungs-„Fehler"

Unabhängig von der Art der Leistungsmessung (schriftlich, mündlich, praktisch) sind im Schulalltag immer wieder typische Beurteilungsfehler zu beobachten, die auch durch entsprechende empirische Forschung bestätigt werden (Sacher, 1994; Ingenkamp, 1997). Hierzu gehören:
- *Milde-/Strengefehler* (z. B. bezogen auf gut bekannte Personen oder auch generell),
- *Fehler der Zentraltendenz* oder Neigung zu extremen Urteilen (entweder ein Bevorzugen „mittlerer" Beurteilungen, z. B. um niemanden „weh zu tun", oder die Tendenz zu „entweder/oder"-Entscheidungen, um z. B. auch kleine Unterschiede deutlich hervorzuheben),
- *logische Fehler* (beziehen sich auf das fälschliche In-Beziehung-Setzen zweier Leistungsmerkmale, z. B.: wer in Anatomie fleißig lernt, wird dies auch tun, wenn es um Krankheitsbilder geht, oder: wer eine gute Note in Physik hat, kann auch gut Chemie),
- *Hof- oder auch „Halo"-Effekt* (von einem allgemeinen Gesamteindruck wird auf Spezifisches geschlossen, Überstrahlungsfehler),
- *Sympathiefehler* (einer bestimmten Person sympathische andere Personen werden bevorzugt positiv beurteilt),

- *Fehler der Nähe* (zeitlich oder auch räumlich, z. B. beieinander liegende Beurteilungsaspekte auf einem Beurteilungsbogen),
- *Kontrast- oder Ähnlichkeitsfehler* (dem zu Beurteilenden werden entgegengesetzte/ähnliche Merkmale zugeschrieben, wie man sie selbst hat/gerne hätte),
- *Übertragungsfehler* (z. B. bei Schülern, die Geschwistern oder einem früheren Schüler sehr ähnlich sind),
- *Erwartungsfehler* („Self-fulfilling-Prophecy" – ein Urteil, das zuvor selbst oder von anderen über eine Person gefällt wurde, wird quasi in der eigenen Beurteilung nachvollzogen),
- *Fehler der sozialen Erwünschtheit* (z. B. um Vorgesetzten nicht zu „widersprechen" oder auch um eigene Lehrleistungen in ein gutes Licht zu rücken).

Für den Leser mag diese Auflistung typischer Beurteilungsfehler zunächst frustrierend sein, und es steht die Frage im Raum, wie sich denn diese Fehler vermeiden lassen. Die Antwort auf diese Frage muss insofern noch frustrierender wirken, als sich Beurteilungsfehler wohl nie ganz vermeiden lassen. Allerdings – und daher auch diese Auflistung – vermag die Kenntnis eines Sachverhaltes auf jeden Fall die diesbezügliche Sensibilität zu verstärken. Die folgenden Hinweise zu schriftlichen, praktischen und mündlichen Prüfungen können zunächst dazu beitragen, bewusst und in einer Art pädagogischer Selbstverpflichtung sorgfältig und verantwortlich mit dem Bereich des Erfassens und Bewertens von Leistungen umzugehen.

9.1 Schriftliche Leistungsmessungen

Die Ausbildungs- und Prüfungsverordnungen der Pflegeberufe sehen als Bestandteil der Abschlussprüfung jeweils schriftliche Leistungsmessungen vor. Sie regeln darüber hinaus die Gegenstandsbereiche dieser Prüfungsteile sowie den zeitlichen Umfang. Schriftliche Leistungsmessungen in Form von Klausuren oder Tests sind aber auch im Vorfeld der Abschlussprüfungen fester Bestandteil des Schulalltags bzw. sollten dies auf jeden Fall sein. Sie dienen dabei im Wesentlichen dem Erfassen kognitiver Lernleistungen bzw. ebensolcher Aspekte der anzustrebenden beruflichen Handlungskompetenz. Hierbei gilt sowohl für die Abschlussprüfung als auch für ausbildungsbegleitende schriftliche Leistungsmessungen, dass eine Orientierung der Aufgabenstellung(en) an den Stufen der Taxonomie kognitiver Lernleistungen nach Bloom sehr hilfreich sein kann. Neben einer solchen Taxonomie-Orientierung gilt es zusätzlich, Aufgabenformen zu wählen, die dem Handlungsbezug einer spezifischen Lernleistung Rechnung tragen bzw. Teilleistungen in einen solchen einordnen.

Die folgenden Ausführungen beziehen sich auf grundsätzliche Aspekte schriftlicher Leistungsmessungen und sind insofern sowohl für die Testgestaltung innerhalb der Ausbildungsgänge als auch für die Abschlussprüfungen von Bedeutung. Dass hierbei bestimmte Faktoren jeweils stärker, weniger oder auch gar nicht gewichtet werden, ergibt sich jeweils aus dem situativen Kontext.

9.1.1 Vorbereitung und Durchführung

Angst ist ein „Leistungskiller". Dabei handelt es sich um keine neue Erkenntnis, sondern um einen Zusammenhang, der uns allen, wenn wir an entsprechende Situationen denken, sehr geläufig ist. Und dennoch scheint auch für viele Unterrichtende der Faktor Angst fast zum konstitutiven Bestandteil von Prüfungssituationen zu gehören, mit dem manchmal sogar bewusst ein wenig operiert wird.

Sicherlich, ein gewisses Maß an Aufgeregt-Sein, an „Lampenfieber", an anspornendem Stress scheint unserem Leistungsvermögen eher förderlich zu sein und sich wohl auch kaum vermeiden zu lassen. Das bewusste In-Kauf-Nehmen von Angst bei Schülern durch z. B. ein Zurückhalten wichtiger Informationen über Prüfungssituationen ist aber kaum pädagogisch zu legitimieren, sondern trägt bisweilen höchstens die Züge von Zynismus.

Es ist daher ein wesentlicher Grundsatz aller Überlegungen hinsichtlich der Vorbereitung schriftlicher (und auch anderer) Leistungsmessungen, größtmögliche Transparenz für die Schüler zu schaffen im Hinblick auf kalkulierbare Rahmenbedingungen, Anforderungen etc. im Zusammenhang mit der Leistungsmessung. Das Bemühen um Transparenz und Sicherheit in der Vorbereitung einer schriftlichen Arbeit gehört damit zu den grundlegenden pädagogischen Aufgaben im Umfeld einer Leistungsmessung. Im Einzelnen bedeutet dies:
- keine „Überraschungsaktionen", d. h. Leistungsmessung rechtzeitig ankündigen, und zwar so

zeitig, dass der eigentliche Zweck einer Leistungsmessung, nämlich das (nochmalige, vertiefende) Lernen der Schüler möglich ist,
- Rahmendaten so weit als möglich bekannt geben bzw. erklären, dazu gehören etwa der Zeitrahmen der Arbeit, die zulässigen bzw. erforderlichen Hilfsmittel (z. B. Gesetzestexte, Tabellen, Anatomieatlanten etc.), Raum und Sitzordnung,
- Form der Arbeit ansprechen bzw. erläutern, dazu gehören: Aufgabenarten, Gestaltung (vorgegebene Arbeitsblätter, evtl. Codierung der Namen, Korrekturrand etc.),
- Inhalte und Ziele umreißen, d. h. die entsprechenden Lernbereiche benennen bzw. abgrenzen, ohne auf die unmittelbaren Aufgabenstellungen einzugehen, auf entsprechende Lehrbuchpassagen hinweisen,
- Bewertungskriterien verdeutlichen (kann sich an möglichst operationalisierten Lernzielen orientieren),
- formale Aspekte der Bewertung erläutern, dazu gehören: Bepunktung, Prozentrang des Sockelwertes (wie viel Punkte mindestens für ein „Ausreichend"),
- Schüler zum Lernen motivieren, dazu können Hinweise bezüglich der Bildung von Arbeitsgruppen sowie allgemeine Lernhilfen gehören (gerade auch bezogen auf leistungsschwächere Schüler).

Wer als Lehrer die vorstehenden Hinweise zur Vorbereitung von Leistungsmessungen berücksichtigt, kann erheblich zur Transparenz und zum Abbau unnötiger Ängste bei seinen Schülern beitragen und damit erreichen, dass die Schüler sich wirklich vertiefend mit der Sache, um die es geht, auseinandersetzen und ihre eigentlich zum Lernen benötigte Energie nicht auf Nebenschauplätze der Bewältigung einer unkalkulierbaren Situation gelenkt wird.

Auf eines sei an dieser Stelle noch hingewiesen: Leistungsmessungen verlieren ihre Bedrohlichkeit, wenn sie zu einer Selbstverständlichkeit des Schulalltags werden. Zum einen entwickeln die Schüler dann eine gewisse Routine im Hinblick auf formale Aspekte und können zugleich Handlungssicherheit im Hinblick auf Lern- und Vorbereitungstechniken gewinnen. Zum anderen kann mit häufigeren Leistungsmessungen, die dann durchaus auch eher im Sinne einer Erfolgskontrolle verstanden werden, der Lernstand der Schüler bzw. dessen Entwicklung kontinuierlich dokumentiert werden. Das bedeutet gerade auch für die Schüler eine größere Transparenz hinsichtlich ihres tatsächlichen Leistungsvermögens in den verschiedenen Unterrichtsbereichen.

Es ist von Schul- bzw. Lehrerseite letztlich unredlich, Schülern diese Transparenz auf dem Weg hin zum Examen zu verwehren, auch wenn die Schüler zunächst vordergründig mit dieser Handhabung ganz zufrieden zu sein scheinen. Notwendig ist es, den diagnostischen Wert von Leistungsmessungen während der Ausbildung verstärkt zu betonen, damit Schüler nicht den Eindruck gewinnen, es handle sich bei einer angekündigten schriftlichen Arbeit um eine Art „Strafaktion". Das Bemühen um größtmögliche Transparenz im oben aufgezeigten Sinne kann erheblich dazu beitragen.

Auch im Hinblick auf den Zeitraum der unmittelbaren Durchführung einer Leistungsmessung sind einige Gestaltungsaspekte zu beachten. Dies sind im Einzelnen:
- Sorge für eine ruhige und konzentrierte Arbeitsatmosphäre tragen, dazu gehören: eine Sitzordnung (vorher besprochen), die ungestörtes Arbeiten ermöglicht (die Betonung liegt hier auf ungestört und nicht auf dem Vermeiden von „Abschreiben"), ein möglichst ruhiger und gut belüft-/beheizbarer Raum, ein Lehrer, der sich selbst ruhig verhält und sich, falls notwendig, behutsam im Raum bewegt und den Schülern nicht laufend „über die Schulter" guckt,
- ein pünktlicher und zügiger Beginn. Hierzu sollte der Lehrer Aufgabenblätter etc. ohne Zeitverzug zur Verfügung haben bzw. an die Schüler austeilen,
- ein rasches Entscheiden über das Beantworten bzw. Nicht-Beantworten von Fragen im Zusammenhang mit der Aufgabenstellung (ist etwas in der Aufgabenstellung wirklich nicht ganz eindeutig formuliert, oder deutet die Nachfrage bereits auf eine sachliche „Lücke" beim Fragenden hin),
- Konsequenz im Hinblick auf „Täuschungen" (Blickkontakt, nachdrückliche „Ermahnung" des Schülers an seinem Platz, ggf. „Einziehen" von Spickzetteln etc. bis hin zum Abbruch der Arbeit, aber: bei aller Konsequenz kein „Bewach-Verhalten"),
- gezielte „pädagogische" Maßnahmen, so z. B. das Aufmuntern eines leistungsschwachen oder das Beruhigen eines sehr aufgeregten Schülers,
- die Schüler auf das bevorstehende Ende der Bearbeitungszeit hinweisen (je nach Dauer der Leistungsmessung: bei mehrstündigen Klausuren eine halbe Stunde vor Ende und nochmals fünf Minuten vor Schluss, bei kurzen Tests wenige Minuten vor Abgabe),
- auf pünktliches und „geordnetes" Abgeben achten (vereinbarte Zeitrahmen sind einzuhalten und ggf. nachdrücklich einzufordern; Schüler, die schon „fertig" sind, sollten sich ruhig verhalten bzw. den Raum leise verlassen, damit die noch arbeitenden

Mitschüler nicht gestört werden – diese Vereinbarungen sind vorher zu treffen).

Durchführung wie auch Vorbereitung einer schriftlichen Leistungsmessung erfordern eine durchdachte, konsequente und für den Schüler durchschaubare „Regie". Die oben genannten Aspekte beschreiben den hierfür notwendigen Rahmen und sind natürlich im Hinblick auf die konkrete Situation modifizierungs- bzw. ergänzungsbedürftig.

9.1.2 Aufgabenarten und -gestaltung

Die im Rahmen einer schriftlichen Leistungsmessung formulierten Aufgaben müssen gewährleisten, dass diejenigen Ziele bzw. Inhalte, die im Unterricht erarbeitet wurden und die Gegenstand der Leistungsprüfung sein sollen, zutreffend erfragt werden können. Aufgaben sollten also repräsentativ für das geforderte Lernspektrum und -niveau sein.

Eine große Hilfe ist diesbezüglich die Orientierung an ausgewiesenen Lernzielen, die allerdings, um zu Aufgaben bzw. deren Beantwortung zukommen, „umformuliert" werden und hinreichend konkret, also operationalisiert sein müssen.

Da die Lernleistungen im Zusammenhang mit schriftlichen Leistungsmessungen im Wesentlichen kognitiver Art sind, kann eine Orientierung an den Stufen und auch an den verhaltensbeschreibenden Verben der Taxonomie kognitiver Lernleistungen nach Bloom (z. B. nennen, erklären, anwenden, analysieren, konzeptionieren, beurteilen – bezogen auf die Stufen 1–6) das Formulieren von Aufgaben und damit auch das Festlegen des jeweiligen, pro Aufgabe angestrebten Denkniveaus erheblich erleichtern.

Grundsätzlich gilt es, unabhängig vom jeweiligen Aufgabentyp (s. u.), ein größtmögliches Augenmerk auf die Verständlichkeit der Aufgabenformulierung zu legen, denn dies ist echte „Konfliktprophylaxe" im Hinblick auf Auswertungs- und Bewertungsprobleme. Dazu gehört im Einzelnen:
- ein klarer, gegliederter Satzbau, der die Frage der Aufgabe unzweideutig formuliert und nicht durch „Schnörkel" ablenkt,
- ein, wenn notwendig eindeutiger Informationsteil einer Frage/Aufgabe (z. B.: „Sie kennen die Grundprinzipien der Lagerung eines Patienten mit Hemiplegie nach Bobath. Bei Patient A liegen folgende Einschränkungen bzw. Ressourcen vor: 1. … 2. … 3. … Was ist bei der Seitenlagerung des Patienten zu beachten?"). Der Informationsteil einer Aufgabe kann auch aus der Beschreibung eines konkreten „Falls", also etwa einer spezifischen Pflegebedarfssituation bestehen. Ein solcher Informationsteil trägt dann die eigentliche Aufgabe entweder „in sich", indem ein Problem gelöst werden muss, oder aber er wird ergänzt durch spezifische, auf ihn bezogene Fragestellungen, die sich wiederum an den Stufen der kognitiven Taxonomie orientieren können,
- das unterrichtsadäquate Verwenden von Begriffen (Schüler müssen mit den Begriffen vertraut sein),
- das Verwenden eindeutiger Verben im Hinblick auf die zu erbringende Leistung, z. B.:
  - „nennen" meint das reine Aufzählen von Begriffen oder Sachverhalten, nicht etwa das Erläutern,
  - „definieren" bezieht sich auf die Bestimmung eines Begriffs oder Sachverhalts durch die Nennung der wesentlichen Merkmale,
  - „erläutern" oder „beschreiben" meint die Darstellung einzelner Sachverhalte im Gesamtzusammenhang,
  - „erklären" oder „begründen" bezieht sich auf die Darstellung der Zusammenhänge von Ursachen,
- eine auch optisch, übersichtliche Gliederung der Aufgabe.

In der Fachliteratur werden verschiedene Formen von Aufgaben oder Aufgabentypen unterschieden, mit deren Hilfe nicht nur verschiedene Arten von Denkleistungen überprüft bzw. erfragt werden können, sondern die zudem durch ihre variierenden Zielsetzungen in der Lage sind, Leistungsmessungen in einer Weise abwechslungsreich zu gestalten, dass das Leistungspotential der Schüler möglichst vielfältig angesprochen wird.

Eine gute diesbezügliche Übersicht findet sich bei Ingenkamp (1997). Dabei macht die Beschäftigung mit den verschiedenen Möglichkeiten von Aufgabenarten zweierlei deutlich:
1. Das Spektrum der beruflich erforderlichen und unterrichtlich vermittelten Denkleistungen muss sich in den Aufgabenformen einer Leistungsmessung wieder finden, soll durch die Leistungsmessung ein auch nur halbwegs repräsentatives Bild über den Leistungsstand des Schülers gewonnen werden. Mit anderen Worten: das Beschränken auf reine „Wissens-Fragen" („Bitte nennen Sie …"), möglichst noch durch „Multiple Choice" per Ankreuzverfahren abgefragt, kann niemals z. B. bei einer Abschlussprüfung ein hinreichend zutreffendes Urteil über die Befähigung zu einem Beruf (auch was seine kognitiven Anteile angeht) ergeben.

2. Bei sorgfältiger Konstruktion einer schriftlichen Leistungsmessung mit Hilfe verschiedener Aufgabenformen ist es durchaus möglich, klare und eindeutige Frage- bzw. Antwortformen zusammenzustellen, die aber zudem in der Lage sind, vielfältige Arten und Niveaus von Denkleistungen anzusprechen.

In der folgenden Übersicht finden sich einige zentrale Aufgabenformen, die jeweils mit Beispielen erläutert werden. Zu beachten ist, dass diese Aufgabenformen sowohl für sich stehend zu einem Test, einer Klausur zusammengestellt werden können, ebenso können die verschiedenen Aufgabenformen aber auch Bestandteil einer fallbezogenen schriftlichen Leistungsmessung sein, indem sie z. B. konkret im Hinblick auf eine spezifische Pflegebedarfssituation konzipiert und formuliert werden. Entsprechende Möglichkeiten werden im Anschluss an die Darstellung der einzelnen Aufgabenformen aufgezeigt.

Kurzantwortaufgaben

Kurzantwortaufgaben sind in Form von Aufforderungen so zu formulieren, dass das jeweils verwendete Verb die Art der gewünschten Antwort bestimmt. Die verschiedenen Verben repräsentieren gleichzeitig auch ein unterschiedliches Anforderungsniveau entsprechend der benannten Taxonomien. **Abb. 9.1** zeigt Beispiele.

Kurzaufsatzformen

Die Kurzaufsatzform ist geeignet, um relativ anspruchsvolle Lernleistungen zu überprüfen. Das folgende Beispiel bezieht sich auf die Stufe 5 (Synthese) **(Abb. 9.2)**:

Bei Patientin M. liegen die folgenden differenzierten Pflegediagnosen nach ICNP vor:

- 1. ....
- 2. ....
- 3. ....
- n. ....

▶ Bitte stellen Sie einen entsprechenden Pflegeinterventionsplan zusammen, und begründen Sie Ihre Entscheidungen.

Abb. 9.2 • Beispiel Kurzaufsatzformen.

Ergänzungsaufgaben/Lückentexte

Diese Aufgabenform eignet sich hauptsächlich zum Überprüfen von Zusammenhangswissen bezogen auf einen festumrissenen Gegenstandsbereich **(Abb. 9.3)**.

Frage ➡	Mögliche Antworten Mögliche Nennungen sind u.a.:
• „Nennen Sie bitte vier mögliche Ursachen einer Bradykardie."	• „Hohes Alter, Schlaf, Hunger, gut trainierter Sportler, Medikamente, Vergiftung."
• „Definieren Sie den Begriff ‚Gesundheit' nach dem Verständnis der WHO."	• „Gesundheit ist ein Zustand des völligen körperlichen, seelischen und sozialen Wohlbefindens und nicht nur das Freisein von Krankheit und Gebrechen."
• „Beschreiben Sie bitte kurz die Verfahrensweise bei der hygienischen Händedesinfektion."	• „Drei bis fünf ml Händedesinfektionsmittel (entspricht in etwa 2 Hüben aus dem Spender) in die hohle Hand geben und verteilen; dabei Daumen, Fingerkuppen, Unternagelräume, Fingerzwischenräume, Außen- und Innenhand berücksichtigen; 30 Sek. einwirken lassen."

Abb. 9.1 • Beispiel Kurzantwortaufgaben.

Bei einer .... stammen die Erreger aus der körpereigenen Flora des Patienten. Im Gegensatz hierzu liegt eine .... vor, wenn die Erreger aus der Umgebung des Patienten stammen.
Von einer .... wird gesprochen, wenn der entsprechende Zustand durch Mikroorganismen hervorgerufen wird, die im ursächlichen Zusammenhang mit dem Krankenhausaufenthalt stehen.

Lösung:
die zu ergänzenden Nennungen sind:
- endogenen Infektion
- exogene Infektion
- nosokomialen Infektion

Abb. 9.3 • Beispiel Ergänzungsaufgaben/Lückentexte.

Zuordnungsaufgaben

Diese Aufgabenform ist geeignet, Verknüpfungen zwischen Wissensbeständen zu erfragen. Sie basiert auf der Zuordnung von Antworten zu Prämissen. Sofern die Möglichkeit besteht, bemüht man sich, mehr Antworten als Prämissen anzubieten. Dies soll verhindern, dass für die zuletzt zuzuordnende Antwort nur noch eine Prämisse zur Verfügung steht. Die Aufgaben sollten inhaltlich homogen sein, also nicht verschiedene Wissensbereiche ansprechen, und insgesamt von der Zahl der Prämissen und Antworten her nicht zu umfangreich sein (**Abb. 9.4**).

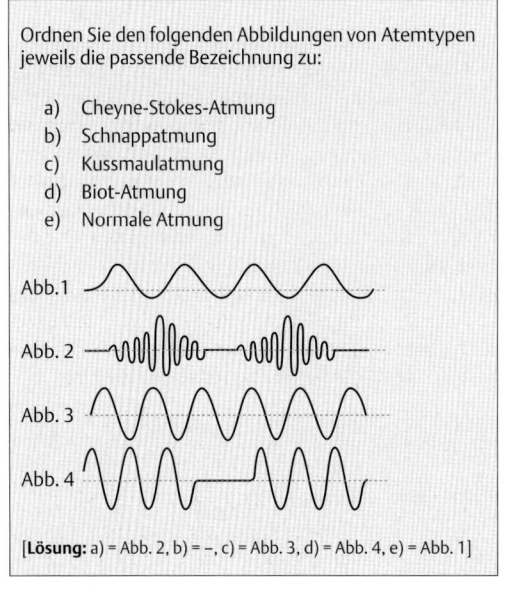

Ordnen Sie den folgenden Abbildungen von Atemtypen jeweils die passende Bezeichnung zu:

  a) Cheyne-Stokes-Atmung
  b) Schnappatmung
  c) Kussmaulatmung
  d) Biot-Atmung
  e) Normale Atmung

Abb. 1
Abb. 2
Abb. 3
Abb. 4

[**Lösung**: a) = Abb. 2, b) = –, c) = Abb. 3, d) = Abb. 4, e) = Abb. 1]

Abb. 9.4 · Beispiel Zuordnungsaufgaben.

Multiple Choice Aufgaben

Diese Aufgabenform ist in der Auswertung sehr ökonomisch, kann aber nur einfache Lernleistungen (Wissensebene) erfassen. Allerdings sind auch hier interessante Aufgabenkonstruktionen möglich, wie das folgende Beispiel zeigen soll (**Abb. 9.5**):

Hinsichtlich der Funktion der Bauchspeicheldrüse unterscheidet man eine innere und eine äußere Sekretion. Bei der äußeren Sekretion wird das Sekret im Pankreasgang gesammelt und weitergeleitet in:

○ a) den Magen
○ b) die Milz
○ c) den Zwölffingerdarm
○ d) den Leerdarm
○ e) den Gallengang

Bitte kreuzen Sie die richtige Antwort an.

[**Lösung**: angekreuzt werden muss Antwort c)]

Abb. 9.5 · Beispiel für Multiple Choice Aufgaben.

9.1.3 Fallbezogene Erfolgskontrollen und Leistungsmessungen

Wie in den vorangehenden Kapiteln dieses Buches aufgezeigt, spielt die fallbezogene Unterrichtsplanung und -gestaltung etwa nach dem Konzept des Problemorientierten Lernens oder aber auch zur realitätsnahen Veranschaulichung bestimmter Aspekte des Pflegehandelns im Lernfeldkontext eine große Rolle. Wenn Lernsituationen sich letztlich aus beruflichen Handlungsfeldern ableiten lassen und damit auch auf diese zurückführen sollen, werden Pflegesituationen mit ihren entsprechenden theoretischen Bezügen zu einer wichtigen Basis von Lernarrangements, denn sie ermöglichen ein verknüpfendes, begründendes, reflektierendes und transferbildendes Lernen. Entsprechend erscheint es auch sinnvoll, bei Leistungsmessungen fallbezogene Ansätze zu wählen.

Hierbei sind generell **zwei Möglichkeiten** denkbar:
1. Die eigentliche Aufgabe ist in der Darstellung eines konkreten Falls unmittelbar enthalten, in der Regel als Problem, das beschrieben wird und für das eine Lösung gesucht werden muss. Ein solches „Problem" kann sich entweder unmittelbar auf eine Pflegebedarfssituation beziehen, die im Sinne einer begründeten Pflegeplanung „gelöst" werden soll oder aber auch auf eine spezifische Situation, die sich bspw. aus der Zusammenarbeit im Team oder aus der spezifischen Pflegeperson-Patienten Konstellation ergibt. Dabei ist die Komplexität des Falls und damit auch des Problems variabel. Eine solche Fallkonstruktion zu Zwecken der Leistungsmessung entspricht den Grundsätzen der Fallkonstruktion beim Problem-

orientierten Lernen, allerdings ist die zu lösende Aufgabe nun für die Schüler eine Anwendungsaufgabe, die sie auf der Basis ihrer Kenntnisse und Erfahrungen erfolgreich bearbeiten können (sollten). Die Schüler sind also entsprechend ihres Ausbildungsstandes zur Zielerreichung in der Lage, sie benötigen keine „neuen" Kenntnisse und Erfahrungen, um die Aufgabe zu lösen. Solche Aufgabenformulierungen sind z. B. im Hinblick auf die Abschlussprüfung bezogen auf den jeweiligen Prüfungsteil durchaus denkbar. Die Bearbeitung wird hierbei in der Regel eine umfassende Pflegeplanung etc. beinhalten. Damit die Korrektur und Bewertung solcher fallbezogenen Aufgabenstellungen nachvollziehbar wird, ist eine dezidiert ziel- bzw. kriterienorientierte Fallkonstruktion erforderlich, die eine gewisse Eindeutigkeit der „Lösung" impliziert.

2. Die zweite Variante der fallbezogenen Leistungsmessung unterscheidet sich von der bereits beschriebenen insofern, als die eigentliche(n) Aufgabenstellung(en) als solche zusätzlich zur Fallbeschreibung formuliert sind. Dabei kann der Informationsteil der Aufgabe, also die Fallbeschreibung, durchaus identisch mit der unter (1) benannten Variante sein. Während bei letzterer die Lernenden in ihrer Bearbeitung relativ frei sind (natürlich unter der Prämisse, dass das implizierte Problem „gelöst" wird), stellt die fallbezogene Leistungsmessung mit expliziter Aufgabenformulierung eine stärkere Lenkung dar: Es können eine oder mehrere Aufgaben formuliert werden, mit denen bewusst verschiedene Lern-, also Handlungsbereiche und Anforderungsniveaus (Taxonomiestufen) „erfragt" werden. Dabei können Bearbeitungsschwerpunkte eines Falls gesetzt und ggf. auch „Randgebiete" angesprochen werden, die vielleicht nur indirekt mit dem spezifischen Fall zusammenhängen, aber ebenfalls zum notwendigen Repertoire einer umfassenden Handlungskompetenz gehören, wie bspw. physiologische oder krankheitsbildbezogene Hintergründe oder spezifische diagnostische Verfahren.

Beide beschriebenen Varianten haben ihren eigenen Stellenwert in einer fallbezogenen Leistungsmessung bzw. Prüfungsgestaltung.

Dabei ist die erste Variante, sofern eine gewisse problemhaltige Komplexitätsstufe gewährleistet ist, sicherlich die für die Lernenden anspruchsvollere Version, da sie den „Lösungsweg" selbst finden und auch strukturieren müssen. Diese Variante erscheint also durchaus im Kontext von Abschlussprüfungen sinnvoll, Bedingung dabei ist allerdings, dass das Problemorientierte Lernen mit entsprechenden Fallbearbeitungen fester Bestandteil der Ausbildung war und die Schülerinnen und Schüler sich auch in dieser Art der Aufgabenbearbeitung geübt haben.

Variante 2 kann eine solche ungelenkte Aufgabenbearbeitung vorbereiten, indem sie zeigt, welche Art von „Fragen" an die Lösung eines spezifischen Falls überhaupt gestellt werden können. Damit hat diese Variante nicht nur exemplarischen, sondern auch vorbereitenden und transferbildenden Charakter. Zudem ermöglicht sie eine vernetzte Überprüfung von „Wissen" aus verschiedenen Sach- und Handlungsbereichen.

Das folgende Beispiel einer fallbezogenen Leistungsmessung ist insofern zweifach zu verstehen: zum einen repräsentiert es in der reinen Darlegung des „Falls" von Herrn Maier Variante 1 einer möglichen fallbezogenen Aufgabe, indem es die Lernenden mit einer komplexen Pflegebedarfssituation konfrontiert, die von ihnen zunächst eigenständig analysiert werden muss, um dann zu einer geeigneten Interventionsplanung zu kommen; zum anderen kann die Bearbeitung durch gezielte Fragen, die sich sowohl auf bestimmte Sach- und Handlungsbereiche beziehen als auch in verschiedenen Stufen der kognitiven Taxonomie verankert sind, gelenkt werden. Hier das Beispiel sowie mögliche bearbeitungsleitende Fragen:

Fallbeispiel

Auf der internistischen Station 4 wurde heute Vormittag zum dritten Mal innerhalb weniger Monate Herr Maier eingeliefert. Herr Maier ist 81 Jahre alt, verwitwet und lebt alleine in einer Wohnung im Hause seiner Tochter. Vor einem Jahr wurde bei ihm ein Diabetes mellitus Typ II diagnostiziert, der seither mit einer Tablette Euglucon®, die Herr Maier morgens einnehmen soll, behandelt wird. Da die HbA_{1c}- Werte jedoch darauf hinweisen, dass der Blutzucker mit oralen Antidiabetika nicht zufriedenstellend einzustellen ist, hat der Hausarzt bereits vorgeschlagen, eine Insulin-Therapie zu beginnen. An Vorerkrankungen ist bei Herrn Maier eine arterielle Hypertonie bekannt, zudem besteht der Verdacht auf eine koronare Herzkrankheit.

Bei der Dienstübergabe an den Spätdienst berichtet die Stationsleiterin, Gesundheits- und Krankenpflegerin Martina Busch, dass Herr Maier von seiner Tochter somnolent aufgefunden wurde, als diese ihm die Tageszeitung bringen wollte. Der sofort herbeigerufene Notarzt stellte eine schwere Hypoglykämie fest. In der Klinik erhielt Herr Maier Glucose intravenös, und der Blutzucker befindet sich nun wieder im Normbereich. Frau Busch schildert ihren Eindruck, dass Herr Maier im Vergleich zu vorherigen Klinikaufenthalten zunehmend schlechter sieht. Außerdem ist ihr beim Entkleiden von Herrn Maier eine offensichtlich schon länger bestehende, stark gerötete und sezernierende Wunde am rechten Fußballen aufgefallen.

Mögliche Fragen (bei Variante „2" der Fallbezogenen Leistungsmessung)

1. Nennen Sie die Normalwerte für den Blutzuckerspiegel nüchtern und nach dem Essen.
2. Nennen Sie zwei Wirkstoffklassen oraler Antidiabetika und beschreiben Sie ihren Wirkmechanismus.
3. Beschreiben Sie die Faktoren, die zur Entstehung eines „Diabetischen Fußes" führen.
4. Unterscheiden Sie die Diabetes Typen I und II anhand ihrer Ursachen.
5. Nennen Sie die typischen Symptome bei einer Hypoglykämie bzw. beim hypoglykämischen Schock und erläutern Sie ihre Entstehung.
6. Sie erhalten den Auftrag, die Tochter von Herrn Maier hinsichtlich möglicher Akutkomplikationen des Diabetes mellitus zu beraten. Welche Informationen bezüglich der Ursachen und Symptome einer Hypoglykämie geben Sie ihr? Welche Maßnahmen empfehlen Sie im Falle der Hypoglykämie durchzuführen?
7. Sie erhalten den Auftrag, Herrn Maier bezüglich seiner Fußpflege zu beraten. Welche Maßnahmen empfehlen Sie ihm?
8. Vergleichen Sie die konventionelle Insulintherapie („Zwei-Spritzen-Therapie") mit der Intensivierten konventionellen Insulintherapie („Basis-Bolus-Therapie") und zeigen Sie Vor- und Nachteile der beiden Therapieformen für die betroffene Person auf.
9. Erstellen Sie einen Handlungsplan zur Injektion von Insulin mit Hilfe eines Insulin-Pens unter Berücksichtigung pflegerischer und hygienischer Aspekte.
10. Ein übergewichtiger Typ II- Diabetiker berichtet Ihnen zu seinen Ernährungsgewohnheiten Folgendes: *„Ich weiß ja, dass ich auf Kohlenhydrate aufpassen muss, aber ich esse doch so gerne Süßigkeiten. Deshalb kaufe ich auch nur spezielle Diabetiker-Süßigkeiten. Mit Brot und Brötchen bin ich sehr vorsichtig, die haben ja viele Broteinheiten. Da halte ich mich lieber an Lebensmittel ohne Kohlenhydrate. Wurst, Käse und Eier kann ich auch gut ohne Brot essen!"*
Frage: Wie beurteilen Sie diese Ernährungsgewohnheiten? Welche Ernährungsumstellungen würden Sie empfehlen und warum?

Das vorstehende Beispiel zeigt die potenziellen Variationen, Frage- und Aufgabenstellungen einer fallbezogenen Leistungsmessung auf. Werden spezifische Fragen/Aufgaben gestellt (Variante 2 der fallbezogenen Leistungsmessung) sind verschiedene Aufgabenformen möglich, so wie sie bereits unabhängig vom Fallbezug beispielhaft aufgezeigt wurden. Auch beim Fallbezug in der Aufgabenstellung gelten natürlich die Grundsätze der Verständlichkeit und präzisen Formulierung. Gleiches gilt für die zuzuordnenden Punkte für die Aufgabenbearbeitung und deren schließliche Bewertung in Noten.

9.1.4 Korrektur und Bewertung

Schriftliche Leistungsmessungen sollten grundsätzlich mit Hilfe eines Bepunktungsschlüssels korrigiert und bewertet werden, ansonsten sind Beurteilungsfehler nicht nur wahrscheinlich, sondern quasi vorprogrammiert. Zu bedenken ist hierbei insbesondere die Transparenz und die Vergleichbarkeit der Bewertungsergebnisse für den Schüler.

Wesentlich ist es, dass sich die Bepunktung nach dem Schwierigkeitsgrad der Aufgabenstellung und nach der Anzahl der Antwortbestandteile richten sollte. Für eine „Ein-Wort-Nennung" gibt es einen Punkt, enthält eine Definition z. B. drei wesentliche Aspekte bedeutet dies 3 Punkte bei vollständiger Beantwortung, ansonsten entsprechend weniger. Schwierig ist die Bepunktung von Kurzaufsatz-Aufgaben, aber auch hier kann ein genaues Eruieren der Antwortbestandteile helfen. Am kompliziertesten ist sicherlich die Erstellung eines Bepunktungsschlüssels für eine fallbezogenen Leistungsmessung ohne spezifische Aufgabenstellung (Variante 1). Hier hilft nur eine konsequente Orientierung an den „Zielen" der Fallkonstruktion, wie sie schon beim Problemorientierten Lernen aufgezeigt worden sind. Sind also z. B. die intendierten Pflegeprobleme erkannt (pro Problem, je nach Komplexitätsgrad, eine bestimmte Punktzahl), sind geeignete Maßnahmen formuliert (pro Maßnahme eine bestimmte Punktzahl), sind die gewählten Maßnahmen angemessen begründet (pro

Begründung eine bestimmte Punktzahl), stimmt die gewählte Reihenfolge bzw. Zuordnung der Maßnahmen, werden geeignete Evaluationsinstrumente benannt etc.

Auf jeden Fall, gleich um welche Aufgabenart es sich handelt, sollte der entsprechende Lehrer seine Aufgaben vor der Bepunktung immer selbst beantworten, um überhaupt einen handhabaren Bepunktungsmaßstab zur Verfügung zu haben.

Vorgehensweise

Nun zur konkreten Vorgehensweise bei Korrektur und Bewertung: Auszugehen ist, wie dargelegt, von einer bei der Konstruktion einer schriftlichen Arbeit vorzunehmenden Bepunktung der einzelnen Aufgaben nach den oben genannten Grundsätzen. Dabei sollte insbesondere für offenere Aufgabenformen, wie beim Kurzaufsatz und vor allem beim Fallbezug, von einer nicht zu kleinen Gesamtpunktzahl ausgegangen werden, um etwaige Beurteilungsfehler, die sich gerade bei dieser Aufgabenform immer ergeben können, im Hinblick auf die spätere Notengebung nicht allzu gravierend ausfallen zu lassen. Denn auch im bewussten Wissen um die Problematik kann auf diese Aufgabenformen auf keinen Fall verzichtet werden, denn (fast) nur so ist die Überprüfung auch anspruchsvoller und komplexer Lernleistungen unter handlungsorientierten Gesichtspunkten überhaupt möglich.

Ein weiterer, eigentlich noch vorbereitender Schritt im Hinblick auf Korrektur und Bewertung bezieht sich auf die Festlegung des Sockelwertes. Der Sockelwert ist derjenige Punktwert, der erreicht werden muss, damit eine Leistung noch „ausreichend" ist; er wird in der Regel mit einem Prozentrang bezeichnet, also z. B. 50, 60 oder 70 % der insgesamt zu erreichenden Punktzahl.

Gerade bei kriterienorientierter Beurteilung, wie sie an berufsbildenden Schulen vorrangig ist, wird der Sockelwert im Allgemeinen vor der Konstruktion und Durchführung einer schriftlichen Leistungsmessung festliegen und auch den Schülern bekannt sein. Der entsprechende Prozentrang sollte im Kollegium auf jeden Fall abgesprochen sein, damit es hier nicht zu ausgesprochenen „Ungerechtigkeiten" z. B. bezogen auf verschiedene Module kommt, bei Abschlussprüfungen ist der Sockelwert auch oftmals durch die übergeordnete Behörde vorgegeben.

Über die Höhe des Sockelwertes kann durchaus kontrovers diskutiert werden; für den Bereich der Pflegeberufe wie für den berufsbildenden Bereich insgesamt erscheint ein Wert von mindestens 60 % plausibel, denn es geht hier um ein Überprüfen von „Berufsfähigkeit", je nach Ausbildungsstand, also auch um die Aussage, ob der Schüler über wenigstens „ausreichende" Kompetenzen verfügt.

Im Hinblick auf die eigentliche Korrektursituation sollten folgende Aspekte Beachtung finden:
- die Korrektur sollte nicht unter Zeitdruck erfolgen,
- die Rahmenbedingungen sollten ein möglichst ungestörtes Arbeiten gewährleisten,
- sich selbst im Hinblick auf Vorurteile, Sympathie/Antipathie etc. gegenüber den Verfassern der einzelnen Arbeiten „disziplinieren",
- nicht in ermüdetem Zustand korrigieren,
- nicht zu viele Arbeiten hintereinander korrigieren, Pausen machen,
- Arbeiten bzw. einzelne Aufgaben ggf. mehrmals durchlesen.

Darüber hinaus kann es vorteilhaft sein, die einzelnen Aufgaben „quer" durch alle vorliegenden Arbeiten hindurch zu korrigieren, um so den unmittelbaren inhaltlichen Vergleich zu gewährleisten. Dies erübrigt sich bei weitgehend gebundenen Antwortarten (ankreuzen, nennen etc.).

Für die praktische Durchführung der Korrektur und Bewertung ist auf jeden Fall das Anlegen eines Auswertungsblattes sinnvoll, das Namen der Schüler, die Nummern der einzelnen Aufgaben mit den zu erreichenden Punktzahlen, ggf. Platz für Bemerkungen zu den einzelnen Aufgabenbeantwortungen sowie eine Spalte für die erreichte Gesamtpunktzahl und schließlich für die Endnote enthält. Handelt es sich um eine ausschließlich fallbezogene Leistungsmessung ohne spezifische fallbezogene Fragen/Aufgaben tritt an die Stelle der einzelnen Aufgabe der jeweils spezifische zielorientierte Aufgabenteil (z. B. Pflegeproblem „X" vollständig erfasst?). Das Auswertungsblatt könnte etwa nach dem Muster der **Abb. 9.6** gestaltet sein.

Im Hinblick auf die Umrechnung der Gesamtpunktzahl in Noten ist folgende Vorgehensweise sinnvoll:
- Festlegen des Prozentranges des Sockelwertes (ist Voraussetzung).
- Berechnen des Sockelwertes in Punkten, z. B. Gesamtpunktzahl = 80 Punkte = 100 %, Sockelwert = 60 % = 48 Punkte. Das heißt: Für eine noch „ausreichende" Leistung müssen mindestens 48 Punkte erreicht werden.
- Festlegen der einzelnen Punktintervalle für die Noten 1–4 in gleichen Abständen, dabei muss wegen der Rechenbarkeit (keine halben oder gar Viertelpunkte) die Punktzahl des Sockelwertes ggf. um einen Punkt verschoben werden. Für unser Beispiel bedeutet das: Sockelwert liegt bei 49 Punkten = 61 %, die Punktintervalle für die Noten

9 ■ Leistungen erfassen und bewerten

Namen der Schüler (alphabetisch)	erreichte Punktzahl	Nr. der Aufgabe und erreichte Punktzahl						Bemerkungen	Note
		1 (... P.)	2 (... P.)	3 (... P.)	4 (... P.)	5→n (... P.)	Gesamtpunktzahl		
1.									
2.									
3.									
4.									
5.									
6.									
7.									
8.									
9.									
10.									
11.									
12.									
13.									
14.									
15.									
16.									
17.									
18.									
19.									
20.									
21.									
22.									
23.									
24.									
25.									
26.									
27.									
28.									

Abb. 9.6 ▪ Muster eines Auswertungsblattes für die Korrektur schriftlicher Arbeiten.

1–5 betragen jeweils 8 Punkte, daraus ergibt sich folgende Notenskala:
- Note 1 = 80–73 Punkte,
- Note 2 = 72–65 Punkte,
- Note 3 = 64–57 Punkte,
- Note 4 = 56–49 Punkte,
- „Nicht bestanden" = 48–0 Punkte,

falls das „Nicht bestanden" in die Noten 5 und 6 differenziert wird, gilt:
- Note 5 = 48–41 Punkte,
- Note 6 = 40–0 Punkte.

Wesentlich ist, dass die Punktintervalle oberhalb des Sockelwertes gleich sind, denn sonst macht die Vergabe von Noten, die jeweils auch den gleichen rechnerischen „Abstand" zueinander haben, keinen Sinn. Eine vorgegebene Bewertungsnorm, die etwa den Prozentanteil der Schüler bezogen auf die einzelnen Notenstufen im vorhinein festlegt (z. B. die so genannte „Gaußsche Normalverteilung"), kann bei kriterienorientierter Beurteilung überhaupt kein Beurteilungsmaßstab sein, denn dies wäre gleichbedeutend mit einem Ignorieren der tatsächlichen Schülerleistungen: Wenn alle Schüler hervorragend vorbereitet sind und die Aufgaben entsprechend lösen, kann es kaum Sinn machen, gemäß einer „Normalverteilung" den Sockelwert so hoch zu „schrauben", dass auch „Fünfen" und „Sechsen" erteilt werden können; das gleiche gilt für den umgekehrten Fall bei insgesamt schwachen Leistungen (vgl. hierzu auch Becker, 2002, S. 57 ff.).

9.1.5 Rückgabe schriftlicher Leistungsmessungen

Die Erinnerungen vieler ehemaliger Schülerinnen und Schüler an die Rückgabe schriftlicher Leistungsmessungen sind mit allerlei Fragwürdigkeiten und Bauchgrimmen verbunden. Ohne ins Detail zu gehen, aber zweifelhafte Rituale spielen hier eine große Rolle. Das geht vom „Wartenlassen" über 30 Minuten im „Anblick" der Arbeiten vorn auf dem Lehrertisch, über spezifische Anordnungen und „Stapelbildungen" bei der Rückgabe bis hin zur Bloßstellung einzelner Schüler vor der gesamten Lerngruppe.

Ebenso wie bei der Vorbereitung und Durchführung der Leistungsmessung gilt auch bei der Rückgabe: Sachlichkeit und ein Besinnen auf den eigentlichen Zweck von Leistungsmessungen verbunden mit einem gewissen pädagogischen Einfühlungsvermögen sollten im Vordergrund stehen und nicht zweifelhafte Rituale. Im Einzelnen bedeutet das:
- eine angemessene Korrekturzeit einhalten,
- auf Rituale im obigen Sinne grundsätzlich verzichten,
- die Rückgabe als Lehr-Lern-Prozess gestalten, d. h. Lernlücken identifizieren, diese ansprechen, bestimmte Aufgaben entsprechend dezidiert besprechen,
- die Punktevergabe transparent machen,
- Schüler loben (auch diejenigen, die „kleine Schritte" geschafft haben),
- Lernhilfen für leistungsschwache Schüler anbieten bzw. Lerngruppen anregen,
- „Schülerproteste" bzgl. Punktzuordnung/Noten ernst nehmen, aber nicht unter Zeitdruck entscheiden (Arbeiten noch einmal zur Überprüfung mitnehmen).

9.2 Mündliche Leistungsmessung

An den Ausbildungsstätten für Pflegeberufe finden mündliche Leistungsmessungen im Wesentlichen im Rahmen der Examensprüfungen statt. Das bedeutet auch, dass es sich hierbei für die Schüler fast immer um eine außergewöhnliche, oftmals sehr angstbesetzte Situation handelt, weil sich ihre Erfahrungen mit dieser Prüfungsform höchstens auf die einige Jahre zurückliegende mündliche Abiturprüfung beziehen.

Dieses „mulmige Gefühl", wie es häufig von Prüfungskandidaten im Zusammenhang mit mündlichen Prüfungen beschrieben wird, ist allerdings auch nicht ganz unberechtigt, wenn man bedenkt, dass die Gefahr subjektiver Urteilsfärbungen bei dieser Art von Leistungsmessung doch relativ hoch ist. Die Ursachen hierfür liegen zumeist in fragwürdigen Vorgehensweisen seitens des Prüfers, die Angst machend wirken, an fehlenden oder mangelhaften Protokollen, aber auch an der Spezifität der Situation, in einem relativ kurzen Zeitraum eine Leistung erbringen zu müssen, deren „Ergebnis" in der Regel von großer Tragweite ist.

Trotz all dieser genannten Fährnisse hat die mündliche Leistungsmessung einen besonderen Stellenwert im Rahmen der möglichen Formen des Überprüfens von Lernleistungen: mündliche Leistungsmessungen ermöglichen es, in Form eines Prüfungsgesprächs gezielt und vertieft einzelne Lernbereiche in den Blick zu nehmen. Dabei kann durchaus die Individualität des Schülers, z. B. durch den Prüfungseinstieg mittels eines „Spezialgebietes" (gilt für die mündliche Abschlussprüfung weniger), aber auch durch die Möglichkeit des unmittelbaren Eingehen-Könnens auf die „Stärken" und „Schwächen" des Schülers berücksichtigt werden.

Voraussetzung hierfür ist aber zunächst einmal ein weitgehendes Bemühen um die Vermeidung aller – kalkulierbaren – Angst machenden Faktoren im Sinne einer Entritualisierung der Prüfungssituation. Dies kann grundsätzlich, ähnlich wie bei schriftlichen Leistungsmessungen, geschehen durch das Schaffen größtmöglicher Transparenz für die Schüler, gerade auch was den Verlauf der Prüfung angeht. Dazu gehören z. B. die „Spielregeln" der Prüfung, wie etwa Einstieg mit einem bestimmten Themenbereich (die APrV der Pflegeberufe sehen jeweils drei Themenbereiche/Lernfelder vor) oder einem Spezialthema, ob Fragen gelost bzw. gezogen werden, welche Hilfsmittel ggf. genutzt werden können, ob die Tafel etc. zur Verdeutlichung bestimmter Sachverhalte eingesetzt werden kann, wer der Zweitprüfer/Beisitzer/Protokollant sein wird etc.

Natürlich sollten auch die Themengebiete, die Gegenstand der Prüfung insgesamt sind, benannt, abgegrenzt und ggf. Einzelaspekte nochmals wiederholt werden. Hilfreich ist es auch, die Schüler zur Bildung von Arbeitsgruppen/Lerngemeinschaften anzuregen, in denen nicht nur gelernt, sondern die Prüfungssituation auch zur Vorbereitung simuliert werden kann. Dass die Schüler zudem informiert sind über den Zeitrahmen und die Praxis der Notenbekanntgabe ist ebenfalls selbstverständlich. Wichtig ist auch eine Transparenz über die Art der Aufgaben/Fragen. Potenziell sind vom Grundsatz her fast alle Aufgabenarten möglich, die auch bei schriftlichen Prüfungen gestellt werden können. Allerdings liegt die „Stärke" mündlicher Leistungsmessungen besonders in komplexeren Aufgabenstellungen, in denen Zusammenhänge und Begründungen dargelegt werden. Überaus sinnvoll erscheint besonders hinsichtlich der Abschlussprüfungen eine fallbezogene Vorgehensweise mit einer Auswahl entsprechend ergänzender Fragen, wie schon beispielhaft für die schriftliche Leistungsmessung dargelegt.

Darüber hinaus erscheint die Beachtung folgender **Überlegungen und Hinweise** sinnvoll (je nachdem, ob es sich um die Abschlussprüfung oder eine Leistungsmessung „zwischendurch" handelt, müssen einige der nachfolgenden Indikatoren entsprechend gewichtet werden):

- Es wird ein Zeitplan für die gesamte Prüfung erstellt, den einzelnen Schülern wird ihr individueller Prüfungszeitraum rechtzeitig bekannt gegeben, man lässt die Schüler nicht auf ihre Prüfung warten.
- Die Prüfung sollte in einem den Schülern bekannten Raum stattfinden, Lärmbelästigungen, Störungen (wie z. B. Telefon) sollten weitestgehend ausgeschlossen sein.
- Die Prüfung sollte in Form einer Einzelprüfung stattfinden (gilt ganz besonders für die Abschlussprüfungen), denn es geht um individuelle Leistungen; Gruppenprüfungen machen in dieser Hinsicht wenig Sinn, denn zum einen handelt es sich ja nicht um ein Gespräch innerhalb der Gruppe und zum anderen ist die Gefahr der Bevorteilung/Benachteiligung einzelner Schüler nicht auszuschließen oder sogar sehr wahrscheinlich, gerade wenn Fragen „weitergegeben" werden; hinzu kommt ein nicht zu unterschätzender sozialer Druck.
- Die Person und auch die Funktion des Zweitprüfers/Beisitzers/Protokollanten sollte den Schülern bekannt sein.
- Art und Umfang der Protokollführung werden vor der Gesamtprüfung zwischen Prüfer und Protokollant abgesprochen; das Protokoll sollte den Verlauf der Prüfung mit Fragen, Nachfragen, Qualität der Antworten nachvollziehbar machen.
- Etwaige notwendige Hilfsmittel, z. B. Modelle, Karten, Materialien sollten vor Beginn der Prüfung zusammengestellt werden.
- Nach Möglichkeit sollte der Einstieg in die Prüfung über ein selbstgewähltes Spezialgebiet des Prüflings erfolgen. Bei den Abschlussprüfungen sollte zumindest der Einstiegsthemenbereich benannt werden. Das trägt entscheidend zur Transparenz für die Schüler bei und beeinträchtigt in keiner Weise die „Objektivität".
- Die einzelnen Prüfungsthemen/-fragen sollten seitens des Prüfers klar und verständlich formuliert sein, evtl. auch in schriftlicher Form vorliegen (vor allem, wenn Fragen „gezogen" werden). Fallbeispiele sollten immer verschriftlicht werden und entsprechend vorliegen.
- Dem Prüfling sollte ausreichend Zeit zum Überdenken der Aufgabe gelassen werden; man lässt ihn zunächst im Zusammenhang sprechen, unterbricht ihn nicht laufend durch Fragen.
- Der Prüfer sollte dem Schüler die Zeit lassen, sich „warmzulaufen", d. h. auch nicht so elaborierte Ausdrucksgestaltung sollte wohlwollend auf den inhaltlichen „Kern" überprüft werden.
- Dem Schüler sollte die Gelegenheit gegeben werden, das Thema nach seinen Gliederungskri-

terien etc. darzustellen; der Prüfer sollte hier eine gewisse Flexibilität haben und auch zeigen (soweit sachlich in Ordnung).
- Zusatzfragen müssen präzise formuliert werden, der Prüfer muss entsprechend vorbereitet sein.
- Man sollte den Schüler durch Blicke, Gesten ermuntern; kein „strafender" oder bewusst missbilligender Gesichtsausdruck; dem Schüler sollte signalisiert werden, dass persönliches Interesse an einer guten Prüfungsleistung besteht.
- Gerät der Prüfling ins Stocken oder kommt es zu einem so genannten Blackout, führt man den Schüler behutsam und mit Einfühlungsvermögen wieder zur „Prüfungsfähigkeit" (Metakommunikation), ggf. beginnt man ein neues Thema; gelingt dies auch trotz intensiven Bemühens nicht, wird die Prüfung beendet und die bis zum Abbruch der Prüfung erbrachte Leistung daraufhin sorgfältig geprüft, ob ggf. ein Bestehen der Prüfung dennoch möglich ist.
- Man sollte sich im Verlauf der Gesamtprüfung an den festgelegten Zeitrahmen halten, Schüler spüren offensichtlichen oder versteckten Zeitdruck sehr deutlich.
- Schließlich sind Prüfungen keine Selbstdarstellung des Prüfers; die kurze und wertvolle Prüfungszeit gehört den Schülern, Prüfungen sind keine Unterrichtsstunden.

Die vorstehenden Aspekte sind eine Zusammenstellung unterschiedlichster Gesichtspunkte, die für die Durchführung mündlicher Leistungsmessungen von Bedeutung sind. Ergänzt um klare Absprachen im Team hinsichtlich der Benotung mündlicher Leistungsmessungen können sie dazu beitragen, auch diese Art von Prüfungen überschaubar, in menschlicher Atmosphäre und im Sinne einer wohlwollend-leistungsfördernden Haltung gegenüber dem Schüler zu gestalten.

9.3 Beurteilung im klinischen Unterricht und in der praktischen Anleitung

In Kapitel 8 dieses Buches (S. 165) wurden im Zusammenhang mit dem Klinischen Unterricht und der praktischen Anleitung Fragen der Beurteilung praktischer Leistungen schon mehrmals angesprochen. Dieses Kapitel kann sich daher auf zwei wesentliche Aspekte dieser Thematik beschränken, nämlich das Erstellen und Anwenden geeigneter Beobachtungs- und Beurteilungsinstrumente zum Erfassen praktischer Leistungen sowie die Situation des „Feedbacks", also der Rückmeldung und Reflexion an und mit dem Schüler. Grundsätzlich gelten im Hinblick auf Vorbereitung und Durchführung auch dieser Art von Leistungsmessung die entsprechenden Ausführungen zur schriftlichen bzw. mündlichen Leistungsmessung im übertragenen und modifizierten Sinne, das gilt insbesondere auch für alle Fragen der Transparenz im Zusammenhang mit einer geplanten Leistungsmessung.

9.3.1 Beobachtungs- und Beurteilungsinstrumente

Generell stellt sich bei jeder Beurteilung praktischer Leistungen das „Problem", dass es sich hierbei um mehrdimensionale Leistungen handelt. Das heißt, neben dem Überprüfen der unmittelbaren Fertigkeiten (psychomotorisch) geht es auch um den für das praktische Handeln verfügbaren Theorierahmen sowie um entsprechende Verknüpfungsleistungen (kognitiv) und ebenso um die Einstellung, die Haltung, die Motivation, das Verantwortungsbewusstsein etc., mit denen ein Schüler eine solche Situation „bewältigt". Ein weiterer Gesichtspunkt der Beurteilung ist die Orientierung an den Handlungslogiken einer entsprechend kompetent durchgeführten Pflegehandlung, wobei dem Grad der Komplexität dieser Handlung eine besondere Bedeutung zukommt.

Gerade auch unter dem zuletzt genannten Gesichtspunkt sind „Pauschalbeurteilungen" über die praktischen Leistungen von Schülern innerhalb eines längeren Zeitraumes insofern problematisch, als sie zwangsläufig zu Mittelwertbeurteilungen führen müssen („manchmal", „meistens", „oft", etc.), die nichts wirklich Qualitatives über das tatsächliche Leistungsvermögen eines Schülers in konkreten Situationen aussagen.

Empfehlenswert erscheint daher eine differenzierte Bewertungspraxis, die sich zum einen auf die Durchführung einzelner Pflegehandlungen entsprechend der jeweiligen curricularen Vorgaben bezieht und zum anderen auf die Beurteilung der Lernenden im Gesamtkontext eines bestimmten praktischen Einsatzes, ohne dabei auf spezifische Pflegehandlungen einzugehen. Erst eine solche Vorgehensweise ist in der Lage, in der Summe ein entsprechendes Lernprofil des Schülers zu zeichnen, ihm eine angemessene und kriterienorientierte Rückmeldung zu geben und vor allem auch Lernvereinbarungen im Sinne seiner individuellen Förderung zu treffen. Dies alles geht nicht ohne entsprechende Beobachtungs- und Beurteilungsinstrumente, die jeweils auf das Bewertungsziel hin konzipiert sind.

Handlungsbewertungslisten

Für die Beobachtung und Beurteilung einzelner Pflegehandlungen bietet sich der Einsatz von Handlungsbewertungslisten an. Diese sind abgeleitet aus den Handlungsplänen, die bereits im Kontext des praktischen bzw. klinischen Unterrichts und der Praxisanleitung vorgestellt wurden. Diese Handlungspläne werden durch Ankreuzmöglichkeiten ergänzt, in denen zum Ausdruck kommt, ob die einzelnen Schritte „Richtig", „Falsch" oder gar nicht durchgeführt wurden bzw. ob sie ggf. nicht erforderlich waren. Es ergibt sich so für jede beobachtete Pflegehandlung ein eindeutiges Bewertungsprofil, es können Lernvereinbarungen zur Verbesserung einzelner Schritte getroffen werden, und in der Summe der Bewertungsprofile können auch Aussagen gemacht werden zur pflegerischen Handlungskompetenz eines Lernenden in Bezug auf eine bestimmte Anzahl von Pflegehandlungen bzw. über einen bestimmten Zeitraum.

Abb. 9.7 zeigt eine solche Handlungsbewertungsliste im Hinblick auf das Messen des Blutdrucks.

Grundsätzlich können solche Handlungsbewertungslisten für jede Pflegehandlung erstellt wird, unabhängig davon, ob diese einfach oder eher komplex ist. Der Grad der Komplexität drückt sich dabei u. a. in der Quantität der einzelnen Handlungsindikatoren aus. Sinn macht der Einsatz von Handlungsbewertungslisten aber nur, wenn zuvor auch entsprechende Handlungspläne erstellt wurden und diese die Basis der jeweiligen Anleitung/ des Unterrichts waren.

Hinsichtlich der Bewertung sollten mindestens 80 % der möglichen Handlungsindikatoren richtig durchgeführt worden sein, um die Aussage treffen zu können, dass ein Schüler die Handlung insgesamt beherrscht. Eine Umrechnung in Noten macht hier wenig Sinn und wäre auch von der Sache her nur zu differenzieren auf die „Leistungen" zwischen 80 und 100 %, denn alles, was im Prozentrang weniger ist, kann aus einer verantwortlichen Blickweise nicht mehr als „ausreichend" gelten, weil unmittelbare Schäden für den Patienten drohen. Hierin liegt auch der Unterschied in der Benennung des Sockelwertes zwischen schriftlicher und praktischer Leistungsmessung begründet.

Beurteilungs- und Förderbögen

Hinsichtlich einer zeit- bzw. stations-/abteilungsbezogenen Beurteilung der Lernenden, die insbesondere auch die sozialen und personalen Komponenten der Handlungskompetenz berücksichtigt, bietet sich die Arbeit mit einem so genannten Beurteilungs- und Förderbogen an. Dieser differenziert die einzelnen Beurteilungsbereiche, operationalisiert sie in beschreibbare Indikatoren, bietet Bewertungsmöglichkeiten von „immer" bis „nie" an und fordert entsprechende qualitative Begründungen ein. Es entsteht so ein Instrument, das auf der einen Seite leicht handhabbar und übersichtlich ist und zudem vergleichbare Bewertungsraster anbietet, das aber gleichzeitig eine entsprechend durchdachte Begründung der Bewertung einfordert. Ein solches Instrument sollte die Basis für fest zu vereinbarende Zwischen- und Abschlussgespräche hinsichtlich eines bestimmten Einsatzes bilden. Es ermöglicht eine kriterienorientierte Rückmeldung an die Lernenden und fördernde Lernvereinbarungen. Es ermöglicht im „worst case" aber auch, dem Lernenden eine klare und begründete Rückmeldung zu geben, warum bspw. seine Sozialkompetenz nicht den Anforderungen entspricht, die an eine Pflegeperson gestellt werden müssen, damit von einer „guten" Pflege gesprochen werden kann.

Abb. 9.8 stellt den Vorschlag eines solchen Beurteilungs- und Förderbogens dar. Sinnvolle Ergänzungen und Änderungen sind selbstverständlich möglich.

Hinzuweisen ist zur Konstruktion bzw. zum Gebrauch des Bogens noch darauf, dass bewusst eine Viererskalierung in der Bewertung gewählt wurde, um Mitteltendenzen in der Bewertung zu vermeiden (vgl. Beurteilungsfehler, S. 176)

Handlungsbewertungsliste Blutdruck

Unblutige, indirekte Blutdruckmessung: Auskultatorische Methode am Oberarm

Allgemeines

- Der pflegebedürftige Mensch befindet sich im Ruhezustand.
- Bei Verlaufskontrollen immer unter gleichen Bedingungen messen: entweder im Liegen oder im Sitzen oder im Stehen.
- Ausschalten von Fehlerquellen, z. B.
  - bei Wiederholungsmessung Manschette immer vom Arm Arm lösen, luftleer machen und erneut anlegen
  - laute Umgebungsgeräusche ausschalten
- Bei venösen oder arteriellen Gefäßzugängen, einem Shunt oder Lymphödem darf an dem betreffenden Arm kein Blutdruck gemessen werden.

Handlungsbewertungsliste Der/die Lernende:	R	F	ND	NE
01. richtet die Materialien: – geeichtes Blutdruckmessgerät mit Manschette passender Breite – Stethoskop – Dokumentationssystem – Stift	☐	☐	☐	☐
02. führt die hygienische Händedesinfektion durch	☐	☐	☐	☐
03. informiert die Person alters- und situationsgerecht über Zweck und Vorgehensweise	☐	☐	☐	☐
04. nützt die Möglichkeiten zur rückenschonenden Arbeitsweise	☐	☐	☐	☐
05. entfernt beengende Kleidung am Oberarm und lagert diese in Herzhöhe	☐	☐	☐	☐
06. legt die Blutdruckmanschette luftleer und straff am Oberarm oberhalb der Ellenbeuge an	☐	☐	☐	☐
07. beachtet, dass ableitende Schläuche nicht unmittelbar in der Ellenbeuge liegen und nicht abknicken	☐	☐	☐	☐
08. schließt das Ventil des Blutdruckapparates	☐	☐	☐	☐
09. tastet den Radialispuls	☐	☐	☐	☐
10. füllt die Manschette mit dem Aufblasballon bis der Manschettendruck den arteriellen Druck erreicht hat (Radialispuls ist nicht mehr tastbar)	☐	☐	☐	☐
11. steckt die Ohr-Oliven des Stethoskops ins Ohr	☐	☐	☐	☐
12. legt die Membran des Stethoskops auf die Arteria brachialis und fühlt dabei den Radialispuls	☐	☐	☐	☐
13. erhöht den Manschettendruck um ca. 30 mm Hg	☐	☐	☐	☐
14. lässt durch vorsichtiges Öffnen des Ventils Luft aus der Manschette mit einer Ablassgeschwindigkeit von ca. 2 – 5 mm Hg/Sek.	☐	☐	☐	☐
15. achtet auf pulssynchrone Strömungsgeräusche	☐	☐	☐	☐
16. liest den systolischen Wert am Manometer ab, sobald der erste Ton hörbar wird	☐	☐	☐	☐
17. entleert weiter die Manschette mit beschriebener Ablassgeschwindigkeit	☐	☐	☐	☐
18. liest beim letzten Ton bzw. beim deutlich leiser werden der Töne den diastolischen Wert ab	☐	☐	☐	☐
19. lässt die Restluft aus der Manschette	☐	☐	☐	☐
20. entfernt die Manschette	☐	☐	☐	☐
21. teilt das Ergebnis nach vorheriger Rücksprache mit dem Arzt mit	☐	☐	☐	☐
22. sorgt für die Umgebung der Person	☐	☐	☐	☐
23. desinfiziert die Hände	☐	☐	☐	☐
24. dokumentiert den Wert	☐	☐	☐	☐
25. leitet Auffälligkeiten sofort an den Arzt oder die zuständige Pflegeperson weiter	☐	☐	☐	☐
26. bereitet die Geräte, einschließlich der Reinigung der Ohr-Oliven, für weitere Messungen unter den entsprechenden Hygienevorschriften auf	☐	☐	☐	☐
Gesamt				

Name:

Datum:

R = Richtig   F = Falsch   ND = Nicht durchgeführt   NE = Nicht erforderlich

Abb. 9.7 • Handlungsbewertungsliste Blutdruck.

Beurteilungs- und Förderbogen					
Zwischengespräch			**Abschlussgespräch**		
	immer	häufig	selten	nie	Begründung
1. Kritikfähigkeit					
• kann konstruktive Kritik annehmen					
• erkennt eigene Schwächen und arbeitet daran					
• strebt danach, eigene Arbeitsergebnisse zu verbessern					
• kontrolliert eigene Arbeitsergebnisse					
2. Initiative und Engagement					
• fragt bei Unklarheiten nach					
• erkennt Aufgaben aus eigenem Antrieb und führt diese durch					
• ist bereit, Neues aufzunehmen und umzusetzen					
• erkennt und berücksichtigt bereichübergreifende Zusammenhänge					
• erkennt Notwendigkeiten, setzt Prioritäten					
• wirkt bei gemeinsam zu leistenden Arbeiten mit					
• macht Vorschläge zur Verbesserung der Arbeitsabläufe					
• vertritt eigene Meinung					
3. Pünktlichkeit					
• erscheint pünktlich zum Dienst					
• hält Pausenzeiten ein					
4. Zuverlässigkeit					
• meldet sich bei Krankheit ordnungsgemäß ab					
• hält Zeiten und Absprachen ein					
5. Flexibilität und Belastbarkeit					
• kann sich auf veränderte Situationen einstellen					
• zeigt Ausdauer und Stetigkeit bei der Arbeit					
6. Verantwortungsbewusstsein					
• leitet Auffälligkeiten umgehend weiter					
• verschafft sich Überblick und holt Informationen ein					
• erkennt sachdienliche Informationen und richtet sich danach					
• leitet Informationen korrekt und schnell weiter					
• geht rationell und umweltfreundlich mit Arbeitsmaterialien um					
7. Äußeres Erscheinungsbild					
• ist nach den Richtlinien des BG gekleidet					
• hält Hygienevorschriften ein					
• ist äußerlich gepflegt					
8. Freundlichkeit, Höflichkeit und Aufgeschlossenheit in Bezug auf pflegebedürftige Menschen/Angehörige					
• nimmt Anliegen pflegebedürftiger Menschen ernst					
• geht diskret mit vertraulichen Angelegenheiten bzw. Informationen um					
• geht von sich aus auf pflegebedürftige Menschen zu					
9. Freundlichkeit, Höflichkeit und Aufgeschlossenheit in Bezug auf Kolleginnen (aller Berufsgruppen)					
• steht als Gesprächspartner zur Verfügung					
• geht von sich aus auf andere zu					
• verhält sich offen und fair					
10. Kooperation					
• ist zur Zusammenarbeit bereit					
• arbeitet mit Kollegen und Vorgesetzten zusammen					

Abb. 9.8 • Beurteilungs- und Förderbögen ermöglichen eine kriterienorientierte Rückmeldung an die Lernenden und fördern Lernvereinbarungen.

9.3.2 Die Gestaltung des „Feedbacks"

Die schließliche Effektivität einer praktischen Anleitung, eines klinischen Unterrichts und der entsprechenden Beurteilung steht und fällt für den Schüler mit der Qualität des Feedbacks, also der Rückmeldung, die er durch den Lehrer über seine „Leistung" erfährt.

Dabei kommt es darauf an, dass dieses Feedback ebenso kriterienorientiert erteilt wird, wie die Beobachtung vollzogen wurde. Die beschriebenen Beurteilungsinstrumente bilden hierfür die Basis.

Folgende Aspekte sollten im Einzelnen beachtet werden. Auch hier ist jeweils wieder entsprechend zu gewichten, je nachdem, auf welchen Beurteilungsbereich sich das Feedback bezieht:

- Der Schüler sollte, wenn er es wünscht, immer die Möglichkeit haben, zu Beginn des Gesprächs seine Einschätzung der Situation darzulegen; dies darf allerdings nicht zum „Muss" für den Schüler werden, eine Reflexion ist auch an späterer Stelle noch möglich.
- Der Lehrer/Praxisanleiter begegnet dem Schüler grundsätzlich mit Wertschätzung und angemessener Achtung, er formuliert keine „Charakterurteile", verfährt aber auch hinsichtlich seiner Kritikpunkte deutlich und nicht beschönigend.
- Dem Schüler sind die verwendeten Beurteilungsinstrumente bekannt, sie wurden entsprechend im Unterricht etc. eingeführt.
- Das Gespräch orientiert sich an den Gliederungspunkten des verwendeten Beurteilungsbogens bzw. anderer – ergänzender – Instrumente.
- Der Schüler erhält Einsicht in die schriftlichen Beurteilungsunterlagen des Beurteilenden, z. B. eine Kopie des ausgefüllten Beurteilungsbogens.
- Der Lehrer/Praxisanleiter begründet seine jeweils getroffenen Beurteilungsentscheidungen, ggf. mit entsprechendem Theoriebezug.
- Der Lehrer/Praxisanleiter erläutert dem Schüler dessen Leistungen sachbezogen, d. h. nicht mit „gut" oder „schlecht", sondern in qualitativer Differenzierung.
- Der Schüler hat die Möglichkeit zu Nachfragen, es wird ggf. ein weiterer Gesprächstermin vereinbart.
- Der Lehrer/Praxisanleiter verhält sich insofern lerndiagnostisch, als er gezielte Hinweise zur Verbesserung einzelner Leistungsaspekte gibt bzw. Lernwege aufzeigt.
- Der Lehrer/Praxisanleiter macht dem Schüler Mut, sich auch erneut auf für ihn schwierige Situationen einzulassen.
- Der Lehrer/Praxisanleiter ist ggf. auch konsequent im Hinblick auf die Darlegung mangelnder Sozial- oder Personalkompetenz.

Wird von den Lehrenden und Praxisanleitern entsprechend verfahren, verlieren Feedbacksituationen ihren möglicherweise angstbesetzten Charakter und gewinnen dafür eine hohe qualitätssichernde bzw. anbahnende Funktion im Gesamtkonzept der Ausbildung. Praktische Leistungsmessungen, die entsprechend durchdacht und „hochwertig" vorbereitet, durchgeführt und ausgewertet werden, erhalten so einen besonderen Stellenwert, denn sie orientieren sich mehr noch als schriftliche und mündliche Leistungsmessungen unmittelbar am pflegerischen Handeln, sind also in einer privilegierten Art und Weise handlungsorientiert.

10 Statt eines Schlusswortes: Schulentwicklung tut Not!

Überblick

10.1 Begriffsannäherung · 195

10.2 Handlungsfelder der Schul- und Lernortentwicklung · 196
10.2.1 Zielrichtungen des schul- und lernortbezogenen Qualitätsmanagements · 196

10.3 Zum Selbstverständnis einer „lernenden Organisation" · 198
10.3.1 Zielorientierung, Dynamik und Partizipation als Bestimmungsfaktoren einer lernenden Organisation · 198

10.4 Prozessgestaltung · 199
10.4.1 Der Anlass · 199
10.4.2 Zielsetzung · 200
10.4.3 Ist-Analyse · 201
10.4.4 Programm und Prozessgestaltung · 201
10.4.5 Evaluationskonzept · 201

Die Veränderungen an und mit den Schulen im Zuge der neuen gesetzlichen Regelungen für die Ausbildungen in den Pflegeberufen sind so komplex und zugleich differenziert, dass in den meisten Fällen (Schulen) umfassende Reformvorhaben, die zum Teil nahe an die Substanz der Schulen gehen, notwendig sind.

Allerdings stecken in diesen Anforderungen auch enorme Chancen der Qualitätsentwicklung und des Qualitätsmanagements der Ausbildungseinrichtungen. Es handelt sich dabei um klassische Handlungsfelder und -aufgaben so genannter Schul- und Lernortentwicklungsprozesse.

10.1 Begriffsannäherung

„Schulentwicklung" ist zunächst nichts mehr als ein formaler Begriffsrahmen für zu initiierende und damit eine Entwicklung anstoßende vielfältige, langfristige und differenzierte Prozesse, die sich auf das gesamte Bedingungs- und Gestaltungsfeld schulischen Lehr-Lern-Geschehens bezieht. Oder, um auf eine **Definition** zurückzugreifen:

D *„Schulentwicklung umfasst einen bewusst vorangetriebenen, langfristigen, an definierten Zielen und Methoden orientierten Prozess einer gemeinsam getragenen Weiterentwicklung der verschiedenen Handlungsfelder von Schule" (Spürk, 1999, S. 17).*

Bedeutungsspektrum des Begriffs „Schulentwicklung". Diese Definition von Dorothee Spürk in ihrer von mir betreuten Diplomarbeit an der Katholischen Fachhochschule Mainz steckt auf verständliche und zugleich umfassende Art das Bedeutungsspektrum des Begriffs „Schulentwicklung" ab:
1. handelt es sich nicht um einen zufälligen Prozess, sondern um ein gewolltes Programm,
2. verfolgt dieses Programm klar formulierte Ziele und orientiert sich bei deren Verfolgung an anerkannten methodischen Settings,
3. ist das Programm nicht auf kurzfristige Erfolge, sondern auf Langfristigkeit und Nachhaltigkeit angelegt,
4. wird das Programm von allen Mitgliedern der Institution angestrebt und verfolgt und nimmt seinen Beginn an einem gemeinsam erfahrenen und in seinem Qualitätsniveau beurteilten Ausgangspunkt und

5. schließlich ist es auf verschiedene Handlungsfelder von Schule ausgerichtet und zwar insofern, als hier nicht beliebig Entwicklungsbereiche ausgewählt werden können, sondern der Begriff „Schulentwicklung" nur trägt, wenn das Zusammenspiel von Handlungsfeldern Berücksichtigung findet.

Für all die Bereiche, in denen nicht nur rein schulisch ausgebildet wird, sondern auch der Berufspraxis Ausbildungsaufgaben in Abstimmung mit den schulischen Bildungsanteilen zukommen, muss der Begriff der Schulentwicklung erweitert werden um die Dimension der Entwicklung der entsprechenden, zumeist betrieblichen, Lernorte. In beiden Bereichen gilt es, die angesprochenen Handlungsfelder eines umfassenden Entwicklungsprozesses zu identifizieren und als Entwicklungsdimensionen zu gestalten. Dabei lassen sich in einem ersten Ordnungsversuch der vielfältigen Handlungsfelder diese in *pädagogische und institutionelle Zieldimensionen* des Qualitätsmanagements unterscheiden, wobei, insbesondere im pädagogischen Kontext, immer beide Blickrichtungen, das Lehren und das Lernen Berücksichtigung finden müssen.

Zusammengefasst lässt sich also in einer ersten Annäherung an das Selbstverständnis und die Konzeption eines professionellen Prozesses der Schul- und Lernortentwicklung feststellen:

M *Schul- und Lernortentwicklung gelingt nur über ein vernetztes institutionelles und pädagogisches Qualitätsmanagement des Lehrens und Lernens.*

10.2 Handlungsfelder der Schul- und Lernortentwicklung

Die einschlägige Fachliteratur zum Thema Schulentwicklung bietet eine Vielzahl von Vorschlägen zur Differenzierung von entwicklungsrelevanten Handlungsfeldern an. Einer der nachvollziehbarsten und zugleich übersichtlichsten ist dabei sicherlich das Strukturierungsangebot von Miller und Posse (1998) mit den Feldern:
- Person,
- Unterricht,
- Organisation,
- Beziehungen.

Bezogen auf die berufliche Bildung, und damit auch auf Prozesse in den Ausbildungsgängen der Pflegeberufe, müssen alle vier Felder zumindest zweidimensional betrachtet werden, nämlich bezogen auf Schule und Betrieb und mit jeweiligen Spezifizierungen, wie etwa der Ergänzung des Begriffs „Unterricht" durch das Aktionsfeld des betrieblichen Lehrens und Lernens in der Anleitungssituation ebenso wie in den gewonnenen Erfahrungen „by Job".

Orientieren wir uns an den benannten vier Feldern, die so oder so ähnlich bei einer Vielzahl von Autoren (Klippert, 2000 oder Klafki, 2002) unterschieden werden, zeichnen sich vier klare Zielrichtungen entsprechender Entwicklungsprozesse ab. Dabei sind Affinitäten zu den Ausführungen in den vorangehenden Kapiteln dieses Buches nicht zufällig, sondern liegen in der „Natur der Sache":

10.2.1 Zielrichtungen des schul- und lernortbezogenen Qualitätsmanagements

1. Kompetenzentwicklungsprozesse bei allen am Ausbildungsprozess beteiligten Personen. Das sind nicht nur Lehrer und Schüler, sondern z. B. auch Praxisbegleiter, Praxisanleiter, aber ggf. auch Pflegedienstleitungen, Stationsleitungen und andere Personengruppen. Selbstverständlich wird der Schwerpunkt und auch die „Chance der Beeinflussbarkeit" vermehrt bei den unmittelbaren Akteuren liegen. Die Kompetenzentwicklungsprozesse müssen umfassend verstanden werden und beziehen sich sowohl auf Fach- und Methodenkompetenz, also die persönliche theoretische und praktische Berufsfachlichkeit, aber auch auf die individuelle Entwicklung von im Rahmen beruflichen Handelns leitenden persönlichen Eigenschaften und Haltungen und schließlich natürlich auf die Fähigkeit, mit den anderen Akteuren auf fachlich und sozial angemessene Art und Weise in Interaktion zu treten.

So abstrakt und umfänglich dies alles klingt, so unmittelbar praktisch und folgenreich ist es: Mangelnde Kompetenz bzw. Performanz, gleich in welchem der genannten Bereiche, hat fast zwangsläufig immer ein Minus an Qualität, zumindest an einem Optimum von Qualität gemessen, zur Folge und kann im Rahmen eines Ausgleichs der Kompetenzbereiche nur bedingt kompensiert werden, dies gilt auch für die Kompensation durch andere Personen aus dem Team.

2. Qualitätsentwicklungsprozesse im Hinblick auf Planung, Durchführung und Auswertung von theoretischem und praktischem Unterricht sowie betrieblichen Unterrichts- und Anleitungssituationen. Hierzu gehören alle einschlägigen Fragen und Komponenten der Didaktik, einschließlich curricularer und fachdidaktischer Aspekte sowie die Gestaltung von Erfolgskontrollen und Leistungsmessungen. Aktuell sind es in den Pflegeberufen sicherlich das Lernfeldkonzept und die entsprechend umzusetzenden Lehrplanvorgaben, die hier im Zentrum der Überlegungen stehen. Die Abkehr von Fächern, die handlungsorientierte Strukturierung von Vermittlungsprozessen, eine Neukonzeption betrieblicher Ausbildungsanteile sind dabei wesentliche Stichworte. Auf den ersten Blick stehen hier sicherlich neben curricularen methodische Qualitätsbereiche im Vordergrund, so wie etwa die Optimierung von Anteilen selbstgesteuerten, problemorientierten Lernens in all den einschlägigen didaktischen Varianten von Projektunterricht über Problemorientiertes Lernen bis hin zum Lernen an Stationen im praktischen Unterricht oder einer –zumindest Annäherung – an die Prinzipien der im angelsächsischen Bereich unter dem Begriff „Skill-Lab" bekannten Lernsettings zur möglichst eigenständigen, aber optimal betreuten Verbesserung der praktischen Fähigkeiten. Dass diese eher methodischen Qualitätsbereiche allerdings erst Ergebnisse kompetenter didaktischer Planungsprozesse sein können, die nicht einfach wahllos bzw. nach dem Prinzip der Abwechslung in die methodische „Rezeptkiste" greifen, sondern begründete und lerngruppenbezogene Planungsentscheidungen treffen, dürfte für professionell denkende Lehrerinnen und Lehrer eine Selbstverständlichkeit sein. Deutlich wird dabei auch die enge Affinität zu den bereits benannten Kompetenzentwicklungsprozessen bei allen Beteiligten sowie zu den noch zu erläuternden Prozessen im Zusammenhang von Organisation und Gestaltung von Schulbeziehungen nach innen wie nach außen (vgl. zusammenfassend Klippert, 2000 oder Horster/Rolff, 2001).

3. Schul- und Lernort-bezogene Organisationsentwicklungsprozesse im Sinne der Gestaltung und Optimierung von Rahmenbedingungen des Lehrens und Lernens. Hier geht es vornehmlich um die Identifikation, Analyse und Steuerung von Strukturelementen und deren Zusammenhängen. Dazu gehören Aspekte von Führung, Kooperation und Kommunikation innerhalb der Organisation Schule und mit Blick auf schulrelevante Bereiche in der Gesamtorganisation Betrieb ebenso wie Fragen der Personalentwicklung, der gesamten Schul- und Ausbildungsverwaltung sowie der Gestaltung von Entscheidungsprozessen. Wesentlich dabei ist, dass Strukturen kein Selbstzweck sind, sondern als Bedingungs- und Gestaltungsrahmen der eigentlichen Aufgabe von Schule, nämlich der Optimierung von Lehr-Lernprozessen dienen (Buhren/Rolff, 2002).

4. Beziehungsbezogene Qualitätsentwicklungsprozesse im Sinne eines Umfeld-nutzenden und Umfeld-gestaltenden Transfers. Schule und Ausbildung geschehen nicht im luftleeren Raum, sie sind vielmehr Umfeld-bezogen, und zwar in erster Linie als Vorbereitung und damit Qualitätsgewährleistung auf bzw. für eine kompetente und verantwortliche Berufsausübung. Pflegeschulen, ebenso wie alle anderen berufsbildenden Ausbildungsstätten brauchen daher den engen Konnex sowohl zur Berufspraxis als auch zu Institutionen und Organisationen der Fachwissenschaft. Dabei geht es nicht ausschließlich um die so genannte Marktorientierung, sondern vornehmlich um die Mitgestaltung einer kontinuierlichen Theorie- und Praxisrevision mit Blick auf die Zukunftsfähigkeit zu vermittelnder Kompetenz. Ausbildungsstätten können sich in diesem Sinne durchaus als Kompetenzzentren qualitativ hochwertiger Pflegepraxis verstehen, dürfen sich dann aber auch einer wohlverstandenen kritischen Begleitung durch das fachbezogene Umfeld nicht entziehen.

Soweit eine erste, den Rahmen der Zielrichtungen schul- und lernortbezogenen Qualitätsmanagements zeichnende Übersicht über die Handlungsfelder entsprechender Entwicklungsprozesse. Eines ist damit bereits deutlich geworden: Es ist zwar möglich, die Handlungsfelder jeweils mit ihren Schwerpunkten und Aktionsrichtungen zu umschreiben und damit auch zu akzentuieren, spätestens aber, wenn es darum geht, inhaltsspezifische Entwicklungsprogramme zu initiieren, wird deutlich, dass es sich hier „wieder einmal" um sehr komplexe und eng miteinander verwobene Strukturelemente handelt, die zwar analytisch gedacht werden können, aber nur dann wirksam „bewegt" werden können, wenn die Strukturzusammenhänge nicht außer Acht gelassen werden. Die Aspekte von Person, Unterricht, Organisation und Beziehungen können also, wenn Nachhaltigkeit in der Veränderung angestrebt wird, nicht isoliert angegangen werden, es muss zu einem umfassenden Entwicklungskonzept kommen, dass man wohl am ehesten mit dem Begriff der „lernenden Organisation" umschreiben kann.

M *Die Vermittlungsqualität schulischer und betrieblicher Ausbildung korreliert unmittelbar mit dem Selbstverständnis der Lernorte im Sinne einer „lernenden Organisation".*

10 ■ Statt eines Schlusswortes: Schulentwicklung tut Not!

Was damit gemeint ist, wird am nachdrücklichsten deutlich, wenn man sich die Frage nach dem Unterschied zwischen einer –folglich – „nicht lernenden" und einer „lernenden" Organisation stellt.

10.3   Zum Selbstverständnis einer „lernenden Organisation"

10.3.1   Zielorientierung, Dynamik und Partizipation als Bestimmungsfaktoren einer lernenden Organisation

Der aus der Managementlehre entlehnte Begriff der „lernenden Organisation" geht zunächst einmal von einem systemischen Ansatz aus. Ein Einblick in die entsprechenden schul- und ausbildungsbezogenen Interdependenzen wurde mit den benannten Handlungsfeldern bereits vollzogen. Dabei sind diese Interdependenzen nicht statisch, sondern dynamisch zu verstehen. Genau diese *Dynamik* macht den einen wesentlichen Bestimmungsfaktor der „Lernenden Organisation" aus, ein weiterer ist die *Zielorientierung*, ein dritter die *Partizipation*. Jeder dieser drei Bestimmungsfaktoren hat seine, wenn man so will, negative Entsprechung folgerichtig in „nicht lernenden" Organisationen: diese sind statisch und nicht dynamisch, sie machen sich nicht unbedingt auf den Weg, neue Ziele zu erreichen, und sie sind durch eher starre, hierarchisch organisierte Strukturen gekennzeichnet und nicht durch das Bemühen um Teilhabe aller beteiligten Personen an der Gestaltung der Zukunft der Institution. Auf die Schule bezogen heißt das: Unbeweglichkeit in Sachen Schulreform, Verharren in traditionellen curricularen Vorgaben, keine Visionen, Anpassen des Denkens an die vermeintlichen Erfordernisse der Praxis (die manchmal gar nicht so zwingend sind) und schließlich ein im wesentlichen autokratisches Führungsverständnis in der Schulleitung, welches letztlich seine Legitimation im Formalen sucht und nicht in inhaltlich-vordenkender Führerschaft.

Sicher, das sind harte Worte und dazu auch noch in gewisser Weise Pauschalierungen. Dennoch, das gezeichnete Bild ist wohl leider oftmals nicht ganz so falsch, und manchmal ist der Spielraum der unmittelbaren Akteure in den Ausbildungseinrichtungen auch sehr gering, aber eine , in gewisser Weise schonungslose Offenheit, kann auch manchmal zum entscheidenden Motor werden, um schließlich Veränderungsprozesse einzuleiten.

Zielorientierung

„Lernende Organisationen" sind immer zielorientiert im Hinblick auf den „Zustand", das Ergebnis, das sie für die Organisation anstreben. Dabei ist die Zielorientierung normativ, d.h. sie ist eine gewollte und begründete Entscheidung für etwas (und nicht in erster Linie gegen etwas). Zielorientierung geschieht auf verschiedenen Ebenen, sie ist sowohl übergreifend im Sinne der Formulierung eines Selbstverständnisses, etwa in Form eines Leitbildes. Dieses allein reicht aber nicht. Sie muss auch auf der operativen Ebene erfolgen, also bezogen sein auf die schrittweise Umsetzung bspw. der im Leitbild formulierten Ziele. Dazu braucht es immer eine Zeitschiene sowie eine Art personenbezogenen Ablaufplan: Was soll unter Beteiligung welcher Personen in welchem Zeitraum angegangen werden? Wie soll das Erreichen der einzelnen Schritte überprüft werden, und wie ist vorzugehen, sollte sich das gewählte Ziel im Laufe des Prozesses als zunehmend weniger sinnvoll erweisen?

Dynamik

„Lernende Organisationen" begreifen die Dynamik von Prozessen als Gewinn und nicht als Hemmschuh. Unkalkulierbarkeiten sind damit in gewisser Weise einkalkuliert, und zwar nicht nur im „Denken", sondern auch in organisatorischer Hinsicht durch das systematische Vorhalten von reflexiven und prospektiven Zeitfenstern, die es gewährleisten, Denkpausen einlegen zu können, an deren Ende ggf. auch eine Abkehr vom bisherigen Kurs stehen könnte – jedenfalls was Teilschritte der Zielerreichung angeht. Dynamik bedeutet damit nicht, in einen möglicherweise unentrinnbaren Sog von Sachzwängen zu geraten, nachdem der Motor der Veränderung einmal in Gang gesetzt wurde, sondern die Koppelung von Offenheit in der Entwicklung des Prozesses mit bewusster, zielorientierter, entscheidungsvorbereitender Reflexion.

Partizipation

„Lernende Organisationen" sind keine „One-Man- (oder One-Woman-) Show". Sie sind auf Gemeinsamkeit und Akzeptanz hinsichtlich zu treffender Entscheidungen angelegt. Dabei geht es nicht darum, Leitungsfunktionen und Führungsrolle abzuschaffen und sie durch eine quasi „kollektive" Führung zu ersetzen. Vielmehr geht es um eine neue Definition des Führungsverständnisses im Sinne einer zielorientierten Teilhabe aller Mitarbeiter unter Nutzung der bereits benannten „Vordenker"-Ressourcen der Führungspersönlichkeit. Diese verstehen sich sowohl als Angebot als auch ggf. als Korrektiv, allerdings immer als ein begründetes, zielorientiertes und flexibel agierendes Korrektiv, das sich im Zweifelsfall auch nicht scheut, verantwortliche, ggf. unpopuläre Entscheidungen zu fällen.

Für den Bereich der Ausbildung in den Pflegeberufen stellen die beschriebenen Bedingungsfaktoren einer „lernenden Organisation" eine ungeheure Herausforderung dar. Dies umso mehr, als das Ineinandergreifen der ausbildungsspezifischen Subsysteme Schule und Betrieb Prozesse auf verschiedenen Ebenen erfordern, deren Initiation allein wegen der verschiedenen Zuständigkeiten auf jeden Fall erschwert ist. Andererseits ergibt sich aber gerade in der Pflege durch die auch räumlich relative Nähe der Lernorte Schule und Betrieb und auch die in der Regel gleiche Trägerschaft eine Chance, die in anderen berufsbildenden Bereichen mit betrieblicher Ausbildungsstätte und Berufsschule so nicht gegeben ist.

Überzeugungsleistungen hinsichtlich der Initiierung eines Schul- und Lernortentwicklungsprozesses sind dabei zunächst nach innen (das Kollegium der Lehrerinnen und Lehrer, Praxisanleiter u. a.) zu leisten, aber auch nach „außen". „Außen" heißt in diesem Fall in der Praxis der Schulträger ebenso wie im „Haus" als Ort der betrieblichen Ausbildung, und zwar auf verschiedenen Ebenen. Während inhaltliche Überzeugungsleistungen oftmals noch die leichtere Variante sind, tauchen in der Regel die größten Widerstände in Verbindung mit möglichen Kosten bzw. Kosten verursachenden Maßnahmen auf. Beides tritt allerdings oftmals merkwürdig verwoben in dem Sinne auf, dass Ängste vor Veränderungen, die immer auch neue organisatorische und persönliche Herausforderungen sind, mit Hilfe der Kostenseite ohne eigentliche Prüfung abgelehnt werden. Mögliche Handlungsspielräume, die zwar vielleicht nicht den optimalen Weg, aber immerhin einen besseren eröffnen würden, werden so leider vielfach nicht gesehen oder sogar ignoriert.

Die Ursachen dafür können hier nicht im Einzelnen analysiert werden, dies gelingt nur im konkreten Fall. Was aber generell gesagt werden kann, ist, dass Veränderungen immer auch eine Bereitschaft dazu, ein Motiv, eine so genannte positive Valenz, die dem anzustrebenden „neuen" Ziel beigemessen wird, brauchen. Die Bereitschaft zu lernen, zu einer „lernenden Organisation" zu werden, setzt bei unmittelbar Betroffenen und Entscheidungsträgern die Etablierung neuer Denkmuster und damit auch einer neuen persönlichen Lernkultur voraus, die zunächst einmal überhaupt erkennt und anerkennt, dass es da etwas Neues zu lernen gibt, dass Schwachstellen und negative Entwicklungen existieren, dass man es besser machen kann und dass dieses „man" zum großen Teil auch die eigene Person ist und nicht nur die sicher oftmals nicht berauschenden Rahmenbedingungen, die dann zu Rechtfertigungen herhalten müssen, die zumindest nicht das Gesamt der Ursachen der Missstände beschreiben.

> **M** *Zusammenfassend lässt sich feststellen: Die Identifizierung und Gestaltung von schulischen und betrieblichen Handlungsspielräumen setzt eine bewusste (Weiter-) Entwicklung der Lern- und Ausbildungskultur voraus.*

Dies bezieht sich natürlich auf alle Beteiligten, auch auf die Schüler – und dass ist manchmal nicht unbedingt das leichteste Kapitel!

10.4 Prozessgestaltung

Nach so vielen Überlegungen zu fundamentalen Bedingungs- und Gestaltungsfaktoren gelingender Schul- und Lernortentwicklung soll nun ein Überblick über wesentliche *Elemente bzw. Phasen eines solchen Entwicklungsprozesses* gegeben werden, der die genannten Aspekte berücksichtigt bzw. voraussetzt.

10.4.1 Der Anlass

Anlässe können bewusst oder zufällig identifizierte „Krisen" sein, Anlässe können aber auch durch äußere Veränderungen initiiert sein oder es gibt eigentlich gar keinen spezifischen Anlass. Zunächst zur ersten Variation:

Krisen

Solche Krisen basieren in der Regel auf der Erfahrung von Widersprüchen z. B. zwischen dem pädagogischen Selbstverständnis der Ausbildungsgestaltung und der erlebten Realität. Psychologisch gesprochen handelt es sich dabei um kognitive Dissonanzen, die irgendwie gelöst werden müssen, weil es sich mit solchen Dissonanzen nicht dauerhaft zufrieden leben lässt. Potenziell bestehen zwei Lösungsmöglichkeiten: entweder das Selbstverständnis wird der erfahrenen Realität angepasst, man findet sich ab, oder es entsteht das Bedürfnis, das Selbstverständnis auch in den gelebten Verhältnissen wieder zu erkennen. Im ersteren Fall kommt es zur Stagnation und ggf. den benannten Rechtfertigungen. Beliebt ist hier das geflügelte Wort von der Theorie-Praxis-Diskrepanz, die sich nun einmal nicht ändern lasse. Im zweiten Fall entsteht ein Motiv zur Veränderung. Entscheidend für die Variationenwahl sind zum einen sicherlich die bereits gemachten Erfahrungen mit der Erfolgswahrscheinlichkeit persönlicher Initiative, dies gilt für alle Beteiligten. Zentral ist in unserem Fall aber sicherlich die Person der Schulleitung, die sowohl ideell wie formal in besonderer Weise und Nachhaltigkeit gestalten kann – oder eben auch nicht.

Veränderungsimpulse in diesem Sinne können sein:
- ein „irgendwie" oder spezifisch unzufriedenes Kollegium,
- ein in seinen Auffassungen sehr heterogenes Kollegium,
- „schlechte" Schülerleistungen, hohe Quote an „Durchfallern",
- hohe Fluktuation in der Lehrerschaft,
- nachlassende Bewerberzahlen,
- schlechtes Schulklima,
- hoher, nicht unbedingt erklärbarer Krankenstand im Kollegium u. v. m.

Äußere Anlässe

So genannte äußere Anlässe gibt es derzeit genug. Einer ist sicherlich der zunehmende Konkurrenzdruck der Schulen untereinander bzw. die Angst, dass die Schule geschlossen wird oder ungewollte Zusammenlegungen erfolgen. Soweit diese Szenarien in der Tat unausweichlich und keine Beeinflussungen möglich sind, hilft auch Schulentwicklung nicht mehr unbedingt. Oftmals sind es aber doch eher mittelfristige Prozesse, die zum letztendlichen „Entweder-Oder" führen. Diese Prozesse, sollen sie nicht fatalistisch hingenommen werden, sind zwar vielleicht schmerzlich, aber sie können, sollen sie im Sinne der Schule verlaufen, als Chance aufgefasst und gestaltet werden. Ansonsten wird die Schule gestaltet. Diese Einsicht mag im Einzelfall sehr bitter sein, aber sie kann auch der Beginn eines wirklich guten Prozesses werden. Zugegebenermaßen aber ist das Ende nicht unbedingt kalkulierbar.

Ein sehr aktueller und geradezu flächendeckender äußerer Anlass ist die Veränderung der gesetzlichen Bedingungen. Hier existiert damit eine Aufforderung zur Veränderung. Diese wird umso befriedigender ausfallen, je mehr die einzelne Schule die Herausforderung als Chance annimmt und bewusst gestaltet. Betroffen sind dabei letztendlich alle benannten Handlungsfelder: Person, Unterricht, Organisation und die Gestaltung von Beziehungen nach innen wie nach außen.

Selbstgewählte Anlässe

Schul- und Lernortentwicklungen können auch initiiert werden, wenn keine Krise oder kein äußerer Anlass besteht. Es sind nicht unbedingt Notstände, die Veränderungsprozesse veranlassen. Es kann auch z. B. ein Berufsverständnis-motivierter Veränderungsprozess sein, der als kontinuierliche Aufgabe der Ausbildungsentwicklung verstanden wird.

M *Zusammengefasst gilt: egal, welcher Anlass zur Prozessinitiative führt, es sind immer alle Handlungsfelder betroffen, auch wenn der Ausgangspunkt einem spezifischen Handlungsfeld zuzuordnen ist.*

10.4.2 Zielsetzung

Schulentwicklung, wir haben das herausgearbeitet, ist immer zielorientiert. Diese Zielorientierung ist entsprechend dem Selbstverständnis der lernenden Organisation dynamisch und bezieht alle Beteiligten mit ein.

Basis der Zielsetzung kann das Leitbild bzw. die Arbeit und Weiterentwicklung an ihm sein. Betriebsleitbild, Pflegeleitbild, Ausbildungsleitbild gehören zusammen. Dennoch sollte das Schulleitbild kein formaler „Abklatsch" sein. Es lebt von seiner Konkretheit, erst dann verliert es auch den Duktus der schönen, aber unwirksamen Worthülse.

Mit Blick auf die Schulentwicklung sollten bei aller Verwobenheit der Handlungsfelder in der Zielorientierung Schwerpunkte gebildet werden, die ggf. nacheinander abgearbeitet werden. Ist bspw. eine kontinuierlich sehr schlechte Unterrichtsatmosphäre Anlass des Nachdenkens, macht es Sinn, einen ersten Schwerpunkt im Handlungsfeld „Unterricht" zusetzen und die Zielsetzungen in diesem Bereich gemeinsam und systematisch zu beschreiben – ohne den Blick auf die anderen Handlungsfelder zu verlieren, aber auch ohne sich von ihnen im Sinne von „Nebenkriegsschauplätzen" zu sehr ablenken zu lassen.

10.4.3　Ist-Analyse

Ausgangspunkt der Zielerreichung ist immer ein definierter Startpunkt. An dieser Definition mangelt es häufig. Wo stehen wir eigentlich genau? Folgert das, was wir tagtäglich erleben, aus Disziplinlosigkeit, mangelnder kognitiver Leistungsfähigkeit der Schüler, Methodenmonotonie der Lehrer, unsystematischem Aufbau des Curriculums oder woraus auch immer. Helfen kann hier eine systematische Ist-Analyse im Sinne der Identifikation von Stärken und Schwächen, also des Zeichnens eines Profils der Schule z. B. im Handlungsfeld Unterricht.

Selbstevaluation und Analysemethoden. Ist-Analysen können intern und extern erfolgen. Ein sehr realistischer Weg ist der der Selbstevaluation, ggf. unter Zuhilfenahme externer Beratung im Sinne einer Prozesssteuerung (vgl. Buhren/Rolff, 2002; Horster/Rolff, 2001; Klafki, 2002; Klippert, 2000). In Anlehnung an Klafki 2002 sind mit Blick auf das Handlungsfeld Unterricht z. B. folgende Analysemethoden denkbar:
- das Führen von Lehrertagebüchern mit gemeinsamer Diskussion und Auswertung im Kollegium,
- das Sammeln „besonderer" Ereignisse,
- Beobachtungen zu einzelnen Schülerinnen und Schülern (möglichst über einen längeren Zeitraum), mit dem Ziel, zu einem entsprechenden kriterienorientierten Profil zu gelangen,
- Schüler-Feedback auf den Unterricht, ebenfalls möglichst über einen längeren Zeitraum,
- Metadiskussion mit den Schülern über den Unterricht,
- mit den Schülern gezielte Unterrichtsbeobachtungen vereinbaren,
- kollegiale Hospitation,
- Video-Dokumentation,
- das „Nachzeichnen" typischer Szenen und deren Auswertung.

Die zusammenschauende Ist-Analyse zeichnet ein Stärke/Schwäche Profil des Handlungsfelds, auf dessen Basis der Startpunkt der Zielerreichung festgelegt werden kann.

10.4.4　Programm und Prozessgestaltung

Auf der Basis von Zielsetzung und Ist-Analyse wird ein Entwicklungsprogramm formuliert, das:
1. Schwerpunktsetzungen vornimmt und
2. die Zeitschiene im Sinne von kurz-, mittel-, langfristig definiert.

Dieses Programm, soll es erfolgreich sein, muss auf möglichst großem Konsens beruhen. Allerdings darf die besondere, auch gestaltende Verantwortung der Schulleitung hier nicht vergessen werden. Sie kann und muss Korrektiv sein, solange die Basis der Zielsetzung nicht verlassen wird. Das Entwicklungsprogramm legt sehr konkret fest, was, von wem, bis wann angegangen werden soll, welche Zwischenschritte und Kontrollmechanismen eingebaut werden sollen, und wie der Übergang von einer Phase in die nächste erfolgen kann.

Die Bedingungsfaktoren der „lernenden Organisation" sind hier konstitutiv. Zielorientierung geht nicht ohne Dynamik und Partizipation, Dynamik bedeutet nicht Zielignoranz und individueller Aktionismus.

10.4.5　Evaluationskonzept

Schließlich müssen Überlegungen im Sinne einer machbaren Evaluation erfolgen. Hier macht es Sinn, auf die Methoden der Ist-Analyse und deren Kriterien zurückzugreifen und diese mit den konkretisierten Zielsetzungen des Programms in Beziehung zu setzen. Evaluation in diesem Sinne ist prozess- und produktorientiert. Sie kann Aufschluss darüber geben, wann Etappenziele in welchem Grad erreicht sind und was ggf. noch „nachgebessert" werden muss.

Soweit ein erster Überblick über den Prozess der Schul- und Lernortentwicklung. Deutlich geworden ist, dass es sich dabei nicht um einen mechanisch, eindimensionalen Vorgang handelt, sondern vielmehr um ein Stück *pädagogischer Lebensauffassung*. Zentral ist dabei immer auch der normative Aspekt: Wo stehen wir, wo wollen wir hin, was sind mögliche Kompromisse, was ist unabdingbar?

So verstandene Schul- und Lernortentwicklung ist eine riesige Chance, Prozesse zu gestalten und nicht durch Entwicklungen letztlich gestaltet zu werden. Dass es dazu viel pädagogischen Sachverstandes und Mutes bedarf, sollte deutlich geworden sein. Das Ziel selbst muss sich jede einzelne Schule, muss jeder Schulträger in Verantwortung für den Beruf, in dem ausgebildet wird, formulieren. Dass dieses immer auch in Verantwortlichkeit für den pflegebedürftigen Menschen geschieht, der letztlich der „Empfänger" der Ausbildungsqualität sein wird, dürfte in den Pflegeberufen eine Selbstverständlichkeit sein.

Literaturverzeichnis

Arndt, M.: Ethik denken – Maßstäbe zum Handeln in der Pflege. Thieme, Stuttgart 1996

Arnold, R., A. Lipsmeier (Hrsg.): Handbuch der Berufsbildung. Leske und Budrich, Opladen 1995

Bader, R.: Handlungsorientierung in der Berufsbildung. Variantenreiche Ausprägungen. In: Die berufsbildende Schule 3 (2002) 71–73

Bader, R.: Lernfelder konstruieren – Lernsituationen entwickeln. Eine Handreichung zur Erarbeitung didaktischer Jahresplanungen für die Berufsschule. In: Die berufsbildende Schule 7/8 (2003) 210–217

Ballstaedt, St.-P.: Schriftliche Unterlagen für Schülerhand. In: Pädagogik 5 (1993) 24–27

Ballstaedt, St.-P.: Lerntexte und Teilnehmerunterlagen. In: Will, H. (Hrsg.): Mit den Augen lernen. Bd. 2, 2. Aufl. Beltz, Weinheim 1994

Bandura, A.: Lernen am Modell. Ansätze zu einer sozialkognitiven Lerntheorie. Klett, Stuttgart 1976

Bastian, J.: Frontalunterricht. Zurück zu einer Schule von Gestern? In: Pädagogik 11 (1990) 6–10

Bastian, J.: Freie Arbeit und Projektunterricht. Eine didaktische „Wiedervereinigung". In: Pädagogik 10 (1993) 6–9

Bastian, J., H. Gudjons (Hrsg.): Das Projektbuch. Theorie – Praxisbeispiele – Erfahrungen. 3. Aufl. Bergmann und Helbig, Hamburg 1998

Bäumler, C. E.: Lernen mit dem Computer. In: Will, H. (Hrsg.): Mit den Augen lernen. Bd. 6, 2. Aufl. Beltz, Weinheim 1994

Becker, G. E.: Ein Rollenspiel ist keine Spielerei. In: Krankengymnastik. Beiträge zu Unterricht und Ausbildung 1 (1987) 1–4

Becker, G. E.: Planung von Unterricht. Handlungsorientierte Didaktik Teil I. 7. Aufl. Beltz, Weinheim 1997

Becker, G. E.: Durchführung von Unterricht. Handlungsorientierte Didaktik Teil II. 8. Aufl. Beltz, Weinheim 1998

Becker, G. E.: Auswertung von Unterricht. Handlungsorientierte Didaktik Teil III. 7. Aufl. Beltz, Weinheim 2002

Becker, G. E.: Unterricht planen. Handlungsorientierte Didaktik Teil I. 9. Aufl. Beltz, Weinheim 2004

Benner, P.: Stufen zur Pflegekompetenz. Huber, Bern 1994

Berlepsch-Schreiner, H., R. Müller: Arbeitsplatzorientiertes Lernen im Universitätsspital Zürich USZ. In: Brühlmann, J. et al. (Hrsg.): Der Arbeitsort als Lernort in der Ausbildung für Pflegeberufe. Instrumente und Konzepte. Sauerländer, Aarau 2000, S. 28–29

Blankertz, H.: Theorien und Modelle der Didaktik. 14. Aufl. Juventa, Weinheim u. München 2000

Bloom, S. B. et al.: Taxonomien von Lernzielen im kognitiven Bereich. 5. Aufl. Beltz, Weinheim 1986 (Original 1956)

Boal, A.: Theater der Unterdrückten. Übungen für Schauspieler und Nicht-Schauspieler. Suhrkamp, Frankfurt/M. 1989

Bögemann-Großheim, E. et al.: Problem-based-Learning – Eine pädagogische Antwort auf neue Herausforderungen in der Krankenpflege. In: Pflegepädagogik 2 (1999) 4–11

Bönsch, M.: Handlungsorientierte Arbeitsformen im Gruppenunterricht. In: Pädagogik 1 (1992) 31–37

Borsi, G. M.: Das Krankenhaus als lernende Organisation. Zum Management von individuellen, teambezogenen und organisatorischen Lernprozessen. Asanger, Heidelberg 1994

Bühs, R.: Tafelzeichnen kann man lernen. 4. Aufl. Bergmann und Helbig, Hamburg 1999

Buhren, C. G., H.-G. Rolff: Personalentwicklung in Schulen. Konzepte, Praxisbausteine, Methoden. Beltz, Weinheim 2002

Bundesministerium für Bildung und Forschung (BMBF) (Hrsg.): Expertise. Zur Entwicklung nationaler Bildungsstandards. Bonn 2003

Caritas-Gemeinschaft für Pflege- und Sozialberufe, Katholischer Berufsverband für Pflegeberufe, Katholischer Krankenhausverband Deutschlands (Hrsg.): Denkanstöße für die praktische Pflegeausbildung. Freiburg, Regensburg 2003

Literaturverzeichnis

Clift, J. M.: Curriculumprozeß als Methode der Curriculumentwicklung. In: Pflegepädagogik 1 (1995) 4–8

Cube, F. v.: Kybernetische Grundlagen des Lehrens und Lernens. 4. Aufl. Klett, Stuttgart 1982

Cube, F. v.: Die kybernetisch-informationstheoretische Didaktik. In: Gudjons, H. et al. (Hrsg.): Didaktische Theorien. 10. Aufl. Bergmann und Helbig, Hamburg 1999, S. 57–74

Dahrendorf, R.: Rolle und Rollentheorie. In: Bernsdorf, W. (Hrsg.): Wörterbuch der Soziologie. Bd. 3. Fischer, Frankfurt/M. 1977, S. 673–676

Dann, H.-D. et al.: Gruppenunterricht im Schulalltag. In: Pädagogik 1 (2002) 11–14

Darmann, I.: Kommunikative Kompetenz in der Pflege. Kohlhammer, Stuttgart 2000

Darmann, I.: Theorie – Praxis – Transfer in der Pflegeausbildung. In: PRInternet 4 (2004) 197–203

Darmann, I.: Problemorientiertes Lernen – Transfer durch die Erweiterung von Situationsdeutungen. In: PRInternet 9 (2004) 461–467

Dave, R. H.: Eine Taxonomie pädagogischer Ziele und ihre Beziehung zur Leistungsmessung. In: Ingenkamp, Kh., Th. Marsolek (Hrsg.): Möglichkeiten und Grenzen der Testanwendung in der Schule. Beltz, Weinheim 1973, S. 149–161

Deutscher Bildungsrat für Pflegeberufe (Hrsg.): Vernetzung von theoretischer und praktischer Pflegeausbildung. Göttingen, Wuppertal, Berlin 2004

Dohse, W.: Die Funktion der Zensur. In: Ingenkanp, Kh. (Hrsg.): Die Fragwürdigkeit der Zensurengebung. 9. Aufl. Beltz, Weinheim 1995, S. 56–65

Dörig, R.: Ersetzen Schlüsselqualifikationen das Wissen? In: Gonon, Ph. (Hrsg.): Schlüsselqualifikationen kontrovers. Sauerländer, Aarau 1996, S. 81–88

Dörr, G., K. L. Jüngst (Hrsg.): Lernen mit Medien. Ergebnisse und Perspektiven zu medial vermittelten Lehr-Lernprozessen. Juventa, Weinheim 1998

Dubs, R.: Schlüsselqualifikationen – werden wir erneut um eine Illusion ärmer? In: Gonon, Ph. (Hrsg.): Schlüsselqualifikationen kontrovers. Sauerländer, Aarau 1996, S. 49–57

Eberhardt, D.: Theaterpädagogik – ein Weg zur kompetenten Pflegenden. Neue Impulse für die Pflegeausbildung. Diplomarbeit im Studiengang Pflegepädagogik an der Katholischen Fachhochschule Mainz. 2004

Eberhardt, D.: Theaterpädagogik in der Pflege. Thieme Stuttgart 2005

Eberle, F.: Anforderungen an den Hochschulunterricht zur Förderung des lebenslangen Lernens. In: Zeitschrift für Berufs- und Wirtschaftspädagogik 2 (1997)145–159

Edelmann, W.: Lernpsychologie. Eine Einführung. 6. Aufl. Beltz Psychologie-Verlags-Union, Weinheim 2000

Erikson, E.: Identität und Lebenszyklus. Suhrkamp Sonderausgabe, Frankfurt/M. 2003

Fischer, M.: Von der Arbeitserfahrung zum Arbeitsprozesswissen. Leske und Budrich, Opladen 2000

Fischer, R.: Problemorientiertes Lernen in Theorie und Praxis. Leitfaden für Gesundheitsfachberufe. Kohlhammer, Stuttgart 2004

Fischer, W.: Ist Ethik lehrbar? In: Zeitschrift für Pädagogik 1 (1996) 17–29

Freudenreich, D.: Gruppendynamik und Schule. 2.Aufl. Wissenschaftliche Buchgesellschaft, Darmstadt 1994

Frey, K.: Die Projektmethode. 9. Aufl. Beltz, Weinheim 2002

Frey, K. et al. (Hrsg.): Curriculum – Handbuch. 3 Bände. R. Piper, München 1975

Fuhrmann, E.: Einen Lehrervortrag gestalten. In: Pädagogik 11 (1990) 15–18

Gage, N., D. Berliner: Pädagogische Psychologie. 5. Aufl. Psychologie-Verlags-Union, Weinheim 1996

Gagné, R. M.: Die Bedingungen menschlichen Lernens. 5. Aufl. Schroedel, Hannover 1980

Geißler, K.: Anfangssituationen. 6. Aufl. Beltz, Weinheim 1994

Geißler, K.: Schlußsituationen. 3. Aufl. Beltz, Weinheim 2000

Geißler, K.: Lernprozesse steuern. Beltz, Weinheim 1995

Glen, S., K. Wilkie (Hrsg.): Problemorientiertes Lernen für Pflegende und Hebammen. Huber, Bern 2001

Gnamm, E., S. Denzel: Praxisanleitung – beim Lernen begleiten. 2. Aufl. Thieme, Stuttgart 2003

Gonon, Ph. (Hrsg.): Schlüsselqualifikationen kontrovers. Sauerländer, Aarau 1996

Görres, St. et al. (Hrsg.): Auf dem Weg zu einer neuen Lernkultur. Wissenstransfer in der Pflege. Huber, Bern 2002

Graf, M.: eModeration. Lernende im Netz begleiten. Ein Leitfaden. h.e.p. – Verlag, Bern 2003

Grell, J., M. Grell: Unterrichtsrezepte. Beltz, Weinheim 1999

Gudjons, H.: Handlungsorientiert Lehren und Lernen. 6. Aufl. Klinkhardt, Bad Heilbrunn 2001

Gudjons, H.: Methodische Hilfen für ein gutes Beratungsgespräch. In: Pädagogik 10 (1991) 10–12

Gudjons, H. (Hrsg.): Handbuch Gruppenunterricht. 2. Aufl. Beltz, Weinheim 2003

Gudjons, H.: Ein Bild ist besser als 1000 Worte. In: Pädagogik 10 (1994) 6–10

Gudjons, H.: In Gruppen lernen – warum nicht? In: Pädagogik 1 (2002) 6–10

Gudjons, H.: Frontalunterricht im Wandel. Auf dem Weg zur Integration in offene Unterrichtsformen. In: Pädagogik 1 (2004) 22–26

Gudjons, H., R. Winkel (Hrsg.): Didaktische Theorien. 10. Aufl. Bergmann und Helbig, Hamburg 1999

Gudjons, H. et al.: Auf meinen Spuren. Das Entdecken der eigenen Lebensgeschichte. 3. Aufl. Bergmann und Helbig, Hamburg 1994

Gugel, G.: Methoden Manual I: „Neues Lernen". 4. Aufl. Beltz, Weinheim 2004

Gugel, G.: Methoden Manual II: „Neues Lernen". 2. Aufl. Beltz, Weinheim 2003

Guilford, J. P.: A system of psychomotor abilities. In: American Journal of Psychology (1958), 164–174

Haag, L.: Wie können Kleingruppenergebnisse im Klassenplenum vermittelt werden? Konsequenzen aus der Forschung – praktisch gewendet. In: Pädagogik 3 (2004) 16–19

Hameyer, U. et al. (Hrsg.): Handbuch der Curriculumforschung. Beltz, Weinheim 1983

Hägele, Th., S. Knutzen: Forschungsauftrag 3/2000 im BLK-Programm: Neue Lernkonzepte in der dualen Berufsausbildung. Analyse und Bewertung von Methoden zur Arbeitsprozessevaluierung als Grundlage lernfeldorientierter Curricula – Arbeitsprozesswissen und lernfeldorientierte Curricula. Hamburg 2001

Hänsel, D. (Hrsg.): Handbuch Projektunterricht. Beltz, Weinheim 1997

Hartmann, M. et al.: Präsentieren. Präsentationen, zielgerichtet und adressatenorientiert. 7. Aufl. Beltz, Weinheim 2003

Heffels, W. M.: Pflege gestalten. Eine Grundlegung zum verantwortlichen Pflegehandeln. Mabuse, Frankfurt/M. 2003

Heidemann, R.: Körpersprache im Unterricht. 5.Aufl. Quelle und Meyer, Wiesbaden 1996

Heimann, P. et al.: Unterricht – Analyse und Planung. 7. Aufl. Schroedel. Hannover 1975

Hentig, H. v.: Das allmähliche Verschwinden der Wirklichkeit. 3.Aufl. Hanser, München 1984

Hentig, H. v.: Die Schule neu denken. 7. Aufl. Hanser, München 1995

Holoch, E.: Situiertes Lernen und Pflegekompetenz. Entwicklung, Einführung und Evaluation von Modellen situierten Lernens in der Pflegeausbildung. Huber, Bern 2002

Horster, L., H.-G. Rolff: Unterrichtsentwicklung. Grundlagen, Praxis, Steigerungsprozesse. Beltz, Weinheim 2001

Ingenkamp, K.: Lehrbuch der pädagogischen Diagnostik. 4. Aufl. Beltz, Weinheim 1997

Ingenkamp, K. (Hrsg.): Die Fragwürdigkeit der Zensurengebung. 9. Aufl. Beltz, Weinheim 1995

Jank, W., H. Meyer: Didaktische Modelle. 6. Aufl. Cornelsen Skriptor, Frankfurt/M. 2003

Kaderschule für die Krankenpflege Aarau (Hrsg.): Fachdidaktikmodell Pflege. 3. Aufl., Aarau 1995

Kittelberger, R., J. Freisleben: Lernen mit Video und Film. In: Will, H. (Hrsg.): Mit den Augen lernen. Bd. 5, 2. Aufl. Beltz, Weinheim 1994

Kirckhoff, M.: Mind Mapping. 9. Aufl. PLS-Verlag, Berlin 1992

Klafki, W.: Didaktische Analyse als Kern der Unterrichtsvorbereitung. In: Die Deutsche Schule 10 (1958) 450–471

Klafki, W.: Neue Studien zur Bildungstheorie und Didaktik. 5. Aufl. Beltz, Weinheim 1996

Klafki, W.: Die bildungstheoretische Didaktik im Rahmen kritisch-konstruktiver Erziehungswissenschaft. In: Gudjons, H., R. Winkel (Hrsg.): Didaktische Theorien. 10. Aufl. Bergmann und Helbig, Hamburg 1999, S. 13–34

Klafki, W.: Lernen in Gruppen. In: Pädagogik 1 (1992) 6–11

Klafki, W.: Schultheorie, Schulforschung und Schulentwicklung im politisch-gesellschaftlichen Kontext. Beltz, Weinheim 2002

Klebert, K. et al.: Kurz-Moderation. 11. Aufl. Windmühle-Verlag, Hamburg 2003

Klippert, H.: Pädagogische Schulentwicklung. Planungs- und Arbeitshilfen zur Förderung einer neuen Lernkultur. 2. Aufl. Beltz, Weinheim 2000

Klug-Redmann, B.: Patientenschulung und -beratung. Ullstein Mosby, Berlin, Wiesbaden 2001

Knoll, J.: Kurs- und Seminarmethoden. 10. Aufl. Beltz, Weinheim 2003

Knoll, J.: Kleingruppenmethoden. Beltz, Weinheim 1993

Kohlberg, L.: Zur kognitiven Entwicklung des Kindes. 2. Aufl. Suhrkamp, Frankfurt/M. 1974

Kösel, E.: Die Modellierung von Lernwelten. Ein Handbuch zur Subjektiven Didaktik. 2. Aufl. Verlag Laub, Elztal-Dallau 1995

Kohler, B.: Problemorientierte Gestaltung von Lernumgebungen. Deutscher Studienverlag, Weinheim 1998

Krappmann, L.: Rolle. In: Lenzen, D. (Hrsg.): Pädagogische Grundbegriffe. Bd. 2. Rowohlt, Reinbek 1989, S. 1314–1319

Krathwohl, D. et al.: Taxonomie von Lernzielen im affektiven Bereich. 2. Aufl. Beltz, Weinheim 1978 (Original 1964)

Kremer, H., Sloane, P.: Lernfelder – Motor didaktischer Innovationen? In: Kölner Zeitschrift für Wirtschaft und Pädagogik 26 (1999) 37-60

Krohwinkel, M.: Der Pflegeprozeß am Beispiel von Apoplexiekranken. Eine Studie zur Erfassung und Entwicklung Ganzheitlich-Rehabilitierender Prozeßpflege. Bd. 16 der Schriftenreihe des Bundesministeriums für Gesundheit. Nomos Verlagsgesellschaft, Baden-Baden 1993

Kultusministerkonferenz (KMK): Handreichungen für die Erarbeitung von Rahmenlehrplänen der Kultusministerkonferenz (KMK) für den berufsbezogenen Unterricht in der Berufsschule und ihre Abstimmung mit Ausbildungsordnungen des Bundes für anerkannte Ausbildungsberufe. Sekretariat KMK, Bonn 2000

Kuratorium Deutsche Altershilfe (KDA): Bundeseinheitliche Altenpflegeausbildung. Materialien für die Umsetzung der Stundentafel. Köln 2002

Landesarbeitsgemeinschaft (LAG) und Sozialministerium Baden-Württemberg (Hrsg.): Erste Handreichung „Lernort Schule"; Zweite Handreichung „Lernort Praxis"; Dritte Handreichung „Landeslehrplan Baden-Württemberg. Häufig gestellte Fragen". Stuttgart 2003 und 2004

Landwehr, N.: Schlüsselqualifikationen als transformative Fähigkeiten. In: Gonon, Ph. (Hrsg.): Schlüsselqualifikationen kontrovers. Sauerländer, Aarau 1996, S. 89–100

Langner-Geißler, T.: Pinwand und Flipchart. In: Pädagogik 5 (1993) 20–23

Langner-Geißler, T., U. Lipp: Pinwand, Flipchart und Tafel. In: Will, H. (Hrsg.): Mit den Augen lernen. Bd. 3, 2. Aufl. Beltz, Weinheim 1994

Lauber, A.: Skills und Handlungsprinzipien in der Pflege – Konsequenzen für die Ausbildung. In: Meyer, G., J. Lutterbeck (Hrsg.): Pflegebildung – Quo vadis? Fachbuch Richter, Münster 2002

Lemke, D.: Lernziel. In: Lenzen, D. (Hrsg.): Pädagogische Grundbegriffe. Bd. 2. Rowohlt, Reinbek 1989, S. 1016–1028

Lipp, U.: Mind-Mapping in der Schule. In: Pädagogik 10 (1994) 22–26

Löwisch, D.-J.: Einführung in pädagogische Ethik. Wissenschaftliche Buchgesellschaft, Darmstadt 1995

Luca, R.: Filme und Videos im Unterricht. In: Pädagogik 10 (1994) 32–34

Mager, R.: Lernziele und Unterricht. Beltz, Weinheim 1994

Ments, M.van: Rollenspiel: effektiv. Ein Leitfaden für Lehrer, Erzieher, Ausbilder und Gruppenleiter. 3. Aufl. Ehrenwirth, München 1998

Meyer, E.: Lerngruppen brauchen geeignete Lerninstruktionen. In: Pädagogik 1 (1992) 13–16

Meyer, H.: Leitfaden zur Unterrichtsvorbereitung. 12. Aufl. Scriptor, Königstein i. Taunus 2003

Meyer, H.: Unterrichtsmethoden I. Cornelsen Scriptor, Frankfurt/M. 1992

Miller, R., N. Posse: Anfangen und gestalten. In: Lernende Schule – Für die Praxis pädagogischer Schulentwicklung 1 (1998) 18–23

Ministerium für Arbeit, Soziales, Familie und Gesundheit Rheinland-Pfalz (Hrsg.): Rahmenlehrplan und Ausbildungsrahmenplan für die Ausbildung in der Gesundheits- und Krankenpflege und Gesundheits- und Kinderkrankenpflege des Landes Rheinland-Pfalz. Mainz 2005

Ministerium für Gesundheit, Soziales, Frauen und Familie Nordrhein-Westfalen (Hrsg.): Ausbildungsrichtlinie für staatlich anerkannte Kranken- und Kinderkrankenpflegeschulen in NRW. Düsseldorf 2003

Molcho, S.: Körpersprache im Beruf. Goldmann, München 2001

Möller, Chr.: Technik der Lernplanung. 5. Aufl. Beltz, Weinheim 1976

Möller, Chr. (Hrsg.): Praxis der Lernplanung. Beltz, Weinheim 1974

Möller, Chr.: Die curriculare Didaktik. In: Gudjons, H., R. Winkel (Hrsg.): Didaktische Theorien. 10. Aufl. Bergmann und Helbig, Hamburg 1999, S. 75–92

Moust, J. et al.: Problemorientiertes Lernen. Ullstein Medical, Wiesbaden 1999

Muijsers, P.: Fertigkeitenunterricht für Pflege- und Gesundheitsberufe. Das „Skillslab-Modell". Ullstein Mosby, Berlin 1997

Neuland, M.: Neuland-Moderation. Neuland-Verlag, Eichenzell 1995

Neuroth, S.: Augusto Boals „Theater der Unterdrückten" in der pädagogischen Praxis. Deutscher Studienverlag, Weinheim 1994

Nissen, P.: Die Moderationsmethode in der Schule: In: Pädagogik 12 (1996) 6–9

Nissen, P., U. Iden: Kurskorrektur Schule. 2. Aufl. Windmühle-Verlag, Hamburg 1999

Norddeutsches GÜTE-Konsortium (H. Meyer u. a.): Merkmale guten Unterrichts. Empirische Befunde und didaktische Ratschläge. Oldenburger VorDrucke 473 (2003)

Oelke, U.-K.: Planen, Lehren und Lernen in der Krankenpflegeausbildung. Ein offenes, fächerintegratives Curriculum für die theoretische Ausbildung. Basel: Recom 1991

Oelke, U. et al.: Tabuthemen als Gegenstand szenischen Lernens in der Pflege. Theorie und Praxis eines neuen pflegedidaktischen Ansatzes. Bern: Huber 2000

Oelkers, J.: Reformpädagogik. 4. Aufl. Juventa, Weinheim, München 2004.

Oelkers, J.: Die Rolle der Erziehungswissenschaft in der Lehrerbildung. In: Hänsel, D., L. Huber (Hrsg.): Lehrerbildung neu denken und gestalten. Beltz, Weinheim 1995, S. 39–53

Olbrich, Ch.: Pflegekompetenz. Huber, Bern 1999

Pallasch, W.: Gruppendynamische Hilfen bei der Kleingruppenarbeit. In: Pädagogik 1 (1992) 22–26

Päzold, G.: Lernortkooperation im Lernfeldkonzept. In: PRInternet 1 (2004) 5–13

Peterßen, W. H.: Lehrbuch Allgemeine Didaktik. 6. Aufl. Oldenbourg, München 2001

Peterßen, W. H.: Handbuch Unterrichtsplanung. 9. Aufl. Oldenbourg, München 2000

Pieper, A.: Einführung in die Ethik. 4. Aufl. UTB, Tübingen 2000

Preiser, S.: Personenwahrnehmung und Beurteilung. Wissenschaftliche Buchgesellschaft, Darmstadt 1979

Rauner, F.: Entwicklungslogisch strukturierte berufliche Curricula. Vom Neuling zur reflektierten Meisterschaft. In: Zeitschrift für Berufs- und Wirtschaftspädagogik 3 (1999) 424–446

Rauner, F. et al.: Modellversuch „GAB". Gemeinsamer Zwischenbericht und 1. Sachbericht sowie Anhang C6. Bremen 2001

Reetz, L.: Zur Bedeutung der Schlüsselqualifikationen in der Berufsausbildung. In: Reetz, L., Th. Reitmann (Hrsg.): Schlüsselqualifikationen. Fachwissen in der Krise? Feldhaus Verlag, Hamburg 1990, S. 16–35

Riedel, K.: Curriculum. In: Lenzen, D. (Hrsg.): Pädagogische Grundbegriffe. Band 1. Rowohlt, Reinbek 1989, S. 298–301

Robinsohn, S. B.: Bildungsreform als Revision des Curriculums. Luchterhand, Neuwied u. Berlin 1967

Sacher, W.: Prüfen – Beurteilen –Benoten. Klinkhardt, Bad Heilbrunn 1994

Scheller, I.: Szenische Interpretation. In: Koch, G., M. Streisand (Hrsg.): Wörterbuch der Theaterpädagogik. Schibri, Berlin 2003, S. 302–305

Schewior-Popp, S.: Handlungsorientierter Didaktikansatz für den Theorie-Praxis-Transfer in der Krankenpflegeausbildung. In: Die Schwester/Der Pfleger 8 (1994) 630–636

Schewior-Popp, S.: Personenorientierte Schlüsselqualifikationen zur Förderung von Handlungskompetenzen und Verantwortlichkeit in der Pflege. In: Katholischer Berufsverband für Pflegeberufe (Hrsg.): Mitteilungen für Pflegeberufe 2 (1995) 5–11

Schewior-Popp, S.: Handlungsorientiertes Lehren und Lernen in Pflege- und Rehabilitationsberufen. Thieme, Stuttgart 1998

Schewior-Popp, S.: Krankengymnastik und Ergotherapie. Eine exemplarische Studie zur Entwicklung von Professionalisierungsprozessen und Ausbildung in den Berufen des Gesundheitswesens. 2. Aufl. Schulz-Kirchner, Idstein 1999

Schewior-Popp, S.: Interdisziplinäre Kooperation – Leitgedanken zur Verbesserung der Praxis. In: Brandenburg, H. (Hrsg.): Kooperation und Kommunikation in der Pflege. Ein praktischer Ratgeber für Pflegeberufe. Schlütersche Verlagsgesellschaft, Hannover 2004, S. 118–131

Schewior-Popp, S., A. Lauber: Gemeinsam lernen – vernetzt handeln. Curriculum für die integrierte Pflegeausbildung. Thieme, Stuttgart 2003

Schleich, U.: Das Thema Tod und Sterben in der Krankenpflegeausbildung. Diplomarbeit im Studiengang Pflegepädagogik der Katholischen Fachhochschule Mainz 1997

Schnaitmann, G. W.: Schulentwicklung und Unterrichtsforschung – Grundlagen der Schulentwicklung und Beispiele ihrer empirischen Forschung. In: Lehren und Lernen. Zeitschrift des Landesinstituts Erziehung und Bildung (LEU) 12 (1997)

Schoolmann, S.: Thiemes Pflege Arbeitsaufträge. Lernsituationen abwechslungsreich gestalten. (CD und Booklet). Thieme, Stuttgart 2005

Schuepbach, E. et al.: Didaktischer Leitfaden für E-Learning. h.e.p. – Verlag, Bern 2003

Schulz, W.: Unterrichtsplanung. 3. Aufl. Urban und Schwarzenberg, München 1981

Schulz, W.: Die lehrtheoretische Didaktik. In: Gudjons, H., R. Winkel (Hrsg.): Didaktische Theorien. 10. Aufl. Bergmann und Helbig, Hamburg 1999, S. 35–56

Schulz von Thun, F.: Miteinander reden. Störungen und Klärungen. Rowohlt, Reinbek 1991, Neuaufl. 2005

Schwarz-Govaers, R.: Problemorientiertes Lernen in der Pflegeausbildung. In: PRInternet 2 (2002) 30–45

Schweizerisches Rotes Kreuz (SRK): Rahmenlehrplan Bildungsgang zur dipl. Pflegefachfrau/ zum dipl. Pflegefachmann auf Tertiärstufe, höhere Fachschule. Wabern 2003

Schwerdt, R.: Ethisch-moralische Kompetenzentwicklung als Indikator für Professionalisierung. Katholischer Berufsverband, Regensburg 2002

Seres-Hottinger, U., H. Holenstein: Berufliche Ausbildung im Praxisfeld des Gesundheitswesens. Theoretische Hintergründe und exemplarische Beispiele aus der Praxis sowie Empfehlungen. Schweizerisches Rotes Kreuz (SRK) 2003, in: www.redcross.ch

Sloane, P.: Situationen gestalten. Von der Planung des Lehrens zu Ermöglichung des Lernens. Eusl, Markt Schwaben 1999

Sloane, P. et al.: Einführung in die Wirtschaftpädagogik. Schöningh, Paderborn 1998

Sloane, P.: Lernfelder und Unterrichtsgestaltung. In: Die berufsbildende Schule 3 (2000) 79–85

Sloane, P.: Schulnahe Curriculumentwicklung. In: www.bwpat.de/ausgabe 4/txt/sloane.htm, 2003

Seyd, W.: Auf dem Prüfstand: Handlungsorientierung in der Ausbildung. In: Pflegepädagogik 6 (1995) 4–10

Spürk, D.: Schulentwicklung an Krankenpflegeschulen. Eine explorative Studie. Diplomarbeit im Studien-

Literaturverzeichnis

gang Pflegepädagogik der Katholischen Fachhochschule Mainz. 1999

Svantesson, J.: Mind-Mapping und Gedächtnistraining. 6. Aufl. Gabal´, Bremen 2001

Terhart, E.: Lehrerausbildung: Unangenehme Wahrheiten. In: Pädagogik 9 (1992) 32–35

Tillmann, K.-J.: Sozialisationstheorien. 10. Aufl. Rowohlt, Reinbek 2000

Toelstede, B. G., W. Gamber: Video-Training und Feedback. Beltz, Weinheim 1993

Twardy, M., R. Bader: Abschlussbericht Modellversuch der Bund-Länder-Kommission „Erprobung flexibler Unterrichtsmodelle". Köln u. Magdeburg 2001

Vogelsberger, K.: Leistungsmessung zwischen Anspruch und Wirklichkeit. In: Pädagogik 3 (1995) 6–9

Volk-von-Bialy, H.: Das pädagogische Rollenspiel als Lehr-Lern-Verfahren in einer neubestimmten Unterrichtswirklichkeit. In: TZI 2 (1994) Teil 1 und 2, TZI 1 (1995) Teil 3

Wagenschein, M.: Zum Begriff des Exemplarischen Lehrens. 5./6. Aufl. Beltz, Weinheim 1964

Watzlawick, P. et al.: Menschliche Kommunikation. 10. Aufl. Huber, Bern, Stuttgart 2000

Weidenmann, B.: Mit Bildern informieren. In: Pädagogik 5 (1993) 8–13

Weidenmann, B.: Lernen mit Bildmedien. In: Will, H. (Hrsg.): Mit den Augen lernen. Bd. 1, 2. Aufl. Beltz, Weinheim 1994

Weinert, F.: Vergleichende Leistungsmessung in Schulen – eine umstrittene Selbstverständlichkeit. In: Weinert, F. (Hrsg.): Leistungsmessungen in Schulen. Beltz, Weinheim 2001

Wildt, J.: Reflexive Lernprozesse. Zur Verbindung von wissenschaftlichem Wissen und Handlungswissen in einer integrierten Lehrerbildung. In: Hänsel, D., L. Huber (Hrsg.): Lehrerbildung neu denken und gestalten. Beltz, Weinheim 1995, S. 91–107

Will, H.: Arbeitsprojektor und Folien. In: Will, H. (Hrsg.): Mit den Augen lernen. Bd. 4, 2. Aufl. Beltz, Weinheim 1994 a

Will, H.: Mini-Handbuch Vortrag und Präsentation. Beltz, Weinheim 2000.

Will, H.: Kreativer Folieneinsatz. In: Pädagogik 10 (1994 b) 15–21

Winkel, R.: Die kritisch-kommunikative Didaktik. In: Gudjons, H, R. Winkel (Hrsg.): Didaktische Theorien. 10. Aufl. Bergmann und Helbig, Hamburg 1999, S. 93–112

Wittneben, K.: Patientenorientierte Theorieentwicklung als Basis einer Pflegedidaktik. In: Pflege 3 (1993) 203–209

Wittneben, K.: Pflegekonzepte der Weiterbildung zur Pflegelehrkraft. Über Voraussetzungen und Perspektiven einer kritisch-konstruktiven Didaktik der Krankenpflege. 4. Aufl. Peter Lang, Frankfurt/M. 1998

Sachverzeichnis

A

Alignment 78
Als-ob-Situation 151
Analyse, didaktische 66 f
– – Unterrichtsentwurf 75, 92 ff
Analysemethoden, Schulentwicklung 200
Angst 95, 177
Anleitung, praktische, Beurteilung 188 f
Anleitungsplanung, handlungsorientierte 61
Anleitungssituation, differenzierte, Strukturierungsleitfaden 171 f
Anwendungsaufgabe, Problemorientiertes Lernen 158
Aphasie 83
Apoplex (s. auch Schlaganfall) 79
Apoplexpatient, zu konzipierender Raum 103
Apraxie 83
Arbeit, schriftliche, Korrektur, Auswertungsblatt 185
Arbeitsatmosphäre 117
Arbeitsauftrag 100
– Erfüllung 104
– Gruppenarbeit 103, 110 f
– Kleingruppenarbeit 119
Arbeitsblätter 127 f
– Vorstrukturierung 128
Arbeitsgruppe Rahmenlehrplan 36
Arbeitsmittel 127 f
Arbeitsprozesswissen 6
Artikulationsschema 71 f
Attacke, transitorische ischämische 82
Aufmerksamkeitsprozess 167
Ausbildung, berufliche, Ziel 4
Ausbildungsleitbild, Beispiel 44 f
Ausbildungsprozess, Kompetenzentwicklung 195
Ausbildungsverordnung, Zuordnung der Stunden einzelner Lernmodule 29 ff
Auswertungsblatt
– Korrektur schriftlicher Arbeiten 185
– Leistungsmessung 184

B

Bauchlagerung, Schlaganfallpatient 91
Beamer 126 f, 139
Begriffe, unterrichtsadäquate 179
Begriffsketten 64
Beobachtungsinstrumente 188
Bepunktungsschlüssel 183
Beratungsgespräch, individuelles 146
Berliner Modell zur Unterrichtsplanung 55 f
Berufsausbildung, Halbwertzeit 64
Berufsausübung, affektive Qualität 60
Berufslehre, kognitive 169
Berufsverbände 35 ff
Betroffenheit, persönliche 94
Beurteilungsbogen 189, 191
Beurteilungsfehler 176 f
Beurteilungsgespräch 146
Beurteilungsinstrumente 188
Beurteilungsnormen 176
Bewertung, konkrete Vorgehensweise 183 f
BIKA 86
Bildertheater 152
Bildfolgen 123
Bildpräsentation 122 ff
– raumfüllende 129
Bild-Projektion 129
Bildung, berufliche, handlungsorientiertes Konzept 6
Bobath-Konzept 86 ff
– allgemeine Zielsetzungen 107
– grundlegende Ziele 88
– Handlungsbereich Pflege 93
– Schlaganfallpatient, Lagerungen 89
– Umgebung und Lagerung 88
– Vor- und Nachteile der Lagerung 109
Brainstorming 142 f
Bridging 99, 103

C

CD 130
Cincinatti Prehospital Stroke Skale 84
Code, gedächtnisunterstützender 167 f
Cognitive-Apprenticeship 169 f
CPSS s. Cincinatti Prehospital Stroke Skale
Curriculum 12 ff
– Definition 12
– entwicklungslogisch strukturiertes, Stufen 16
– lernfeldorientiertes, Modularisierung 22
– lineares bzw. spiraliges Prinzip 14
– Mischkonzepte 14
– offenes bzw. geschlossenes Prinzip 13 f
– für Schule und Praxis 18
– vertikales bzw. horizontales Prinzip 14
Curriculumansatz, qualifikatorischer nach Robinsohn 12
Curriculum-Erstellungsprozess 13
Curriculum-Konstruktion, Merkmale und Kriterien 13
Curriculumplanung, lernfeldorientierte 63 f
Curriculumprozess, Ebenen und Bedingungen 15

D

Defizit, prolongierendes reversibles neurologisches 82
Demonstration 147 ff
– Hinweise zur Durchführung 149 f
Denkanstöße für die praktische Pflegeausbildung 36
Denkleistung, Taxonomie nach Bloom 145
Detailwissen 17
Deutscher Bildungsrat für Pflegeberufe, Positionspapier 35 f
Dia 129
Didaktik
– handlungsorientierte 49, 70
– kritisch-konstruktive 70
– subjektive 71
Differenzierung, innere 117
Dilemma, moralisches, Stufenmodell nach Kohlberg 42

Sachverzeichnis

Diskussion
- verschiedener Perspektiven 144 f
- Zielgerichtetheit 143
Diskussionsformen 143 f
Dissonanz, kognitive 199
DVD 129 f

E

Ebenen-Schema, starres 53
Einzelarbeit 116 f
Ekel 95
E-Learning 130 f
Entscheiden-Können 146
Entscheiden-Wollen 146
Entscheidung, curriculare 14
Entspannungsprogramm 130
Entwicklung, moralische,
   Ebenen 42 f
Entwicklungsschritte nach Robinson 12 f
Entwurfsgestaltung, Unterricht 74
Erfolgskontrolle, fallbezogene 181 f
Ergänzungsaufgaben 180
Ergebnissicherung 175
- schriftliche 99
Erkenntnisinteresse, inhaltsbezogenes 67
Erklärung 123
Ethik 41 f
Evaluationskonzept 200 f
Examensprüfung 186
Expertise-Forschung 16

F

Fachzeitschrift 131, 137
Faktenwissen 175
Fallbearbeitung, Siebensprung 159
Fallbeispiel, Flip Chart 98
Fallbezug 102
- konkreter 97
Fallkonstruktion, Handlungsplan 158
Feedback, Gestaltung 189 f
Flip-Chart 98 f, 128 f
Fokussierung 123
Folienvortrag 125
Förderbögen 189, 191
Forming 120
Forschung, pädagogische 16
Fortbildungsseminar 133
Forumtheater 151
Foto 129
Fremdwahrnehmung, Partnerarbeit 118
Frontalunterricht 120, 138
Führungsverständnis, neue Definition 198
Funktionswissen 17

G

Ganzheitlichkeit 39 f
Gedächtnisprozess 167 f
Geschichtenspielen 152

Gespräch
- Beurteilung von Sachverhalten 145 f
- divergierendes 142 f
- konvergierendes 102, 141 f
- - Ergebnis 99
- - Negativ-Szenerie 142
- - Regeln 142
Gesprächsarten im Unterricht 141 ff
Gesprächskompetenz, Diskussion 143
Gestaltungselemente, Medien 124
Gestentheater 152
Gewalt in der Pflege, Bildertheater 152
Großgruppenarbeit 120 f
Grundlagen, gesetzliche 21
Grundverständnis, pädagogisches 39 ff
Gruppenarbeit, Arbeitsauftrag 110
Gruppenkonflikt 113

H

Halo-Effekt 176
Hamburger
- Modell 56
- Verständlichkeitsmacher 140
Handeln
- absichtsvolles 53
- aktiv-ethisches 37
- institutionsübergreifendes 159 f
- kommunikative und emotionale Aspekte 151
- qualifiziertes 5
Handlung, pflegerische, Qualität 39
Handlungsbewertungsliste Blutdruck 188 f
Handlungsfeld
- Definition 7
- Identifizierung und Formulierung 8
- und Lernfeld 8 f
Handlungskompetenz 4
- echte klinische 101
Handlungslernen 165
Handlungslogik
- pflegerische und Unterrichtslogik 94
- Unterrichtsplanung 67
Handlungsorientierung 6 f
- didaktisch relevante Ebenen 18
- Übersicht 11
Handlungsplan 148 f
- Atmung 149
- Erarbeitung, Lehrfilm 99
- Hinweise zur Durchführung 149 f
- Partnerarbeit 117
Handschrift 124
Harninkontinenz 82
Hemianopsie 83
Herbartianer 72
Hirnödem 84
Hypoglykämie 84

I

Improvisationstheater 152
Improvisation, szenische 155 f
Information, Erfassen und Verwerten 57
Informing 120
Inhalt, Enkodierung und Dekodierung 122
Inhaltsdimension
- pädagogisch-didaktische Orientierung 75
- im Planungsalltag 69 f
Institution, bildungsbezogenes Selbstverständnis 164
Instruktionsformen 115
Internet 130 f
Interrollenkonflikt 153
Intranet-Nutzer 130
Intrarollenkonflikt 153
Ist-Analyse 200

K

Kassette 130
Kinästhetik 92
Klassenraum, Ausstattung 80
Kleingruppe, Bildung und Betreuung 119 f
Kleingruppenarbeit 118 ff
- arbeitsteiliger 103
- Vorteile 119
- Ziel- und Inhaltsbereich 118 f
Kleingruppenarbeitsphasen, Gestaltung 119
Kleinprojekte 161
Kommunikation, Gestaltung, Bobath-Konzept 78
Kompetenz
- Definition 4
- ethische 37
- konkrete 5
Kompetenzbegriff 4 f
Kompetenzentwicklung
- Forschung 37
- gestufte, systematische 16 ff
- pflegepädagogische-fachdidaktische 37 f
- stufenweise, in Schule und Praxis 17
Kompetenzentwicklungsprozess 195
Kompetenzorientierung 4 ff
- Übersicht 11
Kompetenzrepertoire 114
Konflikt, Lehrer und Lerngruppe 146
Konsequenzen, curriculare und didaktische 11 ff
Kontrolle, posturale, Bobath-Konzept 78
Konzept des Problemorientierten Lernens 20
Kooperation, interdisziplinäre, Gelingen 173

Kopf- und Handarbeit   95
Körperübung, szenisches Spiel   155
Korrektur, konkrete Vorgehensweise   183 f
Krankenpflegeschule, Unterricht   79
Krisen   199
Kunst des Verknüpfens   170 f
Kurzantwortaufgaben   180
Kurzaufsatzformen   180
Kurzvortrag, impulsgebender   97, 102

L

Landkarte
– didaktische   72
– kognitive   122
Langsitz im Bett   90
Lehranfänger   70
Lehrbuch   131 f
Lehrende, Qualifikation   65
Lehrerhandeln, ethisch verantwortliches   44 f
Lehrervortrag   98, 138 ff
– Formen   139
– Gestaltung   139 f
– Typen   140
– unterstützender Medieneinsatz   140
– Ziele und Inhalte   139
Lehr-Filme   129
– Erarbeitung des Handlungsplans   99
Lehr-Lern-Erfolg, Überprüfung   69
Lehr-Lern-Katalog, persönlicher   150
Lehr-Lern-Prozess, realisierter   72
Lehr-Lern-Video, Demonstration   150
Lehr-Lernziel   6, 52
Lehrplan   12, 21 f
– und Ausbildungsrahmenplan, Krankenpflege, Lernfelder   23
Lehrstationen   172 f
Leistung
– Erfassung und Bewertung   174 ff
– Gestaltung des Feedbacks   189
Leistungsbewertung, konkrete, Beurteilungsnormen   176
Leistungshoch, physiologisches   80
Leistungskiller   177
Leistungsmessung   174
– Aufgabenarten und -gestaltung   179 f
– fallbezogene   181 f
– – Fallbeispiel   182 f
– Funktionen   175 f
– häufigere   178
– Korrektur und Bewertung   183 ff
– mündliche   186 ff
– schriftliche   177 ff
– – Rückgabe   186
– – Vorbereitung und Durchführung   177 ff
– Sockelwert   184

Leitbegriffe, berufspädagogische   3 ff
Lernbereich Training und Transfer   19
Lernen
– ergebnissicherndes   116
– interdisziplinäres, Lernort Praxis   172 f
– instrumentelles   165
– kinästhetisches und visuelles   104
– am Modell   165 f
– – Phasen und Prinzipien   168
– praktisches, Konzepte   165 ff
– projektartiges   161
– rezeptives   116
– schulisches, Projekt-Elemente   162
– sinnerfassendes   68
– sinnhaft verstehendes   156
– situiertes   38
– sozial organisiertes   72
– sozial-kognitives   165
– – Teilprozesse   167
– an Stationen   147 ff
Lernerfolg, Dauerhaftigkeit   69
Lernfeld   3
– Definition   7
– und Lernsituation   9
Lernfeldkonzept
– Elemente   7
– Umsetzung in der Ausbildung   21 ff
Lernfeldorientierung   7 ff
– Übersicht   11
Lern- und Ausbildungskultur, Entwicklung   198
Lernleistung, eigenständige   156 f
Lernmotivation, persönliche Betroffenheit   94
Lernort, Kooperation   18
– „Praxis"   36, 164 ff
– „Schule"   36
– – und Praxis, Kooperation   164 ff
Lernortentwicklung, Handlungsfelder   195 f
Lernprozess, Selbständigkeit   162
Lernschwierigkeiten   113
Lernsituation
– Pflegehandeln rehabilitationsrelevant gestalten   159 f
– Umsetzungsvorschläge   38
Lernsituationen
– Definition   7
– methodisch und organisatorisch gestalten   113 ff
Lernumgebung, problemorientierte Gestaltung   157
Lernvereinbarung, fördernde, Beurteilungs- und Förderbögen   191
Lernvoraussetzungen
– Arten   49 f
– Schwerpunkt   51
– Unterrichtsentwurf   80 f
Lernwiderstand   67, 94

Lernziel
– im affektiven Bereich, Taxonomie   59 ff
– Inhaltsaspekt   68
– kognitives, Taxonomie   56 f
– im psychomotorischen Bereich, Taxonomie   61
– Stufen   58
– übergeordnetes   55
– Unterrichtsentwurf   95
Lernzielbegriff, Definition   53 f
Lernzielbegründbarkeit   62
Lernzielbereich   55 f
– affektiver, Unterrichtsentwurf   96 f
– kognitiver, Unterrichtsentwurf   95 f
– psychomotorischer, Unterrichtsentwurf   97 ff
Lernzieldefinition von Meyer, enge und weite   59
Lernzielebenen   54 f
Lernzieltaxonomie   55 f
Lernzirkel   150 f
Literaturliste, Unterricht   76
LTT s. Lernbereich Training und Transfer
Lückentext   97, 180

M

Material, lehrbuchbegleitendes   131
Matrix, heuristische   56
Medien
– Arten und Funktionen   124 ff
– Literaturüberblick   136 f
– visuelle   122
Medieneinsatz   121 ff
Metakommunikation   93, 121, 146 f
Meta-Plan-Technik   128
Methodenangemessenheit   73
Methodenvielfalt   73
Mind-mapping   128, 136
Mitbestimmung, Schüler   117
Mobbing   152
Modell   127
– mentales   122
Moderation
– Möglichkeiten   134
– Phasen   133
Moderationsmethode   132 f
Moderatorenkoffer   136
Moderatorenverhalten   132
Module   22
Motivationsprozess   168 f
Motivationsverlust   95
Multiple Choice Aufgaben   181
Musikaufzeichnung   130

N

Nichtverstehen   94
Norming   120
Noten, Gesamtpunktzahl   184

O

Organisation, lernende 196 ff
Organisationsentwicklungsprozess, Schul- und Lernortbezogener 196
Orientierung
– fachwissenschaftlich-sachlogische 63 f
– kompetenz- und qualifikationsbezogene 64 f
– pädagogisch-didaktische 65
Orientierungswissen 17
Overhead-Projektor 125 f
Overlay-Technik, Overhead-Projektor 126

P

Partizipation 198
Partnerarbeit 98, 117 f
– trainingsbetonte 118
Patienteninformation 159
PC als Lehr- und Lernmedium 130 f
Performing 120
Perspektiven-Austausch, Diskussion 145
Pflege
– Handlungsbereich 93
– Koordinationsfunktion 93
Pflegeberufe, Ausbildungsziele 4
Pflegehandeln rehabilitationsrelevant gestalten 159 f
Pflegemaßnahmen, praxisbezogene und zu vermittelnde 94
Pflege-Pädagogik 41 ff
Pflegeprobleme, Antworten der Schüler 107
Phantom, gläsernes 127
Phasenschema 71
Piktogramme 123
Pin-Wand 128 f
Planungsalltag, Inhaltsdimension 69 f
Planungsentscheidung 101 ff
Planungshandeln 54
Planungsstil, persönlicher 74
Plastizität, neurale 86
POL s. Konzept des Problemorientierten Lernens
Power-Point 126 f, 139
Präsentationsmedien 128
Praxisanleitung 165 f
– Aufgaben 36
Praxisbegleitung 165 f
– Aufgaben 36
PRIND s. Defizit, prolongierendes reversibles neurologisches
Prinzip, generatives 68
Problemaufgabe, Problemorientiertes Lernen 158
Problem-based-Learning 20
Problembearbeitung, Siebensprung 160

Problemorientiertes Lernen 156 ff
– – Aufgabenarten 158
– – Ziele 157
Programm, Schulentwicklung 200
Projektarbeit, Einstieg 161
Projekte, Durchführung 162 f
Projektinitiative 162
Projekt-Methode 161 ff
Projektplan 162 f
Projekttag 161
Projekt-Unterricht 161 ff
Projektvorhaben, Fixpunkte und Metainteraktionen 163
Projektwochen 80, 162
Pro-Kontra-Diskussion 143 f
Prozess, gruppendynamischer, Phasen, Kleingruppe 120
Prozessgestaltung 198 ff
– Schulentwicklung 200
Prüfungsverordnung, Zuordnung der Stunden einzelner Lernmodule 29 ff
Pyramidenbahnläsion 82 f

Q

Qualitätsentwicklungsprozess, Unterricht 196
Qualitätsmanagement, schul- und lernortbezogenes 195
Querdenken 71

R

Rahmenbedingungen, Schwerpunkt 51
Rahmenlehrplan des Landes Rheinland-Pfalz 78
Rehabilitation
– Bedeutungsdimension 85 f
– Formen 85
Rehabilitationsberufe, Pro-Kontra-Diskussion 144
Reizüberflutung 88
Reproduktionsprozess 168
Richtlinie 12
role-making 153
role-taking 153
Rollenbegriff, Definition 152 f
Rollenerwartung, gesamtgesellschaftliche 153
Rollengespräch, szenisches Spiel 155
Rollenschreiben, szenisches Spiel 155
Rollenspiel 118, 99
– Autoren, praktischer Einsatz des Spiels 153 f
– Formen 153
– pädagogisches 152 f
Rückenlagerung, Schlaganfallpatient 90 f
Rückmeldung, kriterienorientierte, Beurteilungs- und Förderbögen 191

S

Sachanalyse
– schriftlicher Unterrichtsentwurf 76
– Unterrichtsentwurf 81 ff
Sachlogik, Unterrichtsplanung 67
Sachverhalt, Beurteilung im Gespräch 145 f
Schema 122
Schlaganfall
– Bobath-Konzept 86 ff
– Diagnostik und Therapie 84
– Klassen 82
– Patienten und Angehörige 85
– psychische Symptome 83
– rehabilitative Pflege 85 f
– Risikofaktoren und Ursachen 81 f
– Symptome 82 f
Schlaganfallpatient
– Gestaltung der Umgebung 88 f
– Lagerungen 89
– Pflege nach dem Bobath-Konzept, Unterrichtsentwurf 78 ff
– Raumgestaltung 108
– Rehabilitation, therapeutisches Team 78 f
Schlüsselkompetenz 5
Schlüsselqualifikation, Dilemma 65
Schrift 124
Schule
– Ausstattung mit Arbeitsmitteln 127
– für Gesundheits- und Krankenpflege 79
– Konkurrenzdruck 199
– und Medien 121 ff
Schulentwicklung 194 ff
– Bedeutungsspektrum 194 f
– Definition 194
– Handlungsfelder 195 f
– Ist-Analyse 200
– Krisen 199
– Zielsetzung 199 f
Schülerfreundlichkeit, vermeintliche 146
Schülerinteresse 95
Schülerorientierung 55
Schulleitbild 199
Selbstevaluation 200
Selbstwahrnehmung, Partnerarbeit 118
Siebensprung 159
Simulation 147 ff
– Hinweise zur Durchführung 149 f
Situationsanalyse, Unterrichtsentwurf 79 f
Situationsdimension 49
– Strukturmodell 50
– Unterrichtsplanung 48 f
Sketch 152
Skill-Lab-Konzept 19 f
Skills-Lab-Modell 148

Sachverzeichnis

Skill-Training 147 ff, 157
Skript 122
Sockelwert 184
Sozialerziehung, demokratische, szenisches Spiel 155
Sozialform 72 f, 115 ff
– angemessener Wechsel 116
– Definition 72
– Differenzierung 115
– Instruktionstypen 115 f
– verschiedene 93
Sozialformmonotonie 73
Sozialkompetenz, Vermittlung 51
Spastik 82
Spiel
– pädagogisch eingesetztes 151
– szenisches s. Szenisches Spiel
Sprache, Lehrervortrag 140
Sprechübung, szenisches Spiel 155
Standbilder, szenisches Spiel 155
Statuentheater 152
Stegreifspielen 152
Stoffplan 12
Storming 120
Stroke Unit 84, 101
Studium, Halbwertzeit 64
Stufenschema 71
Stuhlinkontinenz 82
24-Stunden-Management 78
Stundentafel, modularisierte mit Lernfeldbezug 24 ff
Stundenziel, übergeordnetes 101 f
Szenisches Spiel 154 f

T

Tafel 125
Taxonomie
– affektiver Lernziele nach Krathwohl 60
– nach Dave 61
– der Lernziele
– – im affektiven Bereich 59
– – im kognitiven Bereich 57
– psychomotorischer Lernziele 61
Teamarbeit 80, 104
Teillernziel 55
Text, visualisierter, Gliederung 124
Theorie-Praxis-Diskrepanz 165
Theorie-Praxis-Theorie Transfer 19
TIA s. Attacke, transitorische ischämische
Training 19
Trainingslabor 148
Transfer, Umfeld-nutzender und Umfeld-gestaltender, Qualitätsentwicklungsprozess 196
Transferfähigkeit 68
Transfermöglichkeit, Unterrichtsentwurf 95

U

Überblickswissen 17
Umsetzungsrichtlinien 21
Unaufmerksamkeit 73
Unsicherheit 95
Unterricht
– Entscheidungsparameter methodischer und organisatorischer Elemente 114
– erziehender 44
– fallbezogener 156 ff
– Handlungs- und Sachlogik 66 f
– handlungsorientierter 6
– klinischer
– – Beurteilung 188
– – und Praxisanleitung 165 f
– Methodenangemessenheit und -vielfalt 73
– qualifiziert geplanter 67
– qualifizierter 72
– theoretischer und praktischer, Qualitätsentwicklungsprozess 196
– Umdisponieren 113
Unterrichtseinheit 78
Unterrichtseinstieg 97
Unterrichtsentwurf 78 ff
– Arbeitsauftrag 108
– didaktische Analyse 75, 92 ff
– Elemente 74 f
– Fallbeispiel 106
– Folie 107
– Gestaltung 73 ff
– komplexer, Anfertigung 73 ff
– Lernvoraussetzungen 80 f
– Methoden- und Organisationsentscheidungen 102 f
– Orientierungshinweise 74
– Planungsentscheidung 75 f, 101 ff
– Präsentation der Ergebnisse 104
– Sachanalyse 75, 81 ff
– schriftlicher, Ausbildungszwecke, Beispiel 76 ff
– Situationsanalyse 75, 79 f
– Stundenabschluss 100
– Tafelbild 107
– Verlaufsübersicht 105
Unterrichtsgespräch 141
Unterrichtsgestaltung, lernfeldorientierte 118
Unterrichtsinhalte 63
– Wissens-Basis 66
Unterrichtskonzeption, strukturierte, gezielte 52
Unterrichtsphase 71 f
– Einbinden der Bildpräsentation 124
Unterrichtsplanung
– Basisdimension 48 ff
– – und Praxisanleitung 49
– fachwissenschaftlich-sachlogische Orientierung 63 f

– Inhaltsdimension 63 ff
– kompetenz- und qualifikationsbezogene Orientierung 64 f
– Lernzielbegriff, Definition 53 f
– Methoden- und Organisationsdimension 70 ff
– pädagogisch-didaktische Orientierung 65 f
– Situationsdimension im pädagogischen Handlungsfeld 51
– Transfer 68
– Zieldimension 52 f
Unterrichtsstunde
– Schwerpunkt 103
– Stundenziel 97
Unterrichtsziel, Kompetenzstufen 52
Urteil, moralisches 43

V

Valenz, affektive 167
Verantwortlichkeit in Pflege und Ausbildung 39 ff
Verarbeitung, individuelle kognitive 102
Verbände s. Berufsverbände
Verfahrenswissen 175
Verhalten, Modellierung 167
Vertiefungswissen, erfahrungsgeleitetes und fachsystematisches 17
Video 129 f
Visualisierung 122 ff
Vorkenntnisse, Überprüfung 93
Vorstellungsübung, szenisches Spiel 155
Vortragsform, anschauliche 98
Vorwissen, Lückentext 97

W

Wahrnehmungsübung, szenisches Spiel 155
Wand-Zeitung 128 f
Wernicke-Aphasie 83
Whiteboard 125
Wiederholungszirkel 150
Wissen 57
– prozedurales 175
– transformatives 68
Wissenstransfer 38
Wissensstruktur, Verankerung 68

Z

Zieldifferenzierung 54
Zieldimension
– Aspekte 54 ff
– Unterrichtsplanung 52
Zielformulierung, Sinnhaftigkeit 52 f
Zielorientierung 197
Zuordnungsaufgaben 181
Zusammenhangswissen, berufliches 17

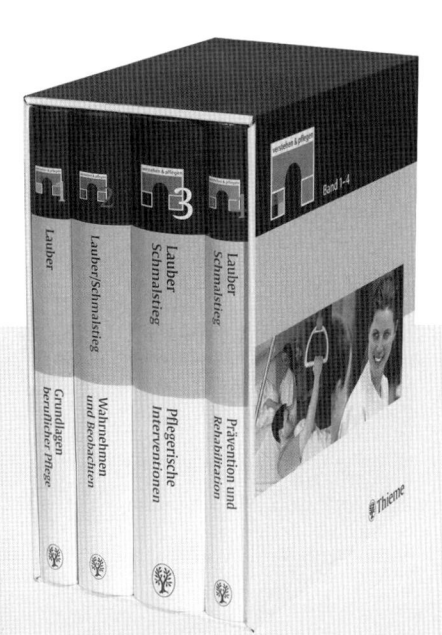

Für die integrierte Pflegeausbildung

[Bd. 1 – Bd. 4 der Reihe „verstehen & pflegen"
zum Set-Preis € [D] 114,95/CHF 181,60
ISBN 3131413611
Sie sparen 24,85 €uro!!!!]

Die optimale Basis für die integrierte Pflegeausbildung

verstehen & pflegen, Band 1: Grundlagen beruflicher Pflege
Lauber
2001.
335 S., 130 Abb., 26 Tab., geb.
ISBN 3 13 127241 4
€ [D] 24,95/CHF 42,40

Die optimale Anleitung für professionelle Pflege

verstehen & pflegen, Band 3: Pflegerische Interventionen
Lauber/Schmalstieg
2003.
690 S., 437 Abb., 107 Tab., geb.
ISBN 3 13 127261 9
€ [D] 49,95/CHF 82,50

Ihre Schüler lernen wortlos zu verstehen!

verstehen & pflegen, Band 2: Wahrnehmen und Beobachten
Lauber/Schmalstieg
2001.
510 S., 285 Abb., 135 Tab., geb.
ISBN 3 13 128591 5
€ [D] 29,95/CHF 50,90

Durch Prävention kann Pflege Krankheiten vermeiden!

verstehen & pflegen, Band 4: Prävention und Rehabilitation
Lauber/Schmalstieg
2004.
392 S., 182 Abb., geb.
ISBN 3 13 128611 3
€ [D] 34,95/CHF 59,40

www.thieme.de   Überall im Buchhandel   **Thieme**

Für Ihren Unterricht nach dem **neuen** Pflegegesetz

THIEMEs Pflege
Professionalität erleben

mit 75 Filmen auf 4 CDs!

- Der Inhalt ist den 12 Themenbereichen der neuen KrPflAPrV zugeordnet.

Lernen leicht gemacht

- Der Inhalt deckt prüfungsrelevantes Wissen nach der neuen Prüfungsverordnung zu 100% ab.
- 30 hervorragend aufbereitete Infoblätter vertiefen das Wissen über spezielle Themen, z.B. EKG oder Infektionen.
- Eindeutige Lernelemente sowie der Lern- und Leseservice unterstützen beim Lernen.

Praxis leicht gemacht

- 75 professionell kommentierte Videos und über 2.600 Abbildungen zeigen Ihren Schülern aktuelle Pflegepraxis.
- 80 Seiten zur Gesundheitsberatung geben Hilfestellung bei der Gesundheitsberatung der Patienten.

10., völlig überarb. Aufl. 2004.
1155 S., 2036 Abb., 219 Tab., geb.,
inkl. 4 CD-ROMs mit 75 Filmen
ISBN 3 13 500010 9 **€ [D] 69,95/CHF 115,–**

Preisänderungen und Irrtümer vorbehalten. €-Preise gültig in Deutschland.

www.thieme.de   Überall im Buchhandel   **Thieme**